# EDUCAR CON
## SENTIDO
## COMÚN

**Javier Urra** (Estella, Navarra, 1957) es doctor en Psicología con la especialidad en Clínica y pedagogo terapeuta. Cursó el doctorado en Ciencias de la Salud. Puso en marcha y trabajó durante ocho años en un centro de educación especial para niños disminuidos psíquicos (APASCOVI. Villalba, Madrid). Ganó las oposiciones del Ministerio de Justicia, inauguró y trabajó durante tres años en el Centro Piloto Nacional de Reforma con menores muy conflictivos en Cuenca. Desde 1985 trabaja como psicólogo forense en la Fiscalía del Tribunal Superior de Justicia y Juzgados de Menores de Madrid. Profesor de Ética y Deontología en 5º de Psicología en la Universidad Complutense de Madrid. Es presidente de la Comisión Deontológica del Colegio Oficial de Psicólogos de Madrid y de la Asociación Iberoamericana de Psicología Jurídica. Es patrono de UNICEF. Fue el primer defensor del Menor en España (1996-2001) y presidente de la Red Europea de Defensores del Menor. Es director de Urrainfancia y es consultado como experto en los distintos medios de comunicación y miembro del comité científico de distintas revistas técnicas. Ha publicado entre otros: *¿Qué ocultan los hijos y qué callan los padres?* (2008), *Mujer creciente, hombre menguante* (2007), *El arte de educar* (2006), *El pequeño dictador, cuando los padres son las víctimas* (2006), *Escuela práctica para padres* (2004). Dirige colecciones de libros de Psicología Jurídica y de Psicología Útil. Es colegiado de Honor en Psicología y le concedieron la Cruz de San Raimundo de Peñafort por el Ministerio de Justicia.

# JAVIER URRA
# EDUCAR CON SENTIDO COMÚN

punto de lectura

© 2009, Javier Urra
© De esta edición:
2010, Santillana Ediciones Generales, S.L.
Torrelaguna, 60. 28043 Madrid (España)
Teléfono 91 744 90 60
www.puntodelectura.com

ISBN: 978-84-663-2415-1
Depósito legal: B-12.948-2010
Impreso en España – Printed in Spain

© Diseño de portada: Rudesindo de la Fuente

Impreso por Litografía Rosés, S.A.

Primera edición: abril 2010

*A ti por intentarlo*

«Hoy puede ser un gran día.
Plantéatelo así,
aprovecharlo o que pase de largo
depende en parte de ti [...].
No consientas que se esfume,
asómate y consume
la vida a granel.
Hoy puede ser un gran día,
duro con él [...].
Si la rutina te aplasta,
dile que ya basta
de mediocridad.
Hoy puede ser un gran día,
date una oportunidad...».

*Hoy puede ser un gran día,*
JOAN MANUEL SERRAT, 1981

# Índice

# Nota del autor

Los cientos de colegios visitados, las muchísimas reuniones con profesores, con padres y con alumnos nos han mostrado que la necesidad de educar con el mismo criterio y objetivo tanto a padres como a maestros es un asunto urgente.

Este libro nace para dar voz a los profesores y a los orientadores a fin de que indiquen a los padres cómo creen que han de educar en el día a día a sus hijos para que en el futuro puedan formar parte de la sociedad como ciudadanos libres, responsables y felices.

Junto a los testimonios narrados en primera persona de maestros, profesores y orientadores de zonas rurales y urbanas de toda España hemos recibido escritos que reflejan el compromiso, la evaluación, la reflexión, la vocación de estos profesionales que sienten su labor poco valorada.

El texto busca abordar distintas temáticas para cubrir todas las fases de desarrollo de niños y jóvenes desde su nacimiento, en las que se incorporan y se tienen muy presentes las orientaciones de los educadores.

Nos ha sorprendido lo agradecidos que se han mostrado estos profesionales al ser invitados a participar, tal vez porque están desacostumbrados, porque manifiestan que su palabra nunca ha sido tenida en cuenta para formular un texto como el que usted ha optado por leer.

Nos une un reto común: la educación de los más jóvenes en el ámbito formal, el del aprendizaje, el del hogar, el relacional, el de ocio. En fin, educar.

# Inteligencia, equilibrio emocional
# y valores

«El conocimiento empieza con la sensibilidad».

T. S. ELIOT

Hay que educar en los sentimientos, en la apreciación de su rique-
za, en saber expresarlos, en captar y entender los de los otros. En
aprender a conducir la propia vida y manejar las relaciones que se
mantienen con los demás.

Los niños deben saber dirigirse a los otros para consultar o para
negarse a sus solicitudes. Expresar las emociones y las necesidades
facilita el equilibrio psíquico.

La inteligencia es un concepto global, cognitiva y afectivamente.

¿Cuántas personas conocemos que son sobresalientes profesionalmente, pero desequilibradas emocionalmente? Su vida fracasa.

La socialización es el proceso por el que nace y se desarrolla
la personalidad individual en relación con el medio social que se
transmite y conlleva la transacción con los demás. La socialización
supone inmersión en la cultura, control de impulsos, experiencia
de uno mismo, desarrollo de la afectividad y motivación de logro.
Debe facilitar una «competencia comunicativa» y un «vivir con».

La actitud y la filosofía han de ser: «conócete a ti mismo y pon-
te en el lugar del otro», es decir, ahondar en la introspección y la
socialización. Al final somos el resultado de la educación que hemos
recibido y de la que hemos adquirido posteriormente, somos el

espejo que reflejará, o bien el amor, o bien la maldad que se nos ha puesto delante.

El buen carácter del niño, sus actitudes positivas, su autocontrol dependerán, por tanto, del clima favorable que se viva en el hogar, del correcto modelado que reciba el niño, del equilibrado uso del control y de la autonomía de las conductas de quien está aprendiendo el sentido de aceptar las consecuencias de sus actos, de ir formando conciencia de lo que está bien y de lo que es inaceptable.

Se irá preparando al niño para interaccionar con su entorno. Habrá que dotarlo de un buen juicio moral. Es fundamental la capacidad de ponerse en el lugar de otra persona, de cómo siente, de cómo percibe. La empatía exige reflexión, sensibilidad y reduce (o elimina) la posibilidad de respuestas violentas.

Los niños han de aprender a tolerar, a dialogar, a mostrar los sentimientos. Sonreír es un imán prosocial. Hay que incentivar la disposición para ayudar al resto, lo que propicia sentirse bien. Hay que enseñar a tener amigos sanos y duraderos; educar en la amabilidad, en el altruismo, en el tú; promover la solidaridad. Sentirse partícipe de este mundo, de este momento.

¿Cómo nos comportamos? Pues según nos vemos, según nuestra autoestima. Tenemos que confiar en nosotros mismos, hemos de querernos, el autoconcepto positivo se relaciona favorablemente con la conducta de ayuda; por tanto, debemos promocionar en los niños una imagen positiva de ellos mismos basada en la realidad de sus vidas. La autoestima es como un antídoto que nos protege de problemas psicológicos. Un auténtico salvavidas.

Valoremos al niño, procuremos que se quiera y que se sienta bien consigo mismo.

Como padres hemos de ejercitarnos en el autodominio y aprender a ser serenos, a razonar de forma objetiva y a dialogar con nuestros hijos, a ser equilibrados. Hemos de admitir que los problemas y las frustraciones son parte de la vida. Siendo siempre sinceros con nosotros mismos y con los demás, con la intención de unificar el ser con el deber ser. Habremos de pararnos a realizar introspección con el objetivo de conocer lo positivo y lo negativo de nosotros mismos, nuestras limitaciones y desarrollar el sentido del humor, la autocrítica. Hemos de autodirigirnos en el estoicismo, en la voluntad, en la aceptación del sufrimiento y fijarnos un objetivo, una meta. Atribuiremos sus conductas a causas estables e internas y lo responsabilizaremos de sus consecuencias.

A los niños se les indica con reiteración lo que deben o no hacer (incluso decir o callar), pero es fundamental que sepan manejar sus pensamientos, pues condicionan las emociones y los sentimientos y son una magnífica herramienta para lograr un posicionamiento optimista y un alto grado de equilibrio emocional.

La envidia, el rencor, la ansiedad hunden su etiología en las comparaciones, en el regurgitamiento de ideas que se recrean en sentimientos ofensivos, en pensamientos inquietantes.

Hay que enseñar a los niños a reconducir el curso de sus ideas, a pensar de manera alternativa, a no cortocircuitarse, a desarrollar habilidades metacognitivas.

Es fundamental educar en el pensamiento creativo, con capacidad crítica, abierto, dialogante, positivo, con el que no se ofende, con el que sonríe, con el que se inyecta ilusión y agradecimiento por vivir, por conocer a los otros.

Desde luego, el hombre deja de comportarse como tal cuando emplea la inteligencia sin sensibilidad. Se trata de buscar no la perfección, pero sí la mejora de sí mismo, ha de adornar su vida de afecto, de perdón, de razón y de sinceridad.

En el caso de los niños, hay que educarlos en la tolerancia de las frustraciones y en la capacidad para diferir gratificaciones. Exigirles colaboración en las tareas domésticas, fomentar las labores prosociales, retomar el sentido de conceptos como voluntad, esfuerzo. Deben saber enfrentarse con la tristeza, con el aburrimiento.

A veces se educa al niño para capacitarlo intelectual y formativamente, pero nos olvidamos de enseñarle a dar respuesta a los problemas emocionales.

Al niño hay que educarlo para que sea mejor, no el mejor.

No estamos programados para ser felices, sino para sobrevivir.

La vida feliz no es una suerte o un don, es una herencia educativa y un logro personal en relación con los otros.

Podemos influir en parte en nuestro destino. Equilibrando razón y afectos. Escapando de la rutina. Asumiendo que los días son irrepetibles e irrecuperables. Dotándonos de un objetivo y motivación.

La psicología evolutiva ha señalado ya hace tiempo la importancia, para el bienestar y el desarrollo pleno, de la armonía afectiva.

> **❝** Y digo a cualquier hombre o mujer: que tu alma
> esté serena y en paz ante millones de universos **❞**.

WALT WHITMAN

## LA GRATITUD ES VIDA

Y es que la conciencia, la cultura, la expresión oral, la moralidad son conceptos profundamente humanos. Como lo es la letra de la canción que dice: «Todo lo estropeo diciendo alguna estupidez como por ejemplo: yo te quiero».

Los seres humanos siempre tenemos algo que decir para que los demás lo celebren o perdonen. La verdad sólo se da en la comunicación ante el espejo o ante los demás. Porque nuestra especie tiene la exclusiva de la culpa, de la vergüenza y del rubor que dejan la intimidad a la intemperie.

Con el ejercicio de la inteligencia, con su esfuerzo, se alcanzan la calidad, las actividades sublimes como el arte o la ciencia, que no progresaría sin la piedra de toque que es el fracaso.

Somos animales que más que competir, cooperan. Racionalizamos las emociones desde los otros, desde sus obras de teatro, sus baladas, sus cuadros, sus poemas, sus esculturas, sus escritos, sus películas, que traslucen el sentir (repito) «de los otros».

No soslayamos que entre nosotros hay analfabetos emocionales. Permítame en este punto preguntarle ¿desde cuando no disfruta una puesta de sol?

Kant dejó escrito que únicamente dos cosas le producían vértigo en sus meditaciones: la contemplación de la noche estrellada y el abismo de su conciencia.

Todos miramos como niños cuando intuimos chispazos de sabiduría. Sí, nuestro corazón late ante la bella sorpresa al compás de nuestra infancia.

Siempre creemos que nos queda el mañana por lo que imaginamos proyectos que realizamos desde el lenguaje, también interior.

«Podrán cortar todas las flores —se decía en la primavera de Praga—, pero no podrán impedir que llegue la primavera».

No podemos renunciar al universo creativo, a la libertad, como no podemos renunciar a la condición humana.

Creo que el ser humano se caracteriza por el respeto a sí mismo, por ponerse en los «zapatos psicológicos» del otro, por compartir la sonrisa, por mostrar ternura, por llegar a odiar y a perdonar, por eso y porque entendemos que la herramienta fundamental de la persona junto a su lenguaje y la percepción de trascendencia es que desde la cultura heredada y él mismo es el ámbito educativo que no tiene paredes, ni lugares, es por lo que consideramos que el reto de este mundo es formar desde la infancia en la dignidad humana y estimular a los adolescentes a involucrarse en su propio proceso de desarrollo prosocial.

Los niños y los no tan niños hemos de desarrollar y controlar los pensamientos, sentimientos y conductas; reconocer nuestras emociones, capacitarnos para encontrar alternativas ante conflictos y problemas; desarrollar un sistema de detección de errores en la forma de razonar de uno mismo y de los demás; erradicar las ideas cortocircuitadas; imaginar soluciones válidas; anticipar las consecuencias de los actos; fortalecernos en verdaderos e indiscutibles valores, y fomentar la coherencia.

En nosotros mismos y en el contacto con los demás hemos de pulir las emociones y sus manifestaciones, ya que no siempre podemos decir lo que pensamos, pensemos siempre lo que decimos.

Mediante los sentidos percibimos la vida, que transformamos en emociones que transmiten el dolor, la alegría, la belleza, o el zarpazo que la conforman.

Le confesaré que siempre me ha producido desasosiego la risotada compartida en el circo ante la desgracia del payaso.

Por el contrario, creo en la palabra próxima, aterciopelada, que acaricia, y en la contemplación sentida del arte, ya sea obra del hombre, o de quien creó este inagotable universo.

El viento, el agua, los árboles, también componen música.

Pero ningún ser como el humano atisba la sabiduría mientras se balancea en la duda; posee una infancia dilatada, en ocasiones de por vida; dispone de capacidad simbólica, de abstracción, de transmisión de cultura, humanos que nos miramos, hablamos, besamos y queremos de frente; que caminamos erguidos; que podemos girar sobre nosotros mismos; que anticipamos la muerte; que construimos representaciones complejas del entorno, de ideas; que soñamos; seres que jugamos; que poseemos un lenguaje con una extraordinaria paleta cromática para comunicarnos, prevaleciendo la risa compartida que no conoce de fronteras. Personas que comemos de todo, poseemos una actividad sexual permanente, deseamos conocer y aprender, somos grupales, cooperativos, autocríticos, disponemos de manos con el pulgar en oposición, somos capaces de creernos cuasi dioses y al instante siguiente poco más que nada.

Pensamos y sabemos que al hacerlo es común que nos equivoquemos aun intentando eludir el error, y sonreímos como lo hicimos al nacer, aun antes de hablar, porque necesitamos como el aire la interacción social.

Siempre estamos aprendiendo a conocer y a ser. Nada posiblemente tan fascinante como observar a los niños construir su identidad, el concepto y la vivencia del otro. Más tarde contemplar al adulto que aprecia sus juicios de valor, su concepto del «yo», del «nosotros», en relación con el «tú», el «vosotros» o incluso el «ellos». Cómo proyectan sus destinos y moldean sus vidas.

Goleman define la inteligencia emocional como «el conjunto de habilidades entre las que destacan el autocontrol, el entusiasmo, la perseverancia y la capacidad para motivarse a uno mismo».

La emoción que incluye el amor y el poder mueve el mundo e impulsa el crecimiento personal. Bien equilibrada trae felicidad; desequilibrada acarrea angustia y desesperación.

Quien genera estados emotivos artificiales mediante muletas como la droga fracasa inexorablemente. Otros corren en busca de la felicidad, pero sin definirla, sin anticipar los pasos que han de darse para alcanzarla, se extravían, no la reconocen. Algunos fortifican su autoimagen, su autovaloración y oscilan entre lo patético y lo peligroso.

Claro que es fundamental cómo nos sentimos con y en nosotros mismos. Nuestra autoestima es determinante, así como conocer nuestra naturaleza, forjar el concepto de voluntad, al tiempo de sentir la culpa, el remordimiento, la compasión. Pedir perdón, ser perdonados. Todo ello ayuda a examinarnos, a no tomarnos tan en serio a nosotros mismos, a saber que no somos tan importantes para que el mundo gire. Desde la humildad objetiva podremos esforzarnos por mejorar ante los demás, pero sobre todo ante nosotros mismos.

Nos pasamos la vida jugando al «cu-cú, tras-trás», escondiéndonos, apareciendo, sorprendiendo, sorprendiéndonos, o el juego de la empatía, imaginando cómo me siente y percibe el otro, intentando influir sobre él dando una buena imagen.

Cualquier niño pequeño se oculta tras un paño y cree que el resto ha desaparecido.

Tenemos la ardua tarea de explorar las profundidades de nuestra alma, de auscultar el pulso incesante del universo.

Hemos de «purificarnos», pasar por el fuego nuestro entendimiento y sentimientos. Buscar un sólido anclaje. Contentarnos con lo necesario y retomar la austeridad.

En ocasiones podemos sentirnos incómodos con nosotros mismos, pero no destruyamos nuestra ilusión ni la de los otros. Esto es un pecado, como robar algo tan humano como el tiempo.

Esencial, la armonía. Ingredientes: la alegría, el silencio, la elegancia sutil, lo extraordinario; no buscar la vida feliz, sino disfrutar de la felicidad de la vida; sensatez, compartir inteligencia; percibirnos sin sombras.

La vida es lo que es y no se puede obtener de ella algo distinto, ni estirarla; cabe la intensidad, el proyecto futuro y revivir lo ya acontecido.

En el devenir, el toque lúdico resulta esencial. Como el arte de viajar o de deleitarse con el tiempo desnudo de horas. No podemos perseguir los acontecimientos, desbordarnos por los sucesos, desequilibrarnos como los principiantes que se tambalean sobre los patines.

«Atrévete a pensar», un lema ilustrado que exige madurez y equilibrio con la inteligencia sentimental. Sobre estos carriles se conduce el comportamiento humano.

Desde el pensamiento prosocial poseemos derechos y deberes que se reconocen en los demás.

Podemos ser aplaudidos, sancionados, animados, convencidos, premiados, más allá está el deber. No se olvide.

No todo vale, si se llega a confundir el bien con el mal, la educación no tendría cabida y arrasaríamos la dignidad humana.

Nos poseemos. Somos libres.

---

66 Todos los seres humanos nacen libres e iguales en dignidad y derechos y, dotados como están de razón y conciencia, deben comportarse fraternalmente los unos con los otros 99.

Artículo 1º de la Declaración Universal

Planteo que aunque por un breve espacio de tiempo, los primeros años de vida, debemos proteger la felicidad consustancial a no tener derechos ni deberes. A partir de esa edad nos marcaremos metas, pero sin olvidarnos de disfrutar.

Buscamos la felicidad conscientes de la necesidad para alcanzarla del otro. Somos un injerto de neurobiología y sociedad.

Inevitablemente llega el día en que todo cambia. El cataclismo interior se produce cuando el niño es consciente de que morirá. La angustia soterrada lo acompañará de por vida.

En este deambular hay quien provoca la ocasión y quien atribuye su designio al azar.

Los agonías, los victimistas, los consumistas y los infantilizados resultan vulnerables y cansinos, proclaman la búsqueda de la felicidad como imperativo, mal asunto.

No se trata de evitar el *mal-estar*, sino de integrar todos los estados emocionales optimizándolos. La responsabilización, el generar autocontrol y la competencia son irrenunciables.

Existe la tendencia a distorsionar la realidad y a atribuir el sufrimiento emocional a los desajustes, a la sociedad, al sistema, al entorno, a los políticos, a la biología y a la genética. La mayoría de los problemas y los disgustos nos los propiciamos nosotros mismos.

Debemos emplear la lógica y la imaginación para superar los obstáculos de la vida.

Lo menos que podemos ser es lo que somos, y las emociones son parte fundamental del individuo.

Emociones que requieren un proceso de aprendizaje, reflexión, tiempo, ensayo y error. Emociones que aportan significados a la vivencia.

Equilibrio emocional inestable pero mucho mejor que los estados anímicos alternativos, extremos y desequilibrantes. Eduquemos y eduquémonos para resolver contratiempos.

Creo que nadie miente en su soledad.

**❝**Y nos preguntamos por la suerte, ¿sabes lo que es suerte? La suerte es creer que tienes suerte...**❞**.

*Un tranvía llamado deseo*, 1951,
OSCAR SAUL Y TENNESSEE WILLIAMS

El ser humano se rige por criterios de igualdad, de tutela a sus descendientes. Durante mucho tiempo (cada vez más) aprendió a cuidar del débil, de los mayores, de los enfermos, de los discapacitados. Hemos evolucionado, algo que no ha hecho la naturaleza.

La ciudadanía cree en la ley, no en la del más fuerte, ha concluido que la fuerza no es una buena solución.

Asimismo, consustancial al reconocimiento de los derechos y deberes fundamentales de la persona es la referencia al libre desarrollo de la personalidad.

Estamos creándonos todavía.

La confianza básica es necesaria porque si el bebé capta el sentido duradero de que quienes le rodean son dignos de confianza, se desarrollará desde la creencia de que este mundo podrá dar satisfacción a sus necesidades y establecerá ulteriormente vínculos relacionales satisfactorios, y en ese momento inicia una vivencia positiva de las intenciones ajenas. En caso contrario, la desconfianza anidará en su ser, su posicionamiento, ya sea depresivo, de huida, paranoico u oposicionista, no augura un futuro esperanzador. En el extremo un niño poco amado está como lobotomizado por la carencia afectiva.

El ser humano, simple y a la par complejo, que desea un trazo de gloria y un paréntesis de inmortalidad. Que es capaz de convencer a sus congéneres y de ser convencido por éstos.

Intentamos seguir el consejo orteguiano e ir a las cosas mismas. Pero somos limitados, nuestras emociones tienen un sustrato biológico y, por ende, los sentimientos también son auténticos y cambiantes, piénsese, por ejemplo, en las pulsaciones del corazón.

Las personas que no poseen los mimbres necesarios para construir un tejido de equilibrio emocional suficiente serán infelices y posiblemente transmitirán esa infelicidad a quienes les rodean.

La infelicidad es el conjunto de emociones negativas vividas objetiva o subjetivamente. Cuando se dilatan en el tiempo pueden llegar a conformar un trastorno mental que eclosiona por emociones inadecuadas, por una interpretación errónea de las mismas o por un exceso intempestivo emocional.

Hay heridas que nunca se cierran. ¿Cómo afectan los recuerdos a nuestra capacidad de ser felices?

No me cansaré de repetir que ocasionalmente no se cuida suficientemente el cerebro, los sentidos, los afectos de los niños.

Hemos de ser conscientes de su fragilidad, de que se les puede manipular, depravar, lesionar y traumar de manera fácil.

Los primeros años, los primeros meses, los primeros días y aun antes de nacer son insustituibles, irreemplazables. Se trata de pilares básicos.

Después, recordemos que educar es abrirse al pensamiento, reflexionar, formarse como ser humano, derribar las barreras del aprendizaje.

El niño no es el proyecto de un hombre; el hombre es lo que queda de un niño.

Tenemos nuevas tecnologías, precisamos tutores que instruyan. Hay que introducir dentro de la enseñanza obligatoria la descodificación del mensaje mediático.

Los niños han de percibir que aprender es una experiencia inigualable, han de adquirir el sentido de la autovalía a través del desarrollo artístico y de la práctica deportiva.

Los niños son felices salvo cuando la enfermedad se ceba con ellos, o cuando las situaciones externas les son muy adversas. Los niños no le han de tener miedo al mundo, al contrario, han de volcarse en él.

La diversidad bien entendida conduce a la universalidad para interpretar correctamente el mundo. Es muy positivo que los niños viajen, conozcan otras gentes, otras culturas...

Tenemos que formular preguntas directas, sinceras y darles respuesta en la medida de lo posible. Un mundo con diversidad de lenguas, de culturas, de perspectivas, de historias que al mismo tiempo se comunican, se interrelacionan, en una simbiosis enriquecedora y difícil exige prever cauces que permitan formar a todos los niños de distintas razas y colores para compartir, para convivir desde la diferencia, desde lo que nos une, desde lo que nos distingue.

Apoyemos al maestro, a la escuela, ese formidable encuentro del saber entre el profesor vocacional y el alumno, entre los compañeros y los libros, los vídeos y la música, los idiomas, la investigación, la naturaleza, la informática que conectará el saber con todas las universidades, que permitirá informarse desde el hogar, que intercomunicará el conocimiento, que posibilitará reinterpretar el bagaje que se esconde tras la diversidad.

Los medios de comunicación, que la verdad no son un semillero de ideas, pero sí difusores de ideologías, deben habilitar programas específicos e incluir en el resto contenidos a favor del respeto, de la solidaridad, de la urbanidad, del afecto, etcétera. Los medios de comunicación no son específicamente entidades educativas, pero no quepa duda de que tienen grandes responsabilidades sociales (obviamente más las cadenas públicas). No pueden limitarse a ser contendores de publicidad.

Hay que posibilitar a los niños con estímulos diferentes de la televisión y otras pantallas como los videojuegos que obligan a estar sentados y físicamente pasivos. Animarles a jugar. Fomentarles aficiones a la pintura, al teatro, a la música, al baile, a la danza, práctica deportiva, o al contacto con la naturaleza. Los padres son los modelos, magnífico resultará que los hijos vean a sus progenitores leyendo o involucrados en actividades de ocio y culturales.

Los niños para estructurarse tienen necesidad de otros niños. El contacto entre ellos es saludable y vital. Si no fuera así los adultos actuales parecerían subordinados a la infancia y a la juventud, y eso sería un craso error.

Concretando: en los primeros siete años de vida se consolidan los cimientos.

Nuestro mundo es cambiante. La vida líquida, las relaciones personales, los vínculos familiares, la diferenciación de generaciones, los distingos entre coetáneo y contemporáneo, las nuevas formas de agrupación familiar que ya se atisban son un reto para los adultos y para quienes todavía no lo son.

Ahora que parece que puede sustituirse al *Homo sapiens*, que piensa, razona con conceptos, abstracciones, por el *Homo videns*, que se maneja con representaciones, es momento para la acción, pero también para la reflexión, para que la ciencia avance hermanada con la ética, para que el ser humano no olvide su trascendencia y valore lo realmente importante: la sonrisa (que es al sentimiento, lo que la palabra al pensamiento), un amanecer, el silencio, la mirada de un niño, el guiño de un anciano...

Aprendamos a manejarnos en la duda, en el conflicto. Un exceso de claridad vela la imagen.

Los amigos son insustituibles, una necesidad y una alegría, una familia con la ventaja de que se eligen.

Ciertamente todos los animales pueden herir, sólo los humanos ofender.

Y decir la verdad, aunque a veces duela, como la afirmada por Oscar Wilde: «En este mundo hay dos tragedias, una es no conseguir lo que quieres y la otra es conseguirlo. La segunda es con mucho la peor: ¡es la auténtica tragedia!».

La felicidad del ser humano está en el viaje, en las enseñanzas que se extraen de los otros, en la experiencia acumulada y en la exploración de nuevos senderos.

> **❝** Debes rogar que el viaje sea largo,
> que sean muchos los días de verano;
> que te vean arribar con gozo, alegremente,
> a puertos que tú antes ignorabas **❞**.

Constantin Cavafis

# PRIMERA PARTE

# DE RECIÉN NACIDO A BEBÉ
# (DE 0 A 2 AÑOS)

# I

# La voluntad de ser padres

El niño es un agente activo desde su nacimiento. Por desgracia —posiblemente— no somos iguales cuando nacemos, tampoco en complexión física, ni en belleza. Hereditariamente no recibimos tanto como del estímulo del entorno, la mayor parte de las conductas se aprenden.

Desde que el niño es concebido, todo son diferencias. Antes de nacer, cada uno, durante nueve meses, va conociendo a su madre, escucha el latido de su corazón, capta sus conductas y su trato. Cuando llega al mundo, ve a sus padres y será tratado de forma distinta según sea cada familia y, dentro de ella, según el número de hermanos, el deseo con que fue concebido, la edad y las circunstancias de los padres.

Esas pequeñas, inapreciables, constantes conductas van conformando en el recién nacido su ser y su actitud ante lo que le rodea, su forma de escuchar y de comunicarse, lo que hará que cada uno sea diferente a los demás en sus elecciones, en sus posicionamientos y en las realidades vivenciales.

Nadie nace educado. La educación debe buscar la formación del carácter de una persona.

Las primeras horas, los primeros días, meses encaminan los pasos de los muchos años que vendrán. Aun antes de ver el mundo, el niño se está formando, lo está captando.

El vínculo paterno filial que se establezca a través del juego, de las caricias, del diálogo afectivo será la base para desarrollar la inteligencia sensoriomotora del bebé, su curiosidad general y el lenguaje. A medida que pase el tiempo estos estímulos influirán en el sistema inmunológico y en la buena integración familiar-social de su hijo. Igualmente, un niño querido y valorado por sus padres crecerá con confianza y seguridad.

Las nuevas tecnologías han eclosionado en las posibles parejas. En España hay 1.884.419 personas dispuestas a explorar el amor «cibernáutico». Alrededor de unas 400.000 personas buscan o encuentran el amor en España gracias a las páginas web y a los correos electrónicos.

Hemos vivido una transición demográfica: a la fórmula del matrimonio con hijos se han sumado, y en una proporción considerable, la del adulto separado, divorciado o viudo con hijos, la de los matrimonios en segundas o más nupcias que aportan hijos al nuevo matrimonio, la de las madres solteras, la de los «dinkis» o matrimonios sin descendencia, una fórmula familiar que ha aumentado un 75 por ciento en los últimos cinco años —de hecho, alcanzan el 4,3 por ciento de la población—, la de las parejas de hecho, la de los matrimonios del mismo sexo, la de los hijos con dos madres...

Aun así, el número de matrimonios se ha mantenido estable en los últimos veinticinco años (alrededor de 200.000 anuales según el Instituto de Política Familiar).

En todo caso, los «imprescindibles» para tener un hijo se llaman ovocito, espermatozoide y útero, pero a quién corresponda cada uno no resulta ya esencial.

## QUEREMOS TENER UN HIJO

Ser madre o padre, asumir esa alegría y responsabilidad, debe ser valorado con todas sus consecuencias. Cuidar, educar, criar a un niño causan gran felicidad y también suponen un largo y duro trabajo, y los padres son tan humanos como los hijos.

Desear un bebé es dar un importante paso en favor de su educación. Diseñar la familia no significa programarla, pero sí optar por un boceto global, en el que se plantee el número de hijos que se desea tener. Debe ser la pareja, desde el razonamiento, pero sobre todo desde la ilusión y el amor quien decida tener un hijo.

Tres cuartas partes de los ciudadanos consideran que en la actualidad la decisión de tener un hijo se toma con más responsabilidad que hace veinte o treinta años, y que existe una mejor relación con los hijos, debido a la mejor preparación de los padres y las madres.

Asimismo los españoles de forma genérica afirman que la responsabilidad del cuidado de los hijos debe ser compartida por igual por padres y madres.

Si bien la llegada al mundo de un niño supone una gran modificación en las relaciones de pareja, en ocasiones más allá del periodo de lactancia, también contribuye a la maduración y al enriquecimiento personal de los padres.

La mejor forma de garantizar ser buenos padres es ser padres felices.

# II

# Embarazo

## EDAD PARA SER PADRES

La edad propicia para ser padres se establece entre los 20 y los 34 años aproximadamente, aunque no existe una edad concreta, ésta vendrá determinada por el momento en que esa necesidad surja de forma natural en el individuo. Incluso en los casos en que se produce un embarazo no deseado no significa que la persona no esté preparada para ello.

De forma genérica, las personas menores de 20 años son demasiado jóvenes, por lo que son escasamente maduros para afrontar la gran responsabilidad que supone ser padres.

La edad de menor riesgo de malformaciones en los hijos es de 18 a 30 años. Ésta es la edad ideal para quedar embarazada, también se dan menos complicaciones durante la gestación.

A partir de los 35 años aumenta el riesgo de malformaciones congénitas y anomalías cromosómicas. Por ello hay motivos más que suficientes para vigilar con atención el embarazo y utilizar técnicas de detección de malformaciones congénitas, entre ellas, la amniocentesis.

En España debido a las dificultades que tienen los jóvenes para independizarse, para encontrar un trabajo y para poder pagar una vivienda, la edad de ser padre se está retrasando excesivamente.

Ciertamente, la madurez de cada miembro progenitor y el apoyo familiar que reciban marcarán diferencias significativas en las valoraciones anteriormente realizadas.

Ser padres jóvenes permite una relación y un entendimiento más fluido con los hijos. La excesiva edad dificulta la relación padres e hijos y, desde luego, la dedicación que exige un bebé requiere la fortaleza que se posee en la juventud. Hay muchos padres mayores (biológicos o adoptantes) que se comportan como abuelos.

Hoy ya existe la posibilidad de retrasar la menopausia, y de alguna forma podríamos hablar de detener el «reloj biológico» de las mujeres. El hecho de poder practicar los autoinjertos de ovarios permitirá, como hipótesis, concebir hijos sin límite de edad, lo cual plantea problemas, pues alumbrar a un hijo a la edad de tener nietos supone no sólo un avance tecnológico, sino un riesgo para los derechos del niño, que precisa una madre no sólo (y no necesariamente) biológica, sino que juegue y se agache, que corra y que tenga la vitalidad propia de la edad natural de ser madre.

## Fecundación

El espermatozoide deja en el óvulo su carga genética: 23 pares de cromosomas con el legado del padre que se unen a otros tantos cromosomas del óvulo —legado de la madre—. Desde ese momento quedan establecidas las características genéticas del bebé. Y ya es un nuevo ser, único e irrepetible.

### Fertilización «in vitro»

Se trata de una técnica que permite la fertilización fuera del cuerpo de la madre. Se obtienen varios óvulos maternos mediante punción de los ovarios vía vaginal y se ponen en contacto con una muestra del semen del padre, tratado con algunas sustancias que sirven para capacitar a los espermatozoides para la fecundación. Pasados unos días, y tras mantenerlos en una temperatura adecuada, se obtienen los embriones que se transfieren a la madre a través de la vagina, dentro del útero.

Generalmente se dejan tres embriones en cada ciclo, como se obtienen muchos más, el resto se puede conservar congelado, bien para ser usado por la pareja tiempo después, o para ser donado a otras parejas estériles.

Esta técnica se utiliza en mujeres que tienen obstrucción de las trompas de Falopio, también cuando el moco cervical es hostil o si existe un recuento bajo de espermatozoides. El éxito es de un 10 a un 35 por ciento.

No aumenta la incidencia de malformaciones congénitas y permite diagnosticar algunas anomalías cromosómicas en los embriones antes de implantarlos.

## Riesgos durante el embarazo

Según la Sociedad Española de Ginecología y Obstetricia (SEGO), debe realizarse una consulta dentro del año que precede al embarazo con el fin de que las mujeres que vayan a iniciar una gestación lo hagan en las mejores condiciones posibles.

Algunas circunstancias pueden contraindicar el embarazo, como casos de cardiopatía severa que puedan causar complicaciones para la madre o el feto, así como casos de hipertensión y diabetes de larga evolución que han de estudiarse, o cuando hay antecedentes de enfermedades hereditarias.

### Consejos genéticos

Se precisará de un consejo genético en los siguientes casos:
○ Los padres que han tenido un hijo con algún defecto genético.
○ Si los padres son parientes.
○ Si la madre tiene 37 años o más y es primeriza.
○ Si en la familia de la madre o en la del padre han nacido bebés con malformaciones hereditarias o deficiencias.
○ Si se han tenido dos o más abortos con anterioridad y no se conocen las causas.

### Si se ha sufrido un aborto

Tras un legrado por aborto se aconseja esperar a que hayan transcurrido tres periodos menstruales antes de iniciar la búsqueda de una nueva gestación, para que el útero tenga un pequeño reposo.

En mujeres conscientes, equilibradas y responsables de su decisión, no se presenta ningún tipo de patología.

La angustia, complicada en ocasiones por una depresión neurótica, es el trastorno que a veces acontece tanto en abortos espontáneos como en terapéuticos e ilegales. Puntualmente se puede acompañar de sentimientos de culpa y de miedo (que dependerán en gran medida de la presión del grupo de pertenencia).

## Amniocentesis

Es una técnica médica que se usa para establecer si el cariotipo es normal y descartar alteraciones en los cromosomas, como el síndrome de Down. El estudio del cariotipo también permite diagnosticar enfermedades hereditarias debidas a la alteración de un sólo gen, como la fibrosis quística. Es aconsejable cuando existen antecedentes patológicos en la familia de origen, o cuando la madre supera estadísticamente la edad ideal de embarazo (a partir de los 38-40 años la probabilidad se dispara).

El procedimiento se lleva a cabo entre las semanas 16 y 20 del embarazo. Primero se realiza una ecografía para comprobar tanto la posición del feto como la de la placenta; a continuación se extrae una muestra de líquido amniótico, que rodea al bebé dentro del útero, mediante una aguja que se inyecta a través de la pared del vientre. Los padres pueden tardar hasta quince días en tener los resultados y este procedimiento no está exento de riesgos. Puede dañar al feto o a la placenta y el índice de abortos es aproximadamente del 1 por ciento.

## Estoy embarazada

Cuídate mucho desde el principio. Deja de fumar y de tomar alcohol —si consumías—, no te automediques y, mientras no sepas si eres o no inmune a la toxoplasmosis, toma medidas para evitar un contagio.

La primera visita durante el embarazo debe producirse alrededor de la segunda falta; posteriormente, una vez al mes. Desde el octavo mes se controlará semanalmente.

Si finalmente se confirma que estás embarazada, debes empezar a adquirir algunos hábitos, como relajarte, acercarte a la naturaleza, escuchar música armoniosa, agradable, como la música clásica y compartirla con quien se desarrolla en tu interior. Parece recomendable un ambiente musical en el que abunden los sonidos de más de 1.500 Hz (hercios) y con un ritmo cercano o inferior a setenta por minuto, como el canto gregoriano o numerosas composiciones de Mozart o Vivaldi.

Tu pareja ha de propiciarte momentos agradables, no tensos. Su papel es fundamental. De alegría, de esperanza compartida, de ilusión, de acompañamiento, de ayuda, de sentirse y transmitir coparticipación.

Ser feliz, escuchar, hablar, sonreír, ver las ecografías, participar en las compras, etcétera, mil detalles le son factibles y recomendados. ¡Va a ser padre! Algo fundamental y lo va a ser junto a su mujer, que lleva al futuro en su seno.

Sentir las pataditas y acompañar a su pareja a la preparación para el parto (y anticipar y formarse para tan único instante), incluso hasta cortar el cordón umbilical son otras de las múltiples funciones que el padre no ha de perderse.

La satisfacción que el futuro padre va a ir sintiendo será benéfica para él, para la madre y para el hijo común.

## CUIDADOS DURANTE EL EMBARAZO

### Alimentación

La dieta debe ser equilibrada. Debe establecerse un horario regular de comidas, se ha de desayunar bien, comer despacio, beber suficiente agua, cenar pronto. Preparar los alimentos de forma sencilla. No se han de olvidar los suplementos de hierro, calcio, vitaminas y ácido fólico. No se debe obsesionar con el peso.

Toda mujer embarazada con serología negativa para toxoplasma debe tomar la carne, tras congelarla, bien cocida y muy hecha; las frutas, sin piel; y las verduras, escrupulosamente lavadas, y no comer embutidos, así como evitar todo contacto con gatos.

La toxoplasmosis es una enfermedad infecciosa producida por un parásito, y mediante un análisis de sangre se puede verificar si la madre tiene anticuerpos. La transmisión al feto conllevará graves deficiencias para el bebé.

### Consumos prohibidos

○ Cualquier droga, incluido el alcohol: no se ha establecido ningún nivel por debajo del cual no se lesione al embrión. El consumo en gran cantidad provoca el denominado síndrome de alcoholismo fetal, que supone bajo peso al nacer, lentitud para el aprendizaje y secuelas en un bebé que de esa forma nace maltratado.

El tabaco conlleva bajo peso al nacer, mayor riesgo de muerte súbita para el bebé y dificultades para la madre, como riesgo de abortos, parto prematuro o placenta previa.

○ Medicamentos, salvo que sean indicados por el ginecólogo.
○ Respecto al té y al café, poseen un efecto vasoconstrictor que reduce el aporte de oxígeno al feto, eleva el riesgo de parto prematuro y provoca bajo peso al nacer.
○ Para evitar posibles riesgos no se expondrá al contacto con pesticidas e insecticidas, así como se cuidará de tener contacto con niños enfermos.

## Ácido fólico antes y durante el embarazo

El ácido fólico es una vitamina del grupo B fundamental para la utilización de las proteínas, para la creación de los glóbulos rojos y de las células, para completar el código genético del futuro bebé y para la formación de los tejidos y del sistema nervioso.

Los médicos han adoptado el protocolo de recomendar a las mujeres embarazadas (y es conveniente también en las mujeres que intentan concebir) tomar un suplemento de 400 microgramos diarios hasta que el embarazo alcance al menos las 12 semanas.

Se encuentra en el germen de trigo, en el hígado de ternera, en las judías cocidas, en las espinacas, en las acelgas, en las coles de Bruselas, en las avellanas, en los aguacates, en el pan integral, en los huevos, en el pescado graso, en los plátanos y en las patatas.

La espina bífida está causada directamente por un déficit enzimático relacionado con la carencia de folatos en el organismo.

## La práctica deportiva

Se desaconsejan los deportes que obliguen a realizar saltos o movimientos bruscos. No han de realizarse los que conllevan riesgo de caídas (patinaje, esquí, ciclismo) o peligro de golpes en el abdomen (tenis, squash, aeróbic, baloncesto), ni el alpinismo, ni el buceo.

Los deportes más recomendados son caminar, hacer bicicleta estática y nadar (no es aconsejable en las tres últimas semanas de embarazo, se debe nadar a braza, sin arquear la espalda, y se han de extremar las medidas higiénicas).

## Relaciones sexuales

Durante el primer trimestre gestacional se produce en la mujer un descenso del interés, del placer y de la actividad sexual, dados los trastornos físicos que se padecen (náuseas, fatiga, mareos...).

Del cuarto al sexto mes puede haber un resurgir del deseo, de la capacidad de excitación y por ende en la frecuencia de las relaciones sexuales.

En el tercer trimestre del embarazo las prácticas sexuales vuelven a disminuir. Muchas mujeres sienten contracciones uterinas durante las fases de excitación o de orgasmo, lo cual genera mucha angustia, por temor a provocar un parto prematuro.

Después del parto se requerirá un tiempo hasta que el organismo y el cerebro, así como la disposición personal y de pareja recobren el deseo sexual.

## Reposo durante el embarazo

Esta prescripción no es fácil de aceptar, pero está indicada en todas las situaciones en que existe un riesgo para la salud del feto o para la de la propia madre. Debe vivirse en positivo, entendiendo que es benéfico para el futuro hijo.

La madre ha de prepararse interiormente, pero pasado un tiempo ha de buscar ayuda en su pareja, en los abuelos, en un profesional, tanto si percibe que se deprime como cuando la presencia de otros hijos requiere de su atención.

Es importante no descuidarse (maquillarse, vestirse de forma atractiva) y rodearse de personas optimistas y vitales. Resulta de interés retomar o iniciarse en aficiones (pintar, leer, escuchar música, bordar, etcétera). Hasta crearse un ambiente agradable (con flores, un acuario) positivizará el estado de ánimo de la futura madre que se ve obligada a mantener un reposo absoluto o puntual (no realizar ciertas actividades).

# III

# El feto

La primera etapa en el desarrollo evolutivo del niño es su vida intrauterina. Esos nueves meses son fundamentales, pues en ellos el bebé se desarrolla sensorial y corporalmente.

La vida de la madre es la vida del hijo durante nueve meses, por eso el estado de la madre, sus hábitos de consumo, el apoyo que reciba, las expectativas que tenga son fundamentales.

Durante la vida intrauterina y los primeros meses de vida la estimulación debe ser esencialmente sensorial.

Al finalizar el tercer mes de embarazo el embrión ya no es tal. Al concluir la undécima semana los órganos fundamentales del futuro bebé están formados, mide 9 centímetros y pesa aproximadamente 125 gramos; existen registros electroencefalográficos intrauterinos que confirman la existencia de actividad cerebral, cuando el feto cuenta con doce semanas de gestación.

## NIÑO O NIÑA

De los 46 cromosomas que conforman nuestro plano genético, el sexo del bebé viene determinado sólo por dos, conocidos por X e Y. Cada óvulo de la mujer contiene un solo cromosoma X, mientras que el espermatozoide tiene un cromosoma X o Y. Si un óvulo es fecundado por un espermatozoide con cromosoma X, el bebé será una niña (XX). Si el espermatozoide tiene un cromosoma *y*, el bebé será un niño (XY).

A los cinco meses de embarazo podemos saber si es niño o niña, pues los órganos sexuales están claramente definidos. *Me-*

diante una ecografía —si la postura del feto lo permite— podrá conocerse el sexo.

## DENTRO DEL VIENTRE MATERNO

El feto a los seis meses puede oír un ruido exterior que sea fuerte y próximo al abdomen de la madre —parpadea asustado.

Reconoce la voz de su madre. Se ha comprobado que al acercar a la barriga un magnetofón con una canción grabada, aumenta la actividad del lóbulo temporal del cerebro del feto. Diversas experiencias demuestran que el recién nacido y lactante es capaz de recordar lo que oyó en el útero.

Que el feto reacciona a las caricias de la madre se ha apreciado mediante ecografías, por las que se puede observar que el feto se aproxima al lugar donde éstas se producen.

El futuro bebé prueba sabores, pues el líquido amniótico que traga varía según los alimentos que consume la madre, por tanto, huele y saborea.

## EMBARAZO MÚLTIPLE

La forma más habitual de embarazo múltiple son los gemelos, de los cuales el 80 por ciento es dicigócito (producido por la fecundación de dos óvulos diferentes).

Son embarazos de alto riesgo y se controlan en unidades especiales.

El 50 por ciento de los gemelos nace prematuro, es decir, peso inferior a 2.500 gramos y nacimiento antes de transcurridas las 37 semanas de gestación.

Cuanto mayor es el número de niños, mayor es el riesgo de parto prematuro e inmadurez pulmonar.

Las técnicas actuales de fertilización «in vitro» producen embarazos múltiples con cierta frecuencia.

Gemelos, mellizos, trillizos... suponen una sorpresa a la que los padres se han de adaptar. Conllevan un parto más difícil, una etapa educativa y de entrega aún más duras y un costo económico adicional muy importante. También presupone una ilusión verlos juntos y sanos.

Es el que persiste pasadas las 42 semanas. Si el embarazo se prolonga demasiado, la placenta no se hallará en condiciones de seguir nutriendo al feto (cuyas demandas de oxígeno cada vez son mayores).

Desde la semana 40, si no se ha producido el parto, se vigila la salud fetal con ecografías y monitorización.

Ante cualquier indicio de sufrimiento fetal, o una vez llegada la semana 42, se indica la finalización de la gestación mediante inducción del parto o cesárea.

# IV

# El parto

## Fecha del parto

El punto de referencia para calcular la fecha del nacimiento del futuro hijo es la última regla (un dato fiable en mujeres que menstrúan con exactitud y no tanto en otras más irregulares). A partir de sumar al primer día de la última regla siete días y restar a esta fecha tres meses del calendario, se contarán 280 días (diez meses lunares de 28 días o lo que es igual, 40 semanas). Por ejemplo, si el primer día de la última regla fue el 6 de agosto, la fecha probable del parto será el 13 de mayo.

El ginecólogo cuenta la edad del embrión o del feto en semanas y se basa también en las ecografías.

Las madres mayores tienen más posibilidades de sufrir retrasos en la fecha del parto por falta de elasticidad de los músculos uterinos.

Los meses elegidos por la mujer para dar a luz son mayo, septiembre y octubre, pues permiten unir el permiso de maternidad con las vacaciones veraniegas, para poder de este modo prolongar el tiempo y estar junto al recién nacido.

## Miedos

Los miedos más recurrentes y generalizados que experimentan las madres son los referidos a si el niño nacerá bien, si estará sano, si podrá soportar las contracciones, si precisará cesárea de urgencia o una transfusión...

Los padecen muchas mujeres y aunque en los cursos de preparación al parto se busca afrontarlos con menos ansiedad, los miedos persisten.

También en el futuro padre: ¿aguantaré en el momento del parto?, ¿el tráfico me permitirá llegar a tiempo al hospital?

## Cuándo acudir al hospital

Si presenta contracciones uterinas rítmicas progresivamente más intensas y con frecuencia de al menos dos en 10 minutos durante 30 minutos; o pérdida de líquido por la vagina (rotura de la bolsa); o pérdida hemorrágica por la vagina, debe acudir al hospital.

No se deben llevar al paritorio joyas o complementos que entorpezcan el trabajo de los profesionales de la sanidad, ni lentillas —en este caso hay que optar por las gafas—. Tampoco las uñas pintadas dado que la coloración natural sirve a los anestesistas para controlar el riego sanguíneo.

## Anestesia epidural

La anestesia epidural es inocua para el feto y muy segura para la madre. No existe riesgo de parálisis medular, pues la punción se realiza en una zona donde no se puede lesionar la médula espinal. Realmente la epidural en la labor del parto es una analgesia, no una anestesia, dado que la concentración de anestésicos es mínima. Se aplica la necesaria para aliviar el dolor sin provocar una total insensibilización.

## Fórceps y ventosa

Son instrumentos obstétricos. Se emplean en un 15 por ciento de los nacimientos por las siguientes causas:
○ Cuando el aporte de oxígeno al niño es insuficiente (hipoxia).
○ Si existe distocia, o lo que es lo mismo, la mecánica del parto se ve alterada y la evolución de la cabeza del bebé dentro de la pelvis no es la correcta.
○ Cuando la madre está agotada y sus pujos no son eficaces.

## La cesárea

Es una intervención quirúrgica que apenas entraña peligros, pues, si bien el riesgo de mortalidad materna es algo mayor que en un parto normal, en la actualidad es una de las operaciones más seguras en el campo de la obstetricia.

La intervención es sencilla, suele ser de urgencia, pero en otras ocasiones es una decisión tomada por el ginecólogo con antelación por el bienestar de la madre o del feto.

Indicaciones de cesárea programada:
— Desproporción pélvico-cefálica
— Cirugía uterina previa
— Distocias en el canal blando de parto
— Placenta previa oclusiva...
— Algunos casos de gestaciones múltiples

Razones de cesárea de urgencia:
— Sufrimiento fetal
— Desprendimiento prematuro de la placenta
— Cuando el cordón se coloca entre la cabeza del niño y el cuello del útero...
— Algunos casos de prematuridad

## Donar el cordón umbilical

El trasplante de sangre del cordón umbilical es actualmente la técnica más esperanzadora en la lucha contra la leucemia en niños. En muchos hospitales se puede donar el cordón umbilical después de dar a luz.

Se ha de firmar una autorización por la madre el día del parto (antes de este momento). No supone ningún riesgo para la madre o para el bebé. Se efectúa después de nacer el niño y al ser separado de la madre. Son las matronas quienes se encargan de realizarlo.

Si se desea donar el cordón del bebé para salvar la vida de otros niños, hay que ponerse en contacto con algún centro de transfusión sanguínea, con algún hospital o clínica, o con la Fundación José Carreras. Teléfono: 93 414 55 66.

## El padre en el parto

Salvo que se prevea un parto difícil, que conlleve cesárea, es conveniente que el padre asista al parto —basándome en la propia experiencia—, es la vivencia única e inolvidable de ver en directo, de sentir el nacimiento del hijo mientras compartes este difícil y bello momento con la pareja y madre. Creo que esa presencia vincula fuertemente al padre y al hijo ulteriormente.

El padre que quiera participar en la crianza de su hijo hará bien en empezar antes de que éste nazca. Los padres que viven día a día el embarazo de su mujer y que presencian el parto y participan en él llevan mucho adelantado, porque desarrollan un fuerte sentimiento de conexión y amor para con su hijo.

Es cierto que el momento es difícil y escandaloso por la sangre, pero merece la pena y obviamente la mujer agradece la coparticipación.

Resulta benéfico asistir a las clases de preparación al parto con su mujer y aprender a dominar los nervios, acompañar a la madre desde el momento de la dilatación, tranquilizarla, hacer lo que te indique, cogerle las manos cuando ella lo precise y, primordialmente, darle ánimos teniendo cuidado de no interferir en la labor de los médicos.

## Nacer

«En cada niño nace la humanidad».

JACINTO BENAVENTE

Nacer es un momento doloroso, es pasar de la ingravidez a la gravedad; del silencio al ruido; de la oscuridad a la luz. Todos debemos intentar mejorar esta primera experiencia:

— la madre aprendiendo a dar a luz de forma relajada,

— el padre acompañándola en este bello e irrepetible momento,

— el ginecólogo no cortando tan rápido el cordón umbilical, sino depositando al bebé sobre el vientre de la madre para evitar que haya exceso de luz y eludir de este modo el volverlo hacia abajo y golpearle en la espalda o en las nalgas.

Los estímulos del parto activan espontáneamente los mecanismos de respiración del bebé, aunque no llore al nacer. Es necesario provocar el llanto para que empiece a respirar cuando el parto ha sido muy difícil, cuando ha habido sufrimiento fetal o cuando el niño es prematuro.

Dos minutos después de nacer la piel del pequeño comienza a perder su tono azulado y adquiere un color mucho más rosado, que indica que el oxígeno le está llegando a los tejidos.

Es normal que tenga una respiración muy agitada (su frecuencia respiratoria es de 40 o 50 inhalaciones por minuto, mientras que la de los adultos es de 18).

Esperemos con tranquilidad tras el nacimiento de nuestro hijo, hagamos un tránsito lento en su adecuación al mundo, tratemos de bañar al bebé con agua salada (que recuerde sus nueve meses anteriores).

Hay niños que cuando nacen no lloran, quizá porque su madre no ha podido parar de hacerlo durante todo el embarazo.

Madres y padres deberían tener a su niño para abrazarlo y acariciarlo durante una hora después de haber nacido. Es importante colocarlo sobre el pecho de la madre para que note los latidos de su corazón y su olor. El contacto, los olores, el sonido de la voz de la madre y del padre son esenciales para el bebé, lo estimulan, lo relajan, le transmiten seguridad.

A través de la piel el bebé sentirá todo el amor que le transmitan sus padres, ya que es el mejor receptor en sus primeras horas de vida.

Según los neurobiólogos, la oxitocina interviene en el apego, y la madre produce esta hormona durante el parto y la lactancia. La Organización Mundial para la Salud recomienda hoy que el recién nacido sano y su madre estén juntos, y que la lactancia sea inmediata al nacimiento. Hay un periodo sensible después del parto, en el que el recién nacido está tan receptivo al olfato y al tacto que, colocado sobre el cuerpo de su madre, puede empezar a succionar solo. Para la madre los sonidos, las caricias, los olores y que el bebé chupe su pezón hacen que ella produzca oxitocina.

En el hospital La Paz de Madrid se está empezando a implantar el método *piel con piel;* tras una inspección del bebé que indique que está sano, se coloca desnudo junto a su madre y suben juntos a la habitación en la misma cama. Los bebés no lloran, respiran más tranquilos, tienen movimientos más armónicos y comienzan a mamar antes.

La campaña «Que no os separen» (véase www.quenoosseparen. info) promueve el *piel con piel,* también en prematuros (en las unidades neonatales).

Respecto al padre el feto también construye su vínculo de manera parecida al que establece con la madre. Mientras convive junto a la madre embarazada, el futuro padre aumenta su nivel de oxitocina y de prolactina a medida que progresa el embarazo hasta alcanzar un 20 por ciento de media en las semanas anteriores al parto (incluso en el caso de no ser el padre también le pasará). Las hormonas lo ayudan a querer al bebé, si después de nacer se coloca al recién nacido encima del padre, segregará esta hormona del apego.

Cuando el vínculo no puede establecerse en el nacimiento, bien porque se nace por cesárea o en el caso de los niños adoptados, puede hacerse en otros momentos. Algunos de estos niños lo que deben superar es la muestra cerebral de la indiferencia.

A veces tras el parto, la madre puede no sentir el llamado «instinto maternal», que irá adquiriendo con el roce y los días.

Resulta relevante enfatizar la figura del padre para desarrollar el contacto con el hijo y minimizar el cansancio de la madre. Puede sentirse excluido, desplazado en algunos momentos, pero ha de ser comprensivo y proporcionar apoyo y seguridad. En los primeros días el cariño del padre llega a través de la madre, a partir del tercer mes su rol será más activo en la vida del bebé. Si la pareja está unida y se ayuda, se verá reflejado en el niño.

Lógicamente, el que el recién nacido pase algunos ratos en el denominado «nido» no genera ningún problema.

Los primeros días son los más decisivos para el ser humano. A través de la relación con los padres (esencial, la madre) se asientan las bases de las emociones básicas y de posicionamiento ante los otros (el mundo).

El parto prematuro es el que tiene lugar antes de la semana 37 de gestación. Hoy el bebé de 36 semanas tiene prácticamente el 100 por ciento de posibilidades de supervivencia.

El parto de un niño prematuro no puede ser natural, pues su cráneo no está preparado para las presiones del parto.

Al nacer los bebés tienen un sistema nervioso inmaduro y pueden tener problemas respiratorios y visuales.

El grupo de mayor riesgo son los menores de 1.500 gramos, que representan el 1 por ciento de los nacimientos. Los prematuros de menos de 28 semanas («grandes prematuros») tienen un elevado riesgo de padecer trastornos, como ceguera, sordera o retraso mental. Reciben una atención intensiva y muy especializada.

Las expresiones faciales del bebé mostrarán su grado de dolor debido a las terapias y a las manipulaciones que recibe en el hospital. El llanto tipo chillido y fuerte no cesará al atenderlo si se siente mal.

Resulta duro para los padres ver a su hijo a través de los cristales de una incubadora y sentir que está solo, indefenso, quizá sufriendo física y psíquicamente. Por ello es muy recomendable la lactancia materna, además se ha comprobado que la composición de la leche de las madres que han tenido un parto prematuro es diferente: tiene un mayor contenido en proteínas, específicamente lo que un prematuro necesita para tener un ritmo de crecimiento rápido.

El *método canguro* reside en el concepto de vinculación madre-hijo durante las primeras 24 horas de vida del lactante, expresado por Marshall Klaus y John Kennell.

En el caso de los prematuros de bajo peso y hospitalizados es primordial establecer este vínculo para brindarles apoyo, protección y para mejorar su desarrollo en poco tiempo, y ayudarlos a regular la temperatura, a normalizar el ritmo cardíaco, a reducir el estrés y el dolor y a favorecer la lactancia materna, importante para el desarrollo mental del prematuro. Para ello se coloca al bebé sobre el pecho de la madre en posición fetal con la cabeza ladeada sobre el corazón para que sienta sus latidos, el ritmo de su respiración, su olor y le transmita el calor de su cuerpo. Ha de realizarse en el hospital y en casa hasta que el niño adquiera el peso adecuado de un bebé nacido a término. También puede ser realizado por el padre u otro adulto.

Los niños «pretérmino» suelen tener un desarrollo psicomotor y una evolución cognitiva correctos, para confirmar su maduración y hasta los 2 años habrá de tenerse en cuenta su «edad corregida», que se calcula restando los meses que se adelantó el parto a los meses de vida del hijo.

Respecto a las vacunas, éstas siguen el mismo calendario que las del resto de los niños.

# V

# El recién nacido

## ¿CÓMO SE LLAMARÁ?

○ No se debe rechazar un nombre que os gusta porque os recuerde a alguien que aborrecíais o que era muy feo.

○ A veces el unir en un nombre compuesto el que le gusta al padre y a la madre puede resultar inarmónico.

○ Deben evitarse nombres cuya terminación se preste a una rima fácil que pueda conllevar burlas.

○ Si el apellido es corto, conviene un nombre largo o compuesto. Los apellidos largos combinan mejor con nombres cortos.
Si el apellido es común, se ha de buscar un nombre original para evitar coincidencias.

○ Resulta interesante que el nombre tenga un bonito significado.

○ No resulta acertado poner al hijo un nombre que se pronuncia de forma diferente a como se escribe en nuestro idioma.

○ Hay que evitar que las iniciales del nombre y los apellidos formen una combinación de siglas conocidas.

○ Si el apellido contiene varias veces una vocal, busquemos un nombre que no disponga de la misma.

○ Obviamente la última letra del nombre no debe coincidir con la primera del apellido.

○ Evitemos las combinaciones que nos traen sonidos cacofónicos.

○ Quizá deseemos que la hija o el hijo lleven el nombre de la madre o del padre para sentir más próxima la heredad del vínculo. Recordemos que conllevará errores o se acabará utilizando el diminutivo o el nombre acompañado de la pregunta «¿padre o hijo?».

EL PESO

En embarazos de duración normal (entre 37 y 41 semanas) se consideran pesos adecuados al nacer los comprendidos entre 2.500 y 3.600 gramos para las niñas, y 2.700 y 3.900 gramos para los niños.

Cuando no alcanza los 2,500 kilogramos (aproximadamente el 7 por ciento de los recién nacidos) se dice que el bebé es de bajo peso. Las causas pueden ser: que sea genéticamente más pequeño, malformaciones del feto, infecciones, hábitos tóxicos maternos (tabaco u otras drogas), mala nutrición intrauterina por mal funcionamiento de la placenta.

El peso promedio del recién nacido es de 3,400 kilogramos, valorándose dentro de la normalidad llegar hasta los 4,500 kilogramos.

Más adelante los bebés deben coger entre 200 y 300 gramos a la semana desde el parto hasta los 3 meses. Entre 100 y 200 gramos cada semana desde los 3 hasta los 6 meses. Entre 50 y 100 gramos cada semana desde los 6 hasta los 9 meses.

El peso del bebé debe anotarse periódicamente en una tabla de percentiles.

## Meconio

Es como se denomina a las primeras deposiciones del bebé, que son muy oscuras, de color verde-negruzco, pastosas y de un considerable volumen. Se deben a la digestión durante la vida intrauterina del líquido amniótico y de los restos de la descamación y de las secreciones de la mucosa.

Las niñas pueden tener una pequeña hematuria, es decir, presencia de sangre en la orina.

## Estado del recién nacido

El test de Apgar sirve para valorar al recién nacido de forma objetiva. Consiste en puntuar al minuto, a los cinco y a los diez minutos de vida, cinco parámetros: la frecuencia cardiaca, la frecuencia respiratoria, el color, el tono, los reflejos; y permite saber si el recién nacido precisa reanimación.

## El pinchazo en el talón

Se efectúa en los primeros diez días (normalmente hacia las 48 horas de vida) y se recoge en una tarjeta una gota de sangre, para detectar posibles alteraciones del metabolismo (hipotiroidismo, fenilcetonuria e hiperplasia adrenal congénita).

## Informe del recién nacido

En el momento del alta, se entregará a los padres un completo informe neonatal, donde quedarán constancia de los datos antropométricos (talla, peso, perímetro craneal...), se indicará la evolución ponderal, los análisis practicados al neonato, se reflejará el grupo sanguíneo y el RH, y se describirá cualquier incidencia o dato reseñable acontecido durante la estancia.

Es natural y generalizado tener miedo, lógico y compartido, pero los momentos llegan y se superan con éxito. Siempre ha sido así.

La vuelta a casa con un bebé supone un cambio de vida, pero aporta otros beneficios y alegrías que compensarán esta sensación de incertidumbre inicial. Con paciencia, poco a poco la pareja se habitúa a la presencia del bebé, a interpretar sus señales y a entender su modo de expresión a través del llanto, de la sonrisa, etcétera.

Procurar un ambiente acogedor para padres y recién nacido ayuda a volver progresivamente a la normalidad.

## La habitación y sus complementos

### La canastilla

Para la primera puesta del bebé hará falta:
- Camisetas o jubones, bodis, braguitas, polainas, peleles, baberos, calcetines (unas tres o cuatro prendas de cada artículo).
- Un arrullo, un gorro de algodón.
- Pañales.
- Dependiendo de la época del nacimiento, harán falta jerséis.
- Sería conveniente que todas las prendas sean de algodón y al lavarlas se utilizarán jabones especiales para bebés.

### Complementos necesarios

Hay que prepararlo con ilusión y pensando en el bebé:
- Moisés, capazo o minicuna desplazable para los primeros meses.
- Cuna con protector. Ha de tener los listones muy poco separados unos de otros, un colchón que cubra el fondo, mecanismos de cierre de las barandas, ningún borde con aristas ni pintura de plomo y 65 centímetros de alto, desde la superficie de la baranda hasta el colchón ubicado en su nivel más bajo.
- Coche de paseo.

*Nota:* Los objetos anteriores se vestirán con colchón (goma-espuma), empapador, sábanas y, según la época del nacimiento, hará falta una manta, edredón o saco.

○ Interfonos (no imprescindible).
○ Hamaca (no imprescindible).
○ Portabebés.
○ Silla de seguridad para el coche.

## La habitación del bebé

Decorar la estancia para el bebé en la casa suele vivirse con mucha ilusión por los padres.

Hay que procurar escoger una habitación con buena iluminación y bien ventilada, a ser posible decorarla en tonos pasteles que inviten a la relajación.

La cuna y demás muebles deberán cumplir las normativas de seguridad. Durante los primeros meses es mejor que el bebé duerma en un moisés o minicuna, donde se sentirá más protegido, que note los límites del espacio y la presión sobre su piel y que sea mecedora, para que le recuerde el movimiento que imprimía en el útero la respiración de la madre. No nos olvidemos de usar los protectores en la cuna.

Será conveniente tener una butaca para darle el pecho, que la iluminación sea tenue y crearle un ambiente cálido, por ejemplo, se puede utilizar la música.

## EL PRIMER PASEO

Se puede dar nada más abandonar la clínica. El cochecito es el mejor medio de transporte para estas primeras salidas.

Pasear todos los días —no por obligación— es muy sano. Se evitará el frío intenso y el calor extremo. Si es factible se le llevará a un parque, donde disfrute de los árboles, del agua, lejos de la contaminación de los vehículos y del ruido.

## La mochila portabebés

Las madres y los padres deberían tratar de usar la mochila portabebés para ir a cualquier lugar con el pequeño y para consolarlo
cuando se muestra nervioso o tiene cólicos. La mochila portabebés es más valiosa aún cuando se utiliza para llevar al niño contra
el pecho, y no a la espalda. Se puede utilizar hasta los 8 kilos de
peso.

## LOS CUIDADOS DEL RECIÉN NACIDO

### Cordón umbilical

Cada día y hasta la caída del extremo del cordón se debe aplicar
alcohol de 70 grados con un bastoncillo de algodón, seguido de un
antiséptico incoloro; después se recubre el apósito del cordón ya
desinfectado con una gasa estéril. Se ha de sujetar el apósito con
una gasa o esparadrapo especial antialérgico. El apósito debe cambiarse cada vez que se practique la cura.

### El baño

Al principio la bañera puede estar en la habitación por comodidad,
habrá que cuidar la temperatura ambiente (20 grados) y la del agua
(37 grados). Es importante tener preparado todo lo que vayamos
a necesitar de aseo y ropita para no dejar nunca solo al bebé en el
cambiador.

Para bañar al bebé hemos de tener lista la bañera, la capa de
baño, un termómetro, jabón líquido (especial para bebés) y una
esponja.

Para la higiene diaria será necesario un peine o cepillo, una
crema hidratante y balsámica, bastoncillos, tijeras de punta redon-
da, colonia, gasas, alcohol de 70 grados para limpiar el ombligo
y gasas.

El baño es el momento idóneo para que el bebé establezca
contacto social y afectivo con sus padres, para que se relaje y disfrute jugando.

Alrededor de los 6 meses, el bebé comienza a jugar con objetos en el agua, chapoteando, salpicando... Y es a partir de los 10 meses cuando se puede utilizar la bañera familiar, tomando la precaución de no dejarle solo en ningún momento.

Después del baño hay que vestir al bebé. Su ropa tiene que ser holgada y sin ningún tipo de lazo o pelos que puedan causar un accidente. Hay que procurar no abrigarlo mucho.

## El pañal

Si se le irrita la piel en la zona del pañal, la causa de esta dermatitis se encuentra en la urea de la orina. Es aconsejable cambiar al bebé con frecuencia y limpiar bien la zona genital. Si ya existe la irritación, se tratará con pomadas con óxido de cinc y vaselina, y se dejará la zona expuesta al aire mientras podamos.

## Las fontanelas

Las fontanelas son zonas de la cabeza no osificadas que quedan entre la unión de los huesos frontales y parietales (fontanela anterior), y occipital y parietales (fontanela posterior, más pequeña) en el cráneo del recién nacido.

Si se tocan puede apreciarse un latido, que es una propagación del latido del corazón. No hay que preocuparse, se pueden tocar sin apretar.

Orientan al médico sobre la evolución normal del bebé y la osificación del esqueleto. Es bueno que las fontanelas estén abiertas, la anterior puede estarlo hasta los 18 meses.

## Orejas de «soplillo»

En el futuro las orejas no tendrán la forma que presentan al nacer. Piénsese que el cartílago del pabellón auricular es muy blando.

No pongan esparadrapos, cuiden de que al dormir apoye bien la cabeza y dejen la solución al transcurso del tiempo.

*Reflejos innatos*

Desde su nacimiento el bebé posee el reflejo de succión, de manera que cuando se le acerca el pecho a su cara, realiza movimientos hasta que agarra con la boca el pezón y empieza a chupar. A los veinte minutos el bebé ya busca el pecho de la madre, a los treinta ya tiene el reflejo de succionarlo. Succiona según un patrón de esfuerzos y pausas.

Requiere un aprendizaje mutuo, en el que van acomodándose tanto el bebé a chupar como la madre física y psíquicamente.

Al nacer el niño también presenta un reflejo conocido como «reflejo de marcha». Se evidencia cuando se sujeta al niño por las axilas, en posición vertical y con los pies que rocen el suelo. En esa postura el niño comienza a mover sus piernas como si andara. Es conveniente que los padres sujeten al bebé en la postura descrita e inciten la aparición del reflejo.

Respecto al «reflejo de presa», acaricie el puño del bebé para que lo abra. Toque la palma de su mano con el dedo y el niño la cerrará alrededor. Repita este reflejo hasta que aprenda a cerrar la mano. Alrededor de los 2 meses pierde dicho reflejo —prueba de su maduración motriz.

*El tacto y el olfato del recién nacido*

El tacto, el contacto son fundamentales en los primeros días de vida de un ser humano, su importancia interactiva es total, al punto de conseguir consolarlo. Por otro lado, los niños en los primeros días no deben ser sobreestimulados, precisan descansar y dormir.

El olfato del recién nacido está muy desarrollado y le resultan agradables los olores de la leche y los azucarados, en cambio, rechaza los agrios. Reconoce el olor de su madre y se reconforta con él.

*Las primeras sonrisas*

El bebé hace el gesto de la sonrisa desde los primeros días de vida.

El niño ve desde que nace, aunque no con la misma precisión que los adultos. El recién nacido tiene el cristalino enfocado a unos 20 o 25 centímetros, más cerca o más lejos ve borroso, pero ésa es la distancia trascendente, pues es a la que está quien interacciona con él y le da de comer.

Los bebés muestran una clara preferencia por los rostros humanos —y especialmente por los ojos y la boca—. Aunque el reconocimiento de las caras no es innato, a los 2 meses discriminan aspectos internos y externos de las figuras y es a los 3 meses cuando discriminan caras.

La capacidad visual más madura se alcanza aproximadamente a los 6 meses.

La gama de sonidos preferida por los bebés es de 500 a 900 ciclos por segundo: la del habla humana.

Los sonidos fuertes sobresaltan al bebé, aceleran su frecuencia cardiaca y se le enrojece la piel. Es más sensible a los sonidos agudos que a los graves, y puede diferenciar la voz de la madre de la del padre.

La música desarrolla el espíritu y el alma de los niños más allá de lo puramente melódico.

## ALIMENTACIÓN

### *Lactancia materna*

Por convicción de la mejoría psicológica y nutricional que esta conlleva, se asiste en todo el mundo a la revalorización de la lactancia natural (materna).

El calostro es la secreción espesa de color amarillo que poseen las madres y que resulta de gran importancia para la alimentación del bebé hasta que empieza la producción de leche —de forma genérica al tercer día de vida del bebé—, ya que posee gran cantidad de calorías y elementos inmunológicos (defensivos).

Si el recién nacido está bien alimentado, no precisa de un aporte suplementario de agua, esto se puede comprobar por la gran cantidad de orina que elimina. Piénsese que el recién nacido y el lactante consumen una cantidad de leche equivalente para el peso de un adulto, de aproximadamente 14 litros al día (y casi todo es agua).

Durante la lactancia la madre debe tomar carne o pescado a diario. También debe tomar leche enriquecida con calcio y frutos secos, y no debe olvidar que la necesidad de agua aumenta durante la lactancia y se debe reponer diariamente.

En el momento de amamantamiento la madre libera oxitocina, que provoca contracciones uterinas. Ésta es la razón de que muchas mujeres experimenten sensaciones agradables; otras, excitación sexual y alguna incluso orgasmos. Todo perfectamente normal.

## *Los beneficios de la leche materna*

La Organización Mundial de la Salud (OMS) ha recomendado que se informe a las mujeres gestantes y a las madres de recién nacidos de los beneficios y de la superioridad de la lactancia materna. Las madres deberían ser aconsejadas sobre los aspectos prácticos de la preparación y el mantenimiento de la lactancia materna, así como de la importancia que tiene una correcta alimentación de la madre y de lo difícil que resulta reanudar la lactancia al pecho cuando se ha discontinuado.

Sin duda, los bebés obtienen más inmunidad respecto a una variedad de infecciones (gracias no sólo a la leche, sino al calostro). La OMS recomienda la leche materna hasta los seis meses.

La leche de los prematuros tiene mayor número de factores protectores destinados a potenciar el sistema inmunitario.

Ésta cambia durante el transcurso de una misma tetada: es más diluida y ligera al principio, para luego concentrarse más y aportar una mayor abundancia de grasas.

Permite a cada lactante regularse por sí mismo, según su apetito, termina cuando el bebé lo decide, no porque se acabe la leche, y le nutre de forma personalizada (sin horas fijas).

Estimula el gusto y el olfato del pequeño, influido por lo que come la madre.

Desarrolla el sistema inmunitario, fija el hierro y lo libera de los agentes infecciosos. Disminuye el riesgo de sufrir alergias. Estimula la maduración del aparato gastrointestinal. Evita el riesgo de obesidad, ya que es un alimento bien equilibrado. Previene la arteriosclerosis y la hipertensión. Protege del raquitismo y evita las caries, pues no aporta sacarosa.

Contiene una grasa muy especial que ejerce un importante efecto potenciador en el funcionamiento de las vías nerviosas.

La leche materna influye positivamente en el desarrollo cognitivo y mejora la capacidad visual.

Además, ahorra tiempo y dinero.

Debería evitarse la introducción prematura de suplementos, incluso una alimentación parcial con biberón, debido a la influencia que pudiera tener sobre el desarrollo de la lactancia al pecho.

A veces puede ocurrir que el niño no se agarre bien al pecho. Hay que buscar otra postura para que la madre y el bebé se complementen y puedan realizar satisfactoriamente la lactancia.

Por otro lado, nadie ha podido demostrar —muy al contrario— que la lactancia materna tardía (hasta pasados los 2 años) perjudique el desarrollo afectivo y psicológico del niño.

Pero su mejor virtud es la proximidad madre-hijo. Las madres relatan la incomparable satisfacción y los hijos ganan en la relación emocional (insuperable).

A través de la alimentación se favorecen el gusto, el olfato, el contacto visual y la comunicación no verbal.

*Todo lo necesario para la alimentación del recién nacido*

Si se ha elegido dar el biberón al recién nacido o la lactancia mixta, se deberán tener preparados cuatro o más biberones para las distintas tomas (de cinco a siete en el primer mes). Es práctico tener algún biberón pequeño al principio, tetinas, cepillo limpiador y un sistema de esterilización.

Otros complementos que pueden servir de ayuda son los termobiberones y los calientabiberones para cuando se pase el día fuera o para las tomas de la noche. Son muchos los modelos que existen en el mercado para poder elegir todos los accesorios necesarios.

No hay que olvidar tener un par de chupetes y baberos.

Cuando se alimenta al bebé con biberón se ha de procurar cambiarlo de brazo en cada toma para que ambos ojos reciban los mismos estímulos.

Aunque se haya optado por la lactancia materna, es conveniente tener algún biberón para el agua.

## El hipo del lactante

El lactante produce un ruido característico. Se trata de un proceso fisiológico que no requiere tratamiento.

Es aconsejable que los bebés eructen después de las comidas. Cogerlo en brazos en posición vertical ayuda a la expulsión del aire retenido en el estómago.

## DEPRESIÓN POSPARTO

El estado depresivo después del parto lo padecen el 75 por ciento de las mujeres. Es una depresión ligera que tiene su pico al cuarto o quinto día tras el parto y desaparece espontáneamente hacia el décimo. Es de evolución positiva.

Los síntomas depresivos pueden aparecer también varios meses más tarde del parto.

El momento más habitual es cuando la madre vuelve a casa, del hospital, donde ha sido servida y atendida de forma esmerada y de pronto debe ocuparse por completo del niño y de la atención de la casa.

Las madres pueden tener pensamientos conflictivos sobre el hijo, sobre ellas mismas o sobre su pareja. La depresión posparto se caracteriza por el sentimiento de incapacidad para atender al hijo, los accesos de llanto irrefrenable, la astenia, la apatía profunda y ocasionalmente ideas de muerte.

Se suele agravar cuando la madre necesariamente debe abandonar la lactancia de pecho.

Más del 10 por ciento de todas las madres primerizas son diagnosticadas de depresión posparto. La mujer debe hablar de cómo se siente con su pareja y con su médico. Pedir ayuda a especialistas (psicólogos) y si se le aconseja seguir un tratamiento con antidepresivos. El pronóstico es muy favorable.

La madre ha de esforzarse por salir de casa, marcarse pequeños objetivos, no preocuparse sobre la cantidad de tareas que hay que realizar y contactar con grupos de madres-hijos de su localidad.

# VI

# El bebé

## EL VÍNCULO CON EL BEBÉ

El niño necesita una relación de vinculación y afecto con sus padres, así como que se le transmita protección y seguridad, para el buen desarrollo de su personalidad. Para ello es básico que sus necesidades tanto físicas como emocionales estén cubiertas.

El vínculo emocional que se establezca desde el principio con los padres va a influir decisivamente en el desarrollo moral y afectivo del niño. Si éste es defectuoso da lugar a una pobre, inestable o mala relación entre padres e hijos.

Respecto al modelo educativo que van a dar a su hijo han de saber que los primeros estadios evolutivos son fundamentales. Los niños vienen al mundo con un carácter (una impronta), la educación debe reforzar los aspectos positivos y compensar los deficitarios.

Ya antes de que el niño nazca, los padres deben estar posicionados respecto a la educación que quieren transmitir a su pequeño, haber analizado cómo fueron ellos educados, pues influirá en lo que van a transmitir a su hijo; valorar sus virtudes y defectos para mejorar y repercutir en él. En el supuesto —mayoritario— de que sean pareja, habrán de consensuar unas pautas formativas coherentes.

En las primeras etapas hay bebés que no quieren comer, o no duermen, o lloran sin parar hasta que se les coge o simplemente en los que todo parece que funciona bien, duermen bien, comen bien, no hacen ni un ruido, no dan ningún problema.

Los niños llegan sin saber cuáles son las pautas de respuesta ante sus reclamos. De nuestro comportamiento frente a sus demandas dependerá su forma de adaptarse a este nuevo entorno en el que comienzan a crecer.

## El llanto

El llanto del bebé es de un valor inestimable, es una conducta refleja, pero se transforma en la más precoz comunicación del niño con el ambiente. Tiene un efecto profundo sobre los adultos y específicamente sobre las madres.

Está emitido en tal nivel y es tan variado en sonidos que es imposible tanto ignorarlo como acostumbrarse a él. Nadie parece soportarlo; bien está atender al bebé, aceptar su llanto y no perder los nervios.

Puede ser de diversos tipos:

○ Cuando son verdaderos *gritos enérgicos*, suele acontecer que el bebé tiene hambre, por lo que desaparecen en cuanto se le pone al pecho o se le acerca el biberón.
○ Los *quejidos de protesta intermitentes* que cesan en cuanto el adulto se acerca, le habla o lo coge en brazos significan que quiere mimos.
○ Si el *lloriqueo comienza despacio y aumenta* si intentamos distraerlo, probablemente es que tiene sueño.
○ Si algo le duele es cuando emite un *lamento prolongado* que se continúa con una contención de la respiración para estallar de nuevo en otro llanto.

El niño precisa llorar y reír, le sirve de catarsis.

## La sonrisa

A los dos meses ya posee la sonrisa social, o lo que es igual, responde con una sonrisa a la que le muestra otro ser humano. La sonrisa social anuda fuertemente el vínculo padres-hijo.

## La mirada del bebé

A las 3 semanas de vida el recién nacido comienza a reconocer el rostro de su madre. (Aunque la sonrisa de reconocimiento del rostro familiar del cuidador no aparece totalmente hasta el tercer mes, aproximadamente).

Durante las tomas el 70 por ciento del tiempo madre e hijo se están mirando. Cuando el bebé nos mire, hemos de sonreírle para que vivencie positivamente el entorno.

## Masajes para el bebé

Después del baño o cuando se tiene un momento de tranquilidad son situaciones idóneas para realizar aquellos masajes que estimulan los músculos del bebé, que favorecen su crecimiento psicomotriz y lo ayudan a desarrollar su sentido del tacto. Además de los beneficios corporales que se aporta al niño, los masajes son fundamentales para afianzar las relaciones socioafectivas con él. Hay que tener en cuenta que es un momento placentero para el bebé y para el padre/madre porque disfrutan el uno del otro. El contacto debe incentivarse.

Deben realizarse una vez al día y en los niños prematuros por lo menos tres.

## Hábitos

## Cogerlo en brazos

Los recién nacidos necesitan el contacto físico para sentirse seguros. Si a esa corta edad lo coge en brazos cuando llora, desde luego no lo está malcriando. Hay tiempo ulterior para educar.

Según va creciendo se le puede ir educando ante este tipo de reclamo para que no se malacostumbre. Se le dejará llorar dos minutos y lo cogeremos en brazos, lo abrazaremos, le hablaremos y lo dejaremos en la cuna, y si vuelve a llorar —para que lo cojamos en brazos— repetiremos la acción, pero esta vez lo dejaremos llorar hasta los cinco minutos, y así en todas las conductas que deseemos extinguir.

Somos nosotros los que tenemos que condicionar al bebé, no al revés.

## El chupete

Resulta un recurso interesante para sosegar a un niño que llora o se muestra intranquilo (debe hacerse un uso limitado en las ocasiones y el tiempo de utilización del chupete).

Los bebés muestran un placer con la actividad de la succión del pulgar —sustituto del pecho, que les da tranquilidad y seguridad—, o del chupete, poseen un alto grado de sensibilidad en la zona de la boca transitan por una fase evolutiva definida como oral.

El chupete debe desaparecer cuando ya han salido los dientes. Aproximadamente hacia los 18 meses del niño. Puede retrasar su aparición y deformar el paladar, por lo que cuanto antes se retire mejor.

## Horarios

Hay niños que duermen durante el día y están despiertos por la noche y que malcomen a todas horas.

Hay que establecer y mantener los horarios acordes con su edad.

## EL LENGUAJE

Las expresiones emocionales son un vehículo interesantísimo de comunicación, que se establece entre niños y adultos antes de que se consiga el lenguaje.

En la comunicación humana, sólo el 35 por ciento es verbal, el resto es gestual. Los bebés de 3 días ya son capaces de imitar a los adultos abriendo y cerrando la boca y sacando la lengua.

Se ha llamado «protoconversaciones» a la interacción de la madre con el hijo, que incluyen sonrisas o vocalizaciones. Es manifiesto, que existe la comunicación intencional antes del lenguaje, ya que podemos apreciar las protestas, peticiones, etcétera, que el niño realiza antes de empezar a hablar.

Al finalizar el periodo sensorio-motor, el niño comienza a utilizar los símbolos como forma de comunicarse; bien sea mediante gestos o mediante sus primeras palabras. El lenguaje supone una grandiosa modificación cognitiva que da razón de ser al humano, pues le permite representar la realidad.

## Primeras palabras

Hay que trabajar la comunicación con los hijos desde pequeños. El desarrollo del lenguaje en el niño es muy rápido. Está favorecido por estructuras que ya están dispuestas en el momento del nacimiento.

Los primeros sonidos que emite el bebé se producen a los 3 meses, son las voces guturales.

El bebé muestra una gran alegría al poder escuchar y responder a la estimulación sonora (éstos son los primeros pasos de la ulterior comunicación verbal).

Jean Piaget ha llamado «habla egocéntrica» al *ma-ma* y *pa-papa*, con los que el pequeño no busca comunicar realmente, es el periodo prelingüístico que se produce entre el nacimiento y los 9 meses.

Lo normal es que hacia los 7 meses el niño comience a emitir sonidos e intente imitar las palabras que oye.

Al año el niño emite de tres a ocho palabras.
A los 18 meses, 20 palabras.
A los 24 meses, 270 palabras.
A los 30 meses, 450 palabras.

## Hablar a los niños pequeños

A los niños pequeños hay que hablarles con un tono de voz alto, modulando despacio y con claridad, usando vocablos y frases cortas, repitiendo correctamente las palabras que emiten los niños.

De esta forma los papás consiguen que los pequeños les comprendan y que aprendan a través de la imitación.

No conviene abusar del uso de diminutivos ni emplear «lengua de trapo», es decir, hablar a los niños pequeños de la misma forma que lo hacen ellos no es positivo, les sustraemos modelos correctos para poder aprender. Cuando el pequeño dice una palabra o frase incorrecta, sin mostrarle que se le corrige, sí se le ha de verbalizar correctamente.

## Dificultad en el habla

El que haya niños que hablen de forma ininteligible o con dificultad de articulación, que hablen muy poco, o que empiecen a hacerlo tarde (30 meses) puede deberse a:

— problemas neurológicos, problemas perceptivos (por ejemplo, que no oiga bien);

— problemas con los órganos fonatorios (lengua, paladar ojival, etcétera);

— bloqueos emocionales;

— que nadie hable con él porque pasa mucho tiempo solo;

— que los adultos hablen «haciendo gracia» con la misma «lengua de trapo» del niño;

— que se resuelvan sus demandas cuando sólo ha señalado con el dedo o un gesto lo que necesita...

El especialista constatará que el niño entiende cuando se le habla (entiende el lenguaje) y que su edad mental corresponde a la cronológica.

Descartados los factores expuestos, no hay que preocuparse, el niño pronto hablará (Einstein dijo sus primeras palabras a los 30 meses).

Lo mejor que se puede hacer para estimular a un niño a hablar es hablarle y aplaudirle por sus esfuerzos en decir cada palabra.

## EL SUEÑO

Hasta la década de 1990 se aconsejaba que los bebés durmieran en decúbito prono (boca abajo), considerando que se disminuía el riesgo de atragantamiento si vomitaban. Hoy se aconseja colocarlos de lado o boca arriba (salvo los nacidos prematuros o con problemas digestivos).

Se ha comprobado que durmiendo de lado o boca arriba no existe riesgo de atragantamiento y, sin embargo, disminuye la incidencia de la muerte súbita del lactante (SMSL); síndrome, por otro lado, poco frecuente.

No es conveniente poner almohada a los bebés. Duermen mejor sin ella y evitamos riesgos, como que se tapen la cara con ella o doblen en exceso el cuello.

Si el bebé está enfriado y tiene dificultad para respirar se puede introducir la almohada debajo del colchón para lograr un plano inclinado.

El sueño es muy necesario para los bebés porque ahorran energía, que utilizan para su desarrollo, y segregan la hormona del crecimiento.

---

¿CUÁNTAS HORAS NECESITA DORMIR UN NIÑO?

Aproximadamente:
— en el primer mes, unas 19 horas,
— en los 3 meses, unas 18 horas,
— en los 6 meses, unas 16 horas (incluidas dos o tres siestas),
— a los 12 meses, unas 15 horas (incluidas dos siestas),
— a los 24 meses, unas 13 horas (incluidas una o dos siestas).

---

*Las tomas nocturnas del bebé*

Es aconsejable que el bebé distinga entre el día y la noche; por tanto, por la noche se han de mantener las luces tenues, no se debe hacer ruido, ni jugar con el niño y cambiarle el pañal, sólo si está sucio o muy mojado.

Lo más conveniente es que tome la leche, expulse los gases y lo acostemos en la cuna. Si en algún momento el bebé se salta la rutina del sueño una vez adquirida, seguramente tendrá algún problema de gases, o puede que le duela algo.

Hay que aceptar que durante varias noches a lo largo de semanas o meses habremos de estar en vigilia, por lo que se tienen que adaptar los horarios (si es posible descansar cuando lo hace el niño o solicitar a algún familiar o amigo que cuide del niño mientras la madre duerme).

Hasta los 6 meses es probable que el niño quiera seguir haciendo una o dos tomas por la noche.

## Dormir de un tirón

Tener el sueño cambiado es una percepción equívoca de los adultos, pues los niños pequeños duermen a ratos durante todo el día. Por la noche es cuando los mayores necesitan descansar y se percatan de que el niño los despierta en varias ocasiones.

Ya sea por pequeños dolores, por el más generalizado trastorno del sueño (horarios) o por los miedos nocturnos (a la oscuridad, a las sombras...), este trastorno es el que más agota e irrita a los progenitores.

Los padres no han de claudicar ante ciertas conductas y hábitos establecidos.

Para evitar que ante determinadas situaciones la fatiga y la consiguiente carga de agresividad se apoderen de los padres, éstos habrán de turnarse en la atención al niño más pequeño. En ocasiones tendrán que solicitar la ayuda de algún familiar próximo para tomar «un respiro».

## Conciliar el sueño

Hay que establecer un ritual a la hora de acostar al niño, fijar una hora y un lugar para dormir.

Una buena forma de comenzar este ritual es con el baño, que lo ayudará a relajarse.

Desde los 3 o 4 meses (salvo complicación por enfermedad) es apropiado sacarlo de la habitación de los padres y pasarlo a la suya.

En la cuna se pueden colocar elementos que le transmitan seguridad, como peluches, chupetes, etcétera.

Al bebé hay que enseñarlo a conciliar el sueño sólo. No debe asociar el momento de dormir con la presencia de los padres, por eso conviene salir de la habitación antes de que se quede dormido, con anterioridad se le puede cantar una nana, mecerlo y acompañarlo. Puede que llore al principio, pero es importante que aprenda que es hora de dormir y debe hacerlo solo.

Si persiste el lloro, hay que dejar un intervalo de tiempo que iremos incrementando con los días (cinco minutos, diez minutos, etcétera), volver a la habitación, tranquilizarlo y salir. Poco a poco disminuirán los lloros.

Repitiendo este proceso, conseguiremos que el niño duerma solo.

Puede pasar también que nos pida agua, o hacer pis o que tosa... Éstas son estrategias para llamar nuestra atención, pero hay que intentar resistirse, tratar de tranquilizarlo y acostarlo de nuevo.

Que el niño adquiera esta rutina, estará estrechamente relacionado con la constancia, la firmeza y el convencimiento con que los padres la secunden. Es muy difícil oír llorar al niño y no sucumbir a la tentación de cogerlo, consolarlo, pero hay que ser conscientes del objetivo que estamos persiguiendo.

No hay que pensar que el niño aprenderá con el tiempo porque es un gran error.

Es ideal que por la noche su habitación permanezca a oscuras y en la siesta diurna entre algo de luz.

El ritmo de la familia no debe cambiar a lo largo del día, el niño debe acostumbrarse a dormir con todos los ruidos que se producen en una casa en un día cualquiera. De lo contrario, no podrá dormirse si no hay silencio absoluto.

Se tendrán que ir alargando los periodos de descanso profundo durante la noche y los de actividad (música, juego, conversación) se prolongarán durante el día.

## Las pesadillas

Las pesadillas nacen con la inseguridad, por eso aparecen hacia los 8 meses, cuando se inicia el desplazamiento de forma autónoma.

Es importante ir a la habitación del niño, ya que estará llorando o gritando, y tranquilizarlo lo más posible para que vuelva a conciliar el sueño.

## De la cuna a la cama

Alrededor de los 2 años es un buen momento para que el niño empiece a dormir en una cama.

Este cambio debe realizarse en un periodo en el que el pequeño esté tranquilo y sin nada que lo preocupe.

Hay que dar el paso y explicarle lo que vamos a hacer, lo haremos partícipe de esta situación al ayudarnos a trasladar sus muñecos y su ropa de dormir.

## Duerme en la cama de mamá y papá

Si el niño se levanta y se va a la cama de mamá y papá, hay que llevarlo de vuelta a su habitación, estar el tiempo justo para explicarle que tiene que dormir en su cama y salir.

Por la mañana es importante reforzar positivamente el hecho de que amanezca en su cama.

# ALIMENTACIÓN

## El destete

Hay que empezar por retirar progresivamente las tomas de pecho y aumentar las de biberón. Es aconsejable buscar una tetina que se parezca lo más posible al pezón para facilitarle al bebé este proceso.

Cuando el niño alcanza los 4 o los 6 meses, se pueden introducir los alimentos sólidos. Como primera buena elección son los cereales sin gluten; ya sea con leche materna, o con un preparado de leche infantil.

Entre los 8 y los 12 meses es el segmento de edad aconsejable para dejar el biberón y que desaparezca el reflejo de succión y dar entrada al de deglución. Este paso es importante para aprender a hablar, lo que exige movimientos articulatorios de la lengua.

Se puede incorporar fruta en forma de papilla y, progresivamente, la verdura, la carne, el pescado y los huevos siguiendo siempre las indicaciones del pediatra. No se ha de añadir sal a las comidas y se ha de evitar el azúcar.

El bebé podrá ingerir comida triturada con 6 o 9 meses, cuando alcance el año, podrá tomarla en trocitos. Es bueno dar al niño pedazos de manzana, de bizcocho..., como lo es animarlo a que juegue con la comida y vaya aprendiendo a alimentarse. Recordemos que el niño puede atragantarse y asfixiarse, por eso nunca se le debe dejar solo mientras come.

SALUD

*El cólico del lactante*

El término cólico se utiliza cuando un niño llora, a veces sin control por un motivo que no es evidente (hambre, frío, enfermedad). Generalmente los cólicos se producen entre las 3 semanas y los 4 meses, y casi siempre por la noche.

Posiblemente una de sus causas sea inmadurez de su sistema digestivo, también pueden deberse a sobrealimentación rápida, los gases...

Los cólicos generan gran ansiedad en los padres. Las pautas a seguir serían:

— Ofrecerle algún estímulo visual (si está en la cuna mostrarle un móvil).

— Tararearle o cantarle algo.

— Proporcionarle movimiento (en una mecedora, en un cochecito) y mecerlo suavemente para tratar de tranquilizarlo si está muy nervioso.

— Masajear suavemente el estómago del bebé.

— Procurar dar al bebé de comer en un lugar tranquilo.

— Lo podemos colocar cerca de nuestro corazón para que oiga los latidos y capte nuestro olor.

— Podemos ponerle boca abajo de manera que la tripita del bebé quede apoyada en la palma de nuestra mano, el chupete en la boca, y acunarlo. Seguramente lo calme.

*El bizqueo y el estrabismo en el bebé*

Si son intermitentes, son normales en los primeros meses. Si el niño siempre está bizco o no mejora superados los dos primeros meses, se ha de consultar al pediatra.

*Detectar la sordera*

En algunos hospitales existe un plan de detección de hipoacusia mediante otoemisiones acústicas. En todo caso, hay que ponerse en alerta ante los signos siguientes:

— Hasta los 6 meses: el bebé no gira la cabeza cuando le hablan desde un lateral, ni busca con la mirada a la persona que le habla. No emite sonidos guturales para llamar la atención. No se calma cuando la madre le habla, ni sonríe al escucharla. Es muy tranquilo. Reacciona poco o nada a los sonidos inesperados y fuertes.

— De 6 a 12 meses: no se orienta hacia sonidos cotidianos ni palabras familiares. No entiende órdenes sencillas (como «adiós» o «¡ven!»), si no se utiliza un gesto no verbal muy explícito. No juega con vocalizaciones que imitan las de los adultos.


*Muerte súbita*

El exceso de calor provoca situaciones de riesgo. Dos de cada tres casos ocurren en invierno, una de cada cinco víctimas tenían la cabeza cubierta con ropa de cama.

Acostar al bebé boca abajo aumenta el riesgo catorce veces.

Los bebés cuyas madres fuman durante el embarazo y el primer año de vida corren un riesgo que se multiplica por cuatro.


## DESARROLLO

No todos los niños se desarrollan al mismo ritmo. El niño se desarrolla más rápida y completamente si es estimulado que si no lo es.

Existen unos perfiles de evolución en las distintas áreas (crecimiento físico, lenguaje, comprensión, habilidades manipulativas, desarrollo cognitivo...) que establecen unos niveles que comprenden diferentes y normales grados de maduración: pudiéndose establecer mediante test el cociente de desarrollo del niño que puede estar enlentecido o ser disarmónico, pero que sólo en casos extremos indicará bajo potencial o dificultades orgánicas de carácter crónico.

Cada niño —y dentro de unos gradientes de normalidad— lleva un proceso evolutivo personal. Por lo que una maduración enlentecida no ha de angustiar a los padres, si bien será positivo consultar al experto a fin de descartar deficiencias y en todo caso valorar el interés de estimular precozmente el área deficitaria o la globalidad que conlleva todo proceso de desarrollo.

El desarrollo se produce de manera armoniosa, los progresos se realizan cuando se necesitan. Todo crecimiento es continuo, se basa en uno anterior.

*Crecimiento*

Perímetro cefálico de los bebés:
— Al nacer, 35 centímetros.
— A los 6 meses, 43 centímetros.
— A los 12 meses, 47 centímetros.

La cabeza de un recién nacido representa aproximadamente la cuarta parte de su cuerpo (en un momento de su etapa fetal es la mitad), en la edad adulta pasará a ser una octava parte.

TABLA MEDIA DE ALTURA Y PESO EN ESPAÑA

| NIÑA | | | | | | | |
|---|---|---|---|---|---|---|---|
| Edad | 1 mes | 6 meses | 12 meses | 24 meses | 3 años | 4 años | 5 años |
| Talla | 53 cm | 65 cm | 73 cm | 85 cm | 94 cm | 101 cm | 109 cm |
| Peso | 4,3 kg | 7 kg | 9 kg | 12 kg | 14 kg | 16 kg | 18 kg |

| NIÑO | | | | | | | |
|---|---|---|---|---|---|---|---|
| Edad | 1 mes | 6 meses | 12 meses | 24 meses | 3 años | 4 años | 5 años |
| Talla | 54 cm | 67 cm | 75 cm | 87 cm | 95 cm | 102 cm | 109 cm |
| Peso | 4,4 kg | 8 kg | 10 kg | 13 kg | 15 kg | 17 kg | 19 kg |

## Calendario de la dentición

Aproximadamente:

— A los 7 meses: comienza la erupción de los dos dientes centrales inferiores, seguidos de los laterales. El bebé puede tener molestias como irritabilidad, llanto, salivación, ecema en el ano y boca.

— A los 12 meses: nacen las primeras muelas.

— A los 18 meses: salen los colmillos.

— A los 30 meses: aparecen los segundos molares. Se completan las 20 piezas de la dentición temporal.

— A los 6 años: se inicia el relevo con la aparición de los dientes definitivos. La dentición permanente concluirá a los 14 años.

— Ulteriormente eclosionarán las denominadas «muelas del juicio» (terceros molares) que completan las 32 piezas definitivas en el adulto.

*Fortalecer los músculos del bebé*

Al realizar ejercicios y juegos con el bebé recordemos su ritmo de desarrollo.

Los primeros músculos que se tonifican son los de la nuca (lógico, dado que la cabeza es la parte del cuerpo con mayor peso y volumen). A los 3 meses la evolución llegará a los músculos del cuello (lo que le permitirá girar la cabeza), a los 4 meses el desarrollo llegará a hombros y brazos, y continuará desarrollando los músculos de la espalda (lo que le permitirá mantenerse sentado hacia el séptimo mes); por último, piernas, rodillas y pies hacia los 9 meses.

Así consigue el niño que sus músculos estén preparados para gatear y ponerse de pie.

*El periodo sensorio-motor del bebé*

El periodo sensorio-motor es el primer estadio que alcanza hasta el año y medio de vida. En él la repetición de acciones va a servir de soporte y de avance psicológico. El niño reproduce los actos que ve influyen en su alrededor.

Cuando el niño aplica los esquemas mentales que por ensayo-error ha ido aprendiendo y obtiene los mismos resultados, es cuando reconoce situaciones y objetos.

Una capacidad interesantísima en el ser humano, es la anticipación, que se produce en el niño, cuando los acontecimientos se suceden en el mismo orden.

En este periodo acontece también el avance referido a la noción de objeto como independiente de nuestras acciones.

### Escala evolutiva de 0 a 2 años

La elaboración de esta escala evolutiva se ha realizado con las acertadas aportaciones de tres clásicos de la psicología: Jean Piaget, Henry Wallon y Arnold Lucius Gesell, que han sido nuestros maestros en esta ciencia.

Pudiera creerse que estas cortas edades impiden valorar objetivamente su correcta maduración. No es así, los psicólogos disponemos de pruebas como el Ozeretski o el Brunet-Lezine que permiten calibrar su evolución global y por áreas específicas.

### De 0 a 1 mes

---

#### HABILIDADES PSICOMOTRICES
❑ Presenta una gran indefensión comparado con los animales.
❑ Posee reflejos osteondinosos (Babinski, palmar, succión, etcétera).
❑ Usa la boca como órgano principal del tacto.
❑ Flexiona las piernas y los brazos hacia su cuerpo.

#### SUEÑO
❑ El neonato se encuentra entre el sueño y la vigilia. Precisa de sueño REM (Rapid Eye Movement, «movimiento rápido de los ojos»).

#### ÁMBITO FAMILIAR
❑ A la semana ya reconoce la voz y el olor de su madre.

---

1 mes

---

### HABILIDADES PSICOMOTRICES

☐ Le gusta mantener la mirada inmóvil.
☐ Comienza a mover las extremidades.
☐ Su actitud postural le limita su campo visual. Ve la cara del adulto si se sitúa a unos 30 centímetros de la suya. Sigue con la mirada el movimiento de un objeto.
☐ Consigue —cuando está boca abajo— despegar su nariz para respirar.

### LENGUAJE

☐ Emite pequeños sonidos guturales.

---

De 1 a 3 meses

---

### HABILIDADES PSICOMOTRICES

☐ Gira la cabeza 90 grados.
☐ Es capaz de agarrar un asa.

### DESARROLLO COGNITIVO

☐ Le gusta escuchar sonidos (campanillas...).
☐ Varía la intensidad del llanto.

### ÁMBITO FAMILIAR

☐ Fija la vista en el rostro (primero en el de la madre; ésta es la primera reacción social).

---

2 meses

---

### LENGUAJE

☐ Hace gorgoritos.

---

3 meses

> ### Habilidades psicomotrices
> ❑ Cuando está de lado se gira hasta colocarse boca arriba.
> ❑ Rueda sobre sí mismo.
> ❑ Sostiene bien la cabeza.
>
> ### Ámbito familiar
> ❑ Da respuestas similares a la voz humana.
> ❑ Sonríe.

4 meses

> ❑ Punto decisivo en el desarrollo.
>
> ### Habilidades psicomotrices
> ❑ Avance en la coordinación de las reacciones oculares y manuales.
> ❑ Empieza a efectuar acciones orientadas hacia objetos y hechos que se encuentran fuera de su cuerpo.
> ❑ Agarra el sonajero.
> ❑ Su capacidad perceptual progresa claramente.
> ❑ Consigue casi dominar el equilibrio de la cabeza (gran cambio físico que repercute positivamente en lo social).
> ❑ Pasa de «sentado con sostén» a «sentado solo» (en los meses siguientes).
> ❑ Mejoría óculo-motriz.
>
> ### Lenguaje
> ❑ Ríe, hace gorgoritos...
> ❑ Presta atención a la voz humana.
>
> ### Ámbito familiar
> ❑ Reconoce a la madre. Le sonríe (más tarde, al padre y al resto de familiares que lo cuiden).

- ❑ Abandona la cuna.
- ❑ Si un adulto le acerca el rostro, le pasa la mano sobre la cara o le tira del pelo.

### JUEGOS
- ❑ Se distrae solo con sus juegos.

## 5 meses

### HABILIDADES PSICOMOTRICES
- ❑ Con apoyo se queda un rato sentado.
- ❑ Tumbado boca abajo, se apoya sobre las manos y levanta bien erguido la cabeza.

### JUEGOS
- ❑ Su juego favorito es su propio cuerpo, se lleva las manos a la boca, se agarra los pies.

## 6 meses

### ÁMBITO FAMILIAR
- ❑ Distingue perfectamente entre su familia y los extraños.

## 7 meses

### HABILIDADES PSICOMOTRICES
- ❑ Explora sistemáticamente los objetos a su alcance.
- ❑ Agarra un objeto en cada mano.
- ❑ En el suelo repta.

## HABILIDADES PSICOMOTRICES

❏ Deja el «moisés» por la silla.
❏ Consigue mantenerse sentado solo (se mantiene aproximadamente un minuto).
❏ Pasa los objetos de una mano a otra. Le divierte tirarlos.
❏ Le atraen los objetos pequeños («¡precaución!»). Es capaz de inclinarse para obtener un objeto.
❏ La acomodación ocular es mejor que la manual (puede ver una bolita rodando, pero si la va a coger no acertará a colocar la mano).
❏ Todo se lo lleva a la boca. («Peligroso. ¡Atención!»).
❏ Le gusta morder.
❏ Gran actividad manipulatoria, perceptual. Adaptabilidad dinámica combinada con búsqueda utilitaria es igual a inteligencia.
❏ Es introvertido para mostrar el ejercicio de sus flamantes facultades neuromotrices.
❏ Cuando se le coloca en posición supina, busca sentarse y levantar la cabeza del plano de la plataforma sobre la cual reposa.
❏ El control de las manos es muy superior al de los pies.
❏ En esta etapa es «biunidextro» (es capaz de transferir los objetos de una mano a otra). Empieza a utilizar el pulgar (en oposición), por ejemplo, para asir un cubo.

## LENGUAJE

❏ Chilla, pronuncia vocales, consonantes y hasta sílabas («mu, ma, da»).

## ÁMBITO FAMILIAR

❏ Se relaciona con ciertas personas específicas de su medio y se interesa por los sonidos que éstas emiten. (Se inicia el proceso de comprensión).
❏ Muestra desconfianza y miedo hacia los extraños.

9 meses

---

ALIMENTACIÓN
❑ Come pedacitos de galletas, pan... con los dedos.

HABILIDADES PSICOMOTRICES
❑ Coge objetos pequeños entre el pulgar y el índice.
❑ Apoyado en algún mueble, se queda de pie y guarda el equilibrio un periodo de tiempo prolongado.

LENGUAJE
❑ Dice palabras de dos sílabas: «mamá, papá...».

---

10 meses

---

ALIMENTACIÓN
❑ Con ayuda bebe en taza.

HABILIDADES PSICOMOTRICES
❑ Empieza a adquirir las nociones de dentro/fuera y aquí/allí.

JUEGOS
❑ Actúa de forma intencionada (levanta la manta que cubre un juguete).

---

11 meses

---

ÁMBITO FAMILIAR
❑ Entiende expresiones como «¿dónde está papá o mamá?» y los busca.

---

### Alimentación

❏ Maneja la cuchara, aunque se le cae el contenido.

### Vestido

❏ Ayuda en el momento de ser vestido. Se quita el gorro, los zapatitos y los calcetines.

### Habilidades psicomotrices

❏ Gatea con gran presteza sobre las manos y las rodillas, o sobre los cuatro «pies» (plantígrada).
❏ Puede llegar a caminar, pero necesita apoyarse en los muebles o con ayuda de un adulto.
❏ Puede soltar las cosas voluntariamente. Suelta una pelota con la intención de lanzarla.
❏ Se sostiene de pie. Explora.

### Juegos

❏ Puede colocar un cubo dentro de un recipiente. Es capaz de poner un objeto sobre otro. Torpemente saca una bolita de un frasco.
❏ Dispone de juego social (con la pelota juega al toma y dame). Es capaz de dar la pelota ante la orden «dámela».
❏ Cuando se ve en el espejo, lo hace con contacto social de vocalizaciones.
❏ Le gustan los sonidos sueltos repetidos rítmicamente.
❏ Le encantan los juguetes que hacen ruido o producen música.

### Ámbito familiar

❏ Suele ser el centro del grupo familiar.
❏ Busca comunicarse con los adultos: si algo que hace produce risa o aplausos, lo repite.

### Desarrollo cognitivo

❏ Expresa muchas emociones.
❏ Es capaz de identificar un objeto en un dibujo y señalarlo. Entiende preguntas sencillas.

### Higiene

❏ Se peina solo y trata de cepillarse los dientes.
❏ Empieza a adquirir control voluntario de los esfínteres.

### Alimentación

❏ Pincha pan con el tenedor, bebe en taza y usa la cuchara con bastante éxito.

### Habilidades psicomotrices

❏ Anda, se arrodilla y se pone de pie solo. Puede pararse sin apoyo.
❏ Puede trepar a una silla.
❏ Sube las escaleras trepando con las manos, apoyando los dos pies en cada escalón. Baja las escaleras con continuas «sentadas» en cada escalón.

### Juegos

❏ Necesita varios ensayos para construir una torre de tres piezas.
❏ Es capaz de pasar las hojas de un libro (avance del codo).
❏ Sabe dónde están las cosas y dónde estaban.
❏ Señala los dibujos de un coche, un perro o un reloj.
❏ Si se le ordena verbalmente, se señala la nariz, la oreja, el pelo, los ojos.
❏ Si se le hace un trazo vertical lo imita.
❏ Le gusta almacenar (por ejemplo, cubos).
❏ Intenta apropiarse de los juguetes de los demás.
❏ Juega con figuras geométricas.

### Lenguaje

❏ Suele decir diez palabras correctamente.

### Ámbito familiar

❏ Es capaz de toser para atraer la atención.
  Responde a órdenes simples, como «abre la boca».
❏ Cumple encargos que exigen memoria, como traer objetos que se encuentran en otras estancias.
❏ Imita algunas acciones de los adultos.

## HIGIENE

❑ Se lava las manos y con ayuda se enjabona en la bañera.
❑ Empieza a utilizar el orinal.

## ALIMENTACIÓN

❑ Mastica casi automáticamente.
❑ Sostiene un vaso con seguridad.
❑ Come y bebe solo (apoya el vaso sin derramar líquido).

## VESTIDO

❑ Se quita los calzoncillos o las braguitas, los pantalones y hasta la chaquetita (si no está abrochada).
❑ Adquiere el control de algunos movimientos (como subir y bajar una cremallera).

## HABILIDADES PSICOMOTRICES

❑ Sube y baja las escaleras con los dos pies sin apoyarse.
❑ Sus satisfacciones son de orden muscular.
❑ Le gusta jugar a ser «acróbata» (revolcones).

## JUEGOS

❑ Busca los juguetes perdidos.
❑ Imita trazos horizontales.
❑ Coloca tres cubos en fila: «un tren».
❑ Canta sus frases.
❑ Formula juicios negativos «un cuchillo no es una cuchara».
❑ Esconde los juguetes para asegurarse de que los podrá utilizar luego.
❑ Realiza garabatos.
❑ Siente el ritmo y se mueve al son de la música.
❑ Le gustan los juegos de construcción.

## ÁMBITO FAMILIAR

❑ Demuestra cariño espontáneamente.
❑ Muestra síntomas de compasión, simpatía, modestia y vergüenza.

- ❑ La disciplina excesiva le afecta y le produce sentido de culpabilidad.
- ❑ Suele ser perezoso.
- ❑ Tiene el sentimiento de «mío», pero no de «tuyo»; puede acumular, pero no compartir.
- ❑ Se reconoce en el espejo.
- ❑ Sus rabietas —al intentar imponer su voluntad— son frecuentes.

### RELACIÓN CON IGUALES
- ❑ Le gusta jugar a la pelota y cooperar con otros niños.

## 30 meses

### VESTIDO
- ❑ Es capaz de quitarse la ropa y de desabrocharse los botones sencillos.

### ALIMENTACIÓN
- ❑ Bebe en vaso y maneja el tenedor.

### SALUD
- ❑ Conoce su sexo.

### ÁMBITO ESCOLAR
- ❑ Reconoce su nombre escrito.
- ❑ Copia un círculo.
- ❑ Verbaliza dos o tres colores.

### ÁMBITO FAMILIAR
- ❑ Aparece el miedo a la oscuridad, a la soledad.

*Aprendiendo a andar*

No se debe exigir al niño más de lo que puede hacer, caminar exige condiciones físicas y mentales. Hacia los 12 meses —algunos más tarde— lo consiguen.

Los bebés mediante el «gateo» aprenden a coordinar los brazos y las piernas, adquieren mayor movilidad en la columna vertebral y fortalecen los músculos de los brazos, las piernas y la espalda.

Después intentarán mantener el equilibrio de pie y repartirán el peso sobre las piernas, más tarde con apoyo de mesas y otros enseres caminarán lateralmente para al fin dar unos tambaleantes pasos.

Para que aprenda a caminar es necesario dejarle jugar en el suelo (mejor descalzo) con ropa cómoda.

Para reforzar la marcha son positivos los «correpasillos» (corretear con él), el triciclo (fortalece las piernas y los glúteos) y los juegos de arrastre (le exigen coordinar ojos y pies).

*El control de esfínteres*

A partir de los 2 años conviene arriesgarse a quitar el pañal de día para que aprendan a pedir pis y caca. Antes de este tiempo no es recomendable, ya que el niño no está preparado ni fisiológica ni neurológicamente.

A los 18 meses es positivo sentar al niño en el orinal, que se familiarice con él. Hay que animarlo por este hecho y porque se baje y suba la ropa él solo. Pero no es necesario forzarlo si se resiste, ya lo intentará un poco más adelante.

Deje que su hijo lo vea sentarse en el baño. Acompañe al niño cuando empiece a entrenarlo y prémielo por sentarse en el orinal, y más aún si consigue un resultado. El prescindir de los pañales ha de vivirlo como una conquista personal, no como una imposición. Y una vez dado este paso no se puede volver atrás.

Habrá de recordarle que no lleva pañales, especialmente cuando están absortos en el juego. La mejor época para intentarlo es el verano.

Si tiene un accidente y se lo hace encima, se le cambiará de ropa y no se le dará importancia. Hay que reforzar los logros que obtenga.

No se le puede exigir al niño que haga sus necesidades a horas exactas, es algo ilógico, pues ellos no pueden controlarse.

Antes de los 3 años el niño tiene que intentar controlarse también de noche.

A veces cuesta conseguir todo este proceso, por lo que se pueden seguir unas pautas para ayudar al niño: cada vez que se haga pis, él mismo se encargará de cambiarse la ropa, llevarla al sitio destinado para la ropa sucia (aunque sea por la noche) y limpiar lo que ha ensuciado. Los padres no le regañarán ni le dirán nada ofensivo.

También se puede utilizar un calendario en el que iremos poniendo caras sonrientes o tristes según nuestro hijo consiga o no hacerse pis, sobre todo por la noche. Se pactará un premio y un número de caras sonrientes que conseguir.

CONDUCTAS

*Facilitar el aprendizaje a los niños pequeños*

Los niños vienen al mundo con un carácter (una impronta). La educación debe reforzar los aspectos positivos y compensar los deficitarios.

El utilizar las mismas palabras y los mismos rituales para acostarlos, para levantarlos, para el baño y para las comidas, y hacer todo ello en el mismo orden y a la misma hora convierte al mundo en algo más previsible, ordenado y sencillo para el niño y facilita su comodidad y la nuestra.

Realizar pequeñas tareas útiles es otra manera de aprender. Entre la edad de 1 y 2 años no hay que permitirles que rompan de forma deliberada sus cosas, o que las ensucien adrede. A los 2 años se espera de ellos que se esfuercen en ayudar a recoger sus juguetes.

El niño necesita la orientación temporal de apegarse al espacio global. Sin una referencia espacio-temporal de hogar no puede haber responsabilidad.

*Los espasmos de sollozo*

Los espasmos de sollozo consisten en la interrupción súbita e involuntaria de la respiración (apnea).

La causa es la rabia y la impotencia, y se produce cuando al niño se le niega algo, entonces llora constantemente y contiene involuntariamente la respiración.

Comúnmente estas crisis son conocidas como «privación»; en ocasiones el niño palidece o adquiere un color cuasi morado (cianosis) pudiendo perder la conciencia (hipotonia) y aparecer convulsiones.

Deben evitarse los llantos exagerados. Si la apnea se produce, resulta positivo ponerle un paño frío, si la apnea continúa debe ponerse al niño en el suelo (para evitar que se golpee al caer).

Los padres han de conocer la naturaleza de estos espasmos para que los interpreten con un mayor grado de tranquilidad (hasta donde es factible).


*Decir «No»*

Los límites son una parte esencial en el desarrollo del niño. Al establecerlos lo hacemos sentir seguro y protegido, teniendo claro quién lo guía y con quién puede contar.

Los límites deben ser claros y precisos y tener consecuencias cuando no se cumplen.

Desde la comunicación no verbal el niño entenderá por nuestros gestos lo que les queremos transmitir, como las situaciones de peligro. Utilizaremos también la reprimenda verbal, con un tono serio que puede acompañarse de una palmada en la mano, por ejemplo, si va a tocar un enchufe.

Es aproximadamente a los 18 meses cuando un niño cobra conciencia de que su «yo» es distinto del mundo circundante (en el que se incluye a su madre). Comenzará a hacer lo que se le prohíbe. Tantea las reacciones, está comprobando hasta dónde puede llegar. Cuando se le dice «No se hace», se sonríe y lo hace.

No es exactamente un reto —aunque lo parece—, pero el niño necesita comprobar el resultado de sus acciones en las reacciones de los padres. A partir de ahí cuando le decimos «No», podemos hacer que dicha negativa se cumpla. Es imprescindible que sea compartido por la pareja y que se diga con coherencia, imponiéndose con firmeza. Así comprenderá lo que es aceptable y lo que no, apreciará sus propios límites y entenderá que existen normas que debe respetar.

A veces el niño coge un objeto que se le ha prohibido, mira a su madre y con la cabecita dice «no», pero lo sigue sujetando a punto de dejarlo caer. Está indagando, explorando, no quiere proporcionar un disgusto, pero es incapaz de renunciar a su afán de imponer su criterio. Es el momento de ser firmes al tiempo de controlados (en el tono, en las formas). Al decir «eso no se toca» hay que conseguir que obedezca, tantas y tantas veces como el niño pruebe —que serán muchísimas—. No hay que ceder por «agotamiento» o porque haya visitas. El niño necesita que el criterio de los padres sea más fuerte que el de sus impulsos, de lo contrario estaremos dando alas a un futuro tirano.

Igualmente hacia los 20 meses los niños comprenden que los actos que dañan a los otros están prohibidos. La oposición de los otros y la autolimitación hace que tomen conciencia de sí mismos y de los demás.

## Miedos

Hasta los 2 años se aprecia la ansiedad de la separación (materna) y el miedo a los extraños.

Un miedo infantil muy típico que suele aparecer en torno a los 2 años es a quedarse solo a la hora de dormir.

A los niños los tranquiliza el mantener los horarios y las costumbres y, en ocasiones, proporcionarle una «mascota» (muñeco de confianza).

Hay que actuar paulatinamente hasta que desaparezca el miedo, no se debe ridiculizar al niño por lo que siente, sino reforzarlo con frases de ánimo ante cualquier avance en su tarea de vencer el miedo.

## Mordiscos

Entre el año y medio y los 3 años algunos niños muerden a otro. No se debe permitir esta conducta. El niño agresor debe preocuparse por el agredido.

Es importante conocer el motivo de los mordiscos, puede ser porque están experimentando, o bien una forma de expresar enfado.

## EL JUEGO

Es esencial en el desarrollo integral del niño e influye de manera decisiva en su crecimiento intelectual y emocional, así como en su salud física. Aumenta la flexibilidad y la fuerza. Mejora su calidad de vida en tanto a la alimentación y al sueño. Con el juego se puede estimular también el sentido del humor del niño. Jugar correctamente los hace más receptivos y tener una mejor adquisición del lenguaje.

Debe buscarse al menos media hora diaria para jugar con el bebé. Quien se descuide de entretener al bebé con juegos y con palabras se puede encontrar con la desagradable sorpresa de que su niño se ha quedado retrasado en el desarrollo cinético y verbal.

Es importante que en el juego intervengan ambas figuras parentales de manera activa, pues los niños obtienen una maduración intelectual más rápida y un nivel de éxito mayor, según aseguran las doctoras Susan Ludington-Hoe y Susan K. Golant.

Hoy en día hay una gran variedad de juguetes recomendados para esta primera etapa infantil, si bien al elegir uno para nuestro hijo es importante que comprobemos la seguridad y calidad del juguete así como su función y edad para la que está indicado. Sin olvidar que lo mejor que se le puede regalar a un niño consiste en dedicar más tiempo a jugar con él.

### De 0 a 6 meses

Hasta los 3 meses le encanta que la madre y el padre le hablen acercando la cara.

Los recién nacidos pueden imitar. La imitación es la forma más espontánea de aprender.

Balancearlo rítmicamente le proporciona tranquilidad y placer, le hace sentirse querido, favorece su respiración, digiere y asimila mejor el alimento, además de ayudar a fomentar su memoria.

De 3 a 8 meses disfruta cuando le hacen cosquillas o lo mueven en el aire. A partir del sexto mes disfruta cogiendo y tirando objetos.

Con los bebés de 0 a 6 meses se puede jugar:

— Con pelotas, balanceándolo encima de ella.

— Cosiéndole cascabeles a unos calcetines y manoplas para que mueva sus brazos y pies y se le estimule el sentido del oído.

— Con el juego se puede estimular también el sentido del humor del niño, haciéndole reír y riendo los padres con él. Se puede conseguir dándole besos ruidosos, haciéndole cosquillas en la tripita, jugando con el ombligo...

— Para desarrollar la motricidad gruesa se pueden hacer juegos donde adopte diferentes posturas: estirado, sentado, para reptar, lanzar una pelota, dar patadas...Y para trabajar la motricidad fina serán juegos donde coja y suelte cosas (juegos de prensión), manipule diferentes texturas...

Los juguetes recomendados para esta edad: sonajeros, móviles de cuna, muñecos de goma, mordedores de distintos colores y texturas, juguetes musicales, peluches, muñecos de trapo.

Si repetimos sus juegos favoritos una y otra vez (esto les encanta) y les cantamos y contamos a menudo las mismas canciones y pequeñas historias, estaremos ayudándolos a desarrollar su memoria.

## De 6 a 12 meses

Empieza a experimentar con el espacio, con su cuerpo y con los juguetes. Todo es nuevo y le encanta explorarlo.

A partir de este semestre se puede jugar:

— Al cu-cú tras-trás, tapando objetos y personas y destapándolas.

— Manipulando diferentes texturas, harina, arena, agua, pasta de modelar...

— Se sigue trabajando la motricidad gruesa a través de juegos que propicien el gateo, por ejemplo, yendo de papá a mamá o a por un juguete, juegos para ponerse de pie y andar sobre diferentes superficies...

— Se incorpora a sus juguetes el correpasillos, uno de los más gratos en este periodo, con él se podrá desplazar en todas las direcciones, explorar el espacio, llenará y vaciará de cosas el espacio central que estos juguetes poseen para este fin y transportará el contenido.

— Juegos de encajar piezas, puzles.

## El juego del espejo

Es hacia el sexto mes cuando se inicia lo que el psicoanalista Jacques Lacan denominó «estadio del espejo», que dura hasta el decimoctavo mes. Se caracteriza por una progresiva identificación de la unidad corporal.

Alrededor de los 10 o 12 meses reconoce su cara en el espejo. Ya no lo mira como un objeto, sino que ahora capta el nexo existente entre la imagen reflejada y él mismo —se mira y al tiempo se toca la cara o el cabello.

Resulta útil el juego del espejo para desarrollar el sentido de su propia persona, para ello es bueno que los padres se pongan junto al hijo delante del espejo (grande) y toquen y nombren las distintas partes del cuerpo (las del adulto y las del niño).

El reconocimiento del propio cuerpo en el espejo es una etapa importante en la maduración del niño.

Los juguetes recomendados para esta edad: móviles, objetos que ruedan, tentetiesos; muñecos de trapo; para el agua, andadores, balancines, gimnasios con muñecos que cuelgan, juguetes para el baño, pelotas, muñecos de gomaespuma, cuentos manipulables, juguetes apilables.

## Romper para ver lo que hay dentro

Los niños pequeños no tienen acceso al mundo simbólico del lenguaje, es por ello que ocasionalmente su curiosidad los lleva a «indagar» en el mecanismo de un reloj (¡con lo que esto supone!).

Sin ser en todo permisivos hemos de ser conscientes de que su curiosidad es lo que les permite desarrollarse cognitivamente tan rápido. Habrá de facilitarle objetos viejos e inservibles para sus «investigaciones» y «averiguaciones».

## De 1 a 3 años

Es el periodo en el que las acciones se ejecutan para obtener un resultado.

— A los 18 meses será el niño quien se esconda (tras una puerta).

— A los 2 años le encantan las situaciones atípicas (que un coche al pasar por un charco con agua moje a los viandantes, que el adulto intente ponerse su ropa...).

— De 2 a 3 años adquieren nuevas habilidades: corren, saltan, sienten curiosidad, les gusta imitar a los mayores.

Juguetes recomendados en esta edad:

—De 1 a 2 años: muñecos/as, construcciones, cochecitos, vehículos, columpios, una pizarra, juguetes musicales, rompecabezas sencillos, plastilina, pasta para modelar, piezas encajables, correpasillos, cubos y palas para la arena, coches, pintura de dedos, ceras gordas, cuentos y libros con ilustraciones.

—De 2 a 3 años: cubos, palas, triciclos, puzles, cunas, teléfonos, pasta de modelar, musicales, rompecabezas, casitas, garajes, granjas, pinturas, cuentos, plastilina, muñecos con complementos, dominó.

## EL CUIDADO DE LOS NIÑOS

### «Canguro»

Al terminar la baja maternal o, en algunos casos, tras pasar un periodo más largo, la madre debe volver a su vida profesional, y a veces no es fácil estar separada del bebé. Es fundamental tener organizado todo lo concerniente a su cuidado y compaginar los horarios entre la pareja lo mejor posible.

Lo importante no es la cantidad, sino la intensidad del contacto; es decir, la calidad. El niño se «da cuenta» de que sus padres le prestan atención con mayor fuerza e interés que una cuidadora. Nota que él es más importante para ellos. También ayuda al apego el que la relación tenga unas constantes o rutinas. Por eso es interesante que las madres trabajadoras (o el padre, o ambos) se reserven para ellos cosas tales como bañar, dar de cenar y especialmente acostar al niño cada noche.

La persona que se va a encargar de cuidar a nuestros pequeños debe ser bien elegida, las denominadas «canguros» han de ser de total confianza.

Para ello haremos bien en solicitar referencias, mantener una profunda entrevista en la que apreciemos las motivaciones, los criterios y donde se capte el carácter, que debe ser abierto y jovial, los hábitos de limpieza, la salud mental y la interiorización de la prevención de accidentes de cada una de las candidatas.

Resulta positiva una segunda entrevista acompañados del hijo/s para ver cómo se desenvuelve y qué reacción provoca en él/ellos.

No estará de más que al principio —o en cualquier momento— algún miembro de la familia o los propios padres aparezcan sin previo aviso en el hogar para comprobar que todo funciona con normalidad. No hemos de posicionarnos de forma paranoica o desconfiada, muy al contrario, pero sí previsora y prudente.

Debería tener la certeza, con sólo verla en acción con sus hijos, de que entiende y quiere a los niños, que puede manejarlos con bondad y firmeza.

Más adelante seguiremos hablando sobre las distintas situaciones que la evolución del niño provoca para transmitir criterios y pautas de actuación.

Quizá incluso algunos padres se sorprenden al sentir «celos» de el/la «canguro», provocados por el cariño que despierta en el niño. No es sino una buena señal.

### Abuelos o escuela infantil

Son muchos los factores que influyen en una elección que no siempre es posible.

Como pauta general sería ideal que los recién nacidos y hasta los 2 o 3 años pudieran disfrutar mucho de sus padres y de sus abuelos (la paternidad con «vínculo» fue defendida por Bowlby, quien demostró que el apego es una necesidad biológica).

Cuando los niños quedan al cuidado de los abuelos, ya sea durante mediodía, dos semanas o más tiempo, debe haber una franca comprensión y una razonable concesión. Los padres han de confiar en que los niños serán criados según sus creencias.

Es fundamental dejar claro que las decisiones importantes las tomarán los padres, así como los criterios para la educación de sus hijos.

La elección suele estar condicionada por un factor económico en muchos casos. También habrá que tener en cuenta cómo son los abuelos y la disposición que tienen, cómo se comportan con el niño, si puede resultarles muy cansado... Igualmente se ha de valorar si el niño es sociable y alegre o muy tirano. Si las circunstancias son favorables, el niño puede estar sin problemas con los abuelos por lo menos hasta los 2 años.

Ambas elecciones son perfectamente aceptables, pero independientemente de que se opte por que del cuidado del niño se encarguen los abuelos, es importante y enriquecedor que a partir del año por lo menos, el pequeño pueda estar en contacto con otros niños de su edad, ya sea pasando algunas horas (3 o 4) en la escuela infantil o en el parque, ya que es imprescindible que con 2 o 3 años exista este contacto con iguales.

Se ha de buscar la adecuación a las necesidades y el compartir estas fuentes de cariño y estímulo con nuestro hijo.

*Escuela infantil*

En los Servicios Sociales del Ayuntamiento existen las normas exigibles para estos centros. Está estipulado la ratio entre niños y profesionales, el espacio imprescindible, el tipo de dotación, los accesos...

Hay que visitar la escuela infantil, entrevistarse con quien la dirige, informarse de los profesionales que trabajan —confirmar la titulación de los mismos—, de si existe estabilidad profesional, indagar si disponen de pedagogos, psicólogos, servicio médico.

Deben supervisarse las dependencias, comprobar que la escuela tiene acceso directo desde el exterior, que los espacios son amplios y seguros, que hay suficientes y dotados aseos, que el comedor está en una sala diferenciada, que no hay objetos o productos de riesgo al alcance de los niños.

Resulta muy conveniente hablar con otros padres que ya llevan a su hijo a dicha escuela infantil.

Recordemos que esta etapa de la vida es la más importante y que una escuela infantil no es, no ha de ser una guardería, sino un espacio específico, donde se programan y realizan actividades para estimular a los niños, para crearles hábitos positivos de autonomía y convivencia.

Al entrar en la escuela infantil debe pasar un periodo de adaptación en el que el niño aprenderá a resolver situaciones con sus iguales a las que antes no tenía que enfrentarse.

A veces tendrá reacciones para llamar la atención de sus padres, con la intención de defenderse, ya que puede sentirse abandonado. Para ayudarlo a superar esta etapa, lo mejor es hablar con él y explicarle lo que va a pasar, asegurarle que volveremos y dejar que nos hable de cómo se siente, sin hacer de la despedida un momento tedioso.

Más adelante habrá que ir supervisando la escuela. Será bueno comprobar que impera la higiene. Que los responsables están muy dispuestos a atender a los padres y mostrarles los datos que éstos les demanden.

Además habrá de apreciar las conductas, los gestos o las lesiones de los propios hijos y mantener contacto verbal con otros padres.

Sin posicionarse desde la paranoia, si se aprecian hechos preocupantes dignos de investigación, deberán denunciarse inmediatamente (Fiscalías de Menores, defensor del Menor).

Las escuelas infantiles públicas son competencia de las comunidades autónomas y, específicamente, de las Consejerías de Educación, que establecen los requisitos para poder inscribir a nuestro hijo.

Se tiene en cuenta si ambos padres trabajan, si el niño pertenece a una familia numerosa, la renta familiar (a menores ingresos, más posibilidades). Todo lo antedicho debe acreditarse al presentar la solicitud.

SITUACIONES FAMILIARES DIFÍCILES

*Nace un hijo discapacitado*

Se viven las inexorables fases: culpabilidad y aceptación. Las sufren la inmensa mayoría de los padres. La noticia, con su consiguiente choque emocional, se acompaña automáticamente de un sentimiento de incredulidad que constituye la primera fase, la de rechazo.

Después del periodo de rechazo lo frecuente es que pasen por una fase de culpabilidad.

Cuando finalmente la familia alcanza la etapa de aceptación de la realidad, esto no quiere decir que se haya llegado a una serena aceptación del destino. Ni mucho menos. Aparecen actitudes de «sobreponerse» o de «resignarse» que tienen bastante de fachada, mientras que por dentro siguen latentes las dinámicas emocionales acontecidas en las fases anteriores.

Hay que ver al nuevo hijo como un mundo lleno de posibilidades felices, despejar los sentimientos de culpabilidad y buscar una información real sobre su situación y sus posibilidades. Los servicios médicos de atención primaria, los equipos técnicos de valoración y los servicios sociales determinarán el consejo adecuado para la toma de decisiones.

# SEGUNDA PARTE

# Primera infancia
## (de 3 a 6 años)

# VII

# Preescolares

El mundo del niño es inmenso, único, porque no se proyecta en otros, ni en el tiempo. No tiene conciencia de la memoria, ni del pasado.

El niño vive con intensidad, se implica totalmente. Está dotado de sensibilidad y fantasía. De capacidad de asombro, de admiración, de inagotable curiosidad. Se formula las preguntas más simples y al tiempo más profundas.

Muestra la sonrisa franca, y es que la risa es al sentimiento lo que la palabra al pensamiento.

La infancia es la etapa de la vida en que dependiendo absolutamente de los demás, se confía en ellos, se mira hacia delante, se sorprende con todo, se ilusiona, se aprende, se vive con pasión.

El niño posee tesoros que el tiempo va gastando: la inocencia y el futuro.

Respecto a los padres, a veces la preocupación por los hijos resulta excesiva. Se convierten no sólo en el centro, sino en la única razón de la relación familiar.

## LA RELACIÓN PATERNO-FILIAL

Es la familia la que debe poner los límites a la ansiedad incontrolada por comprar todo aquello que se anuncia en la televisión, la que tiene que determinar cuánto tiempo se dedica a cada actividad, cuál es la hora de irse a dormir y la de levantarse, qué hay que tomar para desayunar y cómo hay que llenar el tiempo de ocio. Son los padres quienes deben cargar con la difícil obligación de decir que no y no permitir que sus hijos vean satisfecho cada deseo al instante. Son los padres quienes tienen que medir el grado de protección que sus hijos necesitan para aprender a desenvolverse solos.

## La comunicación

Hay que trabajar la comunicación con los hijos desde pequeños.

### El lenguaje

El desarrollo del lenguaje en el niño es muy rápido. Está favorecido por estructuras que ya están dispuestas en el momento del nacimiento.

---

RITMO DE EMISIÓN DE PALABRAS DE UN NIÑO
QUE PODRÍAMOS CALIFICAR DE ADECUADO

❑ A los 36 meses, 900 palabras
❑ A los 42 meses, 1.220 palabras
❑ A los 48 meses, 1.550 palabras
❑ A los 60 meses, 2.070 palabras
❑ A los 72 meses, 2.600 palabras

---

Como siempre, estos periodos son medias estadísticas y pueden variar en casos concretos.

En algunas edades puede ser más fácil para un niño expresar sus sentimientos y pensamientos dibujándolos que diciéndolos, especialmente cuando tratan sobre temas delicados, conflictivos o inconscientes.

Cuando el niño le comente sus propios dibujos y le explique su significado, préstele atención y dialogue con él. Igualmente deberemos estar atentos al juego simbólico como forma de expresarse.

*Los garabatos*

Son los primeros dibujos de los niños. Para Arnheim «los niños reflejan en sus dibujos no sólo el aspecto visual de sus modelos, sino también el movimiento, el sonido, otras características que les llaman la atención».

Relevante en la evolución del grafismo será que a los 18 meses ya trazará líneas verticales. A los 3 años realizará círculos. A los 4 años conseguirá la cruz; a los 5 años, el cuadrado. A los 7 años alcanzará el rombo.

El test de la figura humana de Goodenough se basa en que el niño dibuje una persona (monigote), en el que se pueda valorar el esquema corporal y su desarrollo intelectual.

A los 3 años es capaz de dibujar un círculo del que parten dos palos (piernas). Luego dibuja auténticos cabezudos (que representan la figura humana), compuestos de una gran cabeza, con brazos y piernas, pero sin tronco. A los 5 años dibujarán todas las partes del cuerpo (cabeza, tronco y extremidades). A los 7 años dibuja la diferencia de sexos.

El test de la familia de Louis Corman consiste en que el niño dibuje una familia. La primera figura que realiza el niño es la más valorada por él. Apreciaremos los detalles que pone a cada figura, las relaciones que establece entre las figuras...

El dibujo tiene un enorme valor pedagógico y para el niño es una forma de representación de la realidad que le resulta más natural que la escritura.

*Sentido del humor*

A los 3 años inventa bromas más complejas, por ejemplo, si se le indica que se toque la cabeza, se coge un pie y al observar la extrañeza del adulto se ríe sanamente. A partir de esta edad aparecen cada vez más a menudo las expresiones escatológicas (culo, caca...) y la temática sexual.

Es muy necesario para recuperar energía, ayuda a restaurar y a rejuvenecer el cerebro y los sistemas de órganos para que funcionen correctamente. Por ello la falta de sueño perjudica la salud e influye en el rendimiento del estudio, afecta a la memoria y al estado de ánimo. De hecho, los niños que duermen lo suficiente demuestran funcionar mejor y tener menos problemas de comportamiento e irritabilidad. Si el niño se acuesta tarde, al día siguiente estará cansado, nervioso, de mal humor y apático.

A partir de los 3 o 4 años el niño necesita dormir once horas (continuadas y nocturnas).

Se recomienda que los niños realicen alguna actividad física por las tardes para facilitar el descanso nocturno.

Para los padres que su hijo no duerma bien por las noches también tiene consecuencias. Debido a la falta de sueño, están agotados, somnolientos, experimentan sentimientos de culpabilidad por no haber enseñado a su hijo a dormir correctamente y una sensación de descontrol.

Las señales que nos indican que el niño tiene algún problema de sueño son:

— Le cuesta mucho quedarse dormido.
— Se despierta muchas veces durante la noche.
— La falta de sueño repercute en su conducta.
— Los padres están afectados por esta situación.

El insomnio infantil en niños de 5 años se da en un 14 por ciento de ellos. Suele tratarse de un insomnio aprehendido por no haberle enseñado unos correctos hábitos de sueño —hora para acostarse, acudir siempre que llama o llora, tener una dependencia para dormirse, cantarle, estar a su lado—. Puede tener problemas para conciliar el sueño o para mantenerlo durante la noche. Algunos niños al despertarse acuden a la cama de los padres para dormir con ellos.

Para enseñarle a dormir a estas edades se habrán de estipular unas pautas que cumplir.

— Es aconsejable fijar un hábito a la hora en que los pequeños se van a dormir, por ejemplo, media hora antes de ir a la cama podemos apagar la tele y mantener la casa en calma, realizar acciones rutinarias, como cepillarse los dientes, preparar la ropa, acostarse, leerles un cuento, que ejerce el papel de un sedante... Estas actividades aportan al niño seguridad y un ambiente predecible y confortable.

— Se les dará las buenas noches y habrá que dejarlo solo antes de que se duerma.

— Si se levanta, llama, quiere agua, pis, tiene miedo... habrá que mostrarse firme y seguro. Se le llevará a la cama sin prestarle mucha atención tantas veces sea necesario. Y al día siguiente se procederá de la misma manera. Se le puede explicar que puede encender su luz, beber agua o ir al baño, pero él solito sin llamar a nadie.

— Podemos utilizar el sistema de puntos para que pueda conseguir una recompensa si adopta un hábito de sueño correcto. Si falla alguna noche, no se le debe regañar, hay que animarlo para que lo vuelva a intentar.

— Otro sistema es ignorar al niño, lo que es más difícil para los padres. Si se despierta y llama, se ha de esperar antes de ir a verlo. El tiempo no será mayor de veinte minutos ni menor de cinco o diez, puesto que el niño pronto aprenderá a esperar. Pasado el tiempo, se irá a la habitación y se le dirá que ha de dormirse de nuevo para salir de la habitación y seguir aplicando este proceso tantas veces sea necesario durante la noche.

*Miedos nocturnos*

Hasta los 4 o 5 años los niños viven diariamente múltiples demandas y novedades que ocasionalmente les producen malos sueños.

Se les debe acompañar un momento, tranquilizarlos y ponerles una lamparita o un piloto de luz, pero no llevarlos al dormitorio de los padres.

A veces dirá «ver monstruos», no hay que darle más trascendencia. Son generalmente pseudoalucinaciones favorecidas por el miedo, la soledad y la oscuridad.

Las pesadillas son frecuentes, producto tanto de los temores propios de la edad como de los conflictos y crisis emocionales derivados del desarrollo infantil. Los niños normalmente son capaces de contarlas. A temporadas pueden presentarse con mayor frecuencia. No son preocupantes y normalmente basta con tranquilizar al pequeño para que el resto de la noche transcurra apaciblemente.

Hay que procurar que no vea escenas traumáticas o con demasiada carga agresiva en televisión, ya que pueden ser un desencadenante de las pesadillas.

Algo más espectaculares son los terrores nocturnos, verdaderas crisis de pánico de las que a veces cuesta hacer salir a la criatura. Cuando se despiertan a la mañana siguiente no lo recuerdan. Todos estos sucesos no son raros entre los 3 y los 6 años y aún más adelante. Sólo si se dan con una frecuencia llamativa, perduran hasta edad avanzada o acompañan a otros trastornos del carácter, pueden plantear la necesidad de una consulta psicológica.

Los terrores nocturnos deben ser combatidos con la transmisión de seguridad de los padres, dando calidez y confianza, sin aspavientos.

A partir de esa edad los niños aprenden a distinguir fantasía de realidad, a expresar verbalmente sus sentimientos. El descanso nocturno mejorará. Reaparecerán las pesadillas (toda la vida), pero su angustia será vívida mientras se está en ella, no ulteriormente.

### Sonambulismo

Es un trastorno del sueño en el cual el niño puede realizar movimientos complejos y cotidianos en una fase de sueño profundo.

Suele pasarse con la edad y no supone problema alguno despertarlo en pleno proceso, simplemente se puede notar ligeramente desorientado. Es mejor reconducirlo a la cama sin despertarlo.

Como precaución hay que adecuar la casa para que no tenga accidentes de golpes.

### Rechinar los dientes

Hay niños que durmiendo aprietan las mandíbulas, las deslizan una contra otra y provocan un ruido que conocemos como rechinar de dientes.

Puede producir desgaste en los dientes debido al movimiento que lo produce, o puede ser causado por existencia de parásitos.

Se debe consultar con un especialista.

*Enuresis*

Es la dificultad de contener la orina durante la noche de forma involuntaria mientras duerme en niños mayores de 5 años. Siguiendo el tratamiento adecuado de modificación de conducta puede resolverse, salvo si se trata de una alteración orgánica, pues en este caso se habrá de acudir al pediatra.

## Alimentación

Hay niños que comen poco desde los primeros meses de vida. Suelen ser delgados pero sanos, muy activos, con desarrollo normal. Pueden cambiar entre los 6 y 12 años y pasar al extremo opuesto.

Por el contrario, puede haber niños buenos comedores que llegan a perder el apetito. Se ha de investigar la causa de su anorexia. (Suele suceder tras la pérdida de hierro derivada de procesos infecciosos).

Los periodos en que la disminución del apetito es normal coinciden con los cambios en la alimentación (sólidos y variados), la salida de los dientes o el verano.

A veces hay niños a los que les cuesta dar el paso del puré a la comida sólida. Hay que ir introduciéndosela poco a poco, primero el puré menos triturado, luego se añadirán tropezones, se seguirá con alimentos blandos hasta que al final lleguemos a todo tipo de productos alimenticios.

Todos estos procesos deben ir acompañados de refuerzos positivos y se recompensará siempre el esfuerzo del pequeño.

La dificultad de los niños para comer suele ser frecuente y un tema que agobia a los padres, que hacen lo imposible para que su hijo coma lo que sea. Aprender a comer bien puede ser una realidad cuando se siguen unas normas claras de manera constante.

Es imprescindible tener buenos modelos en los padres.

Establecer unos tiempos y unas pautas que se repitan a diario y le den seguridad al niño y lo ayuden a entender lo que tiene que hacer. Por ejemplo, sabrá que es la hora de la comida si lo sentamos en su silla, le ponemos el babero y le colocamos el vaso, los platos y los cubiertos en la mesa.

A medida que crezca se le podrán inculcar nuevos hábitos asociados a la comida, como lavarse las manos y ayudar a poner la mesa.

○ El tiempo para comer es para comer, no compartir con otras actividades (ver televisión, tebeos...).

○ No se debe prolongar esta hora más de lo necesario, tiene que tener un principio y un fin. Si el niño tarda demasiado en comer, fijaremos un tiempo concreto, y una vez que éste haya terminado se recojerá la mesa y el pequeño no tomará nada hasta la siguiente comida.

○ Si un niño no desea comer, no hagamos una tragedia, no lo persigamos con el plato, ni le hagamos otra comida distinta, eso sí no le permitamos ingerir nada hasta la próxima toma (almuerzo, merienda...) y entonces sirvámosle en buenas condiciones lo que antes no tomó. Es recomendable probar los alimentos también por si tienen mal sabor.

　　Lo esencial es que no se tire nada, que el niño no vea a su madre tirar un resto de comida. ¿Sobra medio yogur? Se tapa y se pone en el refrigerador. Así aprende a no tirar comida.

○ Las comidas han de ser un placer no un castigo, ni un tiempo de discusión, de peleas o de regañinas. Sería beneficioso para la familia que todos los miembros pudieran comer juntos varias veces a la semana con el fin de establecer un diálogo y compartir los acontecimientos del día.

*¿Qué hay para comer?*

La alimentación de nuestros hijos ha de ser equilibrada, variada, atractiva y mediterránea; es decir, saludable a todas luces, rica en fibra vegetal, verduras, frutas, aceite de oliva y con más pescado que carne y se evitará en la medida de lo posible el exceso de las «comidas rápidas», que también son cómodas para nosotros.

Hasta los 2 años no es recomendable que coman pescado azul, mariscos y calamares, legumbres con piel, mantequillas y margarinas; y hasta los 4 años, frutos secos enteros (riesgo de atragantamiento) y embutidos grasos (chorizo, salchichón...).

Hay niños que a todas horas están comiendo productos muy dulces, muy sabrosos, pero nada nutritivos. Los padres deben vigilar esta mala alimentación que hará que les aumente el colesterol.

Hay que acabar con la «moda» de que los niños coman solo hamburguesas, pizzas... El abuso de bollería industrial y las golosinas están generando una obesidad creciente.

Una manera de hacer que los niños vean los alimentos como algo atractivo es dejarles que vengan con nosotros al mercado y nos ayuden a hacer la compra, o bien dejando que nos echen una mano en la cocina que podrá motivarlos a comer lo que ellos mismos han preparado.

Saber estar en la mesa es algo que debemos enseñar también a los pequeños. Pueden comenzar en estas edades a pedir las cosas por favor y dar las gracias, limpiarse la boca con la servilleta, masticar con la boca cerrada, no levantarse de la mesa hasta que no hayan terminado todos... y repetirlo a diario para que pueda adquirirlos como hábitos, teniendo como siempre en los mayores un ejemplo a seguir.

*Vomita*

Hay niños que tienen cierta habilidad para vomitar. Se debe tomar el hecho sin darle más importancia, limpiar con él la zona manchada y volver a ofrecerle otro plato de la misma comida. Cuando se considere que ha pasado el tiempo previsto para que coma, se retira el plato y no se ofrece nada hasta la siguiente comida.

Hábitos de higiene

Respecto a la higiene deben crearse hábitos, no puede ser que cada día haya que encontrar razones para lavarse los dientes.

Si se enseñan se adquieren desde muy pequeños e irán afianzándose según madure el niño y se involucren los padres. Si lo hacen ellos primero, serán un modelo para sus hijos, pero conviene ayudarlos y supervisarlos al principio. Alrededor de los 10 años realizarán estas actividades ellos solos de manera correcta.

Resulta irrenunciable ir exigiendo que ciertos hábitos se cumplan en toda ocasión y circunstancia. La ducha diaria, el lavado del cabello deben ser inicialmente visados y luego supervisados.

Ninguna explicación de falta de tiempo puede prevalecer sobre unas conductas necesarias para la salud individual y la correcta socialización.

Lavarse las manos (antes de las comidas o tras ir al baño), cepillarse los dientes tres veces al día, cortarse las uñas... son actos esenciales que han de convertirse en automáticos. Unos momentos agradables que elevan al ser humano sobre el resto de los animales.

Deben aprender a vestirse y desvestirse comenzando con ropas sencillas en un primer momento e ir añadiendo dificultades según vayan creciendo (abrochar y desabrochar botones, subir cremalleras...). Siempre teniendo en cuenta que los padres deben ser los modelos a seguir.

Hay que aprovechar también para enseñarles qué tipo de ropa hay que ponerse dependiendo del momento del día, la actividad a realizar y la estación del año en la que se encuentre.

El baño puede ser una buena oportunidad para trabajar la adquisición de estas rutinas, ya que el niño tiene que desvestirse, lavarse bien, secarse y vestirse todo ello en un ambiente relajado y de juego.

No se debe ordenar como algo negativo que hay que realizar, sino como un derecho que se incentiva. Acicalarse, estar a gusto con uno mismo, oler bien, sentirse limpio mejoran la calidad de vida.

DESARROLLO

*Reconocimiento corporal*

A los 3 años el niño empieza a tomar conciencia de su cuerpo, pero de manera fragmentaria, y del cuerpo de los demás. Manifiesta una creciente curiosidad. Toma conciencia de que el hombre y la mujer son diferentes, y esto se convierte en un punto muy importante en su evolución sexual.

A los 6 años tiene una representación corporal bastante buena, es la denominada por Piaget «edad de las operaciones concretas», cuando se adquiere la noción de conservación de la materia (sustancia, peso y finalmente volumen).

En torno a los 7 años el niño consigue saber cuál es la derecha y la izquierda en espejo (en el otro).

*Entrenar los sentidos*

Hay que jugar con los niños a descubrir olores, a saborear bebidas y comidas, a adivinar por el tacto lo que tocamos, a escuchar distintos sonidos, a mirar con detenimiento detalles de la naturaleza.

*Sexualidad*

Un niño puede encontrarse felizmente con su cuerpo mientras se chupa el dedo gordo del pie, pero también cuando se toca los genitales y al gritarle «¡no!» lo culpabilizamos.

No hagamos del sexo un pecado: nacemos y transmitimos vida a través de él. La masturbación es el más precoz juego sexual que realiza el niño.

En la etapa preescolar existe ya interés sexual (dicen que tienen novia/o, cuentan chistes «subidos de tono», preguntan cómo se hacen los hijos...).

En estas edades son propias las preguntas de su origen, ¿dónde estaba yo antes? Hay que explicar cómo era papá y mamá, dónde se conocieron y cómo desearon tener un hijo.

Resulta de interés enseñar al niño fotografías o vídeos para que interiorice la historia de sus progenitores.

Otras preguntas propias de los 6 años son: ¿cómo salen los niños de la tripa de mamá?, o bien ¿cómo entré en la tripa?

Hay que dar una explicación clara de que papá puso una semilla en la tripa de mamá (con una explicación sencilla pero realista) y que allí dentro crece el bebé que nace por un agujero que tienen las mamás al lado del de hacer pis.

Aprovechemos para ir uniendo sexo y afecto, sexo y respeto, al tiempo de hablarle de la función reproductora.

*Autonomía y responsabilidad*

Educar es ayudar al niño a que sea independiente, autónomo, pueda valerse por sí mismo y sepa tomar decisiones. Deben aprender a aceptar las consecuencias de lo que hace, piensa o decide. La responsabilidad se va adquiriendo. Es muy importante el ejemplo de los adultos y la aprobación social que se dé al niño, pues le sirve de refuerzo.

*Tareas en casa*

Enseñar a realizar una tarea:
— Explicarles lo que queremos que haga de manera clara y comprensible. Ha de ajustarse a una actividad que pueda realizar el niño y en la que tenga los medios necesarios para hacerla.
— Dar una sola orden, no repetirla. Se pueden sancionar los olvidos frecuentes para que aprendan a ser obedientes.
— Transmitirles seguridad y confianza para que se sientan capaces de poder hacerlo. Si se equivocan hay que ayudarlos en su aprendizaje con mucha paciencia, pero nunca se debe hacer por ellos.
— Se irán adecuando las tareas y el tipo de responsabilidad a su crecimiento.
— Hay que dar oportunidades para que el niño elija hacer una u otra actividad o lo que surja en cualquier otro momento (ropa, juegos...). Una vez hecha la elección ha de llevarla hasta el final y no se le deben permitir conductas caprichosas. Ha de experimentar las consecuencias de una elección equivocada. Buen momento para aprender a aceptar la frustración y asumir las consecuencias de sus actos.
— Al terminar la tarea se ha de valorar lo que ha hecho mediante muestras de afecto y satisfacción.
— Si no acaba la tarea o no está bien realizada, hay que valorar su esfuerzo e indicarle en lo que puede mejorar, animándolo a que lo intente de nuevo y transmitiéndole confianza.
— Si se niega a realizar la tarea hay que animarlo a que la haga ayudándolo si es preciso. Actuar con serenidad, dialogar con el niño y mostrarle las consecuencias de su acción (sanción), o que padezca los efectos naturales de sus decisiones, por ejemplo, pasar frío por no ponerse el abrigo.

Desde los 3 años deberían tener tareas de escasa importancia, como la de ayudar a poner la mesa o vaciar los cestos de papeles; aunque no ahorren mucho trabajo a los padres, éstos no deben hacérselas. A los 7 u 8 años deberían llevar a cabo todos los días tareas de utilidad.

Este tipo de actividades cotidianas sirve también para reforzar el aprendizaje de los niños, como ir a comprar el pan (para manejar el dinero y el cambio), desarrollar la autonomía al prepararse la cartera...

Por otro lado, en la familia cada uno tiene que tener asignadas sus responsabilidades, lo que generará la colaboración de todos.

Es conveniente enseñarles tareas relacionadas con el mantenimiento del orden, pues estructura una personalidad más sosegada y equilibrada, y facilita la convivencia entre todos los miembros. Si bien, no se puede caer en la obsesión por el orden, pero tampoco en ir ordenando lo que otro no recoge.

Hay que tener unas normas básicas de disciplina desde la primera edad para que el niño adquiera costumbres que se convertirán en hábitos.

— Obedecer a los padres.
— No pegar.
— No mentir.
— No dar malas contestaciones.
— No gritar al enfadarse.
— No romper o estropear cosas.
— No quitar cosas.
— Respetar los horarios: comida, cena, estudio, juego, dormir.

*Habilidades necesarias para una correcta socialización*

La gente dejará de ser tan infeliz cuando aprenda a educar sus emociones.

Aprender estas habilidades por imitación es la forma más adecuada de adquirirlas y los padres siempre serán el mejor modelo a seguir.

Hay que enseñarle a hacer y a aceptar cumplidos, esto le hará sentirse bien, y a hacer que se sientan bien otras personas, le será más fácil iniciar y mantener conversaciones mediante preguntas abiertas, expresar y aceptar quejas sin ser hirientes, ya que se pretende expresar a los demás lo que no nos gusta para que lo cambien y viceversa.

Hay que enseñar a los hijos a conocerse a ellos mismos y a los demás, a relacionarse y a solucionar los conflictos de forma constructiva.

Los niños no sólo solucionan problemas, sino que también los generan, y de sus soluciones aprenden constantemente.

*Escala evolutiva de 3 a 6 años*

3 años

---

### Autonomía personal

#### Vestido
❏ Sabe quitarse los zapatos y los pantalones y desabrocharse los botones delanteros.

#### Higiene
❏ Se lava solo, aprende normas de cortesía como taparse la boca y, si se le recuerda, se lava las manos antes de las comidas y después de ir al servicio.
❏ Utiliza el inodoro.
❏ Duerme toda la noche sin mojarse. Puede atender sus necesidades fisiológicas durante todo el día.

#### Alimentación
❏ Usa la cuchara y come solo.

### Habilidades motrices
❏ Puede doblar un pedazo de papel en horizontal o en vertical no en oblicuo.
❏ Cuando corre sabe acelerar y frenar bruscamente, también toma las curvas y da vueltas más cerradas.
❏ Puede subir escaleras sin ayuda y alternar los pies.
❏ Un gran progreso psicológico acontece cuando modifica su juego motor para seguir una palabra que se le ha dicho —entiende preposiciones como: en, sobre, debajo.

### Desarrollo cognitivo
❏ Delimita más el movimiento en el dibujo.
❏ Tiene sentido de la forma —si se le dan cuatro cubos, construirá un cuadrado (posiblemente).

---

- Con modelo —viendo la ejecución— copia una cruz y un círculo.
- Comienzan las individualizaciones perceptuales.
- Repite palabras en un proceso de clasificación, identificación y comparación.
- Reconoce el carácter parcial de las dos mitades de una figura cortada y cuando las mitades están separadas las une, aun cuando una de las mitades haya sido girada 180 grados.
- Usa las palabras para designar conceptos, relaciones...
- Para aprender el lenguaje utiliza el soliloquio y el juego dramático.
- Imita al médico (cuando lo ha visitado).
- Canta uniendo palabras.
- Aprende a escuchar y escucha para aprender.
- Nombra todos los colores.
- Habla mucho consigo mismo (como práctica del lenguaje y como si se dirigiera a otra persona).

## JUEGOS

- Le atraen los lápices.
- Ante una caja con una pelota dentro trabaja tenazmente para sacarla, cuando la consigue ya no mira tanto la pelota, sino la forma de solucionar el problema.
- Construye torres de nueve o diez cubos.
- Pedalea en un triciclo.

## RELACIÓN CON IGUALES

- Le gusta compartir los juguetes. Y admite esperar su turno.

## RELACIÓN CON LA FAMILIA

- Muestra cariño a la madre (sonrisas) y, sin embargo, al tiempo es capaz de romper juguetes.
- Hace preguntas a los adultos, cuya respuesta ya conoce y formula otras del tipo: ¿hay que hacerlo así?
- Puede demostrar celos (chilla, patalea, se revuelca).
- Es capaz de negociar transacciones recíprocas y sacrificar satisfacciones inmediatas ante la promesa de un beneficio ulterior.

❏ Puede responsabilizarse de los juguetes que lleva al colegio.
❏ Obedece órdenes de la profesora.

## SOCIALIZACIÓN

❏ Es más consciente de sí mismo, como una persona entre personas.
❏ Es una edad nodal significativa.
❏ Suele ser dócil al examen psicológico.
❏ Imita al adulto y colabora con él.
❏ Trata de hacer reír a los demás mediante su propia risa.
❏ Se inicia una auténtica socialización con el uso de las palabras.
❏ El final de los 3 años señala una culminación en el desarrollo infantil.

4 años

## AUTONOMÍA PERSONAL

❏ Ya requiere muchos menos cuidados que cuando tenía 3 años.

### Vestido

❏ Sabe vestirse y desvestirse, abrochar y desabrochar botones grandes y subirse la cremallera. Se ata los cordones de los zapatos con facilidad.

### Higiene

❏ Se cepilla los dientes.
❏ Se enjabona el pelo.
❏ Se limpia el culito.
❏ Le gusta ir al baño cuando hay otras personas para satisfacer una curiosidad que le empieza a surgir.

### ALIMENTACIÓN

❏ Utiliza la cuchara y el tenedor.

### Habilidades motrices

- ☐ Corre con facilidad.
- ☐ Le gusta correr y saltar. Salta mientras corre.
- ☐ Mantiene el equilibrio sobre una sola pierna.
- ☐ Le gusta que le pongan pruebas motrices y superarlas.
- ☐ Rebosa de actividad motriz.

### Desarrollo cognitivo

- ☐ Empieza a poseer capacidad de generalización.
- ☐ Su concepto numérico es de uno, dos y muchos.
- ☐ Dibuja un hombre con una cabeza, dos apéndices y a veces con dos ojos.
- ☐ Expresa su personalidad mediante dibujos.
- ☐ Su imaginación se desborda.
- ☐ Ordena cosas según criterios de tamaño, color...
- ☐ Le gusta pasar de una cosa a otra más que repetir.
- ☐ Cuenta historias entremezclando ficción y realidad.
- ☐ Es hablador, abusa del pronombre de primera persona: «Yo puedo hacerlo, porque yo quiero».

### Juegos

- ☐ Le gustan los juegos de palabras.

### Relaciones con iguales

- ☐ Le gusta el juego en grupo, sobre todo, el juego simbólico.
- ☐ Establece fuertes vínculos de amistad (aunque se pelea con frecuencia).

### Ámbito familiar

- ☐ Es capaz de realizar tareas de la casa, como poner la mesa.
- ☐ Realiza preguntas de forma interminable.

### Ámbito escolar

- ☐ Puede llevar recados del colegio para la familia.
- ☐ Le gusta que valoren su trabajo.

### Socialización

- ☐ Comprende el medio social, por lo que a veces hace «payasadas» y en otras ocasiones se comporta como un «sargento».

> ❑ Comete errores de lenguaje a propósito para conseguir golpes de humor.
> ❑ Está interesado en tener 5 años, habla mucho de ello.

5 años

---

AUTONOMÍA PERSONAL

### Vestido
❑ Le agrada copiar modelos, abotonarse, atarse los cordones de los zapatos.
❑ Puede vestirse sólo, pero no quiere hacerlo.

### Higiene
❑ Se limpia solo y correctamente en el váter.
❑ Hay menos interés que en edades anteriores por explicar a los padres los movimientos intestinales.
❑ Hay niños que dejan de ir al baño cuando realmente lo necesitan (daño a la vejiga). Están atentos a juegos, etcétera (se les nota porque saltan sobre un pie).
❑ Participa en su baño (pero requiere supervisión). Les gusta jugar mientras se bañan.
❑ Se va volviendo pudoroso —tiene conciencia de los órganos sexuales.

### Alimentación
❑ Aumenta su apetito y termina la comida.
❑ Puede comer solo aunque lo hace lentamente.

### Sueño
❑ Duerme la siesta como ajuste para combatir la fatiga.
❑ Se suele acostar a las nueve de la noche. Le gusta que su madre lo acompañe y le lea un cuento. Algunos duermen con un peluche (no es problema).
❑ A veces se despiertan para ir al váter. Pueden hacerlo solos o en ocasiones informan a sus padres.

---

❑ Lo invaden sueños y pesadillas (animales terroríficos...). Al oír la voz de uno de sus progenitores y sentir su caricia se tranquiliza. Quiere dormir con una luz.
❑ Debe dormir once horas aproximadamente.

### HABILIDADES MOTRICES

❑ Posee equilibrio y control.
❑ Se para con los pies juntos.
❑ Trepa con seguridad.

### DESARROLLO COGNITIVO

❑ Le gusta colorear sin salirse de los contornos.
❑ Reconoce la mano con la que dibuja.
❑ Cuando habla busca respuestas.
❑ Posee controles inhibitorios y anticipa los acontecimientos inmediatos.
❑ Posee una buena memoria de los hechos pasados.

### JUEGOS

❑ Resuelve rompecabezas sencillos de forma activa y rápida.
❑ Le encanta pintar, dibujar, colorear, recortar y pegar. Le gustan los bloques de madera.
❑ Le gusta utilizar muñecas como bebés (también a los niños), si bien los varones empiezan a jugar con herramientas.
❑ Le encanta escuchar lecturas. Sobre todo, cuentos de animales que actúan como personas.

### RELACIONES CON IGUALES

❑ Es «maternal y protector» con los niños pequeños.
❑ Le gusta mucho jugar con niños de su edad.

### ÁMBITO FAMILIAR

❑ Observa lo que hace la madre e intenta imitarla.
❑ Obedece al padre, pero quiere tener cerca a la madre (miedos nocturnos).
❑ Le gusta colaborar en casa: ayudar a poner la mesa, coger algo de los cajones...
❑ Puede contestar al teléfono.
❑ Puede prepararse un bocadillo.

- ❑ Va adquiriendo conciencia de los rudimentos de la lectura y de las matemáticas. Le gusta jugar a letras y números.
- ❑ Se adapta bien a la escuela, aunque desee que la madre lo acompañe al colegio.
- ❑ Le gusta contar objetos.
- ❑ Si desea ir al baño lo anuncia y espera el permiso del maestro/a.
- ❑ Le gusta llevar a casa sus trabajos escolares para que los vean sus padres.

## Socialización

- ❑ Sabe cuándo se porta bien.
- ❑ Niega su culpa y acusa a otro.
- ❑ Es servicial.
- ❑ Los 5 años es el momento favorito para los adultos porque se ven reflejados en ellos.
- ❑ Algunos niños hablan de la muerte como «el fin».

## 6 años

Es una etapa de transición.

## Autonomía personal

### Vestido

- ❑ Espera la presencia de su madre —no su ayuda— para vestirse. (Le gustan la ropa y los complementos).
- ❑ Puede preparar la ropa que se va a poner al día siguiente.

### Higiene

- ❑ Suele tardar mucho en ir a hacer pis y luego se ve obligado a encontrar urgentemente un baño.
- ❑ Ya no debe «mojar» la cama.
- ❑ A veces —por cansancio, sobre todo por la noche— se niega a bañarse.
- ❑ Se peina solo si tiene el pelo corto.

## Alimentación
❑ Su comportamiento en la mesa no puede calificarse como correcto.

## Sueño
❑ Suele ir a la cama a la hora a la que se le indica (está agotado).
❑ A veces padece pesadillas, pero muestra menos miedos que en edades anteriores.

## SALUD
❑ Desaparecen los dientes de leche y aparecen los primeros molares definitivos.
❑ Hay cambios fisiológicos, son proclives a las alergias, a sufrir más infecciones de garganta, más otitis...
❑ Se interesa por el sexo opuesto, el embarazo, el origen de los bebés. Quiere saber cómo «sale el bebé».

## HABILIDADES MOTRICES
❑ Le sobra energía.
❑ Está siempre activo (trepa, se arrastra...).
❑ Participa mucho en juegos tumultuosos.
❑ Experimenta con sus manos como herramientas.
❑ Sufre muchas caídas —arriesgan mucho, corren mucho.
❑ Es autónomo en desplazamientos conocidos y cercanos.

## DESARROLLO COGNITIVO
❑ Toca, manipula y explora todos los materiales.
❑ Es un conversador incesante.

## JUEGOS
❑ Puede «interpretar» cualquier papel (bombero, ángel, padre...).
❑ Le encanta pintar y colorear.
❑ Le gustan los juegos de mesa.
❑ Aprecia la naturaleza y sus animales.

## RELACIONES CON IGUALES
❑ No le gusta perder en el juego y puede hacer trampas para ganar.
❑ Comprende las reglas del juego.

## ÁMBITO FAMILIAR

❏ Hay ocasiones en que pierde el autocontrol, grita, insulta, patalea. En esos momentos hay que llevarlo en vilo a su habitación y emplear la técnica del «tiempo fuera».

❏ Tiene tendencia a dar portazos, a entrar y a salir como una exhalación. Se observan ataques explosivos. Modula mal su conducta.

❏ Ante cualquier exigencia es común que conteste con «no».

❏ A veces es «contestón» («¿cómo me obligarás?»).

❏ El elogio es un elixir para el niño de 6 años.

❏ Quiere ser el centro, ser elogiado, ser querido.

❏ Es una edad en la que el niño le puede espetar a la madre (sin sentirlo): «No me gustas, te voy a dar una patada».

❏ Es sensible a los estados de ánimo, emociones y tensiones de sus padres.

❏ Ha adquirido el sentido del ahorro.

❏ Le cuesta ordenar y cuidar sus cosas.

## ÁMBITO ESCOLAR

❏ Se adapta a dos mundos: la escuela y la casa.

❏ Puede pensar que es castigado injustamente por el profesor.

## SOCIALIZACIÓN

❏ Utiliza mucho la reciprocidad en sus enunciados: «Tú me das esto, yo esto otro».

❏ Es bueno o malo según la aprobación de los mayores.

❏ Niega su culpa si se le pregunta directamente, pero la admite si se le pregunta cómo lo hizo.

❏ Tiene inclinación por los rituales y las convenciones que se repiten con seguridad todos los días.

❏ Los elementos de la naturaleza —trueno, fuego, lluvia— le provocan miedo, sufre otros miedos: hombre oculto debajo de la cama...

❏ Ya le interesan algunos temas importantes, como Dios y la muerte.

*Miedos*

Durante el tercer y el cuarto años el temor que experimentan se centra en estar solo, en el miedo a la oscuridad, a los pequeños insectos, al médico o a las tormentas.

En el quinto y sexto año el miedo lo protagonizan los monstruos y los fantasmas, las pesadillas, o el mar. Tienen miedo a la muerte, especialmente a la de la madre, y éste se manifiesta con severos insomnios.

En ocasiones los temores se transmiten a la edad adulta, como a los perros, y en otras se nos olvidan, como el miedo a ser engullidos por el váter.

Se debe aportar seguridad a los niños y evitar que vean imágenes violentas en la televisión o que tengan muñecos con caras esperpénticas.

Cuando los hijos tienen cualquier miedo, es conveniente mostrar, como modelos que somos para ellos, que no hay riesgo.

Le podremos ayudar si le dejamos que cuente sus miedos, sus temores. Los padres no deben decirle que los monstruos no existen, él cree en ellos, son reales. Es preferible hacerle ver que no se encuentran en casa.

Muy recomendable para estos casos es la lectura *Donde viven los monstruos*, de Maurice Sendak.

Mediante actividades lúdicas se puede ayudar a que el niño supere sus miedos; por ejemplo, al explorar con una linterna las habitaciones o al jugar al escondite.

Cuando el miedo interfiere en la vida cotidiana del niño, se habla de fobia, ya sea al agua, a la oscuridad, etcétera. Ante esta situación se debe recurrir a un especialista.

Ver fantasmas

Esto es muy propio en niños de 3 a 6 años. Poseen una imaginación tan grande que llegan a ver y a creer sus fantasías, hasta el punto de estar convencidos de que los adultos las pueden ver. A esas edades no se le debe dar más trascendencia.

## Un amigo imaginario

Tener un amigo imaginario es algo normal, no significa despersonalización ni trastorno disociativo. Se da en niños con vida interior. La invención de un compañero de juegos ficticio les da seguridad y se convierte en un proceso de identificación (el amigo imaginario suele ser del mismo sexo). El propio niño posee el poder de convocatoria.

Es un amigo que no le falla.

Sería preocupante a partir de aproximadamente los 12 años. Los padres no han de angustiarse, ni transmitir al hijo ansiedad por una conducta que es frecuente.

## Manías

Ayudan al niño a relajarse, pueden ser: morderse las uñas, chuparse el dedo, tocarse el pelo, balancearse...

Para ayudar a que desaparezcan las manías lo mejor es dar a nuestro hijo una actividad diferente para distraerlo y para que deje lo que están haciendo.

No olvidar reforzar los logros que vaya consiguiendo.

## No se le oye...

A veces los niños disfrutan de un silencio, buscado por ellos, que hay que respetar. El niño también precisa de intimidad.

## Estimular el pensamiento de los niños

Debemos incentivarlos para que realicen preguntas, para que den su opinión, para que dialoguen. Y aunque evitemos riesgos objetivos, desde luego, es importante que exploren, investiguen y desarrollen su curiosidad. No los hagamos temerosos y asustadizos.

El niño que descubre que aprender es emocionante desarrollará en la escuela y durante toda su vida la afición por aprender.

Hay que favorecer sus inquietudes mediante visitas al campo, museos, jardines, zoológicos, proporcionarles libros en casa (ahora de imágenes, más tarde de lectura), juegos y materiales que mantengan viva la llama de la curiosidad.

## «Es mío»

De los 4 a los 6 años los niños descubren el sentimiento de propiedad. Este proceso absolutamente natural se retrasa en el caso de los hijos únicos.

Hay que pedirles que compartan, pero hemos de ser conscientes de su momento evolutivo. Pueden tener juguetes que no quieran compartir, y eso hay que respetarlo. Y siempre se debe premiar los momentos en los que comparta.

### Siempre están pidiendo cosas

Es normal que los niños pidan, tanto como que los padres —y resto de adultos— no concedan, aunque lloren o insistan.

Los niños como tales tienen entre sus obligaciones sacarnos el máximo partido y conseguir todo lo que puedan, y saben que frente al vicio de pedir hemos perdido la costumbre de no dar.

No siempre todo lo que soliciten se les debe negar por principio. Las peticiones pueden dar mucha información sobre sus necesidades, sus sueños y sus aficiones.

Por otro lado, hemos de ser justos con las demandas. Cuando hay que negar, es importante razonar los porqués.

### Las rabietas

Se dan cuando algo frustra al niño y que con ese comportamiento llorón, de gritos llamativos, busca resolver la situación a su favor.

Su proceso es simple, el niño desea algo, no se le concede y se desencadena la rabieta al no ser capaz de controlar su ira o su frustración.

La reiteración en las rabietas, el aumento de ellas y la utilización por parte del niño dependen de las respuestas que obtengan de sus padres.

Ante la primera rabieta se ha de responder con calma, pero con determinación. Hablar con el niño y ser inflexibles. El niño no puede conseguir lo que se propone.

A veces ignorar sus pataletas puede ser eficaz. Cuando deja de llorar es cuando se le hace caso.

No importa el lugar donde éstas se produzcan, en el supermercado o con los abuelos... se actuará de igual manera.

Hay que enseñar a los niños a dominarse, a controlar la rabia, a limitar las manifestaciones de disgusto.

## CRITERIOS EDUCATIVOS

«Toda educación es un arte, porque las disposiciones naturales del hombre no se desarrollan por sí mismas».

IMMANUEL KANT, *Pedagogía*

### Educar con permisividad

Los niños que se salen siempre con la suya, a los que se les dice sí a todo lo que plantean, acaban creyendo que no son importantes para sus padres. Y además se convierten en pequeños tiranos. El tiempo los convertirá en grandes tiranos.

Dejar al niño «crecer libremente» y permitir que disfrute de su niñez sin seguir un método educativo organizado puede ser una forma retórica de rendirse al esfuerzo que supone educarlo adecuadamente, o de proyectar en él las frustraciones que la vida adulta haya causado a sus padres, pero en ningún caso aporta algo positivo al niño.

El hábito, el ritmo y la regularidad son generalmente útiles para los niños. Sólo se transforman en rituales irritantes y carentes de sentido si son demasiado rígidos u obsesivos.

Educar supone dar seguridad, afecto, transmitir valores, saber poner límites y decir «no», mandar y prohibir. Aunque estas últimas funciones de los padres no sean muy gratas, son necesarias.

Para que una familia funcione educativamente de manera correcta es imprescindible que los mayores asuman su papel de adultos.

Si los padres ponen límites firmes a sus hijos, éstos crecen mejor adaptados, con mayor autoestima que aquellos a los que se les permite salirse con la suya y comportarse como lo deseen.

## Normas y sanciones

Es lógico que nuestros hijos tengan conductas inapropiadas porque están aprendiendo a convivir, a tener autonomía y a tener conciencia de lo que está bien y de lo que es inaceptable. Las consecuencias que pueden tener de sus actos son claves en su educación.

Las normas deben darse siempre en positivo y deben decir lo que esperamos del niño para que pueda modificar su conducta adecuadamente.

Cuando un niño no quiere cumplir una norma, los padres pueden ayudarlo; si sigue negándose, hay que explicarle las consecuencias de que no obedezca, y cumplirlas si es necesario.

Si a un niño se le dice «no», su primera reacción va a ser agresiva. Los padres no deben encararlo con la misma agresividad, sino que deben hacerle saber cómo se sienten ante esta situación, explicarle qué tiene que hacer y dejarlo recapacitar. Una vez hecho este proceso, podremos volver a enunciar la orden.

Los padres han de ser conscientes de que sus descalificaciones, su agresividad verbal —y en ocasiones física— mostradas ante los niños dañan de forma indeleble a estos testigos obligados.

## Los castigos

El castigo conduce al autocontrol sólo cuando el niño está del lado de la persona que le castiga.

Debe ser puntual (no frecuente). Imponerse con inmediatez proporcional a la conducta, justo, realizable y coherente. Debe cumplirse necesariamente y no ha de ser contradicho por el otro cónyuge. Cuando el niño no esté presente se puede discutir la diferencia de criterios si existiera, si se hace delante del niño lo utilizará.

Muestre su disgusto por la acción que ha cometido. Acompañe el gesto de su cara.

Es importante explicarle qué es lo que ha hecho mal, por qué ha de cambiar la conducta y qué es lo que se quiere conseguir de manera clara y concreta.

A veces para erradicar una conducta inadecuada basta con no prestarle atención. Al principio el niño la repetirá para llamar la atención de los padres, pero poco a poco irá desapareciendo cuando se dé cuenta de que no ha logrado su objetivo.

También podemos hacer que nuestro hijo repare el daño que haya causado con su conducta inapropiada y mejorar la situación.

La técnica de «aislar» al niño es empleada profusamente por los padres, «¡al cuarto oscuro!», y es fácil abusar de ella. En niños más sensibles esta forma de privación sensorial extrema —como se ha visto, encerrar al niño solo en un sótano a oscuras— puede ser vivida como algo especialmente traumático. Debido a su eficacia incierta y por el riesgo de equivocar la «dosis», la privación sensorial no es un tipo de castigo recomendable. Siempre es preferible dar la oportunidad de «sustituir» las conductas con otras.

Inaceptable también es el castigo físico. Si para solucionar un problema a un niño se le pega, cuando tenga que enfrentarse a un conflicto pensará que la única forma de resolverlo es pegando. Los padres que utilizan esta forma de castigo con sus hijos lo hacen para liberar su agresividad, porque fueron maltratados físicamente de pequeños o por imponer autoridad.

Este castigo puede repercutir seriamente en los niños y los puede volver agresivos o demasiado intimidados con el entorno.

En España todavía existe un 2 por ciento de los padres que piensa que es necesario un azote o una bofetada «muchas veces» y un 45 por ciento —va disminuyendo el número—, «algunas veces». Las mujeres son más partidarias que los hombres, quizá porque pasan más tiempo con los niños.

En esta etapa una sanción efectiva es la técnica del «tiempo fuera», más conocida como la «silla de pensar». Busca erradicar una conducta inadecuada —de negativismo, de llanto, de rabieta, de pelea— y evitar reforzarla con la atención.

Esta estrategia plantea una situación de alejamiento que debe llevarse a efecto en un rincón o en una habitación que no resulten atractivos al niño, donde no haya juguetes, tebeos, televisión... La privación estimular y de contacto debe ser clara y no ha de acompañarse ulteriormente de discusión con el niño. La duración debe ser corta —aproximadamente cinco minutos— y puede alcanzar los sesenta minutos según la edad del hijo, la gravedad del hecho o la reincidencia en el mismo.

---

LO QUE NO SE DEBE HACER

❏ Decirle que no le queremos
❏ No explicarle las cosas
❏ Amenazarle con que no le vamos a querer
❏ Consentirle que desobedezca
❏ Educarle en el miedo
❏ Perder los nervios
❏ Gritarle, pegarle o despreciarle

---

Hemos de transmitir firmeza y demostrarle que no conseguirá lo que pretende mediante rabietas, testarudez e incumplimiento de normas, no debemos dejarnos manipular.

Un premio o «refuerzo positivo» proporcionado de manera inmediata y justa es más eficaz que un castigo para modificar una conducta.

Cuando se considere que el niño ha realizado la conducta adecuada se aplicará un elemento reforzador, que irá desapareciendo a medida que ésta se vaya incluyendo en su rutina diaria.

La atención de los padres es el mayor refuerzo para el niño; del mismo modo que su no atención es la mayor consecuencia para su desarrollo.

Características del refuerzo:
◯ Proporcional (si se dan en demasía se devalúa el valor del mismo)
◯ Justo
◯ Inmediato

*Tipos de refuerzo*

1. Físicos. Alimentos o golosinas que debemos acompañar de un refuerzo social para retirarlos paulatinamente.

2. Sociales. Elogios que estimulan y desarrollan la autoestima y recompensas de actividad, como una sonrisa, un beso, una frase de aliento...

3. Actividades programadas que se puedan realizar con ellos.

4. Refuerzos internos. Obtener sensación de deber cumplido y de esfuerzo empleado para obtener un logro.

## Sistema de puntos

Es una técnica que ayuda a cambiar la conducta del niño con una serie de normas dispuestas de antemano. Fácil de aplicar y con resultados a corto plazo.

Se utiliza para reforzar una conducta que además se quiere convertir en hábito.

1. Especificar en un cuadro las tareas que queremos que haga.

2. Dar una puntuación a cada tarea y valorar el esfuerzo que le supone. Si no se realiza, le asignaremos 0 puntos.

3. Establecer el tiempo de duración.

4. Acordar el canje de puntos, a ser posible que no sean premios materiales, sino actividades para realizar con la familia: ir al cine, a merendar...

| TAREA: NO HACERSE PIS POR LA NOCHE | | | | | | | |
|---|---|---|---|---|---|---|---|
| LUNES | MARTES | MIÉRCOLES | JUEVES | VIERNES | SÁBADO | DOMINGO | PREMIO |
| 1 ☺ | 2 ☹ | 3 ☺ | 4 ☺ | 5 ☺ | 6 ☺ | 7 ☹ | MERIENDA |
| 8 | 9 | 10 | 11 | 12 | 13 | 14 | |
| 15 | 16 | 17 | 18 | 19 | 20 | 21 | |
| 22 | 23 | 24 | 25 | 26 | 27 | 28 | CINE |

## EL JUEGO

Los niños precisan necesariamente reír y jugar.

El eminente psicólogo del desarrollo infantil, Jerome Bruner, nos ha transmitido la importancia del juego para la evolución de la imaginación y como vehículo para la enseñanza de las normas que rigen la comunidad.

Hay toda una serie de juegos que son un precioso legado de la tradición y que están destinados a avivar la atención, la percepción y la memoria, junto con otros beneficios comunicativos y emocionales.

Es una actividad recreativa esencial en el desarrollo. Fomenta la integración y supone una finalidad sin objetivo utilitarista, en la que subyace la libertad de elección. Jugando se desarrollan la afectividad, la psicomotricidad, la inteligencia, la creatividad y se promueve el equilibrio afectivo y la salud mental.

Al observar a nuestros hijos divertirse y al acompañarlos durante el juego podemos conocer mucho de ellos y descubrir cómo viven el mundo y su familia.

Se debería intentar promover que los padres sean los maestros de la etapa preescolar. No se trata de que deban enseñar a sus hijos constantemente, sino de contribuir a desarrollar la capacidad de simbolizar jugando juntos, asumiendo diferentes roles.

En este periodo es esencial el juego simbólico, con él representa la realidad que le rodea, su vida diaria. Juega a ser mamá o papá, a cuidar de sus muñecos —les cambia el pañal y les da de comer—, a los médicos, a las cocinitas, a las tiendas...

Gracias al coleccionismo hasta los niños más pequeños se crean una imagen del mundo propia, encuentran el sentido por ellos mismos y ordenan el mundo en relación con las cosas.

Con los juegos de movimiento, como correr y saltar, aprenden nociones de velocidad, peso, gravedad, dirección y equilibrio. Al jugar con objetos los niños observan sus utilidades y cualidades, por ejemplo, abrir cajas, pulsar botones...

Según va creciendo el niño, irá cambiando la concepción del juego y será más elaborado, incluirá la fantasía y lo compartirá con sus amigos.

Alrededor de los 5 y los 7 años el juego pasa a ser colectivo y es importante para su socialización. También desarrollan la competitividad. Y practican la comunicación, roles sociales, reglas...

A los 6 y a los 7 años el juego colectivo se hace más cooperativo, por lo que los miembros del grupo se distribuyen funciones para conseguir el objetivo del juego.

Comienzan a jugar con consolas.

Ciertamente un niño que no juega sufre una patología.

## Juguetes

El juego debe ser incentivado día a día, al menos hasta que termine la infancia. El juguete es una herramienta importante, fundamental, para el desarrollo global del niño, por eso ha de diseñarse bajo la supervisión de psicólogos y pedagogos. Ha de ser una factoría de ilusiones y de sueños, tiene que servir para jugar y recordemos que es para el niño, no para sus padres.

Aquellos juguetes complejos que buscan ser perfectos no permiten participar y muchas veces frustran porque inexplicablemente se estropean.

El juguete ideal es siempre el que inventan los niños, el que nace de la imaginación. Es muy positivo invitarles a crear juguetes con sus propias manos.

El mejor de los juguetes son unos padres dispuestos para jugar, unos amigos, un lugar donde poder hacerlo sin miedo a manchar con la plastilina o las acuarelas. El niño precisa divertirse, requiere tiempos para jugar y dotarlos de un entorno seguro, lleno de amor. En un ambiente disruptivo, desajustado, no tienen cabida los juegos, por lo que se cercenarán logros emocionales e intelectuales.

La actividad lúdica es fundamental, se debe regalar juguetes durante todo el año, actualmente el 80 por ciento lo trae los Reyes Magos en Navidad. Precisamente en este periodo no se debe comprar compulsivamente y dejarse guiar únicamente por los niños, pues éstos han sufrido la presión de la publicidad, que en Navidad es un auténtico bombardeo. El niño es utilizado como incitador de compra, es seducido para que se convierta en portador de marcas. Hay que razonar con ellos, poner límites, hacer comprender. Es muy positivo hacerles saber que hay otros niños que no tienen juguetes —que no tienen nada—, que es una felicidad compartir, no acaparar, ésta es una forma de regalarles la semilla de la solidaridad y de erradicar el temprano egoísmo.

Abarrotar al niño de juguetes, además de incapacitarlo para apreciar el valor de cada uno, le propiciaremos ansiedad y la interiorización del más y más, del consumismo a ultranza. No se debe suplir con regalos el poco tiempo que se dedica a los niños.

Los juguetes españoles son una maravilla, están muy estudiados, cumplen estrictamente las normas que los regulan —lo que no ocurre con los que provienen de Extremo Oriente— y son exportados a casi todo el mundo. Deben llevar las letras CE, que garantizan que son juguetes fabricados según las normas de seguridad de la Unión Europea y, obviamente, los juguetes químicos deben llevar las advertencias para su correcta utilización; los juguetes móviles, por ejemplo, los patines exigen protecciones, los náuticos advierten a los adultos de que observen al niño cuando juegue con ellos.

Los padres y tutores no deberán olvidar el altísimo número de accidentes infantiles que se producen en los hogares, la mayoría de las veces debidos al atragantamiento provocado por piezas muy pequeñas.

A la hora de elegir es preciso tener presente las edades de los niños —no partir del criterio: «es que es muy listo»—, deben tenerse en cuenta las preferencias infantiles —pues los niños analizan con juicio crítico las informaciones que les llegan y suelen saber lo que quieren—, ha de buscarse la variedad, la versatilidad y la calidad.

Con estas pautas y con la premisa de que los mejores juguetes son los más sencillos y los que favorecen la creatividad de los niños, elegiremos aquellos que se adecuen a la edad de nuestro hijo.

— De 3 a 5 años. En esta edad los niños preguntan mucho, aumentan sus habilidades físicas, revelan sentimientos y aprenden canciones, por lo que son aconsejables: los mecanos, los triciclos, las bicicletas, los cuentos, las grabadoras, las marionetas, las casas de muñecas, los muñecos articulados, los juegos de mesa, los disfraces, los puzles, las cocinitas, los juegos de tiendas, las pinturas, las bolas para ensartar o los abalorios, los juegos de coser y los de anudar.

— De 5 a 7 años. En este momento de sus vidas pueden leer, dibujar, escribir, sumar y restar; son muy imaginativos y juegan en grupo, por lo que resultan interesantes: las bicicletas, los patines, las cometas, los juegos de mesa de preguntas y respuestas, los de memoria, los de cartas, el scalextric, los juegos manuales, los de experimentos, las pelotas.

Incentivemos siempre la curiosidad infantil, y nosotros adultos, ¡démonos un tiempo para jugar, nos lo agradecerán nuestros hijos, nuestra memoria y nuestro equilibrio afectivo!

Sin olvidarnos de la responsabilidad que como adultos tenemos de humanizar las ciudades y convertirlas en un entorno agradable para que los niños puedan jugar unos con otros en los parques y en cualquier espacio al aire libre, y con más motivo ahora cuando proliferan tanto los hijos únicos.

## El niño quiere jugar con una muñeca

No hace ningún daño que los niños y las niñas jueguen con muñecas, con vaqueros o con coches de bomberos. De hecho, cuando los niños son muy pequeños es lo normal y lo más generalizado.

La identidad y la orientación sexual no se ven afectados por esa libre elección.

Igualmente el que niños y niñas ayuden en las distintas tareas domésticas, ya sea arreglar un grifo o cuidar una planta no interfiere en su evolución sexual y, sin embargo, elude discriminaciones.

## Tener un muñeco o una mascota

Hay niños que poseen una mascota, otros no.

La actitud de los padres y específicamente el cariño que muestran al niño parece tener una relación positiva con la adopción de un objeto afectivo exclusivo para él. También se apunta que la fantasía y la creatividad del niño están en la base de esta elección.

Lo que resulta seguro es que la mascota hace más llevadera la separación temporal del niño respecto de sus padres y lo ayuda a afrontar las situaciones difíciles.

Se aprecia una relación positiva entre el hábito de recurrir a la mascota y la facilidad para conciliar el sueño.

Las mascotas empiezan a ser importantes cuando el bebé se da cuenta de que los límites del mundo van más allá de lo que representan mamá y papá (esto acontece entre los 6 y los 9 meses). El niño se encariña de un peluche, de una mantita, etcétera.

Es una forma de vincularse a algo, un compañero de juego que lo ayuda a descubrir la realidad exterior y un «paño de lágrimas» donde el niño vierte su soledad, sus miedos o sus disgustos. Cualquiera de estos objetos le proporciona seguridad, lo ayuda a afrontar la realidad al facilitarle la representación simbólica por medio de la fantasía. Acompaña al niño en la transición de lo fantástico a lo real.

Poseer una mascota no presupone que el niño tenga problemas, falta de cariño o adolezca de algo importante.

Con la mascota el niño inicia sus prácticas solidarias, la mima, la protege. Ocasionalmente puede abandonar a su mascota e incluso tratarla mal.

Hay algunas que duran meses, años o toda la vida —fidelidad inquebrantable—. Este hecho no necesariamente se ha de interpretar como una muestra de inmadurez o de infantilismo.

Generalmente hacia los 4 años el niño abandona a su mascota, en todo caso es positivo propiciarle este paso y mostrarle que se está haciendo mayor y que ya no necesita ese apoyo emocional.

## EL COLEGIO

Educar no es entretener ni jugar, sino adquirir habilidades y conocimientos además de aprender a convivir.

Ir al colegio por primera vez implica un periodo de adaptación a las clases, a otros compañeros, al maestro. Es un mundo nuevo por descubrir.

Se puede preparar al niño visitando el colegio, conociendo a su profesor, mostrándole los cuentos que va a poder leer y explicándole lo que va a hacer allí. Además, se debe ir acostumbrándolo a los nuevos horarios que tendrá.

Podemos transmitirle ilusión y alegría y preparar con él la cartera, la ropa y animarlo a que viva esa experiencia de manera positiva.

El primer día es importante que los padres acompañen al niño al colegio y que no se alargue la despedida para indicarles que vendrán a recogerlo. Ese día aunque haya llorado, habrá que reforzarlo con todas las ventajas que supone el ir al colegio.

El periodo de adaptación permite ir llevando al niño a la escuela primero unas horas, que aumentarán cada día. Es bueno mantener el contacto con el tutor, quien nos informará sobre la integración del niño en la escuela. Algunos pueden tardar tiempo en hacerlo. Mantener las rutinas de horarios y el sueño lo ayudará. Así como interesarnos por todas las actividades que realiza en la clase.

Los profesionales de Educación Infantil deben saber no sólo conocimiento del medio, sino conocer los aspectos relacionados de la psicología del desarrollo, apreciar que los niños empiezan a simbolizar a partir de los 3 o los 4 años y estimular estos procesos de reflexión y simbolización.

*Rechazo a la escuela tras el primer contacto*

El rechazo a ir a la escuela tras el primer día del curso se manifiesta por oposición violenta, crisis de cólera, dolores de cabeza o abdominales, vómitos, diarrea... todos estos síntomas desaparecen si no se lleva al niño a la escuela infantil, o al regreso de la misma.

Suele producirse en entornos muy sobreprotectores, cuando se trata de un hijo único, o niños que tienen un trato privilegiado, por ejemplo, el primogénito o el último de los hermanos. Indica una relación muy estrecha, simbiótica, generalmente con una madre ansiosa.

Por bien del niño hay que forzarlo a ir a la escuela y a vencer las propias ansiedades y miedos.

La escuela es distinta a la familia, complemento de ésta y más variada y enriquecedora (entendida desde la perspectiva de la variabilidad).

*Salidas y excursiones en el colegio*

Las excursiones con el colegio o las salidas suponen emoción, práctica del compañerismo, despegarse de los padres, aprendizaje. Los sentimientos de independencia, de actuar por uno mismo hacen que el niño se responsabilice de sus actos desde la escuela infantil.

En estas actividades fuera del aula el niño deja de sentirse alumno y se comporta en gran medida tal y como es. Algunos niños que no destacan en el aula sí muestran sus valores fuera de ella.

Las visitas a fábricas, al campo, a museos son sumamente enriquecedoras y se recuerdan transcurridos los años. Todos los niños deberían haber pasado algunos días de su vida en el bosque.

Resulta muy positivo que los hijos realicen estas actividades extraescolares. En ese sentido y constatando que se ponen los medios necesarios para evitar en la medida de lo posible los riesgos previsibles, los padres han de asumir y compartir los riesgos con maestros, educadores y monitores (de actividades de una jornada o de campamentos y granjas escuelas de semanas).

Los miembros de esta sociedad y por bien de los niños no pueden adoptar una posición preventivamente cobarde o una actitud pusilánime que entronice la sobreprotección. Tampoco es de recibo situarse en la queja permanente, en la exigencia como derecho.

En la educación de los hijos todos hemos de arrimar el hombro y eludir el riesgo del posicionamiento profesional defensivo: «No voy de excursión con los alumnos por si se produce un accidente o cualquier hecho imprevisto y me denuncian». Educar conlleva asumir riesgos, dar autonomía, corresponsabilizarse.

*Adquirir conocimientos*

Los primeros cursos de Educación Infantil suponen todo un mundo por descubrir: la escritura, la lectura, las matemáticas, los idiomas, la plástica y en muchos centros a través de proyectos educativos se trabaja con un tema (el universo, los piratas, la pintura, los animales...) todas estas destrezas. Conocimientos que se irán desarrollando y ampliando en la Educación Primaria.

La música desarrolla el espíritu y el alma de los niños más allá de lo puramente melódico.

## Aprender varios idiomas

Aprender un idioma extranjero es un tema bastante discutido por profesionales de la educación y padres. Parece aceptado que lo mejor es aprender correctamente un idioma —con el que se va a expresar en su entorno comunicativo— para ulteriormente ir enseñando los otros.

Si los padres se dirigen en idiomas distintos a su hijo, éste retrasará la estructuración de los primeros fonemas y, por ende, tardará más en decir las primeras palabras.

El bilingüismo a la larga es más estimulante, salvo para los niños con dificultades en su desarrollo, para los que no es aconsejable.

Existen referencias de problemas de dislexia o disgrafía como consecuencia de un aprendizaje al unísono de varias lenguas.

## La lectoescritura

Las manos han liberado a la boca de la obtención de alimentos para que ésta pueda ponerse al servicio del habla. La liberación de la mano hizo posible la aparición de la escritura, del pensamiento simbólico.

La palabra y la letra impelen a razonar. Para un correcto aprendizaje es necesario desarrollar la atención, la lectura mecánica, la lectura comprensiva, la comprensión escrita y oral, así como la escritura espontánea.

Cualquier niño debería haber escrito o leído un mensaje escrito o una carta en los primeros siete años de su vida.

## La escritura

Escribir de forma manual requiere un control muy fino y un entrenamiento prolongado de la musculatura de la mano, por lo que aun cuando ya sabe leer, el niño tarda más tiempo en ser capaz de escribir. Lo normal es que el niño comience a escribir garabatos hacia los 15 meses y tenga una letra legible a los 6 años. Pero puede construir palabras con letras impresas antes de ser capaz de dibujar cada una de ellas. Para eso es aconsejable darle diversos juguetes con letras; por ejemplo, cubos con distintas letras en sus caras o cartulinas con una letra escrita en cada una o pizarras con letras magnéticas.

## El cuento

Desde las escuelas infantiles y desde los colegios deben mandarse cuentos y lecturas elegidas para que padres e hijos los lean juntos en el hogar.

El cuento tradicional es insustituible. Los medios audiovisuales tienden a suplantarlos, pero no pueden conseguirlo, pues ni la tele, ni los ordenadores infantiles, ni los vídeos, ni los libros electrónicos pueden transmitir la calidez, la serena intimidad, la complicidad que se establece entre las voces de un libro leído, de las preguntas formuladas, de las respuestas dadas, de las miradas compartidas, de los gestos de sorpresa, de duda, de miedo, de admiración.

Los cuentos reúnen a buenos y malos, expresan alegría y fatalidad de manera muy definida, pero eso es lo que precisan los niños. La ambigüedad, los matices son para las personas de más edad.

El doctor César Soutullo, psiquiatra infantil, explica que los niños se sienten atraídos por los cuentos que plantean situaciones breves en las que surge un problema o se produce un cambio inesperado y donde los personajes buscan una solución que generalmente encuentran y que es satisfactoria a pesar de las dificultades. De ahí la importancia del cuento, pues los personajes, aunque se enfrenten a adversidades, consiguen superarlas, y el niño se identificará en mayor o menor medida con ellos.

Además, los cuentos son una fuente de sabiduría y de tradiciones, y permiten incentivar la imaginación del niño. En la actualidad se han incorporado a las historias nuevos valores, como la amistad, la tolerancia y la integración, o enseñan la importancia de cooperar, de aceptar al distinto, de respetar a quien tiene dificultades y de valorar lo positivo de cada uno.

Las ilustraciones les encantan, asimilan lo que van oyendo con los dibujos que ven, además de iniciarse en el disfrute del arte. Hoy contamos con una infinidad de formas y materiales, como los libros infantiles de plástico para la bañera, troquelados, con ventanitas o con distintas texturas... para que jueguen y para que los pequeños lectores descubran que los cuentos les ofrecen otras posibilidades.

El improvisado cuentacuentos ha de «hacer teatro», cambiar de voz, llegar a silencios expectantes, transmitir pasajes alegres y espeluznantes.

Y si se ha inventado el cuento, apuntárselo en un cuaderno, pues el niño volverá a solicitarle que se lo cuente y desea que los detalles coincidan con los comunicados con anterioridad.

Los temas importantes que se puedan plantear se han de abordar cuando el niño es pequeño y hay que hacerlo con tacto y sensibilidad. Una buena herramienta pedagógica para hacerlo es el cuento con contenido específico (separaciones, muerte, abusos sexuales...).

La variedad de las historias abarca diferentes aspectos, desde aquellos que lo ayuden a superar los miedos, cuando el protagonista se enfrenta a monstruos o a temores imaginarios... o los que pueden facilitar la asimilación de un proceso traumático; no obstante, habrá que tener en cuenta si el niño está preparado para leerlos, y aquellos que ayudan a los padres ante nuevas situaciones, como los hijos adoptados.

Qué cuentan los cuentos

Los cuentos clásicos de los hermanos Grimm, Perrault... nos transmiten distintas experiencias y sentimientos que pueden ayudar al niño, ya que puede sentirse identificado con la historia o alguno de los personajes. Siguiendo a Bettelheim, *Psicoanálisis de los cuentos de hadas*, de los cuentos pueden desprenderse estas interpretaciones:

— *Los tres cerditos*. Enseña al niño a no ser perezoso, a que el esfuerzo tiene una recompensa. Además, crecer y madurar conlleva vencer obstáculos —el tercer cerdito es el mayor, el más fuerte, inteligente y menos vago—. Otros cuentos que tratan el esfuerzo frente a la pereza o el éxito fácil son *El rey Midas* y la fábula de *La cigarra y la hormiga*.

— *Hansel y Gretel*. Los niños aprenden a despegarse de sus padres, en concreto de la madre, y correr una peligrosa aventura que tienen que resolver sólo con su ingenio y con el apoyo mutuo entre iguales (los dos hermanos).

— *Ricitos de Oro y los tres ositos*. Ayuda a la búsqueda de la identidad personal y a entender el lugar que ocupamos dentro de nuestro núcleo familiar.

— *Caperucita roja*. La desconfianza en los extraños por muy amables que se nos presenten (el lobo seductor), ya que las consecuencias pueden ser terribles (el lobo se come a Caperucita). El final es feliz porque el cazador (figura paterna) salva a la niña, lo que alivia al pequeño lector. *Los siete cabritillos* aborda también este tema.

— *Pedro y el lobo*. Fábula que advierte al niño de que el divertimento a costa de los demás con el agravante de la mentira tiene consecuencias trágicas (el lobo se come a las ovejas, porque después de tantas mentiras nadie creyó a Pedro y no fueron a ayudarlo).

— *La Lechera*. No se puede construir una vida con sueños solamente, sólo a través del trabajo y esfuerzo podremos alcanzar nuestras ilusiones.

— *La Cenicienta*. La protagonista —que es pobre y despreciada por su familia, con la que el niño que tiene celos de algún hermano o que va a tener uno se sentirá identificado— acaba superando su situación con un final feliz, lo que abre una esperanza en la solución al problema que puede estar viviendo el niño.

— *Blancanieves y los siete enanitos*. Demuestra que es mucho mejor la bondad que tener envidia. Plantea rivalidades de los padres hacia los hijos. Blancanieves encarna la pubertad, el deseo sexual, la tentación.

— *La Bella durmiente*. Simboliza la sobreprotección de los padres hacia los hijos. No se les puede apartar siempre de los riesgos. Trata el amor, el enamoramiento.

— *El Patito feo*. Todos tenemos nuestro lugar en el mundo, sólo hay que encontrarlo. Un buen cuento cuando el niño se siente rechazado.

— *La Bella y la Bestia*. Ayuda a descubrir que no hay que juzgar por las apariencias, sino que hay que conocer a fondo a las personas.

*Fomentar el aprendizaje de las matemáticas*

Podemos ir vinculando su enseñanza a la resolución de problemas reales e incentivar la curiosidad del niño.

Aprender a calcular es el primer paso para dominar las matemáticas. Como aprender a comprender lo es para la lectura.

Hasta los 5 años todas las operaciones aritméticas que el niño puede realizar se hacen de manera concreta por medio de objetos reales y ayudándose del movimiento digital de contar (corresponde a lo que el insigne psicólogo Jean Piaget denomina «periodo preoperativo»). Más adelante, hacia los 6 años y medio, el niño ya es capaz de comprender la abstracción de las primeras cifras y empieza a estar capacitado para realizar operaciones de cálculo mental.

Éste se ha de introducir con sentido, observando y experimentando con objetos, distancias, tiempos. La enseñanza de los conceptos específicos la dejaremos para la escuela y mostraremos a nuestros hijos con qué sencillez y cotidianidad practicamos las matemáticas —la edad óptima para iniciar el aprendizaje de las matemáticas es en torno a los 24 meses—: contamos los días, por ejemplo, de vacaciones, hacemos un reloj, jugamos a las tiendas o permitimos a los niños que paguen en los comercios; estudiamos el calendario, realizamos gráficos con los días lluviosos, pesamos objetos o a los miembros familiares con la balanza del baño, medimos, introducimos hacia los 9 años los números fraccionarios; por ejemplo, repartiendo la tarta de cumpleaños, llenamos y vaciamos recipientes de distintos tamaños y formas, apreciamos espacio y peso, pesando azúcar y harina, medimos distancias, como la longitud de una pedalada de su bicicleta y superficies, como los folios para cubrir la mesa, consultamos planos de las ciudades, analizamos clasificaciones, como las del equipo deportivo que le guste al niño, etcétera.

Las operaciones y los números integrados en la vida real, junto al empleo de una metodología activa y amena en función de unos intereses concretos desarrollan el funcionamiento mental y el nivel evolutivo del niño que aprende a entender y a disfrutar de las matemáticas.

## Miedo al pediatra

Los adultos podemos ayudar a nuestros hijos a superar el miedo al pediatra no transmitiendo preocupación. Al realizar estas consultas con absoluta normalidad, mostramos la naturalidad de estos actos. Cuando el tipo de consulta lo permita los niños pueden acompañar a los adultos a su médico.

Los juguetes, los libros y los cómics que expliciten la labor médica pueden servirles de ayuda.

Es fundamental que vean cómo se utiliza con nosotros los adultos un depresor o cómo se nos aplica una inyección y nos mostramos felices porque con estas conductas recobramos la salud.

El pediatra debe saber ponerse a la altura del niño.

El niño es un ciudadano y ha de participar activamente en el cuidado de su salud, para lo que necesita información concreta y adaptada a su edad sobre los estados de enfermedad por los que pasa.

## Prevención de riesgos

Los padres han de anticipar los posibles riesgos y adaptar el hogar para prevenir los accidentes infantiles.

La curiosidad infantil es insaciable, por ello se precisa un arsenal de esquineras, tapaenchufes, barras de protección. Medidas preventivas:

— Poner gomas antideslizantes en la bañera y disponer de los útiles necesarios para manejar al niño con las dos manos, pues éste se escurre con facilidad.

— Tener cerrada la tapa del inodoro.

— Los productos de limpieza, los pegamentos ultrarrápidos o los fármacos siempre han de estar en sus envases originales. En caso de ingestión de alguna sustancia tóxica acudir a urgencias inmediatamente. Aun así tendremos a mano el teléfono del Instituto de Toxicología, donde nos atenderá un especialista durante las 24 horas del día: 91 562 04 20.

— Las pilas (de botón) y los mecheros deberán estar bien guardados en un lugar totalmente inaccesible para los niños.

— Respecto a los ordenadores, vídeos y televisores, deben estar desconectados mientras no se utilizan, estos aparatos han de instalarse en muebles sólidos y sin ruedas —riesgo de que el niño se los tire encima—, conviene tapar la «boca» del vídeo/CD, con un protector que bloquea el acceso al receptor de cintas vídeo/CD.

— Para prevenir las quemaduras en hornos y vitrocerámicas nada mejor que instalar una valla protectora de cocinas. Evitaremos que los mangos de las sartenes estén al aire y que los niños estén en las cocinas cuando se está cocinando. El microondas debe instalarse lo más elevado posible. La lavadora y lavavajillas han de estar siempre cerrados. Las neveras deben disponer sus asas de apertura a elevada altura.

También hay que tener mucho cuidado con los cuchillos eléctricos, las picadoras, las batidoras y las *vaporettas*. Ni qué decir tiene que jamás hay que pasar por encima del niño con cafeteras, *fondues*, sopas, etcétera.

El cubo de la fregona —con su peligroso contenido— debe ser vigilado y vaciado cuando no se usa. La basura debe cerrarse en bolsas y guardarse en cubos que dispongan de tapa con apertura (las sustancias químicas, pilas, fármacos, antiparasitarios, venenos deben ser llevadas directamente a los contenedores específicos).

— Las estufas y calefactores deben protegerse y los ventiladores (¡muy atractivos!) deben situarse muy alto.

— Relativo a los cosméticos deben guardarse (el talco es peligroso si el niño lo inhala).

— Debe evitarse el acceso a mandos a distancia, despertadores... que funcionen con pilas de botón. También son un riesgo las antenas del teléfono inalámbrico, la radio...

— Las estanterías deben estar instaladas a una altura que no permita ser trepada por el niño.

— No dejar sillas o taburetes debajo de ventanas o balcones.

Prevenir la accidentabilidad infantil en el hogar (alta en España) requiere atención, ver el mundo desde los ojos del niño (¡y desde su altura!), priorizar la seguridad sobre la estética, dotarse de infraestructuras, como bloqueadores para armarios, neveras, váter, puertas correderas y de barreras extensibles para evitar el acceso a zonas prohibidas e impedir que acceda a escaleras, al jardín...

Especial cuidado con las armas de caza, las chimeneas inflamables, las piscinas particulares, la higiene con las mascotas/animales domésticos.

Pero también explicarles los riesgos no sólo de los objetos, sino de algunas personas «que te invitan a subir a un coche o que te tocan tus partes». Hay que decírselo, prevenirlos a tiempo: «Los adultos saben que no tienen derechos sobre el sexo de los niños, abusan de su ignorancia».

Es conveniente que el niño tenga miedo al tráfico y al fuego, éstos son dos temores útiles y que incluso deben ser enseñados por los padres.

Cuando viajen en coche sólo podrán hacerlo en asientos de seguridad homologados.

## Trastorno por Déficit de Atención e Hiperactividad (TDAH)

Un tema conflictivo es el definido como trastorno por déficit de atención e hiperactividad. En esta sociedad que vive «deprisa, deprisa» aumenta el número de personas que sufre este trastorno. Cifra que también se dispara por diagnósticos erróneos que son falsos positivos, más la presión de alguna empresa farmacéutica y la lógica de aceptación por parte de algunos (pocos) padres de que el problema es orgánico, por lo que en nada pueden ellos interactuar de forma eficaz.

Y dicho lo anterior, es cierto que existe este preocupante trastorno (lo constato como presidente de honor de la Asociación de TDAH de Madrid), si bien el pronóstico es positivo con el paso de los años, una vez alcanzada la madurez.

Los profesores, junto a los orientadores y psicólogos, han de saber diferenciar al niño mal educado del oposicionista y del afecto de trastorno de hiperactividad sin o con déficit de atención y manejarse con ellos de acuerdo a estas distintas clasificaciones.

Este trastorno se caracteriza porque los niños que lo padecen sufren dificultad a la hora de mantener la atención tanto en el ámbito escolar como familiar (a la hora de realizar tareas y actividades escolares o lúdicas), padecen hiperactividad, no pueden dejar de moverse y no tienen control sobre sus impulsos (no guarda turno al hablar, interrumpe).

Siempre han de darse dos características juntas y en ámbitos distintos para poder hablar de TDAH. Son necesarias para su tratamiento una intervención profesional y en algunos casos médica.

La familia y el colegio deben estar siempre en contacto y trabajar en común.

Los padres en casa deben instaurar hábitos y límites, ya que el niño con TDAH los necesita, así como reforzar positivamente todos sus logros.

Las órdenes deben ser claras y concisas y se le han de recordar insistentemente. También hay que dejarle claro las consecuencias de sus actos.

Hay que darle pequeñas responsabilidades y organizar su tiempo de forma que pueda tener pequeños descansos.

En cuanto al trabajo escolar los padres habrán de estar pendientes de que organice su tiempo, sus tareas, de que presente los trabajos limpios y ordenados, de que cuide su material...

En el ámbito escolar el trastorno por déficit de atención e hiperactividad es una realidad cierta y preocupante. Habrá de plantearse qué patología social propaga esta realidad cuya etiología es debatida. Pero, dicho lo anterior, existe un grupo importante de profesores que entienden que existe una hipertrofia de este diagnóstico y eximen de esta manera a muchos alumnos del cumplimiento de normas.

Es difícil discriminar al alumno afectado de TDAH, cuyo comportamiento es similar en el aula que en el despacho del profesor, del maleducado y sin suficiente capacidad de autocontrol, cuyo comportamiento en el grupo que le aplaude es horroroso y en la soledad del despacho se muestra atento, sumiso y cabizbajo, pero puede y debe hacerse.

# VIII

# El niño y la familia

## Hijo único

Cada día son más las parejas que sólo tienen un hijo. La exigencia agotadora que la educación del hijo requiere, las limitaciones económicas y de tiempo son algunas de las causas del crecimiento de este tipo de familias.

Los niños precisan jugar, dialogar, compartir, discutir con sus iguales. Es fundamental que estos niños no estén siempre con mayores.

La educación preescolar proporciona hoy a los niños una relación temprana con otros que los beneficiará. Le enseñará a descubrir que puede ayudar a los demás. El orden, la tolerancia, la autorresponsabilidad adquiridas cuando se convive con hermanos ha de ser inducida en el caso de los hijos únicos.

La estancia en campamentos, los viajes en grupo, etcétera, pueden ser inicialmente algo difíciles para un hijo único, pero pronto notará los beneficios. Igualmente, que practique deportes o actividades en grupo será beneficioso para él.

Hay que evitar sobreprotegerlo, mimarlo o hacerlo débil o caprichoso. Las atenciones constantes pueden incidir haciendo de él un niño exigente. Sobrevalorarlo supone que pueda perder la percepción real de sus propias limitaciones.

*Voy a tener un hermanito*

Para evitar los celos se debe hablar al hijo de lo maravilloso que es tener hermanitos en cuanto se sepa que la familia va a aumentar. Se ha de insistir en que será un compañero de juegos estupendo.

Hay que decirle que se le quiere mucho y lo divertido y maravilloso que es ser mayor, hablar de las actividades que pueden hacer juntos él y sus padres.

En todo caso los celos entre hermanos no siempre han de acontecer —se producen más si la diferencia de edad es de cuatro a seis años—. Se manifiestan con rabietas, posicionamientos negativistas, demandas de atención permanentes.

En el caso del primogénito, dada su situación anterior a la llegada del hermano, ha de entenderse como normal su temporal cambio de actitud y de comportamiento.

En algunos casos el rechazo resulta muy marcado y dependerá del carácter del primogénito, de la edad de éste —suficiente para darse cuenta de la pérdida de privilegios, pero escasa para asumirla desde una instancia de seguridad en la que adopta el papel de protector—, y de la preparación o no que los padres le han aportado para este momento.

Algunos multiplican sus «gracias» e incluso pueden llegar a dañar al recién nacido con gestos y sentimientos ambiguos y contradictorios.

No es nada extraño que, tras la llegada de un hermanito, el mayor tenga algún retroceso en su desarrollo: volver a mojar la cama, rechazar la comida sólida, hablar de modo más infantil... No hay que alarmarse ni regañarlo, sino comprender que se trata de una manifestación normal de la crisis que está pasando.

Es importante dejarle claro que tener celos es algo común y que le ocurre a todas las personas en algún momento de su vida, y que, por tanto, no tiene que sentirse culpable.

Sería muy beneficioso que pudiera pasar ratos a solas con la madre e hicieran alguna actividad que él mismo haya elegido.

Cuando nazca el hermanito debe tenerse también en cuenta al mayor (reconocimientos y algún regalo). De vez en cuando haremos una comparación en la que salga ganando el mayor (fuerza, inteligencia). Sin exagerar.

Ulteriormente habrá que explicarle que su hermano pequeño lo quiere mucho, pero sin forzarle a demostrar que él también lo quiere.

Puede resultar positivo que el mayor participe en las acciones relativas al cuidado del bebé.

Los padres no deben girar toda su atención y dedicación al recién llegado, pero por el contrario, tampoco han de conducirse de una manera artificial.

No debe permitirse en ningún momento que entre los hermanos se produzca violencia.

Cuando se aprecian los celos ya instaurados no se ha de prestar una atención directa y preocupante a los mismos, pues los ratificaríamos y potenciaríamos, por el contrario, hay que dedicar un cariño específico al mayor en esa característica que su diferencia cronológica le otorga y con una supervisión sutil se le ha de mostrar la alegría que él nos transmite y lo orgullosos que nos sentimos de que coadyuve en el cuidado y desarrollo del pequeño.

## Las comparaciones

El dicho popular de que las comparaciones son odiosas es cierto, sobre todo, entre hermanos. Es negativo para ambos, el uno hipertrofia su «yo», el otro se deprime, sufre su autoestima y puede generar resentimiento.

Los hermanos no son iguales, son dos personas distintas, por lo que es necesario tratar a cada uno por separado.

No necesariamente debemos darles lo mismo a los dos, cada uno tiene sus necesidades.

Evitemos las erróneas comparaciones entre los hermanos y erradicaremos el alimentar celos y desavenencias.

Un niño desarrollará una buena autoestima si siente que es aceptado de un modo total e incondicional.

## Bromas y riñas entre hermanos

Los padres han de ser conscientes de que en muchos casos los hermanos pequeños —y sobre todo si se diferencian poco en la edad— buscan con las peleas la inculpación del otro, de manera que el padre o la madre lo riña o sancione.

La mayoría de esas conductas no requieren intervención; es más, aprenden a competir, a tolerar, a cooperar.

Los niños se pegan en ocasiones como sentimiento agresivo, en otros casos para expresar alegría o para descargar energía.

Cuando se produce el abuso o daño físico o emocional es cuando se ha rebasado el límite de lo aceptable y hay que restablecer con frialdad las relaciones, y reequilibrar las posiciones de víctima y agresor, recordando las particularidades de cada hijo, buscando no culpar —en la medida de lo posible—. Los padres han de ser tolerantes, equilibrados, ecuánimes y no se han de dejar arrastrar por las tensiones de los hijos, y enseñarles a jugar, a bromear y a dialogar cuando tienen problemas entre ellos.

## LOS GEMELOS

Los dos tipos son gemelos monocigóticos o univitelinos, que nacen de una misma célula que se divide de forma anómala y de la que resultan hermanos idénticos y los gemelos bivitelinos que comparten la misma gestación, pero proceden de dos células y su semejanza no es mayor que la que pueda darse entre dos hermanos de distintos partos.

La contradicción entre identificación y diferenciación es lo más difícil que los gemelos deben encarar.

Son hermanos con un vínculo muy especial, por lo que es preciso poner atención en el trato que se les dispense.

A un 30 por ciento de los padres le preocupa el riesgo a mostrar preferencia por uno de ellos, el 35 por ciento teme por la identidad de cada uno, el 55 por ciento a no poder prestar suficiente tiempo a sus dos hijos.

Deben ser tratados de forma individual, es bueno que vivan experiencias por separado, desde utilizar distintas cunas hasta dormir en habitaciones separadas.

Conviene individualizar su estimulación (leer cuentos por separado...). Suelen presentar un leve retraso en su lenguaje.

Hasta los 4 años son muy buenos compañeros de juego. En ocasiones de los 4 a los 7 años puntualmente hacen causa común contra los padres.

Las diferencias madurativas entre los mellizos, trillizos... son evidentes (debe respetarse el ritmo de desarrollo de cada uno).

Los gemelos suelen crecer con las mismas aficiones, sufren las mismas enfermedades, etcétera. Y, sin embargo, es importante fomentar identidades separadas, aunque estén muy graciosos vestidos igual, es mejor vestirlos distintos, darles diferentes cortes de pelo...

Estimamos como más conveniente que llevarlos al mismo colegio, asistan a distintas aulas para evitar dominancias y comparaciones, podrán reunirse en los recreos y en las actividades extraescolares.

Tengamos en cuenta que habitualmente los gemelos monocigóticos se sienten más felices juntos, trabajan a la par y se saben animar mutuamente. Otro asunto son los gemelos dicigóticos, en especial los del mismo sexo, que merecen un juicio individualizado.

La crisis de la adolescencia se produce por el intento de conseguir independencia de los padres. En el caso de los gemelos esa individualización también se busca del hermano, por lo que no hay que dar trascendencia a la indiferencia y aun gestos de desprecio que se pueda percibir entre los hermanos. Con el tiempo volverán a mostrarse el mutuo cariño que se tienen.

Si se desea ampliar más datos sobre este tema, se puede consultar *El gran libro de los gemelos*, de Coks Feenstra, editorial Médicis, 1999.

NUEVAS SITUACIONES FAMILIARES

*Familia monoparental*

Cada día es más frecuente este tipo de familia, sobre todo, de las mujeres.

Esta familia requiere de apoyos de la estructura social y de otros miembros familiares para permitir un necesario desahogo en su difícil labor educativa y para poder compatibilizar el trabajo fuera de casa con el del hogar monoparental. Con este apoyo externo, dedicación y amor pueden perfectamente compensar su situación.

Crecer en una familia monoparental no debe significar un lastre para los hijos. La familia monoparental no es un problema, es una dificultad. Y además siempre hay un tercero, llámese en este caso a veces los abuelos, sí es cierto que las administraciones debieran apoyar más a estas familias.

Hay que evitar el acercamiento excesivo y la tendencia a conceder menos independencia al hijo, así como que los niños se muestren más maduros de lo que son.

Los hijos tienen derecho y necesidad de la verdad, que se les explique sin quedarle sombras o dudas.

*Hijos adoptados*

La adopción de un niño es una forma de paternidad cada vez más habitual en España. Tiene la tasa de adopciones más alta del mundo (12,3 por cada 100.000 habitantes) y tan sólo el 10 por ciento son nacionales. Gracias a la adopción cada año se convierten en padres 5.000 parejas.

Es el derecho del niño a tener una familia.

Es un tiempo largo de espera, doloroso y angustioso en algunos casos porque no se sabe muy bien el tiempo real que habrá que esperar para poder disfrutar del nuevo hijo.

Un niño adoptado no sólo tiene que ser acogido en la casa de la familia, sino que hay que incorporar a su vida su origen y parte de su pasado.

Pueden presentar algunas dificultades iniciales en su incorporación a la familia:

— Necesidad de estar siempre con los padres.
— Necesidad de que se esté con él.
— Necesidad de acaparar objetos.
— Pone a prueba normas y límites.
— Falta de control de impulsos.
— Hiperactividad.
— Escasa tolerancia a las frustraciones.
— Baja autoestima.
— Autolesiones y agresividad.
— Dificultad para verbalizar recuerdos y sentimientos del pasado.
— Aparición de enuresis secundaria.
— Olvidos frecuentes.
— Dudas (no saben que se espera de ellos).
— Enlentecimiento evolutivo.

— Comer de forma ansiosa.

— Dificultades en el sueño.

— Introversión.

— Trastornos que afloran y que muestran las secuelas del hospitalismo.

Será una época que supondrá un gran esfuerzo para la familia, ya que el niño se enfadará, tendrá rabietas, no querrá cumplir normas, pero simplemente está tratando de afianzar el amor de sus padres, saber que si se enfada ellos estarán ahí para él y esos límites que los padres hacen cumplir para él serán su seguridad.

Los padres a su vez pueden tener dificultades al inicio de la convivencia:

— Desorientación ante algunas conductas del niño.

— Sentimiento de desbordamiento ante la demanda de contacto físico y cariño.

— Sentimiento de incapacidad para abordar conductas de rechazo, rabietas, etcétera.

— Incoherencias que se muestran en ocasiones por la rigidez y en otras siendo desbordados sin establecer límites.

— Cansancio.

— Interiorización de que se ha perdido intimidad.

— Culpabilidad cuando se castiga.

— Solicitud de que el niño exprese agradecimiento.

— Percepción de aislacionismo, si el niño se vincula más con la pareja.

— Ambivalencia, se quiere al niño, pero hay momentos que no se sabe qué hacer con él (por sus conductas complejas).

Quien decida adoptar tiene que afrontar el futuro del niño como si fuera el fruto de su propia fecundación. Sólo así serán unos buenos padres adoptivos.

Seguramente llegará el momento en que quieran saber, lo mejor es no mentirles y contarles la verdad cuanto antes, con sensibilidad se les puede hacer saber a partir de los 5 años (antes de empezar el colegio para evitar que la noticia llegue por otras vías).

Según la madurez del niño, a los 3 años cuando empieza a preguntar todo y también de dónde viene, quién lo trajo al mundo... puede dar ocasión para revelarle su origen con naturalidad y sin misterios. Dejándole claro que fue deseado y esperado, que ser adoptado significa que se crece en el corazón, no en la tripa de mamá, que su presencia ha hecho felices a sus padres, que siempre va a ser querido y miembro de esa familia, aunque a veces haga cosas para ser rechazado, la verdad será aceptada con normalidad.

En todo caso la revelación de la adopción será antes de los 7 años, pues a partir de esa edad el daño psicológico es altamente probable, debe hacerse por los padres.

Si el hijo es de distinta raza habrá que explicarle su origen e indicarle que los rasgos nos distinguen, pero no nos diferencian como seres humanos. La realidad está minimizando el problema.

## Padres separados

Cada día hay y habrá más separaciones, pues dado el incremento en la esperanza de vida, se vive más años en pareja. Además, se viaja más, se conoce más a otras personas en el tiempo de trabajo y de ocio. Las mujeres disfrutan de mayor autonomía. Las estadísticas empiezan a acusar la tasa de divorcios en el segundo matrimonio; en Estados Unidos es un 10 por ciento más alta que en el primero.

El que haya un gran número de separaciones ocasiona que la situación se normalice estadística y socialmente, cualquier niño que pasa por esta experiencia tiene compañeros en la misma situación.

En bien de los hijos, ¿separarse o no? Si el ambiente está gravemente enrarecido, cuando no hay amor, cuando se atisba la violencia o la falta de respeto, lo mejor es no mantener una situación artificial, incompatible con lo que debe ser un hogar.

Las actitudes hacia el «ex» pueden ser muy distintas, de afecto, amistad, relación «civilizada», de desapego, de odio que busca dañar.

Ante el proceso que se inicia el posicionamiento puede ser de acuerdo mutuo, o bien por propia iniciativa, o por mediación familiar. Negociado, donde priman los intereses personales. Imposición radical de los propios criterios, de los entendidos «derechos».

El mutuo acuerdo es muy positivo, ahorra a todos los miembros de la familia sufrimiento, tiempo y dinero.

## Mediación familiar

Es el proceso en el que se negocia el convenio de separación de la pareja.

En España uno de cada cuatro matrimonios acaba en divorcio. Con ser y resultar un sufrimiento, la salud mental de los niños se pone más en riesgo con el padecimiento ante graves y continuados conflictos familiares que con el hecho del divorcio.

La figura del mediador familiar es la que se encarga de llevar a cabo un documento que se entrega en el juzgado para llevar a efecto la sentencia de separación o divorcio.

Conoce todas las leyes y es un experto en resolución de conflictos. Su objetivo principal es que los derechos del niño queden protegidos además de asesorar a los padres e intentar que lleguen a un acuerdo satisfactorio para ambas partes.

Tras el proceso de separación y teniendo en cuenta que de hecho es un expediente siempre abierto, caben distintas posibilidades.

— Atribución del hijo a un solo padre, ciertamente el niño pierde al otro y se cercena el derecho mutuo a seguir conviviendo, aunque sea puntualmente.

— Responsabilidades compartidas que pueden traer consigo los ya mencionados problemas conductuales y de comunicación junto a las dificultades de acomodo de las novedosas «terceras personas».

— Resolver que quien se queda en el hogar es el hijo, siendo los padres los que van rotando y pasando tiempos en dicha casa. Obviamente también conlleva problemas.

— Por último, cuando uno de los padres es un presunto agresor o, por otras y trascendentes razones, se utiliza la denominada «casa verde», el progenitor pasa un tiempo con el hijo mientras un trabajador social se encuentra próximo a ellos es una solución a ciertas situaciones, pero está teñida por el óxido de lo artificial.

Tras la reforma legislativa y con el divorcio exprés se introduce la posibilidad de que la custodia sea compartida, posibilidad que va a depender de los propios progenitores, que lo pueden acordar en el Convenio Regulador.

La custodia compartida no siempre va a ser posible ni recomendable, pero es una magnífica solución en muchos casos. Es positivo que el juez de familia, asesorado por un psicólogo y un trabajador social que elaboran junto a él la resolución, cuente con esta posibilidad.

En este caso se regula la sustitución de la pensión por un capital que se entrega de una sola vez.

Genéricamente, la ruptura matrimonial conlleva serias repercusiones y, según el psicólogo Rosenberg en 1973: «Provoca en los niños bastantes síntomas que afectan negativamente a su autoestima», también se aprecian cuadros depresivos, de ansiedad, de angustia... y fracaso escolar.

Es llamativo que los padres piden orientación a los psicólogos una vez se han separado, pero no antes.

---

CLAVES PARA UN CORRECTO PROCESO DE SEPARACIÓN

○ No utilizar al hijo como aliado y evitar ocasionarle un gran conflicto de lealtades, una profunda disensión con colaterales sentimientos de culpabilidad o rechazo y, en muchas ocasiones, utilización perversa de la situación por parte del niño: «Iré este fin de semana con el que me lleve al parque de atracciones».

○ Los niños antes, durante y después del proceso de separación tienen derecho a saber qué ocurre y qué les va a suceder.

○ Siempre se debe escuchar al hijo, seguro si tiene 12 años o más; en caso contrario, y respetando siempre su criterio, haciéndoles partícipes de la situación, no debe convertírseles en el fiel de la balanza o serán aún más utilizados por «el uno y la otra».

○ A veces uno de los padres, normalmente el que vive con el niño, lo manipula para que odie al otro progenitor, impidiéndole que tenga relación con él, descalificando al progenitor delante del niño y provocando en él graves efectos, ya que pueden sufrir tics, ansiedad... El síndrome de alienación parental existe si hay una utilización implícita, bastarda de los niños, un uso atroz de la mentira. Ellos y ellas (sólo algunos) son capaces de inventar y solicitar de sus hijos que afirmen que su «ex» los fines de semana cuando está con ellos abusa sexualmente, o les habla de Satán, o se muestra promiscuo...

---

○ Ni la separación ni el divorcio eximen de responsabilidades. En ocasiones el incumplimiento del pago de pensión de alimentos repercute gravemente en la formación de los niños.

○ Cumplir el régimen de visitas sin llegar a extremas situaciones: «No me pasas la pensión de alimentos dictada, pues no hay régimen de visitas». Evitar situaciones en las que el padre y la madre conducen al niño a la comisaría de Policía ante la negativa de éste a cumplir con la visita establecida.

○ Equilibrar la vida a diario, pues a veces es la madre quien tiene que atender las actividades cotidianas de los laborables, como deberes, duchas..., mientras que el padre es el del fin de semana.

○ No vivir en las rigideces egoístas: «En Nochebuena me dejas al niño a las 24.00 en punto y en el portal (de casa)».

○ Homogeneizar criterios para educar a los hijos en sintonía.

○ Evitar hablar mal del otro, culpabilizarlo.

Los padres (unidos o separados) siguen siéndolo y están obligados a mantener unas relaciones cordiales entre ellos y afectivas con los hijos.

---

Los niños en principio viven la separación como algo temporal y piensan que sus padres pueden arreglar la situación y volver a vivir todos juntos. Durante mucho tiempo intentan unir a sus dos padres. Entre las informaciones que sí se deben dar a los niños está el hacerles saber que la separación es definitiva.

Muchas veces dicen a cada progenitor lo que quiere oír y llegan en ocasiones a falsear la verdad a ambos. Que no se traduzca como mentira, sino como necesidad para su supervivencia emocional.

Dentro de las vivencias del niño trasluce la pérdida de seguridad, la pregunta ¿qué será de mí mañana?, ¿dónde viviré?, ¿podré seguir asistiendo al mismo colegio?

Conviene desdramatizar, hay muchos niños que se adaptan a su nueva situación. En todo caso se debe minimizar el daño, evitar en lo posible la participación del niño en el conflicto y ambos progenitores han de informarle de forma conjunta que se van a separar:

«Nos separamos, sí, pero los adultos, desde luego no nos separamos de ti».

«Los dos te queremos».

«La separación no es culpa tuya en absoluto».

«Ambos estaremos siempre a tu lado».

«Tu vida (colegio, hogar, amigos, perspectivas formativas) no cambiará en nada», explicándole que ambos le van a querer, que no pierde a ninguno de los dos, dándole seguridad en el futuro. Deben erradicar cualquier utilización del niño como emisario de mensajes hostiles. Hay que ser padres, que es muy distinto a tener hijos, hay que superar las tormentas emocionales e impedir que éstas choquen contra la débil e inocente estructura de los niños.

Desde la cooperación parental se informará a la escuela del proceso de separación.

En este gran cambio los adultos (padres) dejan al niño en segundo término, por lo que su autoestima sufre, añádase que el niño siente y aprecia que pierde a uno de los padres, lo que puede conllevar la pérdida de la familia extensa, de ese otro «lado familiar» (abuelos, tíos), obviamente, todo ello genera una gran inestabilidad en el niño. El niño precisa, requiere tiempo para aceptar unos cambios que no ha propiciado.

Resulta significativo que los padres no entiendan la reacción de los niños. Si éstos son muy pequeños, se sienten culpables de la crisis, si son un poco más mayorcitos, muestran un gran enfado hacia los padres por no haberlos tenido en cuenta y se enfadan con ellos mismos.

La separación y el divorcio son decisiones de adultos, que ninguno de ellos olvide o impida que el niño siga siendo niño.

Separarse como pareja es correcto. Olvidarse de que se es padre o madre y de que existe una obligación compartida como tales no es aceptable.

### Familias reconstituidas

Una nueva realidad familiar cada día en mayor número la conforman las familias separadas que se vuelven a reunificar con nuevos miembros. A veces con hijos propios de cada progenitor o sólo de uno de ellos.

Los hijos pueden acoger al recién llegado al hogar de distintas maneras. Unos lo aceptan, otros se revuelven en contra, no lo consideran padre o madre «auténtica», biológica, no lo dotan de «autóritas». En todo caso la llegada de un nuevo miembro a la familia lógicamente lleva un tiempo para que sea admitido por el niño, si es que finalmente lo va a hacer.

Es normal que los niños sientan celos hacia el nuevo miembro, pueden verlo como un competidor por el amor de sus padres o que intenta suplantar el papel del padre/madre ausente.

El papel del nuevo progenitor tampoco es fácil (es más complejo aún que el del yerno en algunas circunstancias familiares). ¿Es padre o madre o debe adoptar ese papel? Es más, ¿quiere educar, implicarse en el trabajo que conlleva en el día a día la transmisión de pautas educativas?

Su integración en la familia implica dificultades. Primero llega con su propia forma de vida y espera que sea respetada. Por otro lado, en estas relaciones se puede querer mucho a la pareja, padre/madre, pero no tener esa afectividad hacia los hijos. Esto se produce y a las personas las frustra mucho, pero es normal que no se quiera a unos hijos con los que no se ha vivido, con los que no se tiene historia; si además los hijos te rechazan, ¿por qué vas a quererlos?

También es cierto que el nuevo progenitor no siempre cuenta con el total apoyo de su pareja, por ejemplo, si un día le dice algo al hijo que no es suyo, ¿qué ocurre cuando la pareja le quita la razón? Es más, las palabras en estos casos son fundamentales, frases como: «No me gusta nada como tratas a mi hijo», quiebran la relación. Esta falta de complicidad desvirtúa la asunción del papel progenitor de la nueva pareja.

Además, pueden sentirse no queridos, comparados o taxativamente rechazados por los hijos. Y es que no se puede obligar a querer. El recién llegado busca armonía, piensa que portándose bien conseguirá que lo quieran fácilmente y necesariamente no ha de ser así. Se requiere mucho tiempo y algo fundamental: respeto en ambas líneas, tanto de hijos a padres como de padres a hijos.

Hay otro riesgo: querer ganarse al niño siendo muy condescendiente, dándole regalos; eso es un error. Tampoco se debe intentar sustituir al padre o la madre, no se ha de forzar la amabilidad, ni intentar seducir. Los niños captan muy bien el falseamiento del cariño. Hay que ganarse el afecto antes de intentar ejercer la autoridad para evitarse frases del tipo: «Tú no eres mi madre/padre, entonces, ¿qué derecho tienes a mandarme?».

Desde luego siempre hay un fantasma, que es el progenitor ausente con el cual por supuesto no se ha de competir. Los hijos mantendrán su lealtad hacia él/ella. Que no esté en casa no quiere decir que no vea a los hijos y que queriéndolo o sin querer induzca contra la pareja nueva, resultando la convivencia dañada.

Si ser padre no es fácil, serlo de un hijo que no lo es, que ha asimilado otras pautas a veces durante muchos años y que no siempre recibe con los brazos abiertos se convierte en una tarea ardua, titánica.

Pese a todo, los nuevos progenitores muestran desde la realidad su capacidad para superar el seísmo de las rupturas familiares. Caben pese a las dificultades las familias reconstituidas y el éxito relacional de los nuevos padres-hijos.

Hace falta equilibrio dinámico, se precisan conductas conciliadoras, saber pedir disculpas tanto padres como hijos, sensibilidad, afecto, capacidad adaptativa y todavía más si el que llega a casa aporta hijos.

## LOS ABUELOS

Su presencia es necesaria en el seno de la familia, proveen de continuidad cultural y psicohistoria.

Los nietos valoran significativamente que les transmitan anécdotas sobre su vida con los que hoy son aún sus hijos. Conviene apagar más a menudo la televisión y el vídeo para que los nietos puedan escuchar las historias narradas por los abuelos.

Los abuelos pueden y deben coadyuvar con su saber, su tiempo, su afecto, su comprensión. Pero la educación es una función irrenunciable de los padres.

No deben censurar a los padres en caso de desacuerdo con ellos, sólo dadas graves ausencias paternas pueden suplir a los padres ante sus nietos.

Hay abuelos ya educadores que tienen que compatibilizar el cuidado de sus padres —en ocasiones con Alzheimer o graves deterioros cognitivos o físicos— y el de sus nietos. Realmente su situación se hace agobiante por agotadora y porque resulta dificilísimo aunar los intereses de los nietos y de los bisabuelos de éstos.

Respeto intergeneracional y adecuación a los ritmos de la naturaleza han de ser vectores que delimiten la responsabilidad y la entrega de cada uno.

# TERCERA PARTE

# Preadolescencia
# (de 7 a 12 años)

# IX

# Preadolescentes

La infancia es un presente cargado de futuro.

En estas edades los padres siguen siendo fundamentales, esenciales, pero educa también el entorno, la escuela, los amigos, los medios de comunicación...

Además del buen ejemplo familiar a los niños les beneficia relacionarse y tener en sus amistades otros niños pacíficos y amistosos que funcionarán como modelos positivos.

El mundo de los niños es mucho más amplio que en tiempos pasados, primero porque se «conectan» con otros jóvenes de distintos lugares del mundo y además los vecinos del barrio ya son multiculturales y de otras razas.

En esta etapa de crecimiento físico, emocional, intelectual y madurativo, donde asumen más responsabilidades y autonomía, se enfrentan a grandes cambios. La pubertad se les va adelantando cada vez un poco más. La vida escolar les exige más dedicación y esfuerzo para alcanzar los objetivos establecidos junto con las actividades que realizan fuera de este ámbito. Tanto derroche de energía precisa de una buena alimentación, actividad física y un buen descanso nocturno.

Son niños que sueñan con dormir todo el día, tener más vacaciones, conseguir que en el mundo haya paz, estar siempre con los amigos, poder hablar en clase-colegio, jugar al fútbol en el salón, poder cruzar las calles sin mirar, hablar y ser escuchados, ser mayores, hacer los sueños realidad, ser grandes futbolistas, ayudar a los niños de otros países, ser cantantes famosos, ser guerreros espaciales...

No hay mejor piropo que te comparen con un niño.

Reducir la educación paterno-filial a un conjunto de técnicas, de fórmulas y de conductas es ignorar lo esencial, el vínculo, el apego, el amor.

La preadolescencia es una buena etapa para afianzar la relación de confianza y de diálogo entre padres e hijos. Requerirán la atención de sus padres para que jueguen con ellos o para que los escuchen si quieren contarles sus experiencias o comentarles sus inquietudes.

Se ha de evitar hacer otra cosa o actividad mientras su hijo le habla o está con él/ella. Hay que recibir su iniciativa con interés. Han de sentir un apoyo, que sepan que estamos incondicionalmente con ellos les dará seguridad emocional.

Un niño requiere una atención exclusiva, única.

Compartir tiempo y aficiones consolidará la relación entre padres e hijos.

Estos momentos sirven también para orientar al hijo, pues la formación de la persona no se puede abandonar a un dejar hacer sin ninguna pauta.

Es normal que los niños quieran complacer a los padres, pero no ha de darse este posicionamiento más allá de los 10 años, pues se estará anulando su sentido crítico. No ha de confundirse con el respeto.

> **❝** La infancia tiene sus propias maneras de ver, pensar y sentir, nada hay más insensato que pretender sustituirlos por los nuestros **❞**.

> JOHN FITZGERALD KENNEDY

Los padres siguen siendo el referente principal de los niños, por ello el ejemplo que les den con sus conductas será esencial para su educación. «Haz lo que te digo, no lo que hago» es un mensaje contradictorio y poco eficaz. Igualmente sostener unos valores conlleva la práctica de conductas y posicionamientos, si bien caben las propias dudas y el reconocimiento de las limitaciones entre lo que entendemos que debe ser y lo que somos.

Hay que ser padres aprendices.

Conductas parentales inadecuadas:

— Los padres han de ser conscientes de que las descalificaciones, la agresividad verbal y en ocasiones física mostradas ante los niños daña de forma indeleble a estos testigos obligados.

— Hay padres y madres inmaduros que hacen del hijo alguien necesario que debe cubrir una ausencia, y cuando el padre se va de casa ha de dormir con la madre y ostentar el rol de varón (ser el hombrecito de la casa). Con frecuencia estos hijos parentales se ven abocados a conventos o monasterios o tienen una gran dificultad para encontrar pareja o relacionarse correctamente. Su pareja es su progenitor/a. Grave circunstancia y expectativa de vida.

— La hiperpaternidad. Son padres helicóptero porque siempre están vigilando. El exceso de protección de los niños mina la solidaridad social, pues vivir solo y para los hijos incide en un menor interés por los demás. Estos niños son el centro del universo para sus padres.

El consumismo ha entrado en cada uno de los detalles de la vida del niño (cumpleaños, fiestas del pijama, publicidad...), algo de lo que no se les protege y sin embargo sí se les protege del más mínimo riesgo, los niños ahora no saben subirse a un árbol y están faltos de carreras y juegos en el parque por padres que piensan que puede ser peligroso. Además, está el miedo por los casos de desaparición de menores, que saltan en los medios de comunicación, y acrecientan que muchos niños pasen la mayoría de las tardes en casa.

Preocupa mucho su formación, cada vez los niños reciben antes clases particulares y se da mayor relevancia a las notas —hay más evaluaciones— que al aprendizaje, muchos niños toman medicamentos que los ayudan a concentrarse en los estudios. Un control excesivo que repercute en no saber valerse por ellos mismos. El cordón umbilical existe incluso después de terminar la carrera universitaria en algunos casos.

Los niños necesitan tiempo y espacio para descubrir el mundo por ellos mismos. No se les puede robar la infancia, han de experimentar, jugar, imaginar, aburrirse, tener relaciones, descubrir quiénes son y lo que quieren ser sin sentirse tan controlados.

En las ligas deportivas se ha de bajar la presión de esos padres que braman desde el banquillo y no permiten que los niños disfruten con el deporte, no todo es ganar. A veces las excesivas clases extraescolares repercuten en el poco tiempo que los niños pasan en familia, entre sus hermanos. Deberían tener un tiempo al día para entretenerse ellos mismos, sin la ayuda de adultos ni ordenador.

Cuando los padres convierten la educación en un cruce entre el desarrollo de un producto y un deporte de competición, la paternidad pierde su sentido.

Hay que dejar a un lado el perfeccionismo. No existe la receta para ser padres, las dudas son parte de la educación. Y si bien se invierte tiempo, dinero y esfuerzo en el currículo de los hijos, haremos lo correcto al mejorar en disciplina, en decir a los niños «no» para que se sientan seguros y protegidos.

> **❝** La relación de los adultos con los niños y adolescentes debe ser, sobre todo, clara y previsible: después, justa y, por último, racional y persuasiva **❞**.

Mariano Fernández Enguita

Educarán mejor los padres y madres que ponen voluntad y dedicación en ello, los que procuran que no haya contradicciones entre lo que dicen y lo que hacen, los que creen en la educación y saben que es una tarea de cada día.

## La comunicación

El lenguaje es básico para la comunicación. La comunicación es la única vía de transmisión del pensamiento. Define y constituye la identidad.

Pocas personas hablan hoy correctamente en público o redactan con lógica. Nadie, o casi nadie, escribe claro o defiende un examen oral. Estamos perdiendo la «batalla del conocimiento del lenguaje».

El lenguaje socializador es esencial para con el otro, el uso del lenguaje como mediador verbal, como imán prosocial, como fórmula de solucionar conflictos, de manejarse en la duda, de resucitar tras las rupturas.

Pero no menos esencial es el autolenguaje, la vivencia de las intenciones ajenas, la imagen de uno mismo se conforma desde el lenguaje interior que propicia el pensamiento.

No somos mucho más que nuestro lenguaje (y silencios). Así nos posicionamos ante nuestro «yo» y el entorno.

Hay quien mantiene que una imagen vale más que mil palabras. Se equivoca. Todas las imágenes se traducen en palabras. La cultura se transmite mediante el lenguaje. El ser humano es el único animal que posee este lenguaje tan elaborado. Todos los animales ven, pero ¿quién escribe?, ¿quién juega con las palabras?

A diferencia de las imágenes, que mayormente provocan emociones, la palabra escrita incita a pensar y a razonar.

EL SUEÑO

El sueño es necesario para que los niños se recuperen de todas las actividades que realizan cada día. Entre los 4 y 12 años aproximadamente es necesario dormir 10 horas.

Fundamental tener marcados unos horarios para levantarse y acostarse, pues por la noche querrán quedarse cada vez hasta más tarde, o por ver algo en la televisión, o por hacer los deberes. Para facilitar el sueño es conveniente mantener un ambiente distendido, haber cenado de forma ligera y hacer actividades que relajen antes de dormir, como leer o escuchar música.

ALIMENTACIÓN

Ofrezcámosle una gran variedad de alimentos y respetando sus preferencias busquemos el equilibrio en la ingesta semanal, un menú que aporte los nutrientes suficientes para crecer saludablemente y realizar toda esa actividad física:

— Los niños y las niñas de 6 a 10 años deberían comer unas 2.000 calorías diarias.

— Los adolescentes de 11 a 13 años, 2.500 calorías diarias.

El problema es que nuestros menores consumen «calorías vacías» a base de azúcares y grasas saturadas que aportan energía, pero no vitaminas. Hay que orientarlos adecuadamente para que no coman sólo lo que les gusta, algo a lo que no hay que ceder pese a sus manipulaciones.

Enseñarles a comer de todo de manera moderada y a respetar los horarios de comida, evitar las golosinas y picar entre horas (atención al consumo de «chuches») eliminará problemas de alimentación en el futuro.

Es recomendable realizar las tres comidas principales (desayuno, comida y cena) y una merienda por la tarde y un almuerzo a media mañana, que coincide con el recreo. Es importante que sea variado a lo largo de la semana y que coman frutas, lácteos, bocadillos y no sólo bollería comprada.

El desayuno es muy importante para comenzar bien el día. Los niños necesitan tener tiempo y no ir con prisas. Precisan tomar leche o yogur, cereales, el pan con aceite de oliva virgen es muy recomendado por los expertos y que en el desayuno se incluya una fruta o un zumo.

Demos buen ejemplo y no nos «saltemos» comidas, hagamos una alimentación igualmente variada y no comentemos la necesidad de ponernos a dieta.

Advertencia a los padres aficionados a los regímenes especiales. Ellos pueden hacer lo que quieran con su propio cuerpo, por algo son adultos y pueden mantenerse con una dieta lactovegetariana, pero que no involucren a sus hijos en edad de crecimiento. Sepan que la administración norteamericana ha tipificado esta cuestión dietética dentro del grupo de «abusos del niño».

Para evitar el sobrepeso y la obesidad, es recomendable la práctica del ejercicio físico a diario que además les conlleva otros beneficios, como la mejora del autoconcepto y la seguridad, de la maduración del sistema nervioso motor y el aumento de sus habilidades motrices y sociales para hacer amigos, así como su influencia positiva en el rendimiento escolar.

En estas edades ir al parque y jugar, correr y saltar con sus amigos suponen un buen ejercicio. Pueden realizar algún deporte como actividad extraescolar o compartir en familia paseos en bicicleta, por el monte, por la ciudad, juegos con pelota...

No utilicemos los alimentos como premio o castigo.

Trasmitamos capacidad crítica con la publicidad.

Potenciemos su colaboración llevándole a comprar al mercado, pidiendo su participación en la planificación de los menús, animándole a que ayude o cocine para la familia.

Si se queda en el comedor escolar es bueno que los padres supervisen el menú para completar la dieta diaria en la cena.

## DESARROLLO

### *Madurar*

Hay que darles confianza y ganarnos la suya. Hemos de equilibrar la prudencia con la asunción de responsabilidad y el manejo de la libertad tutelada.

A los 7 u 8 años deberían llevar a cabo todos los días tareas de autonomía y utilidad.

Podemos dejarles ir solos al colegio o a por el pan... Dependiendo de la distancia, del lugar, de los riesgos objetivos —anticipándolos y haciendo a los niños partícipes de los mismos—, hemos de ir paso a paso, poco a poco, transmitiéndoles independencia.

Quizá primero han de pasar solos —supervisados— a la casa de un vecino amigo para solicitarles algo, ulteriormente pueden ir a una tienda próxima dirigidos por el niño, pero acompañándolo para ir dando mayores cotas al seguirlo mientras realiza un encargo (que el niño sea consciente de que estamos cerca, pues con anterioridad se lo hemos indicado).

Corregiremos errores, los analizaremos con él, imaginaremos situaciones posibles, comportamientos que ha de adoptar.

Los avances han de ser graduales y equiparables a los niños de su edad.

La responsabilidad requiere obediencia y saber elegir y decidir por uno mismo lo mejor posible de acuerdo a su nivel de madurez.

Hay que darle opciones para elegir y que razone los motivos de su elección. La indecisión es una forma de irresponsabilidad.

Habrá que enseñarle a tolerar los cambios imprevistos que trastoquen la decisión tomada.

Los padres piensan que si evitan a los hijos dificultades, les dan todo lo que piden o ceden a ante cualquier resistencia los harán más felices. Es todo un equívoco, los convertirán en unos chicos débiles, indecisos y no les dejarán crecer correctamente en la responsabilidad.

Las normas del hogar han de ser pocas y claras, comprensibles para todos, sin ninguna forma de autoritarismo.

El niño tiene que saber lo que debe o no hacer y las consecuencias de incumplir lo acordado.

---

PARA QUE LOS CHICOS DESARROLLEN SU AUTONOMÍA
Y RESPONSABILIDAD LOS PADRES DEBEN

○ Alabar los logros conseguidos y su esfuerzo.
○ Enseñar con el ejemplo.
○ Favorecer la participación de los hijos.
○ Ayudar para que se vean de manera realista y reconozcan sus valores y dificultades.
○ No gritar o amenazar.
○ No sobreprotegerlos, dejarles desenvolverse ante las dificultades.
○ No compararlos con otros niños o hacerles sentir avergonzados.
○ Mantener criterios y coherencia ante los hijos.

---

El niño tiene que pasar por diferentes etapas antes de adquirir una autonomía que determinará su madurez moral.

Hay que devolver a los niños y a los jóvenes la realidad de la vida, es decir, el dolor (deben conocerlo y para eso hay que acompañarlos a hospitales donde hay niños con dolor, con enfermedades crónicas, en ocasiones irreversibles). Junto al dolor está la muerte, parte esencial e inevitable de toda vida. Se ha manifestado erróneamente que un niño de 9 años no debe acompañar a sus familiares en el funeral del abuelo, craso error, injusto, irreversible.

Ha hecho mucho daño el hacer creer que los niños se quiebran con facilidad, se «rompen», no es cierto, son niños, pero adaptables, ciudadanos de pleno derecho que gustan de asumir la responsabilidad que les es propia.

Junto al dolor y la muerte se ha sustraído a los niños del sentido del humor. No conozco a nadie inteligente que no tenga sentido del humor. El buen tono, el relativizar los problemas es esencial. El reírse de uno mismo es imprescindible.

Reitero, dolor, muerte, humor y lenguaje son aspectos irrenunciables en la maduración de todo ser humano. Aspectos que han de ser abordados como fórmulas interiorizadas, como lo es el convivir con la duda, con el deterioro, con la ruptura.

El sentido de trascendencia es otro componente básico en su crecimiento como persona. Cada niño debería poseer algún concepto de voz interior. Tener algo de formación religiosa en sus conocimientos y pasar algunos días de su vida en el bosque.

Hay que educar en el espíritu emprendedor. Enseñemos a los niños a aportar ideas y a ponerlas en marcha, a innovar.

Nuestros niños tendrán que viajar por el mundo, adaptarse a los cambios que son ya una realidad.

Se dice que los niños pequeños son psicólogos espontáneos. Esto se debe al hecho de que saben interpretar la mente de sus semejantes y son capaces de predecir la conducta de los demás e interpretar sus intenciones, sus creencias y sus deseos. A través de los gestos, las posturas y las acciones en general, se anticipan a la conducta ajena, lo cual sin ninguna duda tiene un valor de supervivencia importantísimo. Esta capacidad se ha denominado «teoría de la mente».

Los niños autistas, según muchos autores, no poseen la «teoría de la mente», es decir, la capacidad de interpretar los estados mentales de otros seres humanos.

*Escala evolutiva de 7 a 12 años*

7 años

---

Autonomía personal

### Vestido
- ❏ Si se inicia a vestirse, lo hace correctamente.
- ❏ «Cuelga» su ropa en el suelo.
- ❏ Puede limpiarse los zapatos.

---

## Higiene

❑ Domina perfectamente los esfínteres y puede «aguantar» hasta llegar a casa.
❑ No suele oponerse al baño.

## Alimentación

❑ Come correctamente en la mesa, aunque debamos recordarle que se lave las manos previamente.

## Sueño

❑ Ya no son comunes las pesadillas. No va al baño por la noche.
❑ Tiene sueños en los que vuela o «navega» por el fondo del océano.
❑ Se acuesta y se levanta solo.

## Salud

❑ Se plantea temas como «para que nazca el hermanito, ¿hay que abrir a la madre?».

## Habilidades motrices

❑ Es más prudente cuando trepa...
❑ Repite las actividades hasta dominarlas.

## Desarrollo cognitivo

❑ Le interesan las conclusiones y los desarrollos lógicos.
❑ Utiliza el lenguaje con mayor adecuación.
❑ Su pensamiento es más social, seriado, concluyente.
❑ Empieza a tener nociones del cosmos.
❑ Va conquistando la orientación en el tiempo y en el espacio.
❑ Es una edad de asimilación.

## Juegos

❑ Le gustan los juegos de sociedad, los rompecabezas.
❑ Bastantes chicos disfrutan leyendo.
❑ Le gusta la radio, la música, etcétera.

## RELACIONES CON IGUALES

❏ Puede formar pandillas.
❏ Discrimina al sexo opuesto.
❏ Afianza la relación de amistad y se siente mal si lo engañan o le mienten.

## ÁMBITO FAMILIAR

❏ Es un buen oyente, le gusta que le lean, escuchar cuentos.
❏ Van desapareciendo los ataques de cólera.
❏ Se muestra reflexivo, se toma tiempo para pensar.
❏ Es más perseverante.
❏ Susceptible al elogio, sensible a la desaprobación.
❏ Puede decir a su madre «eres mala» (hay que interpretar sus palabras) o «me escaparé de casa».
❏ Acepta responsabilidades en el hogar: sacar la basura, ir a por el pan...
❏ Le gusta tener paga, ahorrar dinero y comprar algún capricho.
❏ Tarda en obedecer.

## ÁMBITO ESCOLAR

❏ «Encaja» bien con los profesores.
❏ Borra mucho sus trabajos, se autocorrige.
❏ Los lápices y las gomas le apasionan.
❏ Puede organizar su mochila.

## SOCIALIZACIÓN

❏ Se va haciendo más social.
❏ Comienza a desarrollar el sentido ético, los estadíos morales de Piaget, Köhlberg... Discrimina entre lo bueno y lo malo en otros niños y en sí mismo.
❏ Es muy sensible a la crítica.
❏ Pierde miedos, como el de ir al dentista...
❏ Puede tener un «idilio» (enamoramiento breve y turbulento).
❏ La preocupación de Dios es todo un tema: «¿dónde vive?», y en ocasiones muestra escepticismo.

## Autonomía personal

### Vestido

❏ Se viste solo y elige la ropa acorde al tiempo.
❏ Cuida la ropa, la cuelga y la ordena.

### Higiene

❏ Muchos se lavan las manos antes de comer.
❏ Las niñas se interesan por la menstruación.

### Alimentación

❏ Está capacitado para comer de casi todo.

## Sueño

❏ Definida tendencia a postergar la hora de acostarse.

## Habilidades motrices

❏ Posee fluidez y velocidad en las operaciones motrices finas.

## Desarrollo cognitivo

❏ Comienza a ver conclusiones, contextos y consecuencias. Su universo es menos discontinuo.
❏ Valor y atrevimiento son característicos.
❏ Puede pensar antes de obrar. Es un buen observador.

## Relaciones con iguales

❏ Gran importancia de los «amigos verdaderos».
❏ Participa en juegos colectivos y sigue las normas.

## Ámbito familiar

❏ Le gusta ordenar sus cosas, pero necesita tiempo y espacio.
❏ Acepta con creciente racionalidad las inhibiciones y limitaciones impuestas.
❏ Es desenfrenado por lo que está en riesgo de accidentes (con coches, en piscinas...).
❏ A veces adopta la posición de «sabelotodo».

- Rebosa impaciencia. Monta en cólera. Afecto a la discusión.
- Tiende a superar el temor morboso a la oscuridad. Sueños de terror es igual a películas en televisión.
- Se está convirtiendo en un individuo, en un miembro del mundo social. Tiene consciencia de «sí mismo». Hay que hablarle sin condescendencia, hay que conversar con él.
- Le agradan las recompensas (muchas veces económicas).
- Tiene un sentido fuerte de la propiedad.
- Puede tener responsabilidades diarias.

## ÁMBITO ESCOLAR

- Es responsable con los deberes, puede distribuirse el tiempo para el estudio con supervisión.
- Les gustan los deportes, los «clubes». A muchos (los educados) les encanta leer, el cine, la música. Les gusta ir al cole y hablar.

## SOCIALIZACIÓN

- Se va alcanzando un nivel de madurez en el cual los dos sexos comienzan a separarse.
- Deviene un sentido de estatus social y redefine constantemente sus relaciones de estatus con los amigos, los hermanos y los mayores.
- Va construyendo su sentido ético.
- Admite la culpa y pide perdón.
- Diferencian entre bien y mal.

## Autonomía personal

❏ Realiza todas las actividades del cuidado personal de forma autónoma aunque necesita que se las recuerden.

❏ Le gusta retrasar su hora para dormir.

## Relaciones con iguales

❏ Le gusta competir.

❏ Encuentra a su mejor amigo del mismo sexo.

## Ámbito familiar

❏ No le gusta que le toquen sus cosas ni que le revisen su habitación.

❏ Hace tareas domésticas.

❏ Es protector con los hermanos pequeños.

❏ Le gusta ser valorado.

## Ámbito escolar

❏ Se ajusta a las normas de clase.

❏ Disfruta con las clases y sus compañeros.

## Socialización

❏ Comprende la posición del otro.

❏ No tolera las injusticias.

❏ Es crítico con los adultos.

❏ Su moral es la de los padres o profesores.

## Autonomía personal

- ❑ Realiza sus actividades diarias sin control.
- ❑ Se distribuye el tiempo.
- ❑ Tiende al descuido personal.
- ❑ No está de acuerdo con los horarios para acostarse.

## Juegos

- ❑ Le gustan los deportes y juegos de calle.

## Relaciones con iguales

- ❑ Elige a los amigos afines a sus gustos y aficiones.
- ❑ Tiene pandillas del mismo sexo.
- ❑ Son leales.

## Ámbito familiar

- ❑ Cuestiona la autoridad de los mayores.
- ❑ Cuida de los hermanos pequeños.
- ❑ No le gusta realizar tareas domésticas ni que le manden.
- ❑ Le gusta tener su propia habitación.
- ❑ Protesta si se le castiga.

## Ámbito escolar

- ❑ Piensa por su cuenta y no le satisface cualquier respuesta.
- ❑ Puede realizar tareas en el colegio socialmente útiles.

## Socialización

- ❑ Tiene un código moral severo.
- ❑ Aprende normas cívicas y de urbanidad.
- ❑ Es solidario.

### Autonomía personal

- ❏ Es selectivo respecto a su ropa y comida.
- ❏ Con la alimentación se vuelve caprichoso y rechaza algunos alimentos.
- ❏ Es dejado en el aseo personal.

### Relaciones con iguales

- ❏ Se vuelve crítico con los amigos y riñe por tonterías.
- ❏ Comparte tiempo y actividades con los amigos

### Ámbito familiar

- ❏ No está conforme con los horarios.
- ❏ Tiene conflictos con la autoridad.
- ❏ No se comporta igual en casa que fuera.

### Ámbito escolar

- ❏ Le gusta aprender sobre el conocimiento del medio.
- ❏ Tiene motivación personal por el estudio.
- ❏ Es crítico con los profesores.
- ❏ Es responsable (en general) con sus deberes.

### Socialización

- ❏ Percibe las necesidades de los otros y puede agradecer y ayudar según sus posibilidades.
- ❏ Expresa sus opiniones a los demás.
- ❏ Acepta las normas que cree justas y rechaza las que piensa que carecen de sentido.

---

### AUTONOMÍA PERSONAL
- ❑ Tiene algún descuido respecto a sus cosas personales.
- ❑ Tiene cambios de humor.
- ❑ Es atrevido y desafiante.

### RELACIONES CON IGUALES
- ❑ Es dependiente del grupo.
- ❑ Confía en sus amigos y no acepta al que se sale de la norma del grupo.
- ❑ Sale con sus amigos.

### ÁMBITO FAMILIAR
- ❑ Confía menos en sus padres.

### ÁMBITO ESCOLAR
- ❑ Se preocupa por las notas y por los exámenes.
- ❑ Trabaja bien en grupo.

### SOCIALIZACIÓN
- ❑ Defiende sus derechos.
- ❑ Tiene un sentido ético realista.
- ❑ Puede tener comportamientos antisociales.

---

## CONDUCTAS

*Miedos*

—A los 7 y 8 años aparecen miedos a sucesos sobrenaturales y también se puede temer la escuela. Además de a las sombras y a los ladrones encerrados en el armario.

— De 9 a 12 años pueden experimentar miedo al daño corporal, a la enfermedad, a la guerra y al fracaso escolar.

Leo Kanner dice en una perfecta sentencia: «Hay que tratar al niño que teme y no a los miedos del niño».

Como siempre el preadolescente se basa en el ejemplo de los adultos, en la responsabilización, en evitar la complicidad o en «entender» la mentira.

No debe reprenderse de forma exagerada, pero sí ha de manifestarse que la mentira cercena la confianza.

A corta edad hay que discriminar entre mentira y fabulación. Antes de los 7 años no podemos decir que un niño miente, con anterioridad conoce lo que está prohibido, pero no la transgresión de la prohibición.

Los niños (y los adultos) mienten como sistema de defensa ante un eventual castigo para disimular la ignorancia, para evitar la vergüenza, para parecer mejores de lo que en realidad son, para recibir atención.

Los chicos ocasionalmente emplean la mentira de forma calumniosa por celos o equívoca competitividad. Puede ser una forma de preservar su universo íntimo y mantener a los padres al margen de sus relaciones o actividades personales.

Los padres han de hacer comprobar al hijo que es mucho más ventajoso decir la verdad, aunque suponga el reconocimiento de un error.

## LA PUBERTAD

Se sitúa sobre los 10 y 13 años, más precozmente que en otras épocas. Es un fenómeno biológico, la adolescencia psicológica.

Todo tiembla y se trastoca. Los referentes sobre uno mismo y los demás se modifican, se da una revisión sobre la relación con el propio cuerpo sexuado, la identidad física y el entorno.

La pubertad llega antes a las chicas (aparición de la regla y desarrollo de los senos). En los chicos brota el vello, el cambio de voz y el tamaño del pene.

La sexualización está presente en todos los cambios.

A los niños, y desde muy corta edad, hay que informarles de los riesgos —sólo posibles— de abusadores sexuales, de maltradadores... que pueden estar en el círculo próximo. Y la forma de hacer saber esta situación.

## LAS CHICAS

Es normal aumentar de peso y que algunas niñas se desarrollen antes que otras, crecen y se ensanchan. Crecen los pechos, aparece el vello en el pubis, las axilas, se suda más, se desarrollan los órganos sexuales y se empieza a tener la regla.

### La menstruación

La niña debe estar informada y preparada con tiempo de la llegada de su primera regla. Ha de saber cómo actuar y qué higiene ha de llevar.

Debe saber que no se trata ni de un drama, ni de una fatalidad, muy al contrario de un acontecimiento natural, signo de madurez psicosomática, prueba de feminidad y de fecundidad.

Deberá consultarse con el médico especialista si la pubertad es precoz, es decir, si antes de los 8 años se aprecia desarrollo de los senos, aparición del vello, aceleración del crecimiento. Y también cuando se observa un retraso puberal o, lo que es lo mismo, no existe signo de desarrollo de los senos a la edad de 15 años y una ausencia total de reglas a los 17 años.

Esta falta de caracteres sexuales en la pubertad (falta de reglas, falta de desarrollo mamario, órganos genitales externos inmaduros) pudiera tratarse del síndrome de Turner, que además se caracteriza por su apariencia femenina y de pequeña estatura, y son jóvenes emotivas, temerosas e inestables.

## LOS CHICOS

El tamaño del pene se convierte en todo un tema. El complejo de pene pequeño está latente en la mayoría de los varones de corta edad y es más acusado en los hijos únicos al no poder satisfacer su curiosidad comparativa con los hermanos. Este complejo suele desencadenarse por comentarios despreciativos o apelativos diminutivos al tamaño del pene o a los genitales del niño en general por parte de la madre o de las cuidadoras. Algo similar acontece cuando los adultos sorprenden a los niños en actitudes masturbatorias y otros juegos sexuales, y los recriminan con frases como: «Te voy a cortar el pito». O en el caso de escape involuntario de la orina (enuresis): «¡Meón, te voy a hacer un nudo!».

Tanto padres como hijos dan equívocamente gran importancia al desarrollo de los testículos y del escroto en el desarrollo afectivo y en lo que atañe a la identificación sexual.

Cuando tienen más años aumenta la complicidad con los amigos para hablar de sexualidad. El interés por conocer se sacia mediante revistas, vídeos y compañeros.

Los padres han de abordar el tema y ofrecerles libros de interés que den pie a comentarlos. Al tiempo han de trasladar al preadolescente la necesidad de respeto y de responsabilidad hacia sí mismo y hacia los demás.

La masturbación es algo natural. Los chicos deben saber los cambios que van a vivir, la primera eyaculación puede suceder mientras duermen y tener una polución nocturna. Igualmente cuando piensan en el sexo o ven a alguien que les gusta pueden tener erecciones involuntarias que pasarán cuando el cuerpo vaya equilibrándose hormonalmente.

La masturbación es una práctica habitual a cierta edad. El niño ha descubierto que realizando ciertos movimientos obtiene placer y obviamente lo practica.

Esta conducta ha de estar sujeta a unas normas sociales de convivencia. Lo único que hay que indicarle es que sea discreto. No debe condenarse la masturbación, ni que la asocien con suciedad o pecado, salvo que se aprecien conductas que por su intensidad o continuidad (masturbación compulsiva) puedan valorarse como patológicas. Debemos preguntarnos qué es lo que frustra, pone nervioso, entristece o angustia al niño y entonces remediar las causas, o bien acudir al psicólogo.

## INDEPENDENCIA

Hacia los 10 años buscan su propio espacio de intimidad y, si se puede, conviene respetar esa demanda de independencia, por ejemplo, si han compartido la habitación con algún hermano —que conlleva efectos positivos pues aprenden a compartir y refuerzan el vínculo afectivo— es un buen momento para que tenga su propia habitación si es posible.

## Niños-llave

Se ha denominado así a los niños que llevan colgada una llave en el cuello de su casa pues al volver no hay nadie en ella. Vivimos tiempos en que es difícil conciliar la vida familiar y laboral, pero se están manifestando las consecuencias de esta problemática social. La encuesta de Infancia en España 2008 (Fundación SM) afirmaba que el 27 por ciento —uno de cada cuatro— niños españoles se siente solo al llegar a casa.

Los clínicos (psicólogos y psiquiatras) achacan esta situación a que los niños —hoy muchos hijos únicos— al regreso del colegio pasan muchas horas solos, sin pautas, sin normas, viendo series de televisión hasta que llegan sus padres. Echan de menos la atención de sus progenitores y no se sienten acompañados para jugar, hacer los deberes o charlar.

Éste es el origen de muchos casos de depresión, de fracaso escolar, de rebeldía y de violencia, de tiranizar a padres y maestros.

## OCIO

### El juego

En esta etapa los momentos de ocio se caracterizan por la introducción de reglas y por la importancia del juego con los iguales, base imprescindible para la socialización.

El juego reglado también les lleva a la competitividad, les resulta difícil aprender a perder y a controlar la agresividad cuando aceptan dichas reglas.

Hay otros juegos claramente formativos, como el ajedrez.

Hay otros objetos que permiten aprovechar el tiempo libre, como pinturas, accesorios o prendas deportivas, instrumentos musicales, un guiñol o un buen libro.

No regalemos juguetes bélicos y violentos, de esos que dejan al niño el poder de decisión sobre la vida de los demás.

Por orden de preferencia las niñas eligen: peluches, libros de misterio, complementos deportivos, juegos de preguntas y respuestas, videojuegos, disfraces y objetos de fiesta, experimentos científicos, instrumentos musicales, muñecas y juegos de mesa y sociedad.

Los niños optan por este orden: videojuegos, deportivos, futbolines y billares, trenes y pistas de coches, experimentos científicos, de misterio, vehículos en los que montarse, maquetas, juegos de construcciones, de mesa y sociedad.

Juguetes recomendados:
— De 6 a 8 años: balones, bicicletas, equipos de deporte, cometas, juegos manuales, trenes y coches teledirigidos, futbolines, juegos de preguntas y respuestas, de cartas, de experimentos, microscopios.
— De 9 a 11 años: maquetas, juegos de estrategia y de reflexión, de sociedad, audiovisuales y electrónicos, de experimentos, complementos deportivos.

No facilitemos el «autismo relacional» y regalemos sólo juegos de ordenador o videojuegos (en todo caso, supervisémoslos, pues hay muchos de temáticas discriminatorias y destructivas), recordemos que los niños no deben pasar mucho tiempo delante de las pantallas.

Los menos niños tenemos que enseñar a nuestros hijos a ser críticos, hay que ver la televisión con ellos y reinterpretar lo que ven, hay que acompañarlos a las jugueterías y tocar la realidad de lo ofrecido, que muchas veces no es coincidente con la percepción que tiene, pues le han transmitido movimiento, lugares (como el Amazonas), etcétera.

Los tutores tenemos que vacunar a los niños de la avalancha publicitaria y, específicamente, de la sexista y de la que muestra a hombres musculosos que pueden luchar y vencer contra todo, que son los mejores pilotos, conductores... o las mujeres que son estupendas ejecutivas triunfadoras. Empiezan a llegar otros muñecos que muestran sus dificultades físicas, vamos normalizando, y esto es positivo. Como también lo son los muñecos que fomentan el conocimiento y el respeto a las distintas razas del mundo.

Sabedores de que el hábito del juego compartido está desapareciendo, incentivaremos la elección de esos juegos que permiten reunirse con amigos, padres, familiares. Son magníficos, pues facilitan lazos afectivos y nos igualan en las normas.

Todos los niños deberían tener un libro de fotos de su vida con breves anotaciones y observaciones. Les encanta observar cómo eran «de pequeños».

## La lectura

Tenemos que transmitir a los hijos la pasión por la lectura, el placer de leer y releer (estar a solas con sus pensamientos, sus fantasías). Un factor causal, determinante del desánimo lector de nuestros menores, es que ellos no ven leer a sus padres.

A veces se logra hacer aborrecer la lectura al convertirla en obligación, en lugar de contagiarla como un placer.

En cualquier lugar (autobús, montaña, playa, en la cama), distintos tipos de lectura.

Hay que disfrutar de leer cuentos a los hijos, compartir lecturas «en voz alta», leer y dialogar sobre lo leído.

Saber leer no sólo iconos o frases entrecortadas, sino hacer lecturas comprensivas, adaptadas a las edades (aventuras, viajes, historia, biografías...). Escribir para valorar y tener capacidad crítica de la lectura.

Hay que fomentar el gusto por leer, la capacidad de sorprenderse, de curiosear, de conocer.

Hay que leer más allá de las revistas del corazón y de los periódicos deportivos en casa y habituarse al libro, asistir a las bibliotecas, a las ferias del libro, a compartir en familia los momentos de lectura, cada uno en un sillón, tener un libro en la mesilla, ir con el libro en la salida de fin de semana al campo.

Leer y escribir cartas, poemas, sentimientos, leer lo que se escribió ¡cuántas sorpresas!

Que Internet no les haga olvidar la magia del libro.

## Televisión, Internet y videojuegos

Esta generación está siempre conectada/comunicada, ya sea mediante el teléfono móvil o Internet. Lo hacen de forma informatizada, procesan la información de forma creativa y multidisciplinar, no racional y lineal.

Los niños tienen más capacidades, unas posibilidades y una diversidad que antes no se tenía.

Tienen más información que los de generaciones anteriores, no confundir información con formación. Hay que enseñar a utilizar de manera sutil esa información y que sirva para llevar la vida de uno mismo y de los demás de forma más correcta.

Aunque dependen mucho de sus padres en algunos aspectos saben más que sus progenitores.

Los niños actuales ven televisión desde el comienzo de su vida. La ven, por tanto, en plena etapa de desarrollo mental, de creación de hábitos y actitudes.

El principio de autoridad, de modelaje, sin discusión, lo ostenta la televisión: «¡Lo ha dicho la televisión!».

Un niño puede estar navegando por Internet, jugando con los videojuegos, explorando lugares de cómics y no acceder a los foros que tratan de temas de interés, ni consultar las enciclopedias virtuales.

Hay jóvenes que de la mano de Internet, los videojuegos, las videoconsolas y la televisión muestran dificultad no para distinguir realidad de ficción, pero sí para establecer unas claras fronteras.

Lo más importante de todo es que los padres vigilen el contenido de lo que sus hijos ven en la tele, de dónde navegan en Internet, de los juegos con los que se divierten o los que les prestan sus amigos. La mejor manera es sentarse con ellos, observar y darles una explicación de lo que no entiendan, así como el uso que deben dar a la información que encuentren.

Una mala utilización de estas tecnologías puede hacer que el niño tenga pesadillas, nerviosismo, indiferencia por los problemas de los demás.

Debe haber un tiempo estipulado para su uso.

Sería interesante que los padres instalaran un filtro en el ordenador para que los niños no puedan acceder a páginas con contenido no recomendable para menores.

Últimamente se ha empezado a demandar videojuegos en grupo. Se pueden aprovechar para que juegue toda la familia y haya un acercamiento positivo entre todos los miembros.

Internet puede dar un uso educativo en el colegio. Debe ser utilizado por los profesores para guiar a los alumnos por un mundo nuevo que se les ofrece, donde empleen la racionalidad, la capacidad de elección, la crítica.

## La televisión

Desde los 6 años hasta los 14 años el niño pasa más horas frente al televisor que en el colegio y relacionándose con sus padres. Por término medio, entre los 4 y los 12 años ven unas 19 horas semanales (más las dedicadas a la videoconsola y al ordenador = 30 horas semanales).

Además, hay niños que se quedan a ver la tele en la programación *prime time* (de 21.00 a 24.00), situada fuera del horario protegido para la infancia. Y dos de cada tres padres no controlan lo que ven.

Son niños que se aíslan cada vez más. Se produce un déficit en todo lo relacionado con las aptitudes verbales, por la poca interacción con los demás y la pérdida del hábito de la lectura. Contribuye al mal comportamiento en las aulas, poca atención al profesor, retraso en las respuestas, escasa utilización de conocimientos anteriores y ausencia de análisis sistemático.

Ver mucho la tele puede asociarse con una menor capacidad de espera y un mayor desasosiego. Además, crea adicción.

Ver la televisión puede convertirse en la afición favorita de los niños.

La televisión es fuente de socialización y educación, aunque también desinforma y deshumaniza, moldea día a día nuestras creencias y actitudes. Transmite un mundo ficticio, para bien o para mal, un estilo de vida, unos valores, unos ideales sobre los que nos apoyamos en nuestra vida cotidiana y en los que basamos muchas de nuestras decisiones y formas de obrar.

La responsabilidad educativa concierne también a los medios que han de proteger a la infancia.

La ración continua de violencia que recibe el niño no lo hace violento, pero sí trivializa la agresividad. Padres y maestros entienden que la cascada de imágenes violentas que se ven en televisión influye negativamente en las conductas y posicionamientos de los chicos.

Educar a «ver la televisión» es entender, analizar, seleccionar. Exige entrenamiento, disciplina, seguir normas y hacer ejercicios. Y tener capacidad crítica.

Respecto a los programas para niños se precisa que las televisiones los incluyan en las tardes, que sean educativos y de ocio para los niños, al tiempo de otros en que la voz y los contenidos sean aportados por los jóvenes.

Se tendrá especial cuidado con los dibujos animados japoneses o aquellos destinados a los adultos.

○ Evitar que los niños tengan una televisión en su habitación.

○ Hay que determinar un horario sobre el tiempo de uso y predicar con el ejemplo.

○ Delimitar los tipos de programas que se van a ver y aclarar el horario para acostarse y levantarse.

○ Escoger la programación que ver juntos.

○ Comente imágenes o expresiones que no son apropiadas, incluso siempre se puede apagar la televisión. Es recomendable que los niños aprendan a discriminar lo que es adecuado socialmente de lo que no lo es. Es preciso expresar nuestro descontento con algunos programas y nuestro deseo de no verlos.

○ No debe compatibilizarse con el estudio ni con las comidas.

○ No utilizarla como única forma de recompensa y sanción.

○ Se han de aprovechar los buenos programas para estimular actividades (debates, dibujos...).

○ Los programas más apropiados serán aquellos que les gusten y los diviertan, siempre que no manifiesten violencia de tipo físico o psíquico. Primarán documentales, espacios infantiles que refuerzan el aprendizaje, programas que fomentan la participación deportiva, el contacto con la naturaleza, las artes, la lectura, que muestren otras culturas, que versen sobre el cuerpo humano...

○ Se han de ofrecer a los niños alternativas de interés como juegos, salidas...

*La paga*

El manejo del dinero puede ser positivo para la responsabilidad, la autonomía y el proceso de toma de decisiones.

Puede darse una «paga» a partir de los 8 o 10 años, siempre conviene ser restrictivo.

Se le puede enseñar a ahorrar regalándole una hucha, donde irá metiendo su paga o la parte de ella que no se gaste.

Debemos aclarar lo que pueden comprarse con ese «dinero de bolsillo».

También puede dejarse una cantidad que el niño gane con su esfuerzo en actividades preestablecidas o por consecuciones alcanzadas (refuerzos que no deben sustituir o solapar las obligaciones del niño).

## *Los amigos*

Las relaciones con niños de distintas edades son muy benéficas para el aprendizaje de todos ellos.

La amistad además implica una relación de iguales basada en la reciprocidad, la comunicación, el cariño, el apoyo y la confianza.

En el colegio suelen establecerse las primeras relaciones de amistad con niños de su misma edad, con los que aprende a compartir, a aceptar y ser aceptado, a divertirse, a perdonar y ser perdonado... entrena el compañerismo.

Hasta la adolescencia los niños tienen una manifiesta preferencia por los amigos del mismo sexo.

Desde luego se puede vivir sin hermanos, pero no se puede vivir sin amigos.

Desde los 2 o 3 años son los niños los que exigen estar con otros niños. La amistad se identifica con los niños con los que puede jugar sin mantener un lazo emocional fuerte. Los de 6 años dicen que con los amigos se comparten juguetes; es a partir de los 10 años que dicen compartir sentimientos.

---

EL PSICÓLOGO ROBERT SELMAN
DEFINIÓ CINCO ETAPAS EN LAS RELACIONES
DE AMISTAD ENTRE LOS NIÑOS

○ Se comportan de forma egocéntrica, sólo piensan en lo que desean de la relación (niños entre 3 y 7 años).
○ Interpretan que un buen amigo es aquel que hace lo que a ellos les gusta (niños entre 4 y 9 años).
○ Comienzan a salir de su egocentrismo, entienden que la amistad supone dar y recibir (entre 6 y 12 años).

---

○ Comprenden que la relación de amistad es un compromiso que implica algo más que hacer cosas por el otro. Siguen siendo muy posesivos (entre 9 y 15 años).
○ Acepta la autonomía en el concepto de amistad (a partir de los 12 años).

Fomentar que nuestros hijos tengan amigos debe empezar por propiciarles los lugares para que se relacionen con otros niños (parques, escuela infantil). Es beneficioso que reforcemos su autoestima y valoremos sus cualidades y sus actitudes para que tengan seguridad y no teman al relacionarse con otros niños.

Puede suceder que a veces tengan algún tipo de dificultad para hacer amigos, los padres deben ayudarlos a averiguar qué clase de dificultades puede haber para después tratar de solventarlas y trabajar con ellos las habilidades sociales necesarias.

Si desde pequeños ven a sus padres relacionarse con amigos, se les leen cuentos sobre la amistad, servirá de estímulo para emprender nuevas relaciones.

Hay que educar a los niños para que sepan lo que es la amistad y mantenerla en el tiempo. Deben saber que los amigos comparten y se ayudan, no se pegan, ni se insultan, hay que cuidarlos. Según van creciendo, los lazos de la amistad se estrechan, tendrán que aprender a ser unos buenos amigos y a diferenciar a los amigos de verdad de otras relaciones menos comprometidas, como un compañero o conocido, o aquellas que no les interesen mantener. Igualmente habrá amistades que se rompan porque se deja de compartir tiempo o porque las necesidades de cada uno van cambiando, es algo que deberán aprender a afrontar.

Con los amigos se está en el colegio, pero podemos facilitar otros momentos y lugares para que estén con ellos, como invitarlos a comer o a jugar una tarde.

Un buen momento para fomentar el grupo de amigos son los cumpleaños. Se pueden hacer *fiestas en casa*. Aunque engorrosas son fundamentales.

Hay que tener en cuenta la edad de los niños (y limitar el número de éstos):

— Hasta los 5 años lo que hay que propiciar es una amplia habitación sin objetos de valor, espaciosa y con globos y juguetes.

— De 5 a 10 años hay que prepararles juegos (desde la gallinita ciega hasta adivinanzas, completar refranes, carreras de sacos, en los que se intercale actividad física con juegos sentados). Les encanta recibir pequeños premios. Es magnífico contar con algún chico/a de 16 años aproximadamente que sea familiar y que les dirija los juegos, de no ser factible, serán uno o varios adultos los que asuman esa función.

— Los niños de más edad se preparan ellos mismos las fiestas, es práctico facilitarles juegos de mesa e ideas como yincana, descubrir títulos de películas por comunicación no verbal... Les gusta hablar, que se les respete la intimidad y desde luego las bebidas y los bocadillos.

Las vacaciones o fines de semana pueden ser otro momento para quedar con sus amigos y establecer contacto con los padres de éstos.

*Conocer a sus amigos*

Podemos hacerlo si les permitimos hoy —y facilitamos— que traigan a casa a los amigos, y así tener la posibilidad de poder aconsejar a los hijos sobre sus amistades.

Buen momento también para reforzar el valor de la amistad que supone lealtad y dedicación a los amigos. Así como saber respetar su forma de ser.

Es positivo conocerlos, pero existe un riesgo al relacionarse con los amigos del hijo: puede acontecer que se los valore más que al nuestro, que la relación que se establezca sea más permisiva y obtenga el rechazo del hijo («son muy simpáticos y comprensivos con las visitas, pero no conmigo»).

No saber nada sobre los amigos de los hijos manifiesta un problema de confianza mutuo.

Las familias de los amigos de nuestros hijos también son un referente para ellos y para nosotros, aunque dadas las peculiaridades de los núcleos familiares actuales, podemos llegar a sentir cierta falta de control.

*Saber decir «No»*

A veces el niño se encuentra ante una situación en la que no quiere hacer o no le apetece. Tiene que aprender a decir «no».

Para ello los padres deben ayudarlo y fomentar la comunicación, su autoestima y dejarle bien claro cuáles son las consecuencias de su comportamiento.

Hay que ayudar a los hijos a que encuentren soluciones.

## EL COLEGIO

Hoy se busca formar a todos los jóvenes, pero en bastantes casos las familias no socializan, lo que dificulta sobremanera que la escuela eduque.

La participación de la familia en la escuela debe seguir alcanzando altas cotas de colaboración entre padres y maestros con la finalidad común del mejor conocimiento de nuestro hijo-alumno.

Los padres deben interesarse por cómo pasan el día en el colegio, las tareas que traen a casa, ayudarlos a organizarse y estimularlos para que las hagan lo mejor posible. Mostrar a sus hijos que los apoyan y los guían en unos correctos hábitos de estudio.

La educación es un derecho; ir al colegio, un privilegio. El cáncer que significa la perversa idea de «el niño no va al colegio lo formamos, educamos, instruimos y socializamos en casa» es una falacia muy peligrosa y perversa.

Ahora hay en los colegios un número importante de alumnos que por su procedencia no conocen nuestra lengua, se integran en las denominadas aulas de enlace (donde pueden estar como máximo nueve meses), a partir de aquí caben las clases de apoyo, las adaptaciones curriculares, pero el problema o, mejor dicho, la dificultad son innegables.

*Preparados para ir al colegio*

Se dice, con razón, que la mayoría de los niños españoles va corta de sueño. Es debido a la mala costumbre de acostarse tarde y de levantarse pronto, y para colmo ir en ayunas al colegio.

Los niños deben descansar bien, dormir de forma continuada al menos ocho horas. Estar bien alimentados. Han de desayunar bien.

## Los deberes

Los maestros y padres estiman conveniente que los niños hagan los deberes en casa desde pequeños para adquirir hábitos de estudio y reforzar lo aprendido en clase.

Padres y alumnos se quejan de la cantidad excesiva de deberes y del poco tiempo libre que dejan a los niños, sobre todo cuando llegan a cursos en que tienen un profesor para cada asignatura.

En los primeros cursos con media hora que dedicaran sería suficiente para hacerlo aproximadamente una hora y media en cursos posteriores. Si además practica alguna actividad extraescolar, se debe cuidar que los niños tengan tiempo para jugar o estar con sus hermanos o amigos.

Los deberes fomentan la autonomía y responsabilidad en los niños. Los padres pueden ayudar/supervisar, pero no hacerlos por ellos; pueden contribuir a fomentar los hábitos de lectura y escritura, distribuir el tiempo para cada asignatura, para el estudio y el ocio, y a mayor edad se trabajarán las técnicas de estudio con él.

En vacaciones es bueno que descansen dos o tres semanas (nada más terminado el curso escolar).

En todo caso, y aun cuando las consecuciones curriculares del hijo sean positivas, resultan de interés los repasos y algunas actividades que se encuentran en los textos de vacaciones publicados por editoriales especializadas (SM, Santillana, Everest, Edelvives...). Lo que se complementará con lecturas, dibujos, redacciones, etcétera, dependiendo de la edad del niño.

## Aprender a estudiar

El estudio es importante porque ayuda al niño en su desarrollo personal y madurativo.

Hay que enseñar a estudiar, a planificar, a organizarse, a concentrarse, a aprovechar y dosificar el tiempo. Este proceso se tiene que ir dando desde que son pequeños como otro de los hábitos diarios que debe aprender.

Para ser eficaz en los estudios lo que se precisa es atención, no muchas horas perdidas, motivación, ánimo dispuesto para poder asimilar lo que se estudia y concentración para no verse sometido a continuas distracciones. Obviamente se necesita voluntad, empeño y constancia.

La concentración puede ser fomentada en los hogares desde edades tempranas, por ejemplo dibujando, haciendo puzles, escribiendo un cuento y leyéndolo.

Debe crearse un hábito de estudio en el día a día, un horario, un entorno propicio y desarrollar la capacidad para aislarse, para concentrarse en silencio.

Tiene que tener un lugar donde estudie, donde no tenga distracciones, una mesa y una silla que le sean cómodas y una luz que le permita realizar sus trabajos.

Hay que proveerlo de todos los recursos necesarios para que no se tenga que levantar una vez haya empezado a estudiar, ya que perdería toda la concentración.

Es importante empezar a estudiar por las materias más complejas y terminar con las que le requieran menor esfuerzo.

Hay niños que no saben estudiar (no se les ha enseñado). Hay quien lee continuamente los textos «como papagayos», sin saber captar lo esencial de cada párrafo y lección. No realiza una lectura comprensiva. El dominio del lenguaje en su doble vertiente de comprensión y expresión es absolutamente imprescindible para los estudiantes.

Hay que preguntarle si «se le queda» lo que estudia, ¿emplea la memoria, realiza resúmenes, subraya? Hemos de mostrarles que saber no es recordar, sino relacionar. Memorizar se debe utilizar sólo para lo importante. Hay que mostrarles las formas de unir nexos. Debe enseñárseles a unir textos.

Si se precisa hemos de solicitar apoyo del gabinete psicopedagógico del colegio/instituto e instrucciones.

Los tiempos de estudio y de ocio deben estar claramente diferenciados. Mientras no terminen sus tareas no tendrán juegos, tele u otras actividades.

Es necesario estudiar unas horas, pero resulta negativo estar siempre estudiando en detrimento de otras actividades también necesarias. Incluso cuando veamos al niño cansado es mejor que se tome tiempos de descanso para que no se agote.

Para evitar que nuestros hijos terminen aborreciendo estudiar, no habremos de imponer sanciones del tipo «copia cien veces esta palabra o tal frase», o que el castigo consista en ponerlo a «estudiar» (ante los libros).

## Se esfuerza poco

La inercia de nuestra naturaleza es la de no someterse al esfuerzo y a la disciplina que el estudio en todos los casos precisa.

Toda la vida hemos asistido a campamentos, hemos realizado muchos por el mero hecho de esforzarnos, de llegar a algún lugar, de superarnos. Hoy es imposible, un joven se preguntaría: ¿para qué caminar, por qué no ir en el Land Rover?, ¿dónde quedó la transmisión del esfuerzo, de la voluntad, del gusto por ponerse una meta que alcanzar?

La gente busca la felicidad, pero ha dejado de amar el sacrificio. La generación de nuestros padres hablaba del valor del esfuerzo. Hoy no se habla de eso. Se habla de consumo y de felicidad, pero la gente está angustiada.

Los niños que se esfuerzan lo mínimo harán lo mismo de adultos. Son niños que siempre argumentan excusas.

Alguien dijo que los holgazanes siempre saben la hora que es.

Las causas en el relajamiento del esfuerzo para aprender se encuentran en:

— Menor exigencia genérica sobre los hijos.

— Influencia de la televisión, con la que se obtiene una información pasiva, todo es fácil, se arrincona la voluntad: «Aprenda alemán sin esfuerzo». Todo parece «venir dado» por los videojuegos, Internet, etcétera. Un mundo cada vez más cómodo que exige menos esfuerzo físico, reducido a lo digital, a la orden dada con la voz, conlleva lasitud.

—El mundo rico es un nido algodonoso, donde la exigencia y la queja se instalan de manera rampante. Afectados por la modorra de la comodidad, se olvidan las dificultades para alcanzar lo que disfrutamos y la cierta incertidumbre para mantenerlo en el tiempo.

Hay que buscar el dominio de uno mismo, hay que educar en el esfuerzo cotidiano en el creciente fortalecimiento de la voluntad referida a todos los ámbitos, ya sean afectivos, intelectuales, deportivos, culturales, psicológicos o espirituales.

Hay que desarrollar el nivel de logro que se marcan y exigirles autonomía y responsabilidad.

*Cuando el niño va mal en el colegio*

Se han de verificar las causas, y para ello es necesario hablar con el hijo y con su tutor —en ocasiones, de forma conjunta— para abordar la etiología, es decir, la falta de motivación, de esfuerzo, distracciones, el desconocimiento de los hábitos de estudio, la necesidad de mostrarse «gracioso» con los compañeros, la falta de potencial cognitivo, si ha ocurrido algo especial en los últimos meses, si ha cambiado de colegio o de etapa educativa, etcétera.

Sin dramatizar no ha de posponerse la intervención, pues el conflicto se enquistará y sin duda se agravará (¡cuántas veces es un síntoma!).

El tratamiento será muy distinto si el problema obedece a un hecho aislado, si se refiere a un déficit en sus aprendizajes o entra dentro del área de la conducta. Si es preciso, buscaremos la ayuda de un especialista.

*Fracaso escolar*

Los maestros inciden en la poca participación de los padres en la educación de sus hijos como factor importante en el fracaso escolar.

Éste se da cuando el nivel académico y su rendimiento no son los adecuados para su edad. O puede suceder que nuestros hijos no tengan ningún interés en el aprendizaje o ninguna motivación.

Puede acontecer que eludan responsabilidades y no quieran estudiar. No tienen hábito de estudio, por lo que conseguirlo será lo primero en lo que trabajar.

Los padres deben ser conscientes del problema y cooperativos. Deben interesarse por el horario de sus hijos y por su plan de estudios para elaborar con ellos una estrategia de trabajo.

No deben permitir interrupciones una vez que el niño se haya sentado a trabajar (ir al baño, merendar...).

Cuando nuestro hijo haya conseguido logros, se le debe reforzar positivamente para que siga trabajando de igual manera y avanzando.

Hay que elaborar programas adaptados a quienes fracasan en la educación «ordinaria» (normalizada).

## Los compañeros

En las relaciones con sus iguales no hemos de premiar la mediocridad. Incentivemos la cooperación pero sabedores de que existe la competencia.

No cabe duda de que compartir clase con niños de otras culturas produce ventajas e inconvenientes. El centro escolar no es sólo para la enseñanza, sino para la educación integral. Con una adecuada gestión, por ejemplo, mediante «aulas de compensatoria» o «aulas enlace», las dificultades de adaptación de niños de otras culturas y nacionalidades no tienen por qué suponer un lastre en la educación de nuestros hijos.

El balance es muy positivo, enriquece y prepara un futuro ya presente inter y mulicultural.

Qué oportunidad perderíamos en estos momentos en los que nuestros hijos empiezan a compartir la escuela y el recreo con los de los inmigrantes que llegan desde todas partes a nuestro país si no la aprovechamos para que aprendan desde pequeños, cuando todo se retiene y a todo se acostumbra uno más fácilmente, que todos somos iguales aun siendo diferentes.

## Es víctima de un chantaje

Si la actitud del niño ha cambiado, se muestra más callado, busca excusas para no ir al colegio, se descubre que se lleva dinero de casa y no da una explicación convincente. Los padres habrán de ayudarlo a que se libere, explicándole que por decir lo que le está ocurriendo no es un cobardica ni un delator; al revés, evita que otros niños sufran victimización.

Tiene que saber que si está justificado tiene derecho a recurrir a los adultos para que lo protejan o reparen la injusticia o el abuso cometido por otros niños, sin que por eso haya que llamarlo «acusica». Tiene que saber defender sus derechos por el medio más adecuado en cada ocasión.

Si tras escucharlo se concluye que está siendo amenazado, habrá que informar a su tutor, al director del colegio y, en su caso, a la asociación de madres y padres.

*Acoso escolar*

Cuando un niño es maltratado tanto física como verbalmente y como resultado de ello es intimidado, amenazado y excluido, estamos ante un caso claro de acoso escolar.

A veces esta conducta acosadora es reforzada por el grupo de iguales o consentida por miedo.

El acosador suele ser un niño inseguro que intimida a los demás para ocultar su propia inseguridad.

*Los espacios escolares*

Hay que ampliar la posibilidad para utilizar más los espacios escolares para actividades no «normalizadas» (deporte, solidaridad, dibujo, teatro...) que faciliten el contacto entre niños y con otras generaciones y eviten la permanente presencia pasiva de los jóvenes ante la televisión.

*Actividades extraescolares*

A todos los padres les gusta que sus hijos sean muy completos, algunos quieren que lo sean. Añádase que se aconseja con buen criterio que el niño se matricule en alguna actividad artística y deportiva. Súmese que por problemas de horario laboral de los padres hay muchos que inscriben a los hijos en actividades para que no estén solos y tendremos un panorama en el que algunos niños no tienen tiempo para serlo, para jugar, para disponer de momentos de tranquilidad.

Existe un equilibrio entre estar aburrido y desocupado y, por el contrario, llenar el horario de actividades sin espacios de convivencia en el hogar.

Bueno es que los hijos aprendan idiomas, pinten, toquen un instrumento musical y practiquen un deporte, porque supone desarrollar una afición, conocer gente magnífica, evolucionar como persona y quizá encontrar una profesión, pero hemos de conciliar los horarios. No estresemos a los niños haciéndoles la proyección de unos adultos en reducido. Ni comprometamos su disponibilidad para el trabajo escolar.

Es conveniente tener presente las preferencias del niño, si bien la decisión ha de ser de los padres sin caer en la imposición de una actividad por la que el niño no tenga el más mínimo interés o capacidad para realizar.

Corremos el riesgo de obligarlos a cosas inadecuadas para su edad que ni los atraen ni las disfrutan, ni están en el horizonte de sus posibilidades, la frustración será tanto suya como nuestra, y hasta es posible que obstaculicemos su natural deseo de explorar y aprender.

Las actividades extraescolares han de ser experiencias lúdicas, distintas a las clases del colegio. Deben tenerse en cuenta los gustos, el carácter y las habilidades del niño, hemos de evitar el sexismo y no sobrecargar la semana, ya que el niño necesita tiempo de ocio para jugar.

Si no se encuentra a gusto en una actividad, es mejor buscar otra más acorde con el niño. No se ha de utilizar como premio o castigo.

Las actividades que se practican en grupo y que fomentan las relaciones con otros niños están indicadas para aquellos que son tímidos e introvertidos, como el teatro. Hay otras que favorecen la concentración, como la pintura; las que se desarrollan de manera individual, por ejemplo, tocar un instrumento, jugar al tenis... son buenas para los niños perezosos. Otras como el yudo o el ajedrez son propicias para los niños más inquietos.

Las *actividades deportivas* contribuyen al desarrollo físico del niño y de su percepción espacial, coordinación motora y equilibrio. Aprenderán a ganar y a perder y a aceptar las normas. Los deportes han de ser impartidos por profesionales y se han de adaptar a la edad y a las condiciones del niño. El deporte de competición no se podrá realizar hasta los 10 años.

El baloncesto y el fútbol fomentan el trabajo en equipo. Las artes marciales trabajan la concentración. La natación relaja, estimula el apetito y hace dormir mejor. El ajedrez enseña a tomar decisiones acertadas o no.

Las *actividades artísticas* desarrollan la creatividad y la imaginación. La música y el baile estimulan, además, el desarrollo psicomotor. Tocar un instrumento potencia la autodisciplina y la constancia.

La pintura fomenta la destreza manual y visual; la música ayuda a desarrollar la memoria, mejora la concentración y estimula la sensibilidad. El teatro es bueno para ejercitar la memoria, la imaginación, la creatividad, la lectura y el movimiento corporal. La danza trabaja la expresión corporal.

Otras actividades extraescolares de carácter funcional, como los idiomas y la informática, refuerzan los conocimientos que se adquieren en el colegio.

## SALUD

### Estrés

Los niños sufren presiones en algunos momentos de sus vidas, como el cambio de colegio, las tensiones de los padres o el traslado a otra ciudad. También deben superar las exigencias escolares y dar correcta respuesta a las demandas de los padres.

La enfermedad, el maltrato, la quiebra económica familiar o la separación de la pareja son factores estresantes para los niños.

Además, en la televisión ven muchos problemas, catástrofes, peligros.

Hemos acelerado la vida, exigimos un aprendizaje precoz. Estamos robando a los niños su tiempo.

Hoy es tal el estrés generado por múltiples estímulos que se dan muchos casos de niños hiperactivos que lo que precisan es relajo, quietud, tranquilidad, silencio.

El mejor antídoto de la hiperactividad no patológicamente cronificada son los momentos de inactividad.

### Depresión infantil

La depresión en los niños es mucho más frecuente de lo que la gente cree. En líneas generales, podemos decir que aproximadamente el 2 o el 3 por ciento de todos los niños con un comportamiento alterado presentan depresiones de grado medio o severo.

La depresión endógena se asocia habitualmente a la sucesión de estados eufóricos y de profundos decaimientos anímicos. Suelen ser causados por conflictos infantiles no resueltos.

La profunda tristeza alcanza al niño cuando está solo, se aprecia desinterés general y específicamente por el estudio, dificultad para concentrarse, así como trastornos del comportamiento e irritabilidad.

---

FOCOS DE DEPRESIÓN INFANTIL

○ Que lo sean los padres. Hasta los 4 o 5 años influye mucho que la madre sea depresiva.
○ En la segunda infancia, el fracaso escolar o el rechazo de los compañeros son los causantes del mayor índice de depresión y de algunas tentativas de suicidio.
○ Hoy en día estamos en condiciones de poder ayudar a los niños depresivos, ya que disponemos de modernos fármacos específicos para esta entidad y psicoterapia. Sólo hace falta saber diagnosticar a tiempo.

---

# X

# Familia

## ESTOY ENFERMO

Que alguien de nuestro entorno esté enfermo supone sin duda una dificultad, un esfuerzo permanente, un cuidado que limita la libertad de acción. Aporta cariño, sensibilidad y requiere dedicación.

Es importante que todos los miembros de la familia se impliquen en la medida de sus posibilidades y que se organicen horarios y compromisos con antelación.

El enfermo, sea niño o adulto —y especialmente cuando es crónico—, requiere de una transmitida atención, de afecto, pero también de ilusión por compartir las experiencias que no alcanza a vivir por estar fuera de sus posibilidades. Y todo ello en un ambiente positivo, nada recriminador o negativista.

Cada día más encontramos abuelos con demencia senil u otras patologías propias de una edad que se alarga en el tiempo. Con los innegables inconvenientes que estas situaciones producen, es imprescindible que los jóvenes del hogar (nietos y a veces bisnietos) se impliquen en la ayuda que éstos requieren.

Vivir con un familiar enfermo, y siempre que no se pierda la total independencia, sirve para agradecer el estar sano y poder aprovechar esta situación —siempre pasajera— para ayudar.

La ilusión infantil no ha de quedar eclipsada por esta situación, si bien la dura realidad a veces conlleva un tránsito amargo hacia una muerte segura. Es ahí y dada la posible corta edad del niño donde habrá de valorarse la pertinencia de la presencia infantil, en ese trance tan personal y angustioso.

Pero sépase que vivido con naturalidad por los adultos, la enfermedad y aun la muerte son asimiladas por los niños y los jóvenes con profundo, pero autodominado dolor. El niño madura.

Se debe decir al niño. Se produce más daño con la ocultación, por otro lado, imposible.

Enseñar a los niños a afrontar la muerte antes de que se produzca, poder llorar el fallecimiento de un ser querido, superar las etapas de duelo de una manera sana es esencial. Los niños son mucho más fuertes de lo que suponen los adultos.

Hay que explicar a los niños que todos los seres vivos al final mueren. Que no hay que buscar culpables (ni el fallecido, ni Dios, ni el mismo niño).

Hemos de evitar eufemismos «ha iniciado un largo viaje», «se ha dormido», pues crea en los niños confusión, miedo a ser abandonados o a acostarse.

Respecto a asistir al entierro, al funeral, a partir de los aproximadamente 10 años se les debe consultar si desean asistir. Acompañados de los demás familiares, propicia en los niños normalidad y seguridad.

Cuando fallece uno de los progenitores, se le habrá de transmitir seguridad al niño, pues probablemente piense que también puede fallecer el otro padre, y entonces ¿qué?

Tendrá necesidad de ir a la tumba, de intentar comunicarse. Precisa mucho apoyo, facilitar que se exprese verbalmente o por escrito, o con dibujos. Dejemos que llore, que manifieste sus sentimientos, evitemos decirle «no llores delante de los demás», o frases que repriman lo que a la postre ha de brotar.

# CUARTA PARTE

# ADOLESCENCIA
# (DE 13 A 18 AÑOS)

# XI

# Adolescencia

La adolescencia es una etapa de crecimiento y de adaptación a una nueva situación. El adolescente ya no está en la niñez, pero tampoco es adulto. Si bien se estima en el periodo entre los 13 y 18 años, actualmente comprobamos cómo se adelanta en edades a la vez que se prolonga hacia el extremo opuesto.

Conductas como el consumo de alcohol, de tabaco, la iniciación sexual, la disponibilidad del tiempo libre se observan en edades más tempranas y son algunos de los factores a tener en cuenta en este tema junto al contacto que los chicos tienen con las nuevas tecnologías y los medios de comunicación masivos. Por el contrario, existen casos de adolescentes tardíos que no quieren crecer, ni asumir responsabilidades, ni madurar, auténticos Peter Pan.

El adolescente vive días, meses o años donde quiere ser mayor, pero al mirarse al espejo no sabe muy bien el porqué de esas sensaciones. En su interior siente la llamada de los otros, el instinto sexual que despiertan y experimenta a su alrededor una ensordecedora soledad. Está viviendo cambios físicos, sociales, psicológicos y emocionales.

Pasa del bostezo y del estar «tirado» a la acción frenética. De la alegría irrefrenable a la tristeza que ahoga. Ésta es la vida plena del adolescente, penas y alegrías que se suceden, esperanzas y desilusiones, nubarrones y horizontes despejados.

El adolescente vive con pasión, puede alcanzar un alto nivel de goce y complacencia, le gusta correr riesgos, dejar brotar la adrenalina sin pensar en la muerte.

Se siente inseguro, se compara con los otros, se valora, puede ser tímido y sentirse inferior ante los demás, tiene miedos inespecíficos que a veces afronta con agresividad. Se exalta y abate. Precisa sentirse incomprendido.

Percibe su entorno con nuevas impresiones, se desprende de normas, cambia de pensamientos y creencias, aprende a ser él mismo.

A veces se distancia de la realidad, se siente omnipotente y elabora proyectos objetivamente inalcanzables, en otras ocasiones, actúa con desinterés y, ocasionalmente, con agobio.

La amistad y el grupo de amigos adquieren gran importancia. En su relación con los adultos le cuesta aceptar consejos e indicaciones, pues necesita probar y descubrir por sí mismo la realidad. Tomar decisiones puede resultarle difícil, ya que todavía no cuenta con suficientes recursos para hacerlo, aunque para solucionar sus problemas no actúa al azar, razona no sólo sobre lo real sino sobre lo posible y varía los factores para encontrar la mejor solución. Cambia su pensamiento.

Su rebeldía expresa su necesidad de protección y de libertad. Necesita a sus padres y ansía liberarse de ellos, toda una lucha interior.

Precisa de libertad, de autogobierno y de directrices para forjarse su propia experiencia vital.

Está intentando ser un joven adulto y para ello prueba a imitar los modelos que tiene cerca.

A veces el adolescente puede resultar egocéntrico, pues está descubriéndose a sí mismo. Tiene reflexiones solo basadas en su corta experiencia, generalizando hechos individuales, haciéndolo con desparpajo, juzgando el mundo con impunidad, pero si se le posibilita está dispuesto a contribuir en actividades solidarias con lo que se sentirán miembros activos y por ende satisfechos. En esta etapa de crisis resulta también positivo orientarlos a la reflexión sobre temas de trascendencia.

Algunos aspectos importantes para lograr un «desarrollo equilibrado» en los adolescentes son:

— Potenciar la voluntad y el autodominio.

— Revisar las técnicas de estudio y motivarlo.

— Impedir que se quemen etapas demasiado rápido.

— Evitar que el hijo se relacione sólo con jóvenes de más edad.

— Compartir el tiempo de ocio: viajes de verano, acampadas, paseos, visitas a museos, etcétera.

— Incrementar la comunicación (no trivializarla).

Los adolescentes tienen que asimilar sus cambios físicos resultados de los cambios hormonales que viven. Fisiológicamente maduran, las chicas sobre los 11 años y los chicos hacia los 13, y la mayoría de ellos completan su desarrollo y su madurez física entre los 17 y 18 años.

Las chicas desarrollan los pechos, aparece el vello en el pubis y en las axilas, se les redondean las caderas, los labios vulvares se desarrollan, el clítoris se hace eréctil y tienen su primera menstruación.

A los chicos les crecen los testículos y el pene, les aparece el vello púbico, axilar y facial. Su próstata madura y en las vesículas seminales se forman los espermatozoides. Su voz cambia. Tienen sus primeras erecciones —algunas de forma involuntaria ante una estimulación, lo que les hace sentir preocupados por su incapacidad para controlar la situación— y eyaculaciones.

Les preocupa la estatura, bien por bajos (más los chicos que normalmente tras el desarrollo que viven en la adolescencia se sitúan al final de la misma con una constitución similar a las de sus compañeros) o por altos (más las chicas). Han de saber que no todos los jóvenes comienzan al mismo tiempo el estirón y que al final de la adolescencia las diferencias no serán tan llamativas.

El crecimiento y el desarrollo que viven requieren de una gran energía y puede ser una de las causas por las que los adolescentes necesiten dormir más.

Su imagen corporal se convierte en trascendente. El culto al cuerpo y a la imagen son imprescindibles para su identidad personal. Los chicos cuidan y ejercitan su musculatura, destacan en actividades deportivas y de riesgo para posicionarse en torno a su liderazgo. Las chicas siguen la moda en este sentido, como la delgadez imperiosa actual.

«No salgo porque no tengo ropa», podemos oírles. Los adolescentes asocian su imagen con la aceptación y pertenencia al grupo; les importa mucho lo que digan de ellos, sobre todo sus amigos y les da mucho miedo hacer el ridículo pues el autoconcepto se encuentra en esa fase a la deriva y a veces sufre cambios bruscos.

Es necesario tener conversaciones con él sobre sus cambios físicos, sus dudas, sus preocupaciones, sobre los nuevos hábitos de higiene —las glándulas sudoríparas son más activas en este momento—, la alimentación y la salud que han de llevar.

IMAGEN

## El acné

¿Es un tema? No lo dude, es un tema.

Casi el 100 por ciento de los jóvenes tiene en algún momento de su pubertad, en mayor o menor grado, lesiones en su cara o en su espalda que repercuten en su bienestar individual y en sus relaciones sociales y llegan a no querer salir de casa en alguna ocasión, se sienten acomplejados, tienen problemas con sus compañeros o con las personas del sexo opuesto. Pueden derivar en ansiedad y en depresión.

El acné suele ser de aparición más temprana y de menos severidad y duración en las chicas.

Es recomendable la limpieza de la cara dos veces al día y la utilización de productos específicos para ello. Ser constante en los tratamientos y no tocar los granos del acné. Si se utilizan cosméticos, que sean especiales para pieles grasas.

Evitar en las comidas la bollería, el alcohol, el chocolate, las grasas, los frutos secos y los quesos fuertes. Es recomendable tomar mucha fruta, verduras, cereales y beber agua.

## Piercings y tatuajes

Es propio y aun saludable que los niños, y sobre todo los adolescentes, busquen códigos de identificación (lenguaje, vestimentas, tipo de música...) con su grupo de referencia y un *look* (imagen) reivindicativo que sigue las modas en la forma de vestir o la de tatuarse o ponerse un *piercing*, algo que a veces irrita a los padres.

¿Se pueden prohibir? Si «interpretamos» los tatuajes o los *piercings* como intervenciones quirúrgicas leves, precisarán de un consentimiento informado por escrito por parte de los padres y una explicación extensa y clara al hijo. Hablando para estos supuestos de mayoría de edad clínica a los 16 años.

Se debe hablar del tema desde la comprensión, sin adoptar un posicionamiento oposicionista, con convicción, diálogo y reflexión en común, entendiendo lo que para ellos forma parte de su personalidad y en todo caso su elección.

○ Explique a su hijo los riesgos de estas intervenciones (desde irritaciones o infecciones cutáneas leves hasta la posibilidad de contraer VIH o algunos tipos de hepatitis).

○ Exija y vele porque se realicen en establecimientos que cumplan la normativa impuesta e inspecciones de sanidad.

○ Muéstrele que el consumo establece modas que son pasajeras y que se debe o no hacer caso de las mismas desde el gusto y el criterio personal, puede que en un breve plazo aborrezcan el resultado de las mismas, no siendo siempre fácil, ni viable volver al punto primigenio y natural.

○ Debe entender a su hijo, esforzarse en comprender sus modas, no puede hacer oídos sordos a sus intereses y emociones, lo que no contradice una supervisión «ligera», mire hacia atrás, recuerde su propia adolescencia.

○ Sólo si la imagen exterior es impropia, o marcadamente identificativa de sectas, creencias fanáticas o de riesgo (por resultar un agravio para otros o porque inducen a posicionarse de forma fanática: amor y precipitación hacia la muerte) se intervendrá y se limitará la que sería una equívoca libertad.

MÚSICA

Los adolescentes se identifican con sus ídolos musicales y con las letras de sus canciones, sienten la música de manera intensa, a través de ella expresan su creatividad y sus sentimientos, por eso muchos chicos forman grupos y componen.

Algunos padres se preocupan por las canciones que reivindican la transgresión; por estilos musicales que incitan a la violencia, al riesgo, al amor a lo oculto, lo tanático; por guiños al consumo de drogas o directamente a su exaltación. La música no es necesariamente determinante de algunas conductas disruptivas o disociales, pero suele ser un complemento de las mismas. El problema nace y se instaura cuando el adolescente se hace sectario, se fanatiza con una música agresiva (en su ritmo o mensaje), cuando viste y se ratifica en esas letras, en esa actitud vital.

Algunas canciones de rap reflejan el «neomachismo», un machismo más grave porque está disfrazado de libertad, según la experta Nora Rodríguez. Machismo que capto con preocupación.

«Las chicas son guarras... sólo sirven para sexo y dar placer al hombre, las chicas lo admiten...». Porta (rapero autor de la aberrante canción). Otras letras del mismo cantante: «Las niñas ya no comen chuches, ahora comen pollas. Van a la moda. 12 años y ya follan. Algunas dicen que soy machista. Salid un finde, veréis que soy realista».

En la calle los chicos emplean las palabras del rap sin olvidar que la canción es estandarte de una generación.

---

○ Debemos respetar los gustos musicales (a ser posible amplios), pero hemos de impedir que se encierren en un mundo reduccionista, reiterado, machacón, escuchemos alguna vez lo que oyen, si puede ser con ellos.

○ Eduquémoslos desde corta edad, que en el hogar se escuche música clásica, baladas, jazz... Armonía.

○ Escuchar música presupone saber disfrutar del silencio y respetar a los demás con el volumen de emisión. Buenos son los «cascos», pero para una utilización moderada no recurrente, aislacionista y dañina para el cerebro, las emociones y el umbral de audición del adolescente.

---

## Lectura

Tenemos que transmitir a los hijos la pasión por la lectura, el placer de leer y releer (estar a solas con sus pensamientos, sus fantasías). Abrir la mente, ampliar su vocabulario —algunos chicos se comunican con un reducido número de palabras y frases hechas—, desarrollar la comunicación verbal enriquece a la persona, su forma de pensar y de comunicarse con los otros y con ellos mismos.

Preocupa la incompetencia expresiva de los estudiantes (también de los universitarios), que les imposibilita comunicarse con un mínimo de sentido, coherencia y criterio. Lo que se refleja en cierta dificultad para razonar en abstracto y en la falta de adecuación al interlocutor.

La expresión escrita a veces es la plasmación original de la oralidad que mantienen.

Las revistas que leen los adolescentes son un instrumento de socialización, tratan temas muy atractivos para ellos, ídolos, música, moda... más específicamente las especializadas en chicas les «aconsejan» sobre sexo, su lugar en la sociedad, cómo comportarse... Algunas banalizan el consumo de alcohol y otras drogas, las formas de diversión y las relaciones sexuales.

## MÓVIL

Se ha convertido en un «rito iniciático o de paso», en una extensión del «yo», se personaliza mediante tapas, colores, iconos, sonidos de llamada, decoración, forma y tamaño.

Para reforzar su identidad personal y colectiva y emanciparse de sus progenitores, a los adolescentes les encanta utilizar teléfonos móviles y mensajería de texto, pues garantizan la «seguridad» de su contenido.

Los chicos valoran en forma extrema la posibilidad de emitir y recibir mensajes sin hacer uso de la palabra (voz). Además, no se trata de conversaciones cara a cara, donde muchos jóvenes se sonrojarían. Algunos niños con graves problemas de incomunicación con familiares y amigos buscan refugio en los chats, en «conversaciones sin rostro» mediante el contacto telefónico. Esta adicción cursa con un mayor alejamiento de la relación personal y unas facturas telefónicas de infarto. Obviamente, se precisa la intervención de especialistas para superar la dependencia.

Atención, bastantes jóvenes están simplificando y reduciendo mucho el lenguaje, mostrando desconocimiento de la ortografía y de la sintaxis con el uso abusivo de los SMS, de los correos electrónicos, lo que dificulta la correcta lectura y escritura dada la falta de comprensión.

Vivimos en una sociedad de la imagen donde existe dificultad para las argumentaciones y matizaciones del lenguaje. Pero éste es necesario, el pensamiento que supera los planteamientos duales, el desarrollo cognitivo desde la transmisión de emociones, sensaciones y racionalizaciones son esenciales. Nunca como ahora se precisa introducir los debates socráticos, leer libros como la *República* de Platón.

Los móviles se utilizan de forma local. Los jóvenes hablan con sus compañeros de colegio, de barrio, de localidad. Piénsese que la carencia de hermanos (o de individuos del mismo género) les conduce a la denominada «hermandad virtual».

El teléfono móvil los ayuda a madurar, a planificar, a organizarse la vida. Pero primordialmente les facilita el sentir quiénes son, jóvenes entre jóvenes en un espacio propio, intransferible y privado. Les permite construir su entramado de valores, normas y comportamientos.

Los hijos creen que alcanzan la libertad respecto a sus padres (no es verdad, pues necesitan el apoyo económico para «recargar la tarjeta»). Y los padres desean que el hijo posea «móvil» con objeto de controlarlos, pero tampoco eso ocurre, pues al fin se socializan entre pares. Jóvenes con jóvenes. En fin, que las seguridades que transmiten los teléfonos móviles se han de poner en cuarentena.

El móvil puede generar adicción. Del uso pasan al abuso y a la dependencia. Hoy hay familias que se encuentran con facturas muy elevadas y algunos chicos no saben estar sin su móvil ni sin oír el sonido de los mensajes. Los padres desconocen lo que puede dar de sí un móvil o un juego de Internet de esta generación llavero.

Con el móvil se pueden desencadenar conductas poco aconsejables, como grabar peleas, generar el morbo para verlas y provocarlas con este fin para su diversión.

*Uso responsable y seguro del móvil*

— Aclarar a los hijos el uso que deben hacer del teléfono móvil.

    — Háblales de los servicios de pago (música, videoclips, Internet) para evitar sustos en la factura, así como del uso de la tarjeta de pago.

    — Si el teléfono es de contrato, se pueden controlar las llamadas realizadas y el consumo.

El adolescente necesita su soledad y cada vez pasará más tiempo en su habitación y menos en familia. Marcarán su territorio con pósters, música, «orden» de sus cosas... haciéndolo propio a su identidad.

Su cuarto hecho una leonera, la ropa tirada, los libros amontonados, los zapatos tirados en el suelo... si entran al baño dejan olvidada la ropa interior, el gel sin tapar... sin pensar en el resto de su familia que vive y comparte espacios con ellos.

Los chicos han de aprender desde pequeños que el orden es necesario, pues facilita el equilibrio personal, el poder encontrar las cosas y cada uno al menos debe responsabilizarse de recoger lo que desordena o utiliza.

La verdad es que la mayoría de los adolescentes no participan en las tareas domésticas. El rito «iniciático» sorprendentemente se produce cuando abandonan el hogar. Los adolescentes piensan que ayudan poco en casa, ¿quizá porque hay alguien que se lo hace?

## Sus valores

Creencias, costumbres, actitudes que los sitúan de forma diferente al resto de los grupos sociales. Son los adolescentes y se rigen por:
— El desafío a las normas sociales, a la generación anterior.
— Transcurren por un periodo de narcisismo en el que modifican su imagen «ante el espejo». Se vuelven egoístas y megalómanos. Se sienten el único centro de atención.
— Se rigen por un gran hedonismo, buscan el placer y la satisfacción de manera inmediata y con poca tolerancia a la frustración.
— Son grandes consumidores en una estructura social consumista dirigida en gran medida a ellos (moda, ocio, noche).
— Son más sensitivos en sus relaciones a través del cuerpo, del sonido y de la imagen.
— Han de saber expresarse en el arte, la creatividad, la práctica del deporte.

A los chicos entre 12 y 20 años, nacidos a partir de 1988, se los conoce como «generación Einstein». Han crecido en la sociedad digital y de la información y están acostumbrados a manejar Internet en cualquier hora y lugar. Son la primera que ha tenido que iniciar a sus padres en el ciberespacio.

El mundo virtual cada vez es más amplio, los chicos lo utilizan para encontrarse con amigos o para buscar información, pero en algunos centros escolares y universidades se utiliza este medio para colgar apuntes, fechas de exámenes, actividades...

Cuestionar la autoridad, ser prácticos con la información, querer respuestas inmediatas y ser consumidores influyentes son algunas de sus características.

Su acceso a la información ha desautorizado ante ellos a padres, profesores y medios de comunicación tradicionales. La tecnología ha marcado una distancia de incomunicación intergeneracional, pero tendrán que ser padres y maestros los que se acerquen y aprendan de ellos en las nuevas tecnologías.

## RELACIONES ENTRE PADRES E HIJOS

John Gottman, catedrático de Psicología en Washington, dice que los padres son los mánager de los hijos hasta que son adolescentes y de repente los despiden sin previo aviso; si tienen suerte los contratan como asesores externos.

### LA PERA VERDE Y PODRIDA

Iba un día con su abuelo
paseando un colegial,
y debajo de un peral
halló una pera en el suelo.
Mírala, cógela, muerde,
mas presto arroja el bocado
que muy podrida de un lado
estaba, y del otro verde.
¿Abuelo, como será,
decía el chico escupiendo,
que esta pera que estoy viendo
podrida aunque verde está?
El anciano con dulzura
dijo, vínole ese mal

por caerse del peral
sin que estuviese madura.
Lo propio sucede al necio
que estando en la adolescencia
desatiende la prudencia
de sus padres con desprecio.
Al que en sí propio confía
como en recurso fecundo
e ignorando lo que es mundo
engólpase en él sin guía.
Quien así intenta negar
la veneración debida
en el campo de la vida
se pudre sin madurar.

CONCEPCIÓN ARENAL, 1820-1893

Es natural que los adolescentes se distancien de los padres porque necesitan diferenciarse, porque han de expresar su rebeldía, lo que en ocasiones implica alguna que otra discusión familiar; en otras supone un oposicionismo ante las demandas de los padres haciendo justo lo contrario y, en otras ocasiones, la respuesta es la trasgresión de la norma; negativismo adolescente normal que en familias que educan con modelos sobreprotectores y de autoritarismo puede revertir drásticamente.

Habrá de grabarse a fuego que «un niño no es un objeto, no te pertenece. Puedes, y debes, quererlo, cuidarlo, hacerlo libre e independiente, pero no te pertenece».

Los chicos precisan del cariño y del apoyo de su familia; para ambos, hijos y padres, mantener buenas relaciones familiares es uno de los valores más importantes.

*Conflictos más frecuentes*

Los padres entienden como problemáticos los temas de los horarios nocturnos, el alejamiento de los adolescentes, la obediencia y el respeto a los adultos, las exigencias económicas de sus hijos, las «malas» compañías, la forma de vestir, el orden en su habitación, los estudios, el cuidado y la higiene personal, las broncas con los hermanos, la colaboración en las tareas del hogar, su actitud de pasotismo.

Y las conductas que más les preocuparía tener que afrontar serían el embarazo de una hija adolescente, la pertenencia a una secta y el consumo de drogas.

En otros casos se detecta falta de sintonía, mientras los padres enfatizan conflictos domésticos que no comparten los hijos, éstos señalan problemas en la calle (drogas, prostitución, violencia) que los padres desconocen.

Algunos padres egoístamente transmiten a sus hijos que han dado por ellos lo mejor de su vida, que se han sacrificado, que perdieron la línea física, que cuando dan dinero lo hacen a regañadientes, contabilizándolo. Que cuando tienen novio/a recriminan diciendo «me he volcado en ti para que ahora te vayas con otro/a».

## Padres educadores

Lo más valorado por hijos y padres respecto a las pautas educativas es que los padres tengan y muestren criterios claros y coherentes, que impongan límites, que responsabilicen a los hijos y que sean flexibles. Se aprecia que los padres que admiten más comportamientos incívicos a los hijos y mantienen el criterio de «dejar hacer» acaban llevándose peor con ellos.

Los padres se manejan en una continua ambigüedad entre establecer límites y darles un alto grado de libertad (mayor que el que disfrutaron ellos cuando eran hijos). Se aprecia un gran esfuerzo por democratizar su relación con los hijos en adaptar posiciones protectoras y permisivas, pero añorando las relaciones de autoridad que facilitaban que las normas se cumplieran.

A veces, desbordados, los padres se quejan de la inhibición de las instituciones en la educación de sus hijos y proyectan responsabilidades en la figura del maestro que, entienden, no impone la necesaria disciplina. Junto a ello culpan a la sociedad de manera genérica por transmitir auténticos antivalores, por ser tan competitiva y rendida al dinero, por impedir con los horarios laborales dedicar el tiempo necesario a la educación de los hijos. Esa crítica se tiñe de indignación al referirse a los espacios emitidos por las televisiones.

Los padres entienden que requieren apoyo del exterior (incluyendo las fuerzas de seguridad y operadores jurídicos). Un 8 por ciento reconoce que su hijo lo insulta o lo amenaza cuando se enfada.

## Socialización

Los hijos que dicen tener buenas relaciones con sus progenitores entienden que sus agentes de socialización son la familia, el centro de enseñanza y los libros, mientras que los que tienen malas relaciones aprecian primordialmente a los amigos y a los medios de comunicación.

## Valores

Los sistemas de valores de los hijos coinciden en gran medida con los de sus padres. Mayoritariamente, los padres transmiten (o lo intentan) a sus hijos ilusión por alcanzar puestos laborales reconocidos, amor al estudio, desarrollo del esfuerzo y asunción de responsabilidad. Inciden muchísimo menos en valores ideológicos, sociales, políticos o religiosos.

Antes sólo mediante la comunicación oral de los padres se impartía el conocimiento. Desde luego, hoy no es así. Por ende, el respeto a los padres tiene que ser a su persona, no a sus conocimientos.

*Tipos de familia*

| | |
|---|---|
| Familia *light, missing* o desestructurada | Un 40 por ciento. La valoración máxima se da a la amistad, por lo que se estima esencial el grupo de referencia (los amigos) del hijo, dado que la educación es del tipo horizontal. Los padres han dimitido de su función socializadora y tampoco se potencian otras instituciones como la escuela |
| Familia cooperativa democrática | Un 25 por ciento. Sus miembros buscan estar juntos, son autosuficientes, dan valor no sólo a la capacitación profesional, sino al desarrollo ético, moral y ciudadano. Todos los miembros transmiten ideas y opiniones y crean un correcto y cálido clima en el hogar |
| Familia de puertas abiertas responsabilizadora | Un 20 por ciento. La comunicación es fluida, se tienen en cuenta las opiniones de los hijos, existen conflictos derivados del ajuste de papeles en las nuevas estructuras sociofamiliares y las actuales demandas laborales y de ocio. Los padres (con alto nivel formativo) buscan dotar de autonomía a los hijos e intentan inculcarles solidaridad, lealtad, honradez y un adecuado nivel educativo |
| Familia conflictiva tiránica | Un 15 por ciento. La relación padres/hijos es mala. Los padres tienen un universo de valores muy distinto del de los hijos. Los padres desean mostrarse rígidos, pero son reiteradamente desbordados, los comportamientos de los hijos acaban siendo conflictivos |

La familia es la mayor instancia socializadora y goza de buena salud. Según el Centro de Investigación Sociológica, sólo el 3 por ciento de los españoles no pasa la Nochebuena en familia. El 81 por ciento tomamos las uvas con nuestros familiares.

## Algunas funciones de una familia sana

— La familia acoge y transmite seguridad al tiempo que permite liberarse de tensiones y problemas.

— Debe enriquecer a cada miembro y coadyuvar a su correcta socialización.

— Facilita el diálogo, la cooperación, el respeto, el compromiso entre los miembros.

— Permite compartir iniciativas y afecto, transmitir motivaciones, sonreír.

— Se ha de poder hablar con libertad y si hay disgustos, abordarlos.

— Realizar actividades juntos que den sentido a la vida familiar.

— Abierta al exterior pero permitiendo un clima de organización, equilibrio, calidez.

— Importante sugerir más que afirmar.

— ¡Atención!, puede convertirse en una tela de araña que sostiene, pero atrapa.

## El humor en la familia

— Hay familias que sonríen juntas, buscan y encuentran el sentido del humor del otro; conocen las frases o gestos los que provocan la complicidad; arrinconan los recelos, los posicionamientos negativos, el rencor; se incitan y provocan esos momentos (compartiendo la comida, los comentarios ante la televisión); se cuentan anécdotas o hechos simpáticos que les han acontecido durante el día; intercambian chistes, disfrutan sonriendo o interiorizan que ser serio no es sinónimo de triste o aburrido.

— Hay familias serias que hablan poco y no se ríen; viven bajo el mismo techo, pero no comparten las situaciones del día a día; el silencio se convierte en una compañía difícil de romper; cualquier risa resulta extemporánea; ¿son los miembros de la familia así, cuando salen a la calle?, ¿se comportan así, cuando vienen invitados? (Si es que invitan a amigos).

¿Cómo romper ese esquema de comportamiento? Hablándolo. Esforzándose por compartir, por ir juntos al cine, a una exposición..., por tener temas de los que hablar. Reuniéndose con personas y familias que sean simpáticas.

— Hay familias casi siempre malhumoradas. Conviven mal, están siempre reprochándose lo que hace el otro o lo que no hace. Imperan los gritos, los malos gestos, los portazos. En ocasiones hay causas objetivas: enfermedades, paro, escaso ingreso económico, drogas. Hay quien aprende el malhumor como forma de conducirse (se siente protegido, adopta ese rol también fuera del hogar: se queja del sol o de la lluvia; protesta a todos los camareros...).

Debemos ser asertivos y con afecto hacer ver a los hijos que esta forma de mostrarse los convierte en poco «apetecibles» para el contacto y la conversación (los eternos criticones...). Habremos de darles la posibilidad de disfrutar, de compartir la felicidad para evitar envidias.

OTRAS SITUACIONES FAMILIARES EN LA ADOLESCENCIA

## Padres separados

Los padres pueden contribuir a una buena adaptación de los hijos a la nueva realidad familiar que se produce tras la separación.

Los adolescentes muestran una actitud negativa ante el planteamiento de la separación de los adultos, que sorprende a los padres, y que es también absolutamente lógica, pues son los que más seguridad y equilibrio necesitan.

Es preciso mantener buenas relaciones y continuadas con ambas figuras parentales, ya que este hecho incide en gran medida en la estabilidad emocional de los hijos, así como no perder la función parental con ellos, y responder a sus necesidades siempre que lo requieran.

Los padres deben resolver y dejar a los hijos al margen de los conflictos, de las peleas y de los resentimientos en que ellos se vean inmersos. No discutir delante de ellos, ni utilizarlos como medio de comunicación entre ambos. Transmitir respeto y aceptación hacia el otro progenitor, que el niño sienta que puede hablar con libertad de un progenitor con el otro y con el resto de la familia. Mostrar habilidad para negociar y solventar con éxito los problemas relacionados con los hijos y tratar juntos todas las cuestiones que afectan a la educación y al desarrollo de los niños.

## Familia reconstituida

A veces los padres encuentran otra pareja. Si es frecuentemente no es necesario presentársela al niño, pero si es algo permanente y con futuro hay que llevar a cabo las presentaciones.

No hay que olvidar que el cariño no se impone, hay que ganárselo poco a poco, labor que tendrá que hacer la nueva pareja con cariño, paciencia y sin intentar imponer su autoridad, dejando que sea el progenitor del niño quien tome las decisiones.

En ocasiones los adolescentes se posicionan de forma hostil, otras veces adoptan un comportamiento más neutral. La mayoría entiende que ha llegado «la novia/novio de su padre/madre», con el que podrá establecer un vínculo que no será filial, sino que se relacionarán desde la igualdad.

## CONVIVIR CON UN ADOLESCENTE

La adolescencia es una etapa siempre calificada de difícil (hoy equívocamente se da el pésame a los padres), el joven deja de ser niño y no alcanza a ser adulto y la función de estar encima de él se diluye. A veces de manera puntual solicitan la presencia del adulto, en ocasiones rehúyen de él; y en otras se enfrentan a él, lo que puede ocasionar alteraciones en la convivencia diaria.

Para los adultos tampoco es fácil, no saben bien cómo manejarse, los adolescentes pueden resultar agotadores; en ocasiones, poco soportables.

Su pequeño hijo, ideal, parece desajustarse en la adolescencia.

Cuando uno ve en un programa de televisión hecho para adolescentes a los padres de éstos, comprueba que son pesados y repetitivos (siempre sermoneando) sobre los hijos e ineficaces. Tal vez nos autobservamos poco como padres.

Es frecuente escucharles decir que sus padres no los entienden. Los padres no siempre conocen en profundidad el pensamiento y la realidad de las conductas de sus hijos, si bien los hijos en muchas ocasiones no conocen el sentir íntimo de sus padres. A los padres se les olvida que ellos fueron adolescentes, que hicieron lo que hoy hacen sus hijos y no lo dicen.

No hemos de perder la palabra, ni el contacto, no basta con instituir una cantidad de «dinero para el fin de semana» y un horario de regreso al hogar, hemos de compartir las obligaciones y el sostén de los puentes de comunicación. ¡Disfrutemos con nuestros hijos!

El hogar no puede convertirse en un hotel donde unos entran y otros salen, donde se surte de alimentos y se deja la ropa para lavar y planchar (mientras dilatan en el tiempo su adolescencia). Otros chicos se recluyen en «su» habitación, defendida como un castillo, y no se les ve el pelo salvo cuando llegan sus amigos, que se introducen en ese espacio cuasi desconocido para los padres. El «distanciamiento» relacional no puede instaurarse, antes se han tenido que acomodar horarios y conductas para debatir sobre lo que alegra y preocupa a padres e hijos, para generar canales de apoyo mutuo.

---

¿CÓMO MANTENER UNA BUENA RELACIÓN?

O Hay que hablar con el hijo, escucharle y enseñarle a escuchar, interactuar con él, crear una atmósfera a favor de la relación.

O Es positivo decirles que los queremos, darles besos (aunque no les guste), abrazarlos... no podemos dejar que se rompan los lazos de afectividad, el vínculo y mostrarles cómo se expresan los sentimientos. Dejarnos querer también.

O Entender cómo se sienten y aceptar sus emociones, aunque no las compartamos. Ver lo que quieren comunicar realmente, no la forma o el dato puntual, atendiendo a sus gestos, a su tono de voz.

O Enseñarles a asumir compromisos, a aceptar las consecuencias de sus decisiones y de sus actos.

O Corregirles y ser críticos, igual que valorarlos y elogiarlos.

---

○ Predicar con el ejemplo, mantener las decisiones que tomemos, saber rectificar y pedir perdón si nos equivocamos, diferenciar lo importante, expresarnos sin agresividad ante los disgustos, los enfados, mostrar nuestra paciencia.

○ El hogar debe considerarlo como positivo, un lugar donde se vive y al que se regresa a gusto por el buen tono reinante, donde se es parte de una familia que los acepta y los valora.

○ Las normas de la convivencia han de estar claramente establecidas, y se irán adaptando a la edad de los hijos y a la asunción de responsabilidades por parte de éstos.

○ Hacia los 14 años y de manera progresiva hay que otorgar una mayor libertad a los adolescentes sin olvidarse por ello de la supervisión (distancia óptima).

○ Han de establecerse algunas actividades comunes entre padres e hijos, que vayan desde la práctica deportiva hasta la compra en el mercado, estos tiempos y actividades comunes conformarán un hogar pleno, un verdadero respeto mutuo.

*El diálogo*

— Los diálogos deben basarse en la reflexión, en la razón, no en la confrontación emocional, y atendiendo a los mensajes ocultos para tener una relación más empática con los hijos adolescentes. Los propiciaremos si eludimos los monólogos.

— Debemos evitar imponer nuestro propio criterio sin atender a lo que piensan los hijos, dirigirnos a ellos con amenazas, ofensas, sermones, compararlos con sus hermanos o amigos, culpabilizarlos o mostrarnos como víctimas. La crítica debe ser higiénica. Recordemos que «una respuesta apacible puede apagar el más encendido furor». (La Bruyere).

— El diálogo implica una escucha y comunicación activas. Resulta más cómodo (pero improductivo) que le digan a uno lo que tiene que pensar, en lugar de pensar por uno mismo.

— Hay que diferenciar el saber de la opinión. Los chicos han de aprender a argumentar.

— Debe existir una comunicación fluida e informal y han de marcarse algunos momentos para reunirse y tratar temas formales, como los estudios, las interrelaciones, alegrías y problemas, relaciones... Dejar esos espacios temporales, que han de ser breves, relajados y efectivos, resulta necesario para poder hablar con claridad y profundidad de temas que a todos interesa.

— En el hogar hablaremos de lo que nos preocupa a los hijos y a los padres, apoyo mutuo, problemas familiares, ocupaciones, como el trabajo, estudios, tareas domésticas..., del dinero de bolsillo, del horario para regresar a casa y también de educación, de lo que nos gustaría cambiar, del peso de la vida familiar, de la responsabilidad de la buena marcha de la familia.

— Los padres han de ganarse la confianza de sus hijos para que pase lo que pase lo cuenten en casa, ya sean agredidos, víctimas de abusos..., para que cuando el grupo influya mucho, los padres desde un segundo plano estén receptivos a cualquier consulta o demanda.

— Hay temas que normal y sanamente los hijos no cuentan ni contaron, ni contarán a los padres: primer amor, miedos «inespecíficos», su aspecto físico, lo que les dicen los amigos cuando se ríen de ellos o les pegan, el terrorismo, el «maligno», esto es, espíritus, fantasmas..., ideas de suicidio, pensamientos de fuga, el «fin» del mundo, el quedarse solo/a por un accidente de sus padres, lo que piensen sus padres de algunas cosas de ellos... la valoración que dan a la relación de sus progenitores, o de éstos con sus abuelos.

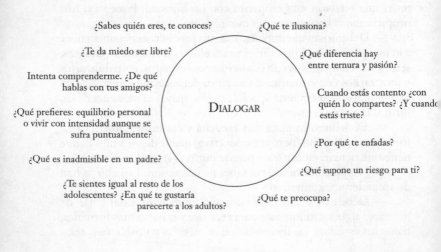

¿Sabes quién eres, te conoces?

¿Qué te ilusiona?

¿Te da miedo ser libre?

¿Qué diferencia hay entre ternura y pasión?

Intenta comprenderme. ¿De qué hablas con tus amigos?

DIALOGAR

Cuando estás contento ¿con quién lo compartes? ¿Y cuando estás triste?

¿Qué prefieres: equilibrio personal o vivir con intensidad aunque se sufra puntualmente?

¿Por qué te enfadas?

¿Qué es inadmisible en un padre?

¿Qué supone un riesgo para ti?

¿Te sientes igual al resto de los adolescentes? ¿En qué te gustaría parecerte a los adultos?

¿Qué te preocupa?

Los adolescentes se hacen más independientes pero necesitan a la familia, sentirse queridos e identificarse con el adulto, normas que ayuden en el clima familiar, que sus padres estén disponibles siempre y que se enorgullezcan de él.

Sus gustos y sus opiniones no coincidirán con los nuestros (los menos niños), no hay que tomarlo como un ataque personal, están descubriéndose. Necesitan diferenciarse de los demás, de su familia, y a la vez reconocerse en una historia sin que su personalidad se disuelva.

Si recurren a otras personas (amigos, profesores, hermanos) para poder solucionar sus problemas, no nos están excluyendo de su vida, a veces pueden identificarse y enriquecerse con ellas. Y sin que los padres dejen de ser importantes, sus amigos compartirán con ellos dudas, alegrías, temores y apoyos.

Los chicos buscan ser ellos mismos y romper el cordón umbilical con los padres, ser libres, autónomos. Hay ritos iniciáticos de independencia ante ellos mismos y ante el grupo al que pertenecen, como la ingesta de alcohol, de anfetaminas, las fugas, las roturas de objetos o la transgresión de normas. Es propio que se planteen conflictos, como no querer ir de vacaciones con los padres, querer quedarse solos en casa, dormir en casa de otro amigo... Los padres han de propiciar y limitar los pasos de esa independencia y adecuarlos a su edad y características (ir a campamentos, viajar en grupo...), canalizar sus impulsos y emociones sin cercenarlos desde la confianza y el cariño ganados con los años.

La gestión emocional se inicia transmitiendo a los hijos que su vida es suya, que la llevarán en sus propios brazos, que son ellos los que establecen las metas para alcanzar la felicidad y las conductas que le son consecuentes.

La finalidad de la educación no puede ser educar en la libertad, sino en todo caso educar para la libertad como componente de la «dignidad» de la persona, que es la capacidad de escoger la mejor manera de vivir. Educar significa inculcar criterios para saber escoger. Ser libre implica reflexionar antes de decidir.

Los humanos somos más cultura que naturaleza, por esta razón somos libres de escoger lo que queremos ser.

Lograr la más alta libertad es ser capaz de sacar lo mejor de uno mismo.

## Respetar la intimidad

Toda persona y desde luego todo adolescente tiene derecho y precisa de un espacio personal, donde su intimidad sea respetada, donde pueda encontrarse consigo mismo.

Quizá en la adolescencia, este recluirse en sí mismo conlleve momentos de angustia, que han de ser acompañados desde el respeto y la distancia por los padres, pero que ayudan a crecer.

Los adolescentes son reservados en temas referidos a su vida sexual, al consumo de alcohol y otras drogas, al uso del tiempo libre y a los conflictos con sus amigos o en el ámbito escolar; también para sus pertenencias.

Se habrá de realizar una supervisión desde el óptimo alejamiento que demandan los jóvenes.

En algún momento el hijo experimentará su primer disgusto profundo y se encerrará en casa. Este hecho preocupa mucho a los padres, que se dan cuenta de que no lo pueden ayudar y de que éste es el paso necesario para que su hijo gane en libertad, se ha de enfrentar a ellos y no son capaces de asumirlo.

## Pactar con un adolescente

Distintas situaciones cotidianas precisan de acuerdos, de normas fijas y otras que se adaptan:
— Se cuelga del teléfono y puede estar horas.
— Se tira en la ducha mucho tiempo.
— Invita a los amigos a casa sin avisar. Cuando está en el salón no suelta el mando de la tele.

Los encuentros con los adolescentes no han de ser una continua disputa, un intento de convencer, un pulso interminable; además, hemos de tener en cuenta que los conflictos suelen ser por asuntos menores.

No hemos de intentar cambiar todas sus conductas, sino tratar de ir a lo verdaderamente importante y que sea negativo para él o inaceptable.

Nunca hemos de perder de vista las virtudes de nuestros hijos, centrarse en los aspectos negativos casi nunca motiva un cambio favorable.

○ Hay que pactar con ellos con paciencia, simpatía, flexibilidad, criterio, con límites preestablecidos.

○ No todo es negociable (consumos, forma de comportarse, asistencia a la escuela...).

○ Se trata de llegar a acuerdos, de escuchar los distintos planteamientos, de no imponer sin razones, de transmitir que lo importante no es discutir sobre quién tiene la razón, sino reflexionar sobre qué es lo correcto. Implica que no hay límites fijos e inamovibles, sino que se concede al adolescente la capacidad para participar en la decisión (responsabilización).

## Normas y sanciones

Los adolescentes precisan psicológica y socialmente tener límites. Hemos de explicarles la necesidad de la norma y el orden, así como las sanciones que se les impondrán como consecuencia de su incumplimiento, que se adaptarán a la conducta y al propio adolescente.

Los jóvenes saben cuándo merecen una sanción y la precisan (a veces de forma indirecta, la demandan).

No es positivo crecer con un sentimiento de impunidad.

En estas edades puede ocurrir que si un día un padre levanta la mano al hijo éste se puede encarar con él y medirse de igual a igual.

---

RECUERDE

○ Los sermones sólo sirven para aburrir.

○ Estar a la defensiva crea mucho estrés. Cuando se reprende no hay que buscar la interiorización de culpabilidad, sino erradicar o en todo caso modificar las conductas disruptivas.

○ El disgusto de los padres constituye un verdadero castigo si la educación previa ha sido correcta. Sentir que han defraudado la confianza en él depositada, que han decepcionado a sus padres o que el comportamiento que han realizado es indigno de él suele ser suficiente.

○ Hay que imponer las menos sanciones «artificiales» posibles. Por ejemplo cuando un chico llega 30 minutos tarde por la noche, pues primero se levantará a la hora de siempre, segundo no habrá siesta y tercero el día siguiente tendrá que llegar 60 minutos antes de su horario habitual (aprenderá que no le merece la pena llegar tarde).

○ Sancionar con la reparación de lo dañado o mediante la compensación para hacer algo en beneficio de los otros como una tarea doméstica son medidas muy positivas.

*Criterios educativos*

Los padres han de actuar como tales, no son los amigos de sus hijos ni mucho menos colegas, han de aprender a distanciarse, a utilizar la disciplina y la flexibilidad, la autoridad y el afecto, la seguridad, la comprensión, el vínculo, el apego.

Predicar con el ejemplo: si nunca nos dan las gracias, empecemos por dárselas nosotros cuando nos hagan algo.

Se han de evitar los debates entre los padres generados por los adolescentes, si uno le recrimina y otro le sanciona, los padres no estarán educando con coherencia.

La disciplina equilibrada es la que permite al joven alcanzar el autodominio, interiorizar las normas de convivencia, enfrentar la realidad.

Posicionamientos a evitar con los adolescentes:

— Seducirlos o buscar siempre su complicidad son lo que menos precisan y en el fondo desean, esta actitud les impele a huir, a liberarse de tan equívoca relación.

— Identificarse o buscar parecerse a su hijo adolescente (su manera de vestir, de relacionarse, su forma de hablar), pues así dificulta su proceso de autonomía.

— Comportamientos propios de adolescentes que le hagan agrandar el sentido del ridículo de su hijo, como ligar si son padres recién separados, o incluso hay quien compite con su propio hijo.

— Crear «despistes» a los hijos en determinadas situaciones, por ejemplo, si el padre varón está con una chica de 25 años.

— Lamentarse porque su hijo está en esta edad o verlo todo como un problema que gira alrededor de esta circunstancia.

— No le compadezca o le compare con usted a su edad.

## ¿Firmes o flexibles?

Hay temas esenciales, claros, expuestos como innegociables que conllevan asunción de obligaciones, especialmente los asuntos que afectan a su salud física (consumo de sustancias tóxicas, trastornos de los hábitos alimentarios, etcétera) o a su desarrollo ético y moral (conductas despóticas, no respetar las normas de convivencia social, desprecio del prójimo...). En éstos hay que ser intransigentes.

En los demás temas los padres deben ser adaptables y tolerantes, facilitar los gustos del hijo, su libertad de decisión, siempre que no sean dañinos para la sociedad, la familia o el propio hijo y que no vulneren los principios esenciales.

## Relaciones con otros miembros familiares

### Hermanos

El día a día crea conflictos entre ellos, pero también enriquece.

Si el adolescente tiene hermanos pequeños, aprende a cuidarlos, a ayudarlos. Para los niños son un modelo a seguir, a imitar, la mayoría los admira.

Puede delegárseles alguna responsabilidad hacia los pequeños, pero de forma puntual y sin asumir el papel de «padre sustituto». Hay que tener cuidado con las hermanas mayores, a las que muchas veces se las convierte en auténticas niñeras sin sueldo, con la merma de libertad que conlleva.

Si van a tener un hermano con estas edades para ellos es terrible, pues les molesta la idea de pensar que sus padres tienen relaciones sexuales, y la llegada del bebé es la prueba que además modifica su estatus, con llantos, biberones...

Si tienen hermanos mayores suelen generarse relaciones de complicidad entre ellos.

En la convivencia entre hermanos se han de determinar los límites propios y ajenos que no deben ser violados, así como la forma positiva de resolver los conflictos cuando se generen. Nunca se ha de permitir la agresividad entre hermanos, y los padres han de ser moderadores desde la igualdad y el cariño, aceptando que cada hijo, como cada persona, es distinto.

## Abuelos

Las relaciones han de basarse en el respeto, son parte activa en su educación y en su socialización. Los adolescentes tienen que saber que los abuelos dicen muchas verdades y saber que su vida ha sido esfuerzo, cariño y dedicación.

## AMIGOS

En la adolescencia la amistad se encumbra al máximo nivel, llena la vida de contenido, existe mucha entrega en esta bella relación. Son leales, no creen que sus amigos les puedan fallar.

Tanto es así que pareciera que sólo escuchan a sus amigos en esta etapa, y por eso los padres los utilizan para algunos casos como mediadores.

Las amistades se eligen y en ellas aprenden a reconocerse a través de los otros. Si bien los amigos son referencias cambiantes y los padres son puntos de referencia constantes.

Los jóvenes aprecian mucho el valor en la amistad de «ser legal», de no engañar, comprometerse, poder confiar en alguien. Buscan —y en muchas ocasiones ofrecen— fidelidad en sus relaciones.

Los jóvenes anteponen la amistad, la fidelidad, el pasarlo bien en grupo al sexo. Es más, el aspecto afectivo sentimental de sus relaciones es prioritario. Pero es que además las exigencias del estudio, los interrogantes respecto a las pautas a seguir para alcanzar una independencia futura están muy por delante en el interés, motivación y preocupación de los jóvenes.

*El amigo perfecto*

Esa amiga o amigo lo es todo, es insustituible, lo es del alma. Se vive como único, perfecto, se comparte todo. Es simplemente imprescindible. Nadie puede osar interponerse.

En él se apoya el adolescente, se comprenden mutuamente, viven las mismas situaciones y dan respuesta a las múltiples preguntas.

No tener un verdadero amigo debe ser motivo de preocupación, pues la personalidad se forma también a través de las relaciones amistosas que mantenga nuestro hijo.

*El grupo*

En el grupo el adolescente aprende a saber quién es en realidad fuera del ámbito familiar, va formando una personalidad e identidad social lejos de las reglas familiares y escolares.

El grupo es el que educa a través de la necesidad de «formar parte» que arrastra con una fuerza irresistible a la imitación y a la comparación.

La actividad que más les gusta a los adolescentes es reunirse con los amigos. Algunos comparten el tiempo hablando, practicando deporte, jugando con videojuegos o tomando algo (con o sin alcohol), o yendo al cine. Por ello necesitan tiempo y zonas para comunicarse.

Los amigos pueden servir para socializar o para todo lo contrario, por eso es tan importante conocerlos, saber cuáles son sus características —edades, utilización del tiempo libre— y si sus intereses son los propios de la edad que tienen.

A veces hay hijos que no dejan que sus padres conozcan a sus amigos, los padres han de favorecer que se den situaciones para ello, que vengan a casa, preguntarles por ellos sin agobiar, aprovechando los momentos en que los hijos quieran hablar. Del mismo modo y para corresponderlos, les presentaremos a nuestros amigos —la relación con la diversidad es muy enriquecedora.

Igualmente es muy positivo que los padres conozcan a los de los amigos de sus hijos.

Es esencial que los chicos sepan elegir amigos sanos y duraderos. Lo normal es que tengan motivaciones o formas de posicionarse similares a las de él/ella, por ello de sus expectativas y necesidades dependerán en gran medida las características de quienes componen su grupo.

Es positivo ampliar perspectivas y contactos, tener amigos distintos a los del instituto para que pueda cambiar de papeles.

Han de aprender a mantener las amistades y dedicarles tiempo y ser leales con ellas.

Los jóvenes necesitan sentirse aceptados e integrados, así se identifican en su forma de vestir, argot, música... con su grupo de referencia, si bien éste no debe constituirse en sustituto de fallas relacionales, principalmente de la figura paterna, lo que dará lugar a la búsqueda del padre-grupo en sus iguales.

Hay que enseñar al hijo a ser independiente frente a la presión del grupo. Tiene que saber reflexionar individualmente para exponer los propios criterios sin miedo a la valoración de los otros, a decir «no» cuando no se comparte lo que proponen los amigos, sin dejarse manipular y hacerlo con libertad. No perder las posiciones ante los retos, los desafíos. Aprender a visualizar como paso previo las consecuencias. Ser asertivo.

Hay que enseñar a los hijos a conocerse a sí mismos y a los demás, a relacionarse, a solucionar los conflictos de forma constructiva. Hay que ayudar a los hijos a que encuentren soluciones.

*Las malas compañías*

Si las compañías de nuestros hijos son objetivamente perjudiciales, habrá que cuestionarse y preguntar al hijo si son tan nefastas. Dialogar e intentar que desista de mantener esas relaciones.

Si es necesario prohibirlas y llenar los espacios de tiempo de otros contenidos —apuntarse al gimnasio, la danza, las obras de teatro, etcétera—, en ocasiones, además de buscarles actividades donde se facilite la relación con jóvenes sanos, se precisa la implicación en algunas actividades de los padres con sus hijos, como asistir a espectáculos deportivos.

Se pueden «prohibir» desde la función tutelar aquellas relaciones que objetivamente se consideran de manifiesto riesgo. Interprétese desde la convicción, desde la autoridad moral, y si no es así, confirmado por la autoridad judicial, tras haber sido solicitado por los padres.

Los progenitores no son jueces, no pueden etimológicamente prohibir, pero han de velar y hacer valer su autoridad, su condición y sus posibilidades normativas para cumplir su función tutelar y protectora. La «patria potestas» nos obliga y el Código Civil nos apoya.

## AMOR Y SEXUALIDAD

### «Le he visto en la cartera una caja de preservativos»

— Hemos de hablar con los hijos de lo que son las relaciones sexuales en toda su dimensión humana, no sólo de la simple genitalidad y de la necesidad de usar el preservativo siempre, sino de cómo expresar sus sentimientos y sus sensaciones sin avergonzarse de lo que siente y le pasa, lo que significa el amor, la nobleza que conlleva, el respeto que exige, el compromiso que acompaña.

— Hablar de las enfermedades de transmisión sexual, de los síntomas que pueden tener (sensación de escozor al orinar, irritación en la zona genital, pérdida esporádica de sangre), de que el compañero sexual también puede estar infectado, que no informarle supondría una traición y un riesgo de sobreinfección, además ambos deberían someterse a un tratamiento para que pudiera ser curada la enfermedad. Este tratamiento es confidencial.

— Hay que hablar profundamente, conociendo sus fantasías/miedos, sobre los medios preventivos de embarazo. Y explicar la gran diferencia entre métodos anticonceptivos y la denominada «píldora del día después». Hay que informar a las hijas de las revisiones ginecológicas, de los centros de planificación.

Desde luego preocupa la escasa información entre las adolescentes extranjeras que son las que mantienen mayores relaciones de riesgo, el 39 por ciento no utiliza preservativo frente al 12,5 por ciento de las españolas que tampoco lo usan.

Una falta de educación sexual, conocimientos de planificación familiar equivocados y un escaso uso de métodos anticonceptivos son las causas que explican la alta tasa de abortos entre las adolescentes que viven en España, cada vez más jóvenes.

— Hacerles responsables —en la medida de lo posible— y capaces de anticipar las consecuencias de sus actos. La realidad es que a esas edades gran parte de las relaciones sexuales completas se efectúan sin planificación, de forma inesperada —en ocasiones por efecto de la desinhibición producida por el alcohol u otras drogas.

Otra causa de los embarazos no deseados se encuentra en que algunos jóvenes explican que no se ponen preservativos para que la novia no crea que tiene miedo a contagiarse o para demostrar que no es promiscuo. Algunas chicas prefieren no recurrir a los contraceptivos pues dicen que el chico pensaría que ya lo tenía previsto o que mantiene relaciones con varios. Estos distorsionados «razonamientos» son más comunes de lo que cualquier adulto pueda imaginar. Esta «fidelidad» mal interpretada debe abordarse como plausible antes de que acontezca.

— Hablar de sexo es hablar de algo absolutamente natural, amplio, precioso; hay que erradicar de raíz cualquier sombra de sentimiento de culpa, de irracionalidad, de pecado. Obviamente, también en lo referido a la masturbación.

— Aclarar falsos mitos sobre el sexo como que con la menstruación no te quedas embarazada o con la «marcha atrás»; que cuando una chica dice «no» quiere decir «sí»; que con la masturbación salen espinillas.

— Hemos de estar dispuestos a entender y a apoyar cualquier orientación sexual en nuestros hijos —salvo lo que son patologías o conductas ilegales—, pero sin duda que puedan sentir y expresar su homo o heterosexualidad.

## Soy gay/soy lesbiana

En la adolescencia se fija la identidad sexual, por ello pueden apreciarse exploraciones, dudas, conductas que han de entenderse como necesidad de experimentar la sexualidad y no interpretarse con premura o erróneamente.

Conversaciones, tocamientos son absolutamente normales entre preadolescentes del mismo sexo. Generalmente estas relaciones son epidérmicas. Pueden vivir experiencias de gran amistad sin indicio de conducta sexual o con una orientación sexual aún vacilante a algunas prácticas homosexuales pasajeras que no confirman su homosexualidad y que llegan a vivirse con vergüenza. Los padres tienen que saber y transmitir que esas dudas o atracciones no predeterminan que el hijo o la hija sean homosexuales.

Los chicos descubren su tendencia homosexual con la repetición de experiencias y sobre todo la exclusividad de este tipo de relación sexual. A partir de los 17 o los 18 años suelen definir su opción y mantener estas relaciones a escondidas por sentirse inicialmente avergonzados.

Hay que hablar y estar cerca del hijo. No culparlo, ni despreciarlo. No se puede negar la realidad, ni intentar influir sobre una opción que es absolutamente personal.

Los padres han de ser receptivos, comprensivos, eludiendo miedos, minimizando dolores. Resulta difícil de asumir para la familia, se rompen expectativas como la de tener nietos o esperar que sus hijos fueran como ellos. La ayuda psicológica es recomendable en algunos casos.

### Enamorarse

Siempre es de profunda intensidad y digno de ser respetado. Se disfruta y se sufre sin límites. Supone la ruptura de la razón, el triunfo del sentimiento, de los afectos.

Su vida comienza a girar en torno a este sentimiento, cualquier pretexto es bueno para hablar de la otra persona, el móvil y el teléfono adquieren mayor importancia, no dejan de sonar ni de hablar por ellos, el tiempo adquiere otra dimensión según si se comparte o no con el enamorado, no importa el frío o el calor, todo se vive con las sensaciones a flor de piel, los besos, las sonrisas, las palabras, los silencios...

Enamorarse es parte de la vida y la labor de quien quiere al enamorado es escucharlo, apoyarlo, intentar entenderlo, sin proponerse trasladarlo a otra realidad distinta a la que está viviendo —incluso si se enamora de quien entendemos no debe, sólo conseguiremos aumentar el efecto contrario—. Sí cabe servir de hilo conductor con el resto del mundo, pues el enamorado no percibe más allá de su amada/o. Hemos de comprender su insomnio, su falta de apetito, su desbordamiento, su atontamiento.

Elegir la pareja es una responsabilidad de dos personas y sólo de ellas. Los padres podemos y debemos haber formado a la hija/o en los valores de la vida, en lo que permite ser feliz, en lo que supone la entrega y con esos principios fundamentales, el hijo o la hija sabrán cuáles son las características de la persona con la que complementarse y vivir en común.

Bien está dialogar con los hijos, aportarles consejos y experiencias, servirles de «pared de frontón», pero sin entrometerse, sin querer decidir/elegir por ellos.

Si les gusta la misma persona que a su amigo/a, en el caso de las chicas si no les atrae mucho harán —probablemente— un pacto verbal para desestimarlo, pero si les gusta mucho pueden sutilmente engañarse. Los chicos harán alarde de que la amistad está por encima de todo, pero... Los adultos, más allá de explicar —como siempre— lo importante del respeto y la transcendencia de la amistad, poco pueden y deben hacer.

Con el grupo de amigos la aparición de una novia/o rebaja la presión del grupo, conlleva la conquista de un mayor grado de autonomía. Supone un cambio en las formas de vida (más control, menos alcohol...). En la actualidad se ha diluido el concepto de noviazgo y se ha minimizado el de posesión, pero no hasta el punto de superar los celos. Y es que en la etapa de enamoramiento la necesidad de entregarse y de poseer siguen siendo una realidad.

El primer amor es verdad que nunca se olvida porque se siente lo importante, se ve con el corazón, es entrega, percibir la belleza y el equilibrio desde una ardiente intensidad. Amar exige pasión, dedicación para ello tendremos que haber formado a nuestros hijos en el (reitero) respeto a ellos mismos, en el respeto al otro, en la responsabilidad para entender lo que significa planificación familiar.

Cuando nuestro hijo mantiene una relación de pareja hemos de propugnar su intimidad y ser prudentes, han de saber que estaremos encantados en conocer (también al otro/a), en hablar con naturalidad, en aconsejar, en ayudar, pero si así se estima por su parte. Tampoco debe ser un tema tabú e inabordable. Habrá temas que sólo tratará con sus hermanos, y así ha de ser.

*La primera relación sexual*

Representa un paso a la edad adulta. Aunque se mantenga dentro de una relación de pareja, los jóvenes no la conciben como un compromiso duradero de la misma. Es más, son conscientes de que podrán tener otras experiencias, lo que no conlleva llevar una vida sexual desenfrenada.

○ Debemos ser respetuosos con la intimidad de los hijos, pero demostrando que estamos disponibles. Siempre abiertos a compartir, pero evitando invadir. Confiar en ellos, pero no creer que están a salvo de cometer errores que les terminen dañando.
○ Compartir nuestra propia experiencia y subrayar la importancia del respeto a sí mismo, al otro/a, a los tiempos y los modos en que desea iniciar su vida sexual.
○ Hablar con ellos sobre las presiones externas (influencia de los amigos) o internas que podrían llevarles a tener relaciones sexuales insatisfactorias.

*«Zapping emocional»*

Tener muchos novios/as a la vez o de forma continuada nos presenta a un hijo tal vez con incapacidad para amar, o tal vez subyace en él un trastorno psicoafectivo.

No es lo mismo ir cambiando de novias/os que compartirlas/os. Una cosa es ser un caradura, un egoísta, un irrespetuoso y otra un inconstante, un «picaflor». En todo caso ser un donjuán (o su paralelo femenino) nos muestra una marcada inmadurez.

Hay que transmitir que el amor es fundamental, que conlleva no sólo pasión, sino tiempo, futuro, respeto, intercambio afectivo y compromiso.

Cambiar de novio/a puede significar una forma de que el adolescente se sienta como una persona con deseos y aspiraciones a una relación más satisfactoria y positivo para conocerse y descubrir a los demás. También implica saber soportar las separaciones.

Ulteriormente demostrarán su salud mental vinculándose afectivamente de forma continuada, de no ser así habrá de abordarse, hablándose de forma abierta, realizando cuestionamientos (que no interrogatorios).

Cuando se tienen relaciones sexuales múltiples y de compañeros se ve alterado el comportamiento amoroso, se puede acabar reduciendo las relaciones al simple coito, pasar a una dimensión utilitaria del otro a veces como consecuencia de depresión, decepciones o incluso malos tratos infantiles.

Hay que evitar el «picoteo relacional», en ocasiones muy utilitarista, que es dañino para quien se «queda enganchado» afectivamente y para quien muestra una incapacidad de implicación afectiva.

## La decepción amorosa

Supone un fracaso, la ruptura de una ilusión, el quebranto de un ideal. El adolescente sufre con intensidad, reelabora su posicionamiento, que bien puede salir reforzado y madurado o por el contrario se instala en la duda, en la fragilidad, se repliega en sí mismo y dificulta los compromisos futuros.

Debe captar que los padres y los hermanos son sensibles, que se posicionan a la expectativa para servir de «colchón afectivo», que son receptores del dolor. Se colaborará para que no se instale la desesperanza, para que no se limite el amplio horizonte del mañana y para evitar posicionamientos de futura dureza emocional, egoísta y pertrechada.

## EL INSTITUTO

«Nunca consideres el estudio como una obligación, sino como una oportunidad para penetrar en el bello y maravilloso mundo del saber».

ALBERT EINSTEIN

Tiempo de cambios en la vida de los adolescentes, pues se van a independizar más y van a conocer a chicos de todo tipo.

En el instituto se van a preparar para la vida profesional y les va a permitir un aprendizaje personal y social de desarrollo.

Los padres han de mantener el contacto con los profesores, aunque no de forma tutelar pero sí interesada.

El profesor cumple su función educativa, pero además significa un referente para los chicos, alguien en quien confiar. Debe ostentar autoridad y para ello debe mostrarse firme, justo, pero no colega; manteniendo una distancia óptima (distante pero no inaccesible), comprensivo pero no permisivo. Su «autóritas» debe venir de la mano del saber, del conocimiento. Desde él mismo ha de buscar capacitar al alumno para que alcance su jerarquía.

Profesores y alumnos tienen derechos, pero no hay que confundirlos y caer en el igualitarismo demagógico y fatal.

En esta etapa de vida hay horas de estancia en el hogar, las hay en el instituto y también las dedicadas al ocio que se llenan de encuentros e intercambios. Es necesario constatar que las actividades en el tiempo de ocio son sanas y junto a compañeros o amigos aconsejables.

Dentro del aula la situación física de los alumnos influye sobremanera en sus resultados. Estar sentado junto al que desea desactivar la clase, que busca situaciones para generalizar la distracción y aun la bronca es lo opuesto a estar al lado de alguien que se muestra responsable, exige aprender, participa activamente en el aprendizaje del aula.

Como con el profesor no se puede hacer *zapping*, algunos alumnos chatean mentalmente o mediante sus teléfonos móviles o las miraditas y mensajes entre los alumnos (la atención se dispersa). Otros alumnos buscan convertir la clase en un espectáculo televisivo con gritos, insultos, emociones simplistas, epidérmicas y forzadas. Los episodios de indisciplina dificultan el clima de aprendizaje (lo que sucede aún más en la escuela pública).

Ciertamente es un derecho de los alumnos no dejar de aprender por culpa de sus compañeros disruptivos. Eso no significa que éstos sean expulsados, sino que deberemos generar otros espacios de formación si es que no somos capaces de conseguir su correcta integración. El derecho del alumno que quiere estudiar y aprender debe prevalecer.

Un tercer grupo opta por el absentismo (mal pronóstico). En ocasiones el absentismo escolar en el instituto se multiplica y se pasan el día en «el parque» o en «los recreativos». ¡Atención!

A veces el hijo no quiere estudiar o explica que desea abandonar el instituto, ya sea porque sus aprendizajes son escasos, por una nula motivación, por los conflictos en la familia (utilizando en este caso como amenaza), o debido a las influencias de compañías poco aconsejables.

España posee insoportables tasas de abandono escolar (1 de cada 4 alumnos a la edad de 14 años y 1 de cada 3 a los 16 años).

Los padres han de escuchar razones, pero desde un criterio irrenunciable, que es que ha de obtener los estudios básicos, que ha de cursar hasta cumplir los 16 años y que si deja el instituto será para ponerse inmediatamente a trabajar o asistir a Garantía Social (una buena opción). Tener a un hijo en casa «sin hacer nada» es inadmisible, significa hipotecar su futuro y situarlo en grave riesgo en el presente.

La escolaridad obligatoria hasta los 16 años es un avance incuestionable, pero conlleva que algunos jóvenes (con sólo 12 o 13 años) auténticos objetores escolares desaprovechen su tiempo y perjudiquen a sus compañeros.

Los menores llegados de otros países y nacidos en España no motivados por nuestra educación obligatoria tienen como consecuencias el abandono escolar y conatos de violencia en colegios, institutos y en la calle.

Más valdría que la educación fuera obligatoria hasta los 16 años, pero que pudieran formarse laboralmente, manipulativamente, de manera menos abstracta (tuvimos antecesores en los aprendices, la formación laboral, la garantía social), esto les permitiera sentirse útiles, integrados y con un pronto y fácil acceso profesional.

Los centros educativos han de realizar acuerdos con los servicios sociales de los Ayuntamientos para erradicar el absentismo escolar. Será necesario seguir incrementando el número de plazas de garantía social, de formación prelaboral, de manera que los jóvenes aprendan actividades como hostelería, carpintería, jardinería, mecánica, electrónica... (considero que desde los 14 años la educación obligatoria habrá de flexibilizarse).

No se trata de generar «castas» distintas, sino formas de aprendizaje diferentes, pues si se sienten a gusto con lo que realizan podrán motivarse y formarse con proyección de futuro.

El matonismo, la indisciplina, la desidia en la escuela nos abocan al fracaso, a la falla educativa, lo que unido al absentismo escolar lesionan la calidad democrática.

*El estudio*

Requiere hacerse de forma individual y grupal.

El estudio profundo conlleva esfuerzo memorístico, exige silencio, concentración e individualidad.

Educar quiere decir enseñar a esforzarse, activando los valores del sacrificio, la austeridad y la constancia.

El trabajo en grupo es fundamental para debatir ideas, consensuar criterios, estrategias de abordaje, distribución de «roles», compartir conocimientos, etcétera, y generar una positiva expectativa.

Es fundamental contar con un sitio para estudiar en casa, pero si no es posible las bibliotecas son el templo del estudio, del silencio, del respeto y ofrecen amplios horarios.

*Las notas*

Son un indicador del esfuerzo y de la capacidad de los hijos —de alguna forma anticipan su futuro—. Hemos de valorar sus consecuciones en relación con su entrega, pues existen potenciales distintos. Lo importante es la constancia y que el hijo se sienta a gusto consigo mismo.

Algunos están angustiados por las notas, pues tienen pánico a la respuesta en el hogar, quizá han mentido al indicar las notas anteriores. En los hogares en general, hay ansiedad, hasta las vacaciones dependen en alguna medida de las notas de los hijos. No se debe generar tal angustia de manera que el niño se valore como un fracasado sin razones para vivir.

Siempre debe haber una puerta abierta a la esperanza desde la exigencia, desde el enfado, desde la sanción, pero trasladando que lo queremos y que un día podremos celebrar sus éxitos académicos.

Si es responsable y valora que en junio le va a ser imposible aprobar todas las asignaturas, resulta aceptable el aplazamiento de alguna asignatura para septiembre, bien entendido que se ha de exigir esfuerzo en el verano sin por ello amargar el tiempo de descanso. Si es un irresponsable o un vago, la medida no tiene otro fin que posponer una obligación que de no tomar cartas en el asunto se convertirá en fracaso. Para no perjudicar a los demás miembros de la familia durante las vacaciones, si el hijo tiene que llevarse tareas, deberá resolverlas en horarios marcados con claridad, que en la medida de lo posible se puedan comprobar (por ejemplo, de 08.00 a 10.00).

Si se precisa un profesor particular o una academia y sólo se encuentra en la ciudad de residencia (no en el pueblo donde se disfrutan las vacaciones), se intentará que su aprovechamiento sea intensivo y coincidente con las fechas en que la familia (o algún miembro) no disfrute de vacaciones.

Si constatamos que el hijo no ha cumplido lo objetivamente exigible (que lo es por su bien) debe captar que le revierte negativamente —no debe interpretarse como prohibirle salir o ir en bicicleta—, pero sí suspender otras actividades que pudieran estar previstas (ir al parque de atracciones, limitar el horario de regreso al hogar, pues por la mañana tendrá que estudiar, etcétera). Regañando, dando «charlas», conseguiremos poco.

La motivación es fundamental. A largo plazo = llegar a ser... A corto plazo = conseguir...

Hay que estimular y aplaudir las consecuciones, hay que ilusionar y compaginar obligación con gusto por el aprendizaje.


*Los exámenes*

Suelen inquietar. Algunos muestran ansiedad, unos porque desean matrículas y otros porque desean aprobar.

Algunos se dan verdaderos «atracones» antes del examen, se quedan estudiando toda la noche y toman pastillas para no dormir. Éstos son una prueba inequívoca de una mala planificación, de que se ha estudiado poco antes. Los resultados no suelen ser buenos, pues estar toda la noche estudiando dificulta estar ágil en el examen, la fatiga castiga la memoria, la percepción y tomar pastillas no sólo es un riesgo para el futuro, sino un desacierto para el presente, que puede llevar a confusionismo.

La soledad de un examen hace que el examinado se sienta responsable, el error es de uno y no se puede compartir.

Después de un examen los hay que manifiestan alegría, preocupación o tristeza dependiendo de la previsión de los resultados y lo ajustados a la objetividad como se demostrará ulteriormente por las calificaciones obtenidas.

Sin embargo, hay quien sale encantado, feliz, incluso desbordante. Y sorprendentemente obtiene una nota fatal. Estamos ante un alumno que no evalúa correctamente sus respuestas, sus conocimientos, ni las exigencias requeridas. O bien es un optimista (con fallas perceptivas) desbordante, o es un «jeta» que quiere vivir bien hasta el día en que la realidad sea innegable.

Por el contrario los hay que muestran tristeza, disgusto o preocupación y, sin embargo, obtienen una magnífica calificación. ¿Cómo se explica? O son unos agoreros pesimistas, o muy autoexigentes, o un punto masoquistas.

Resulta importante hacer ver los errores de valoración anticipatoria y facilitar una mayor precisión en el pronóstico con o sin el apoyo de un especialista en pedagogía. Es necesario para su correcto aprovechamiento educativo, pero además es demandado para la vida cotidiana. Educar en el análisis de realidad es absolutamente inaplazable.

## «Pellas», «novillos»

¿Quién no ha hecho una vez el acto de ruptura de faltar a clase, de saltarse la norma, de sentirse infractor, de vulnerar lo acordado por los adultos (padres y maestros)?

El problema no está en «un día», sino en el hábito, en la reunión con otros muchachos en idénticas o peores situaciones, en lo que significa desmotivación escolar, en el riesgo de vincularse con jóvenes de más edad y conductas delictivas o disociales.

Diferenciaremos el hecho puntual y aun anecdótico del preocupante inicio de un proceso de absentismo escolar, pero en todo caso estemos atentos, mantengamos una relación fluida con el tutor, indiquemos que se nos informe de las faltas a clase y hagamos llegar las razones por las que no ha asistido visadas y firmadas por los padres.

---

Si descubrimos que un día ha faltado a clase, hablemos cordial pero seriamente con el hijo, lo escucharemos, razonaremos con él y lo castigaremos como medida educativa. Incidamos en los riesgos que conlleva el «faltar a clase» y el menoscabo que significa para nuestra confianza en él.

---

Unos lo deciden muy pronto, otros no se deciden nunca por sí mismos. La diferencia está en si se tiene o no vocación.

Las primeras decisiones versarán entre los 15 y los 16 años, en elegir las asignaturas para estudiar, o el tipo de estudios, o salir del sistema educativo. Los adolescentes pueden tomar la decisión siguiendo a sus amigos, sobre todo en relaciones muy dependientes con alguno de sus compañeros, o pueden elegir por oposición, es decir, como una reacción a una presión muy fuerte de los padres, o bien elegir teniendo en cuenta sus capacidades y gustos, muestra de su madurez.

Los padres por su parte pueden quedarse al margen y dejar que el hijo decida por sí solo, sin consejos, ni opiniones, indicando cierta dejadez en sus responsabilidades como padres bajo esa aparente «libertad»; en algunos casos inciden para que los hijos hagan lo que hicieron ellos o lo que no pudieron hacer con tanta presión que los hijos lo viven como una gran carga, harán estudios con los que no se sienten identificados y probablemente los abandonen o cambien. Por último, los padres pueden ayudar de verdad a sus hijos facilitándoles información, analizando con ellos las opciones según sus deseos, su vocación, sus inquietudes, sus capacidades.

Orientar sí, informar sin duda, pero al fin la decisión de optar por trabajar o iniciar una carrera es personal. Los jóvenes son personas responsables, capaces de tomar sus decisiones.

El joven no debe ceñirse a las demandas de mercado, hay que elegir vocacionalmente lo que se desea —de ello junto con el acierto en la pareja— depende en gran medida la felicidad de la vida.

Han de informarse bien en el instituto o por profesionales de las opciones que existen, hablar con distintas personas sobre sus pretensiones, o incluso que nuestros amigos les cuenten sus experiencias al elegir su profesión. Los psicólogos especializados en orientación profesional pueden ser recomendables en estas situaciones.

Deberán tener en cuenta que el futuro será de los versátiles.

Respecto a los estudios, bueno será que elijan aquellos para los que están motivados. En la elección de la carrera universitaria se valorarán sus capacidades intrínsecas sin olvidar que no hay carreras de éxito, sino personas exitosas. Ellos mismos habrán de valorar sus aptitudes y analizar su capacidad para retener en la memoria, aportar ideas, solucionar problemas, expresarse de forma verbal o por escrito, razonar, evaluar, crear artísticamente, trabajar con números, destreza con las manos, sentido del ritmo, etcétera.

Cuando desean abandonar los estudios se les ha de aproximar a la realidad limitada en las ofertas que ofrece el mercado de trabajo a las personas sin cualificación. Si la situación lo precisa, bueno será mostrarles lo que conlleva establecerse por su cuenta.

> Tener un título, ganar mucho dinero, seguir la profesión familiar no es lo más importante. Es fundamental que se sientan a gusto con aquello que hagan, capaces, que puedan proyectarse en el plano personal y profesional, así como desarrollarse socialmente.

### Primeros trabajos

Incorporarse al mundo laboral, aunque sea temporalmente, es una forma de adquirir conocimiento y experiencias, contactar con otros compañeros, interiorizar lo que significa obedecer, asumir responsabilidades, despegarse de los padres, ganar en autonomía. Implica abrir vías en la orientación laboral y posibilidades para su integración.

Se puede trabajar a partir de los 16 años y, sin poner en riesgo el rendimiento escolar, debe poderse compatibilizar con las exigencias académicas y los ratos de ocio.

Es buena idea que el joven utilice su tiempo libre, especialmente en vacaciones, para iniciar algún trabajo. Esa actividad le genera buenos hábitos.

Además facilita ganar dinero, valorarlo y administrarlo libremente. Es positivo tener dinero para sus gastos, les dota de cierta independencia, hace sentir a los chicos que su vida privada y la relación con sus padres mejora (se modifica su posición), ya no depende al 100 por ciento de ellos, aunque algunos padres los siguen tratando como si fueran niños, y son trabajadores «adultos» con su sueldo.

En los primeros trabajos los jóvenes dan clases, hacen de «canguros», ayudan en pequeñas chapuzas o trabajan en verano como monitores, algunos incluso compatibilizan el estudio con un trabajo laboral normalizado.

## Ocio

Ser libre no es hacer lo que se quiera, sino saber lo que se hace.

A partir de los 15 años el ocio es básicamente autónomo de las actividades familiares. Casi siempre prefieren estar con sus amigos, pues los chicos en su tiempo libre son gregarios, ya sea practicando deporte, hablando, jugando con videojuegos o «tomando» algo con o sin alcohol.

Según el INJUVE, la mayoría de jóvenes dispone de más de veinte horas de tiempo libre que organizan por preferencia en escuchar música, salir por la noche o reunirse con amigos, ver la televisión y oír la radio.

Los jóvenes se educan o maleducan en los tiempos de ocio, pues es cuando tienen un mayor grado de libertad y decisión, sin olvidar que los riesgos surgen y se concretan en actos, casi exclusivamente en los momentos de las actividades de ocio y tiempo libre.

Hay que fomentar el tejido juvenil asociativo que promueva un ocio sano y enriquecedor. En los municipios se ofrecen alternativas de ocio saludable, como son la ampliación de los horarios de uso y disfrute de los polideportivos para llevar a cabo actividades deportivas, Internet, música, cine y aprendizajes de distintas actividades culturales y artísticas.

Hemos de enseñar a nuestros jóvenes que ocio no es no hacer, sino hacer pudiendo en cada momento elegir. Eduquemos en que los fines de semana y las vacaciones son para hacer otras actividades, pero que no debe confundirse con no hacer nada.

### Consumo y dinero

Los adolescentes tendrán ingresos por las pagas mensuales, o como premios o pequeños trabajos, o en algunos casos de más edad con los primeros trabajos. Han de administrarse, controlar sus gastos y ahorrar.

El gasto que tengan varía mucho de un joven a otro, dependiendo fundamentalmente del poder adquisitivo de la familia. En todo caso, disponer de mucho dinero no es benéfico para un joven, pues su tendencia es la de gastar. Ha de aprender a ser restrictivo en el gasto. La austeridad no es un vicio.

El consumo del adolescente será directamente proporcional a la capacidad económica que se le vaya dando. Teniendo en cuenta que en algunas casas los temas de conversación giran en torno al acceso al consumo, se vive en términos de marcas y de nuevos productos, esto dará poco sentido a la vida. Además, se suma la sociedad consumista que alimenta la insaciabilidad juvenil, pues cubre todas las necesidades reales o no y de manera inmediata; el consumo está orientado a la compra de productos «personalizados» que refuercen la individualidad.

La presión de consumo, en ocasiones de sexo y violencia, que muchas veces van unidos, debe ser contenida, pues de otra forma creamos niños que ven en sus padres y abuelos unos «cajeros automáticos», desearán ser «ricos» y la mayoría se «desencantará».

Desde el ejemplo cotidiano y desde el diálogo instructivo habrá de inocularse el antídoto a niños y jóvenes contra la despersonalización que puede conllevar el decir sí a las demandas comerciales. Se incentivará la capacidad crítica.

En otros casos es muy importante poner al corriente al niño del presupuesto familiar. Con mucha frecuencia, el niño no se da cuenta de que sus padres tienen, como él, dificultades. Ellos saben comprender las posibilidades económicas de sus padres y aprenden a aceptar la situación y generan un agradecimiento hacia los demás sin necesidad de recibir antes algo.

---

LA POSICIÓN DE LOS PADRES SOBRE LA DISPOSICIÓN DE DINERO QUE PUEDEN TENER LOS HIJOS ES MUY DIFERENTE DE UNOS A OTROS

○ Se tendrá en cuenta la edad de los chicos y los gastos que pueden tener (si van al cine, a tomar algo...).
○ Podemos encontrar una referencia hablando con nuestros hijos sobre sus necesidades y con los padres de los amigos de nuestros hijos.
○ Conviene aclarar si con este «dinero de bolsillo» los niños han de pagarse el transporte, bocadillo... La «paga» nor-

malmente es para ocio de los niños. Para su uso personal del que no tienen que dar cuentas, pueden gastarlo en lo que quieran siempre y cuando no sea lesivo para ellos ni para los demás.

○ Se les orientará en su forma de utilizar el dinero, en qué lo pueden gastar. Si despilfarran todo de una vez y no les queda para más gastos a mitad de la semana, o para salir otro día, no debemos darles más de la cantidad establecida, se quedarán en casa sin salir. Así aprenderán a administrar su dinero.

○ En edades adolescentes si el hijo nos pide más dinero por algún motivo puntual y entendible, podremos actuar en este sentido con más flexibilidad. Otra cosa es ser un egoísta y que abrume a los padres con el dinero que pide diciéndoles que con lo que le dan no le llega.

*Deporte*

«Mens sana in corpore sano».

La práctica deportiva llenará de contenido muchas horas de ocio de los hijos, los posicionará de forma sana ante la vida y les propiciará buenos amigos. Es importante, en especial durante la adolescencia, que practiquen seriamente deporte, como mínimo uno.

Practicar un deporte es practicar valores de convivencia, responsabilidad, disciplina, autocontrol. Es desarrollar una afición, una alternativa al consumo de drogas y a una vida incompatible con el deporte si se toman sustancias, pues es más difícil que un chico deportista fume, ya que repercute en su estado físico, o que trasnoche demasiado y consuma si el domingo por la mañana tiene partido.

El deporte (¡y hay mucho donde elegir!) exige esfuerzo, constancia, aceptación de normas, capacidad para adaptarse a otros miembros del equipo o de los competidores.

Nos preocupa un tanto la llamada «búsqueda de talentos» que a menudo conduce a una especialización deportiva demasiado prematura. Hay adolescentes que practican deportes que exigen mucho tiempo y energía en clubes. Hay que procurar que estas actividades no superen las cinco o seis horas semanales.

## Deportes de riesgo

Vivir situaciones límites, probarse a sí mismos, hacerse valer ante los demás, curiosidad son algunas de las razones por las que muchos de los jóvenes practican este tipo de deportes que en más de una ocasión han tenido las peores consecuencias.

Hay que enseñar a divertirse minimizando riesgos, de distintas formas, con información y tomando las medidas de seguridad necesarias.

### Contacto con la naturaleza

Hay infinidad de actividades para realizar, deportes como senderismo, alpinismo, piragüismo..., convivir con la naturaleza y hacer acampadas, recoger sus frutos, cuidarla, contemplar su belleza, disfrutar de sus mares, de sus paisajes, aprender de los procesos naturales: respetar sus silencios, escuchar sus sonidos, nuestros pensamientos. La naturaleza aporta la posibilidad de aventuras y, por tanto, es un antídoto de la violencia juvenil que busca excitación.

### Salir de noche

Quedarse hasta altas horas de la noche viendo la tele, conversando por teléfono, chateando, jugando a un videojuego o leyendo... Conquistar la hora de acostarse es un paso a la adolescencia, la hora de regresar a casa cuando salen es otro escalafón en busca de su independencia.

Entre los 15 y los 24 años los fines de semana principalmente los jóvenes pasan gran parte de la noche hasta la madrugada tomando copas, hablando con amigos, bailando, conociendo gente nueva... Tiempos y actividades muy distintas a las del resto de la semana en la que su vida se centra prácticamente en estudiar o trabajar.

La noche es mágica porque se establecen más relaciones personales, se vive con más desinhibición, a lo que ayuda el alcohol o el consumo de otras sustancias de fácil accesibilidad, la música envuelve y no hay límites de adultos ni de tiempos.

La tendencia a salir ha crecido en los últimos años, al igual que se han alargado las horas de volver a casa. La época de vacaciones de verano o de Navidad suelen ser otros marcos temporales en los que los jóvenes salen más y llegan más tarde al tener menos obligaciones y más tiempo de ocio, y en estos periodos los padres sienten que reducen sus argumentos al establecerles la hora de llegada, pues no pueden decirles «debes llegar a esta hora porque mañana tienes que levantarte para ir a trabajar o a estudiar».

La posición de los padres varía de unos a otros. Si bien algunos entienden que no es correcto que los adolescentes estén hasta altas horas por la calle, otros se cuestionan sobre la necesidad de correr riesgos.

La respuesta es bastante simple en la mayoría de los casos. Les dejan salir por no discutir, porque es «lo normal», «lo que hacen todos», «la forma de pasarlo bien».

La mayoría entiende que es una etapa que hay que pasar y pregunta poco. Y algunos no duermen durante todo el fin de semana, pues están pendientes del reloj hasta que los chicos vuelven a casa. En ocasiones los padres hacen de auténticos taxistas nocturnos: los llevan y los traen de vuelta a casa, pero muchas veces les compensa este papel por encima de estar esperándolos despiertos.

A LOS PADRES LES PREOCUPA

◯ Que no les pase nada. Que lleguen bien a casa, mejor en grupo que solos.
◯ El consumo de drogas y las consecuencias que pueden tener respecto a los accidentes de tráfico como a los embarazos no deseados.

Querer vivir intensamente todas las noches y divertirse al mismo ritmo conlleva un agotamiento psíquico y físico que ha influido en el consumo de sustancias que busca conseguir este estado de actividad. Algunos efectos del consumo de estas sustancias inciden en la disminución de las aptitudes físicas como los reflejos y la visión que disminuye, el incremento de la actitud de desafío y el desprecio por el riesgo, lo que afecta de manera directa en las tasas de accidentes de tráfico y altercados violentos.

○ Que la convivencia familiar resulte afectada.

Cuando los adolescentes salen por la noche y se acuestan de madrugada suelen pasar el resto del día durmiendo. No ven casi a sus padres, además de que su ciclo de sueño se transforma. Viven en dos días con el horario cambiado, para comenzar de nuevo el lunes con sus obligaciones.

Padres e hijos han de llegar a acuerdos en cuanto a los horarios, las consecuencias si no se cumplen, las condiciones de las salidas nocturnas y que esto no implique una alteración en la convivencia familiar. Momentos para crecer juntos, en que hay que delegar libertad y responsabilidad, y los hijos saberlas demostrar.

Establecer los horarios para salir está condicionado por varios factores. No es lo mismo salir en el pueblo (que todos se conocen, sabemos donde están los sitios...) que salir en la ciudad. Dependerá también de cómo vuelven a casa, si hay autobuses, si vienen acompañados... Se debe tener en cuenta la opinión del hijo, escuchar sus motivos, sus razones. Llegar a acuerdos (no confundir con claudicar). Será básica la relación de confianza entre ambos, de comunicación y de diálogo.

Orientativamente, sobre los 14 años, si el niño es responsable y lo demuestra, conocemos a los amigos con quien sale, los sitios donde van a estar, tenemos teléfonos para localizarlos, se les puede dejar salir hasta las once de la noche. Y se iría sumando una hora y media más a cada año (a los 16 años se le dejaría llegar a las dos de la madrugada, a los 17 a las tres y media de la madrugada...). Teniendo siempre en cuenta la actitud del hijo y dependiendo del entorno.

ACORDAR LA HORA DE LLEGADA

○ Llegar a un acuerdo padres e hijos implica que no hay límites fijos e inamovibles, sino que se concede al adolescente la capacidad para participar en la decisión.

○ Los horarios se irán ampliando con la edad y la responsabilidad demostrada.

○ Los datos que debemos conocer para establecer los horarios son los que nos proporcionan los hijos. Hemos de escucharlos, que nos digan quiénes son sus amigos, a qué lugares van, cuál es la forma que tienen para volver a casa, si vuelven solos o acompañados.

○ Es conveniente conocer y hablar con los padres de los amigos de nuestros hijos sobre este tema e intercambiar experiencias.

○ Una vez adquirido el compromiso, el adolescente tiene que saber que si no se respeta el horario sin causa justificada, la próxima salida puede ser anulada o reducida por no cumplir el acuerdo.

○ Tenemos que confiar en nuestros hijos, dejarles asumir sus propias responsabilidades en cuanto a salir solos, cumplir sus horarios y manejar su dinero. Sin olvidar la supervisión (ver en qué estado regresan al hogar).

Educar conlleva asumir riesgos, dar autonomía y corresponsabilizarse. Para ello hemos de enseñar a nuestros hijos a reflexionar individualmente, para exponer sus propios criterios sin miedo a la valoración de los otros, para decir «NO» cuando no se comparte lo que proponen los amigos, para no perder las posiciones ante los retos, los desafíos. Que aprendan a visualizar, como paso previo, las consecuencias de sus actos.

*Motos*

Las motos son un símbolo para los jóvenes, de vértigo, de velocidad, de desprotección, permiten sentir el aire en la cara, percibir la libertad, compartir con amigos, vibrar, correr, un ruido que ensordece. Y el joven no evalúa los riesgos, le gusta ponerse al límite.

Ser poseedor de una moto es sinónimo de independencia, de estatus. Conlleva la admiración de otros jóvenes, facilita «ligar».

Los padres sufrirán si su hijo es poseedor de una moto, por eso y si no pueden evitar que esto acontezca, lo que aconsejo vivamente, han de analizar con el hijo el tipo, uso, lugar y época del año de utilización para minimizar riesgos.

Con constancia se les ha de prevenir de los peligros para ellos y para otros viandantes y conductores, responsabilizándolos de su forma de conducir (no sólo con «la máquina», sino no consumiendo alcohol y otras drogas).

Insistiremos en la necesidad de llevar casco, tanto si se es conductor como «paquete». Transmitírselo siempre y los dos progenitores, dando ejemplo si somos nosotros los que montamos en moto, o en otro caso llevando siempre el cinturón de seguridad en el coche.

## Seguridad vial y accidentes

Es elevadísima la tasa de accidentes sufridos en la utilización de motos en jóvenes de entre 15 y 24 años. Prudencia es un término que se ha de inculcar, tanto cuando el hijo sea el conductor, el copiloto, un ocupante del vehículo o el acompañante en la moto.

Hay que hacerles saber del riesgo cierto de sufrir un accidente mortal o grave que sesgue o cercene para siempre la vida o calidad de la misma.

Conducirse con prudencia, respetar las normas, no querer demostrar nada con una conducción deportiva no acorde a las carreteras, evitar actitudes temerarias resulta una necesidad para la que se debe educar desde muy corta edad, de palabra y obra —con una conducción por parte de los adultos no sólo prudente y anticipatoria, sino agradable, civilizada y relajante.

Explorar los riesgos, dar a conocer no sólo datos sino ejemplos próximos de tragedias resultan simplemente necesarias.

Como lo es hacer saber que el alcohol y otras drogas son incompatibles con la conducción, que no se puede dejar engañar por la equívoca percepción euforizante que en un primer momento puede conllevar.

Hay más que hacer y que decir, reflexionar sobre la responsabilidad que el conductor contrae con los pasajeros y quienes circulan o caminan y se encuentran con el vehículo propio.

Y, cómo no, enseñando a ser asertivo, a valorar la vida, a negarse a ir junto a un conductor bebido o de otra forma drogado; teniendo criterio y decisión para indicar que desea abandonar el coche cuando el tipo de conducción de riesgo así lo requiera.

Parece acertado llevar al hijo al centro de parapléjicos de Toledo o a centros hospitalarios donde compruebe de primera mano las múltiples tragedias personales provocadas por accidentes de tráfico (también de vehículos de cuatro ruedas).

Tienen que ser conscientes —más allá de saber— que estos múltiples e incesantes accidentes son la primera causa de traumatismos físicos importantes, en ocasiones tetraplejia, y de muerte en la adolescencia.

Si por desgracia el lamentable hecho se produce, sépase que existen asociaciones específicas de familiares de víctimas de accidentes de tráfico que aunque pueda parecer que no sirven, ni son un paliativo —cuando no se ha pasado por tan terrible trance— son muy benéficas y necesarias, como lo constatan quienes son apoyados por los que antes han sufrido tragedias similares. (Se mencionan señas al final del libro en el índice de Instituciones).

## CONDUCTAS DE RIESGO

Se han de diferenciar las que son propias de los adolescentes que intentan vivir situaciones al límite, percibir su propia identidad e individualidad, de las que son de riesgo cierto, o puramente tanáticas (juego con pulsiones y conductas de muerte).

Una cosa es la tendencia impulsiva, la situación inestable y el posicionamiento de oposición y otra bien distinta, dada no sólo la intensidad, sino la tipología de las conductas, aquella que pone en riesgo evidente su vida, su futuro físico, psicológico o relacional.

Las fugas dilatadas en el tiempo, los robos continuados o con intimidación, el consumo habitual de drogas o una actitud que propicia situaciones reiteradas para sufrir accidentes han de significar sin duda que se ha traspasado la frontera de la normalidad para internarse en la psicopatología que debe ser abordada con urgencia.

---

### LOS PADRES DEBEN SUPERVISAR A SUS HIJOS

○ Posibles conductas adictivas (alcohol u otras drogas, videojuegos, televisión, pornografía, sexo, compras...).
○ Amistades (características, edades, utilización del tiempo libre...).
○ Horarios. Confirmar su asistencia al colegio. Comprobar el horario y estado en que regresa al hogar tanto en los días laborables como el fin de semana.

---

> ○ Imagen, cuando ésta resulte incitadora por su exceso, tipo de adornos, *piercings*, o por ser llamativa ropa o por su simbología tanática, nazi, etcétera.
> ○ Videojuegos, juegos de rol, revistas que utiliza (cuando son monotemáticos).
> ○ Objetos que entran en casa y no son de su propiedad.
> ○ Alimentación que sea suficiente no excesiva.

Existe una tienda denominada La tienda del Espía, donde los padres adquieren instrumentos para «supervisar» a sus hijos. ¡Preocupante y lesivo para la confianza mutua!

*Adicciones*

Son un intento defensivo y de regulación contra determinadas deficiencias e insuficiencias tanto de la estructura emocional como de la relacional. Estas conductas ponen de manifiesto la existencia de dificultades importantes en la urdimbre de la personalidad.

Entre los factores de riesgo encontramos:
— La facilidad en el acceso a las sustancias estupefacientes.
— El fracaso escolar (+ el absentismo).
— Los problemas de relación con compañeros y profesores.
— Los antecedentes de conductas adictivas en las figuras parentales.
— Enfermedades mentales en los padres.
— Violencia familiar.
— Rupturas familiares traumáticas.
— El padre varón *light* (suave) o *missing* (desaparecido) y la madre sobreprotectora.
— Respecto a factores individuales son de riesgo: la personalidad *borderline* (límite) y la narcisista. Así como los trastornos vinculares.
— Los signos que han de dar la alarma son los cambios de hábitos y conductas.

## Videojuegos

Los adolescentes juegan habitualmente hasta los 16 años cuando ya les dejan de interesar tanto. Pueden estar más de dos horas diarias y su uso compulsivo genera una gran dependencia.

Los chicos, más aficionados que las chicas, gastan mucho en juegos y de manera precipitada con el juego que se pone de moda.

Los videojuegos más elegidos son los de deporte, aventura, disparo, lucha, simuladores de plataforma y de rol. Son usuarios habituales de los de acción violenta, pues el carácter lúdico y divertido que la violencia tiene para muchos jóvenes se ha convertido en una forma de entretenimiento promovido por los medios de comunicación.

Los juegos recurren a historias que en apariencia no tienen ideología, pero que manipulan los sentimientos y sobre todo las sensaciones, incluyendo mucha agresividad, que en bastantes ocasiones es violencia innecesaria y extrema, soluciones fáciles a los conflictos interpersonales, exaltación de valores antidemocráticos, sexismo con protagonistas femeninas de estética erótica y militar... todo aquello que puede hacer que los adolescentes se sientan distintos al resto de la sociedad, de los adultos.

Las revistas difunden artículos sobre «los juegos más violentos» con criterios estándar de tipo: «cantidad de sangre», «detalles macabros», «presencia de elementos sexuales», «grado de justificación de la acción», «frecuencia de acciones violentas». Suficiente mala reputación para incrementar las ventas. Son tan importantes como los propios videojuegos, ya que en las mismas se informa de las novedades, los trucos, interpretan el discurso ideológico que subyace, aparte de demostrar que el sector se mueve casi exclusivamente alrededor de los juegos de acción que reflejan guerras, conflictos y conductas asociadas.

Aunque parece un juego solitario, un 5 por ciento lo hace en red y un 60 por ciento con amigos. Son una forma de interrelación, un elemento para la socialización entre iguales, porque hay intercambio, tanto de juegos como de informaciones, se producen redes amplias y son los adolescentes más empáticos y sociables entre sí.

Se detecta que los jóvenes que tienen peores relaciones familiares juegan más y en soledad, pues los juegos les provocan problemas.

Hemos de minimizar los riesgos potenciales y valorar los usos positivos. Los videojuegos pueden incitar a la violencia, pero también ser un instrumento educativo de primer orden, ya que permiten adquirir destrezas y pueden ser utilizados para el aprendizaje e incluso interiorizar actitudes y valores positivos. Que sean una cosa u otra depende de las prácticas sociales.

## Juegos de rol

En los juegos de rol los jugadores diseñan sus propias aventuras, asumen el papel de un personaje que debe conseguir el objetivo trazado cumpliendo las reglas del propio personaje (los hay más o menos fuertes, con determinadas facultades para el juego), las impuestas por el árbitro o director del juego y las marcadas por el azar al tirar el dado.

Los juegos de rol pueden ser en mesa o en vivo.

La temática medieval fantástica fue su origen, pero hoy encontramos juegos de terror, de detectives, ciencia-ficción, humor, fantásticos, futuristas, del Oeste...

Los hay más realistas, donde las fichas y los datos son más influyentes en la toma de decisiones (preferidos por los más jóvenes) y más interpretativos para aquellos que gusten de más margen de decisión.

La franja de edad de los jugadores oscila entre los 15 y 25 años. En todo caso, una edad apropiada para su práctica sería a partir de los 12 años, por la complejidad propia del juego.

Sólo nombrar juegos de rol presagian riesgos y ello porque en la conciencia colectiva queda el eco de algunos trágicos hechos que fueron transmitidos por los medios de comunicación.

Categóricamente (y por las investigaciones realizadas) podemos aseverar que los juegos de rol como tal son neutros e inofensivos. El riesgo se hace cierto y real cuando se utilizan en exceso y desde desequilibrios emocionales se busca derivarlos a la vida real.

El problema nace del riesgo de sectarismo que puede enganchar a niños y adolescentes, de la desvinculación con el entorno, de la presión del grupo.

Una supervisión por parte de los padres es necesaria sobre todo cuando son monotemáticos, algunos pueden tener contenidos discriminatorios y destructivos, bélicos y violentos; así como el tiempo que dedican a jugar y las amistades con quienes comparten esta afición.

Un acercamiento de los padres con estos juegos de rol, con sus normas, contenidos les señalaría una idea más real sobre los mismos y las posibles versiones y temáticas más apropiadas para el fomento de aspectos educativos, creatividad, interacción, toma de decisiones, autocontrol.

En este sentido se han desarrollado juegos de rol con finalidades de intervención social con adolescentes para prevenir la drogodependencia o como sistema para enseñar y practicar valores como el respeto y la tolerancia.

Hay muy distintos juegos de «rol», de asunción de papeles, allí donde los niños (y los menos niños) se proyectan en personajes con los que desarrollan su imaginación y ponen a prueba sus capacidades.

Es más puede tratarse de escenarios donde los niños plasmen sus conflictos internos y tomen conciencia de ellos.

No puede negarse que sirva como fuente de aprendizaje de socialización a través de un sistema de normas y del juego en grupo. Promueven la cooperación.

En la exaltación incompatible con otras relaciones y actividades, en la asunción de reglas muy rígidas, en el intento de llevar a la vida real lo que es un juego, en psicopatologías previas está un riesgo innegable, pero no achacable específicamente al juego de rol.


*Internet*

Se ha convertido en una herramienta imprescindible para los jóvenes de socialización y entretenimiento.

Es una gran posibilidad de aprendizaje y comunicación impensable hasta hace poco. Una herramienta para el estudio, además de atractiva para los adolescentes, que son el grupo que mayor uso hacen de ello, sobre todo entre los 12 y los 17 años siendo las actividades más frecuentes: navegar por la red, usar el correo electrónico, transferir ficheros y el chat. Los chicos utilizan el Messenger para hablar con sus amigos del colegio pero también para conocer gente, los amigos «virtuales».

En los chats los chicos se intercambian mensajes en tiempo real desde una afición o interés (como los ídolos musicales, actores...). Cuentan sus experiencias y datos con otros niños como algo divertido, sin atisbar ningún riesgo por ello. Algunos inventan otra personalidad para conectarse. Pueden ser usados por pederastas para relacionarse con los menores al ocultar su verdadera identidad y hacerse pasar por otra persona diferente. En algunos chats se aplican sistemas de moderación y filtros a los *nicks* (nombres con los que se participa en los chats) y al contenido que se intercambia para evitar usuarios o palabras no adecuadas.

Internet conlleva el riesgo de fomentar la pasividad ante la pantalla, de sobresaturar de información irrelevante y aun falsa, y de inocular pornografía, violencia o hacer apología del terrorismo o del racismo.

Pueden encontrarse con amenazas o insultos en sus mensajes o sufrir acoso sexual.

## Redes sociales *on-line*

Otro fenómeno popular que permiten sitios web es publicar una página personal o perfil donde suelen relacionarse con amigos. Los blogs recopilan textos o artículos de un autor al que se pueden hacer comentarios. Algunas de estas páginas ofrecen la posibilidad de utilizar gráficos e imágenes para decorarlas. Se puede acceder en algunas direcciones a través del móvil (WAP, SMS, MMS).

Otro servicio es el *dating*, que permite crear un perfil sobre el usuario con fotos y aficiones para contactar con gente que tenga los mismos intereses.

En los «foros» se generan debates con mensajes abiertos a todo el público.

Algunas de las redes sociales más conocidas son Tuenti, Keteke, Myspace, Facebook... Preocupan tanto a profesores como a padres. En ellas los chicos pueden introducir fotografías, comentarios, información... y poseen gran cantidad de conexiones entre sí. No siempre se hace un buen uso, sorprende la edad de algunos de los niños que participan (11 y 12 años) y los mensajes que pueden llegar a producir, algunos utilizan las mismas para emitir insultos o acosar, incluso pueden llegar a introducirse utilizando la identidad de otras personas para insultar en nombre de ellas a compañeros o profesores, o colgando fotos o grabaciones vejatorias hechas en móviles, es decir, *ciber-bullying*.

La imposibilidad de control por parte de padres y profesores se manifiesta por su desconocimiento de estas redes sociales, de las posibilidades que tienen, de no tener los conocimientos informáticos suficientes para evitar el mal uso como «hackear» a otras personas.

Padres y profesores han de formarse incluso en cursos en los propios colegios para poder orientar a los hijos/alumnos, pues hemos de adaptarnos a los cambios y a las nuevas perspectivas, manteniendo los valores irrenunciables.

Si los niños reciben un mensaje molesto, deben enseñarlo a sus padres o profesores y no contestar. En los casos de acoso o denigración, si se estima, cabe la denuncia en Fiscalía de Menores (el grabarlo y difundirlo agrava la conducta y, por consiguiente, la sanción).

Internet además puede suponer un problema de adicción conocido como desorden de adicción a Internet (si bien no se considera por los expertos como un trastorno clínico), cuyos síntomas más significativos son: conexión compulsiva, atención dispersa, desarrollo de tolerancia, crear distintas identidades, pérdida de control sobre el tiempo de conexión, preferencia por las ciberrelaciones, supresión de horas de sueño y comidas. Ante la imposibilidad de conectarse, el usuario tendría síntomas de abstinencia con sentimientos de rabia, ira o depresión.

Afecta en la vida diaria de la persona a sus relaciones sociales, a su trabajo y a su salud. Esta adicción presenta un riesgo de recaída muy elevado.

En Corea del Sur la adicción a Internet afecta al 2,1 por ciento de niños entre 6 y 9 años. En China el 13,7 por ciento de adolescentes cumple los criterios de uso desadaptativo de la red.

La adicción a Internet puede ser al juego excesivo, al cibersexo o al envío excesivo de mensajes, chats... Parece que los chats y juegos en línea son más adictivos que la utilización de correos o descargas.

El uso de la red es una de las prácticas más extendidas de los jóvenes, es un problema reciente, pero cuya demanda de ayuda aumenta.

○ Formarse. Para orientar se precisan unos conocimientos básicos.
○ Dar buen ejemplo en su uso.
○ Navegar con los hijos.
○ Colocar el ordenador en una zona común de la casa.
○ Hablarles de los contenidos de adultos. Si la edad de los niños es corta, poner filtros al ordenador (infantil hasta los 12 años y adolescente de 12 a 17 años).
○ Mostrarles que deben ser críticos en la red. Hacerles saber que algunas informaciones publicadas en Internet pueden ser falsas igual que la identidad de algunas personas que conozcan en la red.
○ Advertir de los riesgos de algunos chats, concienzarlos de que no den datos personales (domicilio, colegio...) ni secretos; hacerles ver que encontrarse físicamente con quien se ha conocido virtualmente tiene muchos riesgos.
○ Alertarles sobre el peligro de abrir una *webcam* (videocámara empleada en las conversaciones del chat) a un desconocido y de ver las imágenes de las *webcams* de otros.
○ Si ven algo extraño o desagradable o se sienten intimidados, han de avisar a sus padres y salir del chat.
○ No ir a ningún sitio web propuesto en el chat para evitar virus o contenidos inapropiados.
○ No facilitar claves que reemplacen la identidad en el chat.
○ Informarles del alcance de sus escritos, fotos... pueden ser vistos por cualquier persona del mundo.
○ Tratar a los demás con respeto y sin mentiras.
○ Si utilizan un perfil o blog, han de vigilar los comentarios inapropiados y actuar de moderador o solicitar ayuda al gestor del servicio si se precisa.
○ No mandar fotografías de otras personas que las haga sentir mal por su carácter vejatorio o comprometedor. Ni enviar imágenes desagradables o indecentes a otras personas (pudiera ser constitutivo de delito). No enviar su foto a ningún chat.

> ○ Respetar las restricciones para hacer fotos en algunos sitios públicos, sobre todo cuando hay menores y estar alerta de desconocidos que puedan hacerles fotos.
> ○ Si reciben fotografías o vídeos de una agresión, ponerlo en conocimiento de los padres o profesores.
> ○ Explicarles los riesgos de contestar a los mensajes *spam*, no llamar a ningún teléfono del mensaje ni aceptar ofertas por teléfono. No dar datos personales ni claves.
> ○ Advertirles de que sólo den su número de teléfono y direcciones de correos electrónicos a las personas de su confianza.
> ○ Marcar un horario de uso y hacer hincapié en que se entre en Internet cuando se tenga un objetivo concreto.

Para más información se puede visitar la organización de protección del menor en el uso de nuevas tecnologías: http://www.protegeles.com

*Drogas*

Son muchos los niños que a corta edad (13 años) consumen los fines de semana cantidades ingentes de alcohol, en ocasiones de más de 20 grados, que se amplía con el consumo de «pastillas», lo que ocasiona puntualmente reyertas, en otros casos embarazos no deseados y, en algunos, accidentes de tráfico. La presión para beber, para sentirse adulto, para evadirse de la realidad es poderosísima.

El consumo se da en todas las clases sociales, unos sólo entran en contacto con las drogas, otros las prueban temporalmente y algunos se hacen consumidores habituales.

El patrón de consumo de drogas dominante sigue siendo experimental, ocasional, vinculado al ocio y al fin de semana. En la actualidad se trata de un drogadicto joven, grupal y politoxicómano (lo que le confiere mayor prestigio) e inmerso en corrientes contraculturales.

El alcohol y el tabaco siguen siendo las sustancias más consumidas, seguidas del cannabis entre jóvenes de 14 y 16 años. Ha habido un aumento de consumo de cannabis y de cocaína, cuyo consumo habitual es del 3,1 por ciento entre jóvenes de 16 y 18 años.

Factores que inciden en el consumo de drogas

## 1. Personales

— La motivación y la susceptibilidad psicológica a la droga son muy distintas en las personas. Los diversos estadios evolutivos y de desarrollo conforman una personalidad que en interacción con factores sociales y familiares pueden ser o no receptivos a la droga.

— El joven cuando se hace drogadicto, generalmente, no tiene ninguna estructura psicopatológica. Suelen ser los que huyen de la cruda realidad de la vida diaria, los que persiguen una experiencia más profunda.

— Algunos factores personales incidentes son la edad (temprana), rasgos de personalidad con baja autoestima, baja asertividad, falta de habilidades comunicativas, poca tolerancia a la frustración, necesidad de aprobación social, información errónea sobre las drogas y ociosidad mal canalizada.

— Es cierto que los adolescentes se orientan a la experimentación de sí mismos, de sus propias posibilidades, en la búsqueda del placer y de la gratificación, pero la droga nada puede hacer contra una personalidad madura y estable. Así lo confirman distintas investigaciones y la realidad de todos los que las abandonan, cuando han satisfecho su curiosidad, cuando el reclamo de «lo nuevo» deja de serlo.

## 2. Familiares

— El toxicómano no tiene capacidad para resistirse al placer, su vida es instintiva, carece de la sujeción de su propio «yo», no pone ninguna cortapisa a sus instintos. Deducimos que en la más temprana infancia la maduración del yo se vio alterada.

— La otra instancia de la personalidad, «superyó», que ejerce la función de juez del hombre, requiere para su correcta constitución la identificación del niño con la persona del mismo sexo. Este proceso de identificación ha fallado en las personas que llegan a la toxicomanía, porque el padre no existía, estaba siempre ausente, no se responsabilizaba o porque al hijo no le merecía confianza digna de ser imitada.

— El hijo necesita también el reconocimiento del padre, sin éste puede surgir un complejo de inferioridad que le dificultará la conversión de adolescente en un ser maduro.

— La figura de la madre (genéricamente) suele aparecer como sobreprotectora, pero en ocasiones distante, con muchas frustraciones y propensa a la depresión. Es la típica madre omnipresente que realiza un amor «tipo aspiradora» y que se refugia en los hijos ante sus problemas de pareja. Provoca un estancamiento de la personalidad del niño en una etapa infantil (obviamente estas afirmaciones pecan de generalización).

— Existen, como vemos, padres incongruentes en estas familias que descargan frustraciones, que sobreprotegen y abandonan, que no aceptan los pasos lógicos de la evolución madurativa de sus hijos con su progresiva emancipación y caen en una dependencia mutua, lo que va cercenando la personalidad premórbida.

— No son casos, en general, en que el muchacho reciba grandes traumas o se encuentre expuesto a situaciones extremas, pero todos estos comportamientos acarrean neurosis infantiles (entendidas como alteraciones de la conducta) que posteriormente dificultarán la adaptación al mundo normal y a superar sus propias tensiones interiores. Pueden surgir además dificultades de aprendizaje o cambios en el sistema familiar; necesitarán un terapeuta y el sustituto que tienen más a mano es la droga.

— El adolescente buscará apoyo fuera del hogar, en el grupo cuya característica es la propia droga, el tipo de relaciones, la jerga... grupo que verbaliza poco y que por tanto ahonda poco en sus profundos conflictos. Pero este grupo tan escasamente comunicante no le solucionará sus problemas con lo que se encontrará aislado, incomunicado con su familia y con el grupo; ante ello comenzará la escalada empleando alucinógenos y drogas más duras. Se ha cerrado la trampa, pues desaparece la comunión con el grupo y se entra en la dependencia de la droga como única vía de evasión.

— Otros factores familiares incidentes en el consumo de drogas son los valores familiares que se tengan al respecto y el escaso vínculo familiar.

### 3. Sociales

— Si se da una causa favorecedora situacional y en una cierta personalidad predispuesta, las toxicomanías tienen algo de contagiosas sobre todo en momentos álgidos de socialización cuando la inseguridad hace más necesario el grupo de amigos, cuando se hace perentorio el sentirse aceptado e integrado en plena búsqueda de la identidad y de la liberación del yo frente al adulto.

— Es en el grupo y en el sentimiento de amistad donde nace la droga, pues junto a la carga de rito iniciático que conlleva (por el riesgo implícito que le es inherente) es un gesto normativo prohibido. Sirve como afirmación de la propia personalidad, para «ser» o sentirse mayor y siempre con la vista puesta en alcanzar un estado de mayor felicidad.

— Importantes son los valores y hábitos que el grupo tenga sobre el consumo de drogas así como la forma en que ocupan y comparten el tiempo.

### Causas principales inductoras del consumo de droga

— Los desequilibrios, los conflictos y las rupturas familiares, las crisis psicológicas que producen (neurosis infantiles...).

—Fracasos escolares y de aprendizaje. En algunos casos y circunstancias, escolaridad demasiado prolongada —joven siempre dependiente.

— La necesidad de socialización y la falta de relaciones interpersonales conducen a la búsqueda del grupo para pertenecer a él, para ser aceptado. En ocasiones este grupo es un grupo de droga. Miedo a la soledad.

— Experimentar con lo desconocido, satisfacer la curiosidad sobre los efectos de las drogas. Tener vivencias emocionantes o peligrosas.

— Búsqueda del placer y la distracción, antítesis del aburrimiento. Estamos en una sociedad hedonista que requiere el placer por el placer de forma inmediata.

— La búsqueda de la autotrascendencia, del sentido de vida y de la razón para la propia existencia en una sociedad con grupos carentes de ideales.

— Adquirir un estado superior de «conocimiento» o de capacidad creadora.

— Influencia del grupo en la actitud del sujeto, siguiendo las teorías de Asch y otros autores sobre la conformidad ante la pulsión del entorno próximo.

— Sistema de escape. Forma de evadirse de los problemas reales.

— Símbolo de protesta inconsciente, de inconformismo contra esta sociedad.

— Forma de romper con la moderación y expresar independencia y en ocasiones hostilidad.

— Escapar de unas condiciones infrahumanas de vida, ya sea por carencias (económicas, culturales, de albergue... menores inmigrantes solos) o por las constantes frustraciones y fracasos que provoca el capitalismo. El ser humano requiere ser aceptado y amado para desarrollar su autoestima y realizarse emocional y psicológicamente.

— Falta de oferta de trabajo.

— Contacto constante con drogas legales (medicinas inservibles, tranquilizantes, alcohol, etcétera). Medicalización de nuestra cultura (toxicomanías «con receta»).

— Efectos de otras personas consumidoras y que actúan como modelos de conducta para tomar drogas (padres fumadores o consumidores de otras drogas).

— Sociedad consumista que incita a probarlo todo y que empuja a la población joven y adolescente al consumo de drogas.

— Disponibilidad de la sustancia.

— Desequilibrios y lagunas en la maduración de la personalidad.

— Es cierto que la persona nace con una cierta disposición, pero la manera como se desarrolle dependerá de la educación, del desarrollo de la personalidad y de los estímulos e influencias del medio circundante.


Tipologías de drogas

Son sustancias que se toman fumadas, inyectadas, tragadas o aspiradas, que alteran o modifican las funciones físicas, sensitivas y emocionales y provocan diferentes efectos que las caracterizan, como excitar, relajar o distorsionar la realidad.

Siguiendo a Oughourlian en su libro *La persona del toxicómano* y realizando un buen recorrido histórico, podemos distinguir toxicomanías:

— Grupales, ya se utilicen como medio (*hippies*, punkis...) o como fin (yonquis); desencadenantes del fenómeno de droga actual que cada día es más grupal (en el inicio del contacto con la droga), se produce a edades más tempranas y es más lesivo (desde inhalante hasta el crack).

— De masas que están legalizadas o al menos admitidas.

— Individualistas que son minoritarias.

## 1. Droga del explorador

Son los toxicómanos individualistas para quienes la droga es un medio de llegar a otra cosa, creación artística, introspección y análisis, etcétera. No existiría servidumbre. Le atraerán especialmente los alucinógenos, tipo LSD, mescalina o psolocybina, pudiendo ser consumidor de hachís. Este toxicómano está integrado en la sociedad.

## 2. Droga de los epicúreos

Pertenecen los toxicómanos solitarios para quienes la droga es un fin. Se ciñen al placer que procura o al dolor que alivia. Se inclinan esencialmente y tradicionalmente por los opiáceos y, actualmente, por los barbitúricos. Una de sus características esenciales es un sentimiento de culpabilidad. Plantean el problema de la toxicofilia, es decir, de la estructura psicopatológica del sujeto y de su posición con relación al placer.

## 3. Droga de los *hippies*, punkis...

Toxicómanos de grupo para quienes la droga constituye un medio de alcanzar un cierto número de objetivos psicológicos y filosóficos, y en el plano sociológico para mantener la cohesión del grupo. La droga es una forma de comprenderse y de estar juntos.

## 4. Droga de los yonquis

Toxicómanos de grupo para quienes la droga no es un medio, sino un fin. El yonqui se entrega, se abandona en manos de la droga. Es un deseo de muerte, una conducta suicida. Recientemente ha aparecido una variedad muy particular de yonquis: son los niños o adolescentes que inhalan disolventes volátiles; quieren sin saberlo morir antes de haber vivido y eludir el problema de la elección entre vivir en sociedad o apartarse de ella.

## 5. Droga etnológica

Puede tomarse una droga con fines rituales, sagrados o religiosos, en estado puro y sin que el problema del placer se mezcle en ello en modo alguno. Son importantes en el momento de iniciación de los jóvenes, en el paso a la virilidad.

## 6. Droga social

El alcohol como bebida divina original: son el cava, los grandes vinos, los alcoholes preciados que sirven en nuestros días y en nuestra cultura para celebrar lo excepcional. Es un medio para el individuo de integrarse en la sociedad, de manifestar su solidaridad hacia un grupo.

## 7. Droga del día a día

Son las toxicomanías de pueblos que no están destinados a celebrar lo excepcional, que no reconocen en la droga algo divino, trascendente o mágico y que sólo la utilizan por lo que materialmente es. En Occidente hemos tomado la cola de África y la coca de América del Sur para hacer una de nuestras «drogas positivas» de todos los momentos, que posee unos efectos ligeramente estimulantes que hacen de ella la bebida de la juventud (y de muchos no tan jóvenes). Se asocia con felicidad.

La gran toxicomanía de Occidente es sin discusión el tabaco. Al lado, el café y el té son las drogas menores pero cotidianas. Occidente conoce dos toxicomanías mayores: el alcohol (vinos comunes y licores baratos) y los barbitúricos. La droga en este caso no integra al sujeto en la sociedad.

¿Qué drogas consumen los jóvenes?

## 1. Alcohol

Es la droga más consumida y la que más problemas sociales y sanitarios causa.

Son los cambios de conductas y de actitudes los que ha traído la bebida nórdica de alta gradación. Gastar poco y desinhibirse pronto, ése es el objetivo de algunos jóvenes el fin de semana, botellas de marca en la calle o en locales atiborrados a veces con envases de vidrio que han sido rellenados de «garrafón», con música ensordecedora y horarios antinaturales. Y no nos confundamos, nada tienen que ver unos jóvenes que salen a tomar unas cervezas y a charlar tras jugar un partido deportivo con los crápulas de la noche que mezclan y beben de forma compulsiva.

Hay bebidas fermentadas, como la cerveza, la sidra y el vino, cuya gradación alcohólica oscila entre 4 grados y 12 grados, y bebidas destiladas con mayor concentración de alcohol como el vodka, la ginebra o el ron, que oscilan entre 40 grados y 50 grados.

Produce desinhibición conductual y emocional, euforia, relajación, dificultades para hablar, para asociar ideas, descoordinación motora...

Según la cantidad presente en la sangre, puede llegar a un estado de embriaguez (1,5 g/l), coma (4 g/l) y muerte por parálisis de los centros respiratorios y vasomotores (5 g/l).

Además de una intensa dependencia psicológica, su abuso regular puede provocar pérdida de memoria, dificultades cognitivas, demencia alcohólica; en el plano orgánico, gastritis, úlcera gastroduodenal, cirrosis hepática, cardiopatías, tolerancia y dependencia física, con su síndrome de abstinencia que puede desembocar en un delírium trémens.

Algunos adolescentes en pleno crecimiento físico y emocional se ahogan en alcohol.

En ocasiones la relación del grupo se agota en el rito de ingesta de alcohol, el consumo se convierte en compulsivo, no se bebe por placer. El alcohol se ingiere como cohesión, como vínculo social. Las borracheras son casi buscadas como muestra de pertenencia al grupo de iguales. Se bebe en los bares, en las discotecas, en las fiestas y en la calle (botellón).

El Plan Nacional Antidroga explica como factor de riesgo en la asiduidad de este consumo los problemas psicosociales de los jóvenes.

Los jóvenes beben mayoritariamente durante el fin de semana y en horario de noche, lo hacen en locales adyacentes de ocio nocturno (pubs y discotecas). Los horarios ilógicos de ocio juvenil les impelen al consumo de bebidas de gradación alta, véase que los denominados jóvenes-adultos de 20 a 30 años se inclinan más por bebidas de menos gradación. Administraciones y asociaciones ciudadanas, desde el compromiso y la creatividad, han de facilitar alternativas atractivas.

Que el 65 por ciento de los jóvenes entre 14 y 18 años consuma alcohol los fines de semana y que hasta un 34 por ciento admita haberse emborrachado en el periodo de un mes al menos una vez ha de hacer saltar todas las alarmas, pues la evidencia científica de que el alcohol causa graves daños a los niños y jóvenes resulta incuestionable.

Estudios del Ministerio de Sanidad indican que el alcohol es la sustancia más consumida entre la población escolar. La edad media de inicio se sitúa en los 13,6 años. Los chicos beben más, pero las chicas lo hacen con más frecuencia.

Los jóvenes no creen estar en peligro, aseguran: «Yo controlo». Se equivocan.

Lo preocupante es no ser consciente, desresponsabilizarse, no llevar la vida en los propios brazos. Hoy algunos jóvenes no salen a divertirse y beben, sino que beben para divertirse.

---

¿QUÉ PODEMOS HACER ANTE EL CONSUMO DE ALCOHOL?

Jóvenes y menos jóvenes están convencidos de que la herramienta útil es la prevención y específicamente la educación en el hogar, en la escuela, a través de los medios de comunicación y primordialmente en el ejemplo.

❑ Hay que prevenir, explicar las consecuencias reales, visualizarlas, ser instruidos por profesionales sanitarios con credibilidad y solvencia. Ha de propiciarse el «goce-tranqui», como contrapuesto al «subidón» con pastillas...

❑ Los chicos han de saber que de adultos y de estar y ser sanos no tendrán que beber alcohol, pero que en todo caso y por su bien la ley prohíbe su consumo a los menores de 18 años.

❑ Derribémosles tópicos, el alcohol no es un estimulante, es un depresor del sistema nervioso central, elimina los inhibidores propiciando que se conculquen las normas sociales. El alcohol afecta a la coordinación, a los reflejos, al juicio. Han de conocer que la edad, la estatura, el peso, el género, la ingesta o no de alimentos influyen en la forma en que el organismo reacciona ante su consumo.

❑ Concienciarse de que ahogar las penas en alcohol es contraproducente, que beber para olvidar es como querer alejarnos de nuestra sombra.

❑ Hacer saber que el alcohol es negativo para el desarrollo cognitivo y físico.

❑ Beber no es lo normal y tampoco los raros y de los que preocuparse son los que no beben, simplemente son sanos y coherentes.

❑ Los padres han de educar a los hijos para que elijan a sus amigos, para que aprendan a divertirse sin el consumo bárbaro de alcohol, para que sepan aguantar la presión del grupo, para que busquen sentirse bien con ellos mismos.

❑ El problema del alcohol no está en el consumo, sino en el posicionamiento ante él, que dependerá en gran medida de haber educado al niño a manejarse en libertad, ser asertivo y saber decir no, resistir a la presión del grupo de iguales, ser responsables de sus actos, desarrollar el autocontrol, capacitarse para tomar decisiones, aceptar la frustración y ser capaz de diferir demandas y gratificaciones, aceptar normas, tener un sentido crítico y una razón de vida. Todo esto y mucho más como ser feliz con cosas sencillas, ser imaginativo para combatir el aburrimiento, tener claro que la vida la escribe uno... todo ello repito han de aprenderlo los niños a muy corta edad.

❑ Por contra, sólo el 52 por ciento de los padres habla con los hijos del tema del alcohol. Sepan que ser padres muy permisivos o muy autoritarios hace a los hijos más proclives al abuso en el consumo de alcohol.

❏ Hemos de situarnos contra la formidable presión para el consumo, la ingente aceptación social y la inconsciente banalización de los adolescentes y errores perceptivos (no creen tener problemas «bebo esporádicamente; sólo tomo alguna pastilla»).

❏ Se ha de perseguir el consumo de alcohol por los jóvenes, no sólo la venta a menores, pues conseguir alcohol es fácil porque se vende en maleteros de coches o lo adquiere algún joven más mayor. Se pueden retener las botellas, informar a los padres, que la reiteración suponga una sanción administrativa y responsabilice a los tutores.

❏ Debemos propugnar y propiciar que los niños sean sanos para que continúen siéndolo cuando sean menos niños. Fomentar el deporte, el ocio sano, el contacto con la naturaleza, la implicación musical, teatral, artística... si no, prohibir servirá de poco, asociacionismo necesario, red social favorecedora de conductas sanas para los jóvenes es el reto.

## 1.1. Bebe en exceso

Si su estado de embriaguez comienza a ser habitual, tiene un aliento característico... hay que valorar su grado de alcoholismo, formular preguntas del tipo:

— ¿Has sentido ya la necesidad de disminuir el consumo?

— ¿Te han aconsejado tus amigos que moderes el consumo?

— ¿Has tenido ya la impresión de que bebías demasiado?

— ¿Has sentido la necesidad de beber alcohol por las mañanas?

Hemos de buscar las causas de esta dependencia, depresión, timidez, presión del grupo... Es fundamental entablar un diálogo que entienda su situación, que sea él quien admita que necesita ayuda. Si la situación no es muy grave, se pueden establecer contratos con él en casa e ir logrando su desintoxicación. Requerirá gran voluntad y motivación. En caso contrario, es mejor la ayuda de centros especializados en estos tratamientos.

## 2. Tabaco

Se consume en busca de algunos efectos como la relajación y la sensación de mayor concentración, y orgánicamente produce disminución de la capacidad pulmonar, fatiga prematura, merma los sentidos del gusto y del olfato, envejecimiento prematuro de la piel de la cara, mal aliento, color amarillento de dedos y dientes, tos.

Es considerado la principal causa prevenible de enfermedad y muerte prematura.

Conlleva una dependencia psicológica, reacciones de ansiedad y depresión consecuentes a la dificultad de dejar el tabaco.

Entre los riesgos sanitarios se encuentran faringitis y laringitis, dificultades respiratorias, tos y expectoraciones, úlcera gástrica, cáncer pulmonar, cáncer de boca, esófago, riñón, vejiga, bronquitis, cardiopatías.

Los jóvenes comienzan a fumar con 13 años con un consumo diario de ocho cigarrillos, por cierto que el consumo por parte de las chicas es mayor.

---

FRENTE AL CONSUMO DE TABACO LA MEJOR VACUNA ES:

❑ Que los padres no fumen, que sean deportistas y transmitan el amor a la práctica deportiva a los hijos.
❑ Explicar que el consumo de tabaco es gravemente lesivo para la salud física (hágase con material especializado) y que resta libertad al generar dependencia psicológica.
❑ Eliminemos mitos, el tabaco no hace más comunicativo, ni socializa más en el grupo al compartir un cigarrillo (ofrecerlo o aceptarlo).
❑ Incidamos en ser sanos, en no autoagredirse y en no practicar consumos que son molestos para quien les rodea.
❑ En el hogar debe existir una clara prohibición del acto de fumar para ratificar el criterio y evitar que se adquiera un hábito diario.

---

Quizá un día se descubra al hijo fumando y nos explique que es un hecho puntual, hablemos seriamente, hagámosle ver la inconveniencia, lo fácil que es no habituarse y lo difícil que resulta dejarlo.

## 3. Cannabis

Fumarse un porro, el consumo de cannabis está muy extendido entre los adolescentes debido principalmente a dos razones, una la percepción del riesgo ante esta droga que desciende entre sus consumidores jóvenes; y otra es la «normalización» de esta droga por la sociedad en estas edades que cada vez son menores. El inicio de su consumo se sitúa en los 14,8 años pero hay incluso algunos casos clínicos con 12 años.

Algunos jóvenes que consumen de manera abusiva son chicos que no han destacado en el colegio en nada y en el instituto consiguen ser alguien, caer bien al transgredir las normas.

El cannabis es una planta con cuya resina, hojas y flores se elaboran las sustancias psicoactivas más conocidas (hachís y marihuana) y más utilizadas entre las drogas ilegales. Ambos preparados se consumen fumados en un cigarrillo liado con tabaco rubio, cuyas denominaciones más usuales son: porro, canuto, peta, *joint*...

Al fumarse llega al cerebro con rapidez, en pocos minutos empiezan sus efectos que duran entre dos y tres horas.

Los efectos más frecuentes son: relajación, desinhibición, somnolencia, alteraciones sensoriales, dificultad en el ejercicio de funciones complejas, como expresarse, memoria, concentración y aprendizaje.

Entre las reacciones orgánicas se produce aumento de apetito, sequedad de boca, ojos brillantes y enrojecidos, taquicardia, sudoración...

A los siete días de su consumo aún se mantiene sin eliminar el 50 por ciento del principio activo, favoreciendo su acumulación cuando el consumo es regular. Lo que puede incidir en relantizar el funcionamiento psicológico del usuario y en la ejecución de tareas complejas que requieren lucidez mental y coordinación psicomotora (conducir, tomar decisiones) y en el plano orgánico el consumo habitual puede conllevar tos crónica, bronquitis, alteración en el sistema endocrino e inmunitario.

## 4. Cocaína, farlopa

La cocaína de hoy está vinculada al ocio con una población muy normalizada. Su consumo da comienzo en edades más avanzadas de la adolescencia, los 15,7 años.

Procede de un arbusto *(Erytroxilon coca)*. Las hojas de coca sometidas a diversos procesos de elaboración química dan lugar a distintos derivados:

— Clorhidrato de cocaína, la forma principal de consumo en Europa conocida como «cocaína» que se consume fundamentalmente esnifada mediante la aspiración nasal de polvo, colocado a modo de «línea» o «raya», a través de un billete enrollado o una cánula. Su uso es en gran medida recreativo. Es utilizada con frecuencia para aguantar sin dormir las noches de los fines de semana.

— Sulfato de cocaína (conocida como basuko) que se fuma mezclada con tabaco o marihuana.

— Cocaína base (crack) que se fuma mezclada con tabaco.

Es una droga psicoestimulante, cuyos efectos se producen a los pocos minutos del consumo. Produce euforia, locuacidad, aumento de sociabilidad, hiperactividad, deseo sexual aumentado...

En el plano orgánico aparece disminución de la fatiga, reducción del sueño, inhibición del apetito, aumento de la presión arterial.

El consumo crónico y abusivo puede provocar trastornos psíquicos como ideas paranoides y depresión, su dependencia psíquica es de las más intensas y efectos fisiológicos como insomnio, perforación del tabique nasal, patología respiratoria, riesgo de infartos...

## 5. Drogas de síntesis

### 5.1. Éxtasis

Aparece en la década de 1990 la bomba de las «pastillas». Son sustancias producidas por síntesis química en laboratorios clandestinos. Compuestos anfetamínicos a los que se añade algún componente de efectos más o menos alucinógenos.

Se comercializan en forma de pastillas o comprimidos (su argot callejero es el de «pastis» o «pirulas»). Sobre su superficie se graban diversos dibujos que las diferencian. La más conocida es el éxtasis o MDMA.

Dan lugar a una experiencia mixta entre la estimulación y la percepción alterada. Sus principales efectos son empatía, euforia, sensación de autoestima aumentada, desinhibición, deseo sexual aumentado, locuacidad, confusión, agobio.

En el plano fisiológico, taquicardia, arritmia, sequedad de boca, sudoración, contracción de la mandíbula, temblores, deshidratación...

Algunos riesgos de su consumo son crisis de ansiedad, trastornos depresivos, alteraciones psicóticas y en el plano orgánico arritmia, convulsiones, insuficiencia renal, hemorragias, trombosis e infartos cerebrales, insuficiencia hepática...

## 5.2. Anfetaminas

Son psicoestimulantes producidos sintéticamente en laboratorios químicos.

Su consumo habitual se produce en forma de pastillas o comprimidos. Una de las más conocidas es el *speed*, que se puede presentar en forma de polvo y se consume por inhalación.

Sus efectos pueden ser agitación, euforia, verborrea, sensación de mayor autoestima, agresividad y sobre el organismo consumidor, falta de apetito, taquicardia, insomnio, sequedad de boca, sudoración, contracción de la mandíbula.

Su consumo crónico puede dar lugar a cuadros psicóticos similares a la esquizofrenia con delirios persecutorios y alucinaciones, depresión reactiva, delirios paranoides y, en el plano orgánico, hipertensión, arritmia, colapso circulatorio, trastornos digestivos.

## 6. Alucinógenos, opiáceos

## 6.1. Tripi

Alteran la manera de percibir la realidad pudiendo dar lugar a trastornos sensoriales severos e incluso auténticas alucinaciones.

Estas drogas provienen de hongos cultivados en países latinoamericanos y africanos, como el peyote mexicano del que se extrae la mescalina. El más utilizado en Europa es la dietilamida del ácido lisérgico LSD (conocida como «ácido» o «tripi»).

Se consume por vía oral en diversas formas: micropuntos, hojas de papel absorbente con diversos motivos gráficos, terrones de azúcar impregnados, etcétera.

A la media hora de su consumo, empiezan a manifestarse sus efectos, que duran alrededor de ocho horas y son, entre otros, alteración de la percepción, hipersensibilidad sensorial, deformación de la percepción del tiempo y del espacio, alucinaciones, ideas delirantes, euforia, confusión mental, verborrea, hiperactividad, experiencia mística y fisiológicamente experimenta taquicardia, hipertermia, hipotensión, dilatación de la pupila, descoordinación motora.

Las consecuencias más severas de su consumo son reacciones de pánico (mal viaje), intentos de suicidio, reacciones psicóticas, reapariciones espontáneas de la experiencia alucinógena sin consumo de la sustancia (*flashback*).

## 6.2. Heroína

Se elabora mediante síntesis química a partir de la morfina, que deriva del opio extraído de las cápsulas de una planta.

La heroína conocida como «caballo» ha terminado limitada a ambientes sociales marginales. La vía habitual era la inyectada, pero hoy por la propagación del sida se ha generalizado la vía fumada («hacerse un chino»).

Sus efectos son euforia, sensación de bienestar y placer y, en el plano fisiológico, produce analgesia, inhibición del apetito y algunas veces náuseas y vómitos.

Sus riesgos más frecuentes son alteraciones de la personalidad, alteraciones cognitivas, trastorno de ansiedad y depresión, dependencia psicológica.

En el plano orgánico, adelgazamiento, estreñimiento, caries, anemia, insomnio, infecciones diversas...

Su consumo habitual genera tolerancia con rapidez, lo que explica el riesgo de sobredosis tras un periodo de abstinencia. Su elevada dependencia provoca un desagradable síndrome de abstinencia (el «mono») si se suspende su consumo o si éste es menor.

El acceso en las discotecas a las «pastillas» como euforizantes y potenciadores del divertimento tiene que ser controlado, pues se consiguen fácilmente. La inhalación de pegamento (tolueno), el consumo de cocaína, heroína... son métodos que el ser humano siempre ha buscado para huir de su fragilidad, de sus miedos, por ello se precisa formar a los niños para convivir con sus características personales, para disfrutar del entorno, para eludir el vuelo errático.

---

SÍNTOMAS DEL CONSUMO DE DROGAS

Cambios de conductas
❏ Incremento de las necesidades económicas sin justificar e incluso desaparece dinero de casa.
❏ Utilización de las mentiras de forma habitual.
❏ Deterioro en la comunicación familiar.
❏ Fracaso en el rendimiento escolar (absentismo, desmotivación).

Cambios físicos
❏ Trastornos en los ritmos sueño-vigilia.
❏ Dejadez en la higiene personal.
❏ Pérdida de apetito y de peso.
❏ Deterioro físico (halitosis, pupilas dilatadas, enrojecimiento de los ojos, somnolencia, cansancio persistente, se sorbe la nariz y le gotea con frecuencia).
❏ Habla de forma pastosa.

Cambios emocionales
❏ Pérdida de memoria a corto plazo y de concentración.
❏ Variación de humor y estado emocional rápidos.
❏ Se muestran violentos sin mediar provocación.

Cambios sociales
❏ Problemas con figuras de autoridad.
❏ Cambia de amistades.

---

Podemos encontrar escondidos papeles de fumar, pipas, semillas, cuchillas de afeitar, espejos, cucharas o cuchillos ennegrecidos, olor en la ropa...

Llega a casa drogado

En ese mismo momento es mejor no hacer nada, tan sólo comprobar si corre peligro físico. Al día siguiente sentarse y profundizar en lo que ha pasado, decidir si se requiere la ayuda profesional de un psicólogo, médico, CAD (Centro de Ayuda contra la Drogadicción)...

Habrá de vigilarse cuáles son las conductas en su tiempo de ocio y recabar las características de su grupo de amigos (que puede ser más de uno). Posiblemente, hasta el momento en que los padres se enteran o sospechan el consumo, éste habrá sido ocultado. Si se está atento se descubrirá por sus cambios conductuales, de humor, por sus gastos... Serán instrumentos necesarios el diálogo y la supervisión, así como la realización de analíticas sin previo aviso dependiendo de los casos.

El tema es suficientemente preocupante como para exigir una respuesta inmediata y continuada en el tiempo. Existe una tendencia bastante extendida entre los consumidores de drogas a negar, o al menos minimizar, la presencia de problemas. Hay que saber reaccionar a tiempo ante consumos de drogas que acaban siendo problemáticos:

— No se puede dejar de fumar.
— Las salidas con amigos siempre terminan en borrachera.
— Se mezclan más sustancias.
— Se piensa de vez en cuando en dejarlo.

En otras ocasiones se ha de actuar con rapidez ante la gravedad de la situación y ponerse en contacto con los profesionales de urgencias:

— Intoxicación aguda de alcohol, coma etílico.
— «Mal viaje» con pensamientos paranoides y pánico provocado por alucinógenos.
— Taquicardia, hiperactividad, trastorno delirante, depresión reactiva derivadas del consumo de cocaína y anfetaminas.
— Golpes de calor producidos por el éxtasis, entre otros.

En España contamos con centros de asistencia a drogodependientes en todas las comunidades autónomas y ONG especializadas. Hablar con un profesional ayuda a revertir un consumo de drogas que empieza a amenazar su capacidad de control o que es ya una dependencia.

Pero también requerimos de más centros de desintoxicación y deshabituación para menores de edad donde la voluntariedad no sea requisito imprescindible.

---

PREVENIR DROGODEPENDENCIAS

○ Hemos de mostrar a los niños, a los adolescentes que la vida tiene que llenarse de objetivos, de sentido, que tiene que ser interpretada en sí misma. Es terrible que un menor abdique de su vida, que su horizonte sea la fuga de sí mismo en el cotidiano fin de semana.

○ Han de valorar la amistad y no la apatía del gregarismo.

○ Formarles en la capacidad crítica, no en el consumismo temprano que los hace dependientes.

○ Hay que erradicar la publicidad favorecedora del consumo de drogas que llega sin filtro a los niños con mensajes de triunfo y belleza.

○ Entender el consumo de drogas como una moda cultural puede ser un buen camino para combatirlo.

○ Se precisa educación preventiva, oferta de ocio sano, normas claras y ejemplo positivo por parte de los adultos.

○ No debemos confundir la tolerancia con la indefinición.

○ Hemos de formar niños y jóvenes psicológicamente sanos, que posean un correcto nivel de conciencia de sí mismos y del entorno, que sean adaptables, que cuando les surja un conflicto estén capacitados en la medida de lo posible para resolverlo, que cuando les ofrezcan algo que los daña sepan desde su libertad decir «NO», que aprendan a defender su derecho y su criterio personal.

○ Enseñar a tolerar la frustración es la mejor receta preventiva. Al tiempo habrá de abordarse las dificultades de comunicación del niño, los pensamientos distorsionados, los fracasos escolares, el exceso de hedonismo y nihilismo, dificultad en el manejo de la ansiedad, baja autoestima y carencia de responsabilidad.

○ Una buena relación con los padres es una magnífica protección del riesgo. El niño, el joven, necesita calor afectivo, ser aceptado de manera incondicional, que se le ayude a madurar y este papel es propio de una familia.

---

○ La función socializadora y educativa de la familia junto con la colaboración de la escuela son esenciales en la prevención del consumo de drogas, así como el de la sociedad.

○ La influencia del centro educativo es muy importante por el clima escolar que tenga, lo que transmita acerca del consumo de drogas, el apego al centro que tenga el adolescente, así como la educación para la salud que se imparta y el estilo educativo del centro.

○ Será fundamental educar a los niños en los beneficios de la salud, del deporte, del contacto con la naturaleza, del autodominio, del saber rechazar ofertas y de apreciar el equilibrio más que la subida de adrenalina.

○ Facilitarles una información real y objetiva de los riesgos del consumo de drogas y promover en ellos actitudes de cuidado hacia su salud. Por eso y con anterioridad hay que decirle al hijo: «Tienes un cerebro, dos pulmones, dos riñones y un hígado ¡Tú mismo!». Educar en la autorresponsabilidad.

*Sectas*

Los adolescentes pueden encontrar claves y respuestas a sus preguntas, o así lo viven, en su relación con ellos mismos y en su forma de relacionarse con la sociedad, con la adquisición de mitos idealizados o líderes incontrovertibles tanto en sectas religiosas como formaciones políticas radicales sin percatarse de que las certezas son ilusorias.

El joven que se siente ocasionalmente dependiente de su entorno busca una libertad de la que es muy difícil salir. El peligro se encuentra en que las sectas establecen modos de pensamiento y conducta sencillos, el adolescente se encuentra «arropado» por otros miembros, y además las angustias personales se exorcizan, atribuyéndolas al diablo, a un poder extraño... (al poder externo).

El riesgo es grave, pues toda secta hace que se rompa con las personas con las que el adolescente vivía antes.

Hay que erradicar de raíz y desde el primer momento contactos que los adultos valoremos objetivamente como dañinos y si es preciso se solicitará ayuda a instancias como el Fiscal de Menores (ámbito de protección).

*Fugas*

Abandonar el hogar durante varias horas o días sin dar noticias de su paradero suele tratarse de un fenómeno impulsivo, solitario y tener una doble motivación: la búsqueda de libertad y la agresión indirecta a los padres (cuando se los considera opresores).

En ocasiones los progenitores muestran una gran ignorancia respecto a los problemas de los hijos. Fugarse es una forma de reclamar interés ligada a un conflicto interno.

Hay que escuchar al hijo, saber qué lo condujo a realizar esa señal de alarma. A veces actitudes hostiles, incontroladas, empujan al hijo a huir de casa; al fin, si vuelve es que no ha encontrado en la realidad lo que buscaba en el imaginario.

Debemos compartir, reconducir, pero ¡dejarse chantajear ante el riesgo de una posible fuga futura jamás!

*Robos*

Si comprobamos que el hijo sustrae pequeñas cantidades del monedero, se ha de ser severo en la respuesta, al entender que menoscaba la necesaria confianza. Deberá devolverlo, y si se lo ha gastado lo deducirá de la paga, además deberá realizar labores en beneficio del hogar.

Si vive alguna experiencia relacionada con hurtos en grandes almacenes, si bien puede responder a su necesidad de transgresión y búsqueda de emociones propia de esta etapa, habrá que ver si ese comportamiento responde a otro problema más grave o a una forma de llamar la atención.

Cuando se roban cosas que no se quieren o que luego se rompen o devuelven, lo que podríamos definir como un robo estúpido (sin objeto), hay que abordar su motivación, que es de origen inconsciente. Puede ser alarmante si se realiza de forma frecuente y compulsiva, pudiendo llegar a tratarse de una cleptomanía (caso numéricamente despreciable).

En todo caso hay que enfrentarlo al hecho y sancionarlo con rotundidad (no reñida con afecto) por su acción. Tendrá que reparar el delito, que el adolescente devuelva lo que ha robado.

Algunas tipologías de adolescentes, cuyos trastornos del comportamiento podríamos calificar de «nuevos» son:

— Psicopáticos. Niños que desde muy pequeños aprenden a ser duros, a deshumanizarse, a primar la filosofía de «primero yo y luego yo», a mantener una actitud tiránica, distante, incapaz de empatizar, de mostrar perdón, de transmitir sensibilidad, así con graves errores los iremos convirtiendo en un «depredador social» que busca el nihilismo, hedonismo, el placer momentáneo, presente, individual, saltándose el límite de no dañar o al menos la frontera de «no dañar a otro ser humano».

— Huidizos, introvertidos e indescifrables. Los padres dicen no conocerlo, no saber qué piensa, qué le preocupa. Están desconectados mediante cascos de música, se refugian en su cuarto, esconden «cosas» en sus cajones. Imprevisibles, difíciles de motivar. Son vividos por padres y hermanos como distintos, distantes, como un desconocido alojado en casa.

— 100 por ciento grupal, el que vive para los colegas, se activa sólo con ellos. Su comunicación es «indescifrable» para los adultos que no están en «sintonía». A veces estos grupos pueden ser violentos, nocivos, sectarios, algunos pierden su identidad personal, su capacidad crítica, prima el padre-grupo. Los progenitores pierden «de hecho» la tutela.

— Maltratadores de hermanos pequeños, de la madre (el padre suele mostrarse desaparecido), jóvenes que gritan, golpean, insultan por razones nimias «voy a llamar por teléfono y está la vieja, claro le pegué...», las etiologías son variadas, algunas hunden sus raíces en el aprendizaje del maltrato.

— Drogodependientes. Van desde el que consume habitualmente droga de síntesis, busca un euforizante, potenciar el «pico» de subida de adrenalina hasta el consumidor de alcohol «tipo nórdico» (alta gradación) cuyo placer está en alejar la consciencia de lo que le rodea.

— «Enganchados a» el ordenador, teléfono móvil..., los que se inician en la ludopatía, los compradores compulsivos (los vendedores y la publicidad saben que el niño es el comprador potencial).

— El adolescente con graves problemas de conducta, en ocasiones (no siempre, ni mucho menos), afecto de enfermedad mental. Muestra fallas en la atención, es en ocasiones hiperkinético, molesta y sorprende por sus conductas a quienes le rodean. Busca el castigo, la sanción. En ocasiones se autoagrede (golpeándose la cabeza contra muebles; con trastornos alimenticios: anorexia/bulimia; etcétera). Crea graves problemas de convivencia, primordialmente en la escuela. Hemos de reseñar la crónica carencia de plazas de internamiento específicas.

## Tiranos en la adolescencia

No hemos de confundir las conductas tiránicas de algunos jóvenes con comportamientos puntuales que pueden presentarse en el periodo de la adolescencia.

El adolescente tirano emplea estrategias de distinta índole para conseguir lo que se propone, ser el centro de atención, sin importarle nada ni nadie. Aprendió años atrás a conseguir lo que quería. Ahora utiliza otras formas en el hogar (y en ocasiones traspasa a la escuela), dejan de ir al instituto, o consumen drogas, o roban, mienten, chantajean, entran y salen de casa cuando quieren como si fuera un hotel sin dar explicaciones, están con los amigos todo el día en el parque bebiendo, se encierran en su cuarto y no hablan con nadie, insultan a sus padres y a otros los maltratan física y psíquicamente.

Los padres lo viven de una manera dolorosa y frustrante, piensan que su hijo va a acabar mal, que no los quiere, que han fracasado como padres, se sienten vencidos incluso en algunas ocasiones se ven obligados a vivir sin remedio con esa persona, su hijo, sin saber muy bien durante cuántos años más.

---

ESTRATEGIAS PARA PROPICIAR EL CAMBIO

❏ Una acusada supervisión: «Te despertaré para ir al colegio y te acompañaré hasta allí, a la salida te estaré esperando para traerte a casa».
❏ De tipo disciplinario: «No saldrás el fin de semana».
❏ Hablando y transmitiéndole algún consejo: «No se debe robar, no está bien hacerlo, harás daño a los demás y tú puedes acabar con graves problemas».

---

> ❏ Quizá alguna recompensa: «Si recoges tu habitación duran-
> te esta semana...».
> ❏ Hablándole como a un amigo, dándole apoyo y comprensión:
> «¿Qué te está pasando? Sabes que te quiero y que puedes
> contar conmigo».

Los padres no pueden ser esclavos ni siervos de sus hijos, porque para ser felices requieren ser respetados y ver en su hijo a un ser sensible, honesto, responsable. Ésta no es una batalla que han de ganar, sino una labor conjunta, cooperativa, deben dirigirse a la parte positiva de sus hijos. Se debe vivir con y sin los hijos. Su emancipación no tiene por qué cambiar absolutamente la vida de la familia.

Los progenitores han de defender sus derechos, pues de otra manera el hijo aprenderá o creerá que simplemente no los tienen y sí, los padres tienen derecho a su vida privada, de pareja, a su tiempo de ocio, al respeto, a sus pertenencias, al afecto, a no sufrir violencia ni desprecios, a no cargar sobre las espaldas con nada ni con nadie.

No deben ceder ante las desavenencias, disgustos, presiones. Los chantajeará, amenazará con escaparse, dirá frases como «te odio», pueden caer en un silencio sepulcral, pueden utilizar a otras personas. Pero han de ser coherentes consigo mismos, con la educación, repito, no cedan, mantengan su criterio.

Si los problemas no se resuelven del todo, pueden intentar la huelga de padres. No será fácil. Duele echar a un hijo de casa, duele, ¿es legal?, ¿me lo puedo permitir? Hemos de tratar al hijo como si de un adulto se tratara, quizá quepa disponer que su hijo viva con un pariente, cabe internarlo, también facilitar para que vaya a vivir a otra familia, eso no quita para que sigan relacionándose con él y pagando los costos que les conlleve. Si tiene más de 16 años y un trabajo, pueden hacer que se independice.

Es fundamental mostrar a su hijo seriedad, equilibrio y un objetivo, explicarle qué pasará si no cumple lo indicado. Si al final la separación es inevitable, deben resistir con firmeza, con serenidad, cuando se encuentren con su hijo sean sinceros, mantengan el contacto con él pero no menoscaben los criterios educativos. Si todo sigue igual, si nada ha cambiado manténganse, si las cosas han mejorado suficientemente, es el momento de abrir los brazos, la casa y poner condiciones.

Cuando la situación se ha desbordado, se hace necesaria la intervención de un especialista.

El Estado debe ayudar a las familias que tienen hijos con personalidades antisociales. En algunas ciudades se llevan a cabo programas de intervención con estos menores y sus familias para modificar el comportamiento del hijo a través de la intervención terapéutica con los padres y la familia a través de los Servicios Sociales.

La mediación es un elemento fundamental para abordar este tipo de realidades.

Se precisan centros terapéuticos específicos para niños y jóvenes con problemas conductuales. Los centros de salud mental debieran de tener esta especialidad con psicólogos y educadores, con seguimiento en los hogares.

## Violencia

Tenemos adolescentes que son auténticos héroes del acontecer violento, viven insertos en una realidad espacial y temporal, con una familia y un contexto. Su diagnóstico no puede ser un corte vertical en su vida: «son así», pues tienen una realidad transversal con un pasado y un futuro (a veces oscuro).

No hay violencia juvenil. Hay violencia.

— Del ser humano, de grupos, de naciones.

— Violencia contra uno mismo, maltrato en el hogar, matonismo en la escuela, violencia territorial en la urbe. Violencia desde las pantallas, en las lecturas.

— Las urbes en que habitamos son agresivas, inhumanas, el rey de esa selva es el vehículo a motor.

— El cuerpo social está enfermo, se consume cocaína, pornografía infantil, pieles de animales en extinción. Nihilismo, hedonismo, disfrute sin límite. Mensajes endogámicos.

— Se generan miedos, nos bombardean con sucesos, el niño tiene que ser visto en todo momento o puede ser atacado por un pederasta, un psicópata, un secuestrador, un drogadicto, esta constante alarma social hace que sean recluidos en sus cuartos ante la pantalla del televisor, ordenador, videojuego.

Vivimos con una sensación de alarma, de hechos negativos que nos paraliza y devora. Nos sentimos impotentes. Uno mira a su alrededor, consulta a sus familiares, amigos y, la verdad, ni han sufrido violencia, ni la han ejercido, pero hay una percepción subjetiva de riesgo, de peligrosidad.

Respecto a los jóvenes cunde un profundo desasosiego y desconfianza, gana terreno la peligrosa creencia de que tras caras angelicales se esconde una perversidad desconocida. Los expertos nos gritan: «¡Cría cuervos...!». Otros buscan explicaciones en el genoma.

En todo caso hay más violencia latente que real, y más psíquica que física. Debe romperse el vínculo violencia/juventud. Acontece que paradójicamente los medios de comunicación hipertrofian lo minoritario y negativo, olvidando destacar lo genérico y positivo, como la solidaridad juvenil.

*El joven no es emisor de violencia, es el receptor*

Piénsese en los niños maltratados, a veces físicamente, otras emocionalmente.

Hay padres que de hecho no lo son, que fracasan en la educación o inducen al comportamiento disocial, porque han errado absolutamente al interpretar lo que significa patria potestad. Padres que no educan coherentemente, tampoco se coordinan con los maestros, que adoptan una posición cobarde y errónea no permitiendo que nadie recrimine a sus hijos sus malas acciones. Padres que no escuchan, que no conocen las motivaciones y preocupaciones de sus hijos, que no saben decir nada positivo de ellos, «me salió así», que pierden los primeros días, meses y años de sus hijos «se me ha hecho mayor sin enterarme», que creen que no se influye sobre ellos, que no educan en la autorresponsabilidad; los que muestran una relación gélida y utilizan la palabra como florete y el mediador verbal, como esgrima; los que quieren ver en sus hijos puras «esponjas de conocimiento» sin otros horizontes.

*El ser humano no nace violento (lo hacemos)*

Fracasamos a veces en el proceso de educación, de socialización, en el proceso por el que nace y se desarrolla la personalidad individual en relación con el medio social que le es transmitido, que conlleva la transacción con los demás. Se forma una personalidad dura que puede llegar a la deshumanización, es el etiquetado psicópata. Volvamos la mirada hacia ese niño pequeño ya tirano «lo quiero aquí y ahora», «no admito órdenes de nadie...» (viaje iniciático hacia pulsiones primitivas e incontroladas).

Y qué decir de esas familias que hablan mal de todo el que le rodea, que muestran vivencias negativas de las intenciones ajenas (del vecino, del jefe, de la suegra), de esos padres que al subirse al coche se transforman en depredadores insultantes de los núcleos familiares, que emiten juicios mordaces contra el distinto (por color, forma de pensar, procedencia). No se dude de que generaremos personas intolerantes, racistas, xenófobas.

En gran medida educamos a nuestros niños en la violencia contra los seres humanos, contra la naturaleza. Quemamos los bosques, contaminamos el aire, esquilmamos el mar, exterminamos otras tribus, otras ideas, otro sentir. La violencia que nos rodea puede llegar a insensibilizarnos.

Algunos planteamientos socioeconómicos y educativos fomentan comportamientos desviados y carreras disociales y delincuenciales.

El que haya niños violentos es un mal que está en la sociedad. Y ésta los teme, los rechaza y los condena.

---

No es verdad que el genoma humano esconde las raíces (o las semillas) de la violencia, la violencia se aprende.

---

Existen niños que por causas sociales (anomia, cristalización de clase, etiquetaje, presión de grupo, profecía autocumplida) conforman una personalidad patológica, pero la etiología está muy lejos de ser cromosómica, lombrosiana... El estudio del genoma humano demostrará que el delincuente no nace por generación espontánea, ni por aberración genética. Y esto no está interiorizado.

En muchas casas al hijo se le alecciona «si un niño te pega una bofetada, tú le pegas dos».

Y añádase la clara influencia del golpeo catódico de violencia en series de televisión, dibujos animados y videojuegos, violencia gratuita, sin consecuencias, donde gana el bueno, el que más mata, el guapo con el que el niño se identifica, revistas donde se mezclan sexo y violencia, donde se transmite el peligroso criterio de que cuando la mujer dice no, quiere decir sí. Claro que se influye muy negativamente sobre los niños, claro que banalizan la violencia, la presión es muy fuerte y ejerce influencia.

## Violencia lúdica

Esta sociedad está haciendo, está fabricando jóvenes o adolescentes muy duros emocionalmente, niños que se nos disparan en psicopatía, niños a los que la violencia les produce placer, que sienten y quieren vivenciar la violencia en estado puro.

Cada vez su edad es más corta, su extracción social más variable, hay muchos jóvenes que provienen de familias cuyo nivel socioeconómico es medio-alto o muy alto, y además las niñas se van implicando más en estas acciones que entendemos irracionales, que calificamos de gratuitas, que muy erróneamente adjetivamos de inhumanas.

Lo constatable es que proliferan los nuevos «entretenimientos»: desde disparar con perdigones a viandantes o con piedras a trenes o vehículos hasta conducir motocicletas en sentido contrario, agredir a profesores, lanzar «cócteles» explosivos (de aguarrás y papel plata) contra la jefatura de Policía, quemar coches aparcados, atar a los árboles, vejar (hacer beber orines) o imponer «multas» a niños aún más pequeños si desean evitar represalias (al más puro estilo mafioso). Hay quien con cara de niño (la suya, la propia de su edad) te explica «para montar bronca, para pasarlo bien». Otros justifican su brutal agresión a su madre. Por ir terminando con la descripción de tipologías, están los que golpean con las manos, con puños americanos, con un bate o pinchan con un estilete o navaja tipo mariposa, «porque me miró mal» o «me dio el punto, me dio la vena» o «queríamos divertirnos».

Hay una violencia contra «los otros», los que «son distintos», una violencia distante, desproporcionada y espasmódica. Y lo que es peor, hay una falta de responsabilización y de valoración de la gravedad de sus conductas.

Golpear y quemar a una persona es algo que calificamos erróneamente como inhumano. Pero son las personas no las bestias quienes cometen estas atrocidades. El siguiente paso es grabarlo, ahora es fácil con la cámara incorporada al teléfono denominado móvil. Lo más terrible es que se graba para mostrarlo, sabedor de que los otros lo celebrarán en lugar de denunciarlo.

Podemos denominar la violencia como gratuita, lúdica, pero no sin causa, pues la razón es divertirse ejerciendo miedo en el otro, transmitiendo superioridad, desprecio. La violencia, una vez ejercida, resulta atractiva. Es el poder. ¡Cuánto más en grupo!

La sociedad está anonadada, desconcertada, cuando no encuentra explicaciones se acobarda. En la historia se señaló a los poseídos, a los endemoniados, más tarde a los locos y perturbados, dando paso a los psicópatas. Pero ahora el interrogante que golpea es:

¿Mi hijo puede realizar un hecho tan bastardo?

La respuesta es no si ha sido correctamente educado, si se le ha sensibilizado, si se le ha formado en el autodominio. Pero no es menos cierto que se extiende como la pólvora la moda de acosar a un compañero y grabarlo, se entiende como una gracia, como un gaje del oficio («alguno tiene que ser la víctima»).

*Violencia en grupo*

Las «bandas juveniles» tenían su etiología en la «cristalización de clase», en el desamparo social, en el temprano absentismo escolar. Hoy las mal llamadas «tribus urbanas» se agrupan para expresar violencia (muchas veces y aunque se discuta el adjetivo «gratuita» como pegar a la persona número 30 que sale del metro no para obtener beneficios: «loros»/radios de coches). Hay quien sale a golpear al distinto, quien sustrae un teléfono móvil para disimular, porque lo que realmente busca es agredir, «me miró mal».

Hoy hay una delincuencia de tipo lúdica y de consumo más que de miseria o carencial.

Estas variaciones en niños y jóvenes son el espejo de una realidad en los adultos que influyen en las posturas psicológicas y roles que adoptan sus descendientes.

Hay muchos padres que saben pero callan, que no se enfrentan (que a veces piensan igual). Y eso sí algunos adultos con ideologías obsoletas pero preocupantes que recuerdan cuando Hitler dijo: «Una juventud violenta, dominadora, valiente, cruel, con el brillo en los ojos de la bestia feroz».

Esa impronta es percibida y sentida por los niños en el hogar, la escuela, los lugares de ¿esparcimiento?, los medios de comunicación.

Tenemos jóvenes que se comportan como un rebaño cuando se ocultan en el grupo y dejan aflorar sus peores instintos, aquellos que buscan a una indigente para quemarla, a un síndrome de Down para reírse de él, a un joven solo para golpearle.

Una multitud que se comunica por Internet, que utiliza el móvil para grabar sus fechorías.

Cobardes individualmente que se crecen y se sienten algo desde la impunidad de ser muchos. Desde el anonimato la responsabilidad se diluye.

La «presión del grupo» ejerce una fuerza desbocada que hace saltar los «topes inhibitorios». Desrresponsabilizados que se ríen estúpidamente de la sinrazón del compañero, que lo emulan y buscan superar.

El joven en estos actos se distancia de la víctima, vive el momento como «lúdico», le importan los suyos no el «objeto inerte». Existe una profunda despersonalización.

Siempre la masa ha sido peligrosa, la marabunta. Cuando el yo individual se diluye, cuando la norma no nace del interior, el peligro de incendio conductual es muy alto.

Es peligrosísimo que desde el analfabetismo emocional, desde la incapacidad para sentir se perciba que la violencia «sirve», por eso precisa, exige una respuesta inmediata no violenta, pero sí poderosa e insalvable.

Preocupa sobremanera los agrupamientos informales no estructurados, puntuales, que buscan el placer de la violencia para sentirse bien, para no aburrirse, para llevar a la práctica lo que se ve en los videojuegos. Está de moda y ello conlleva grave riesgo. Las imágenes transmitidas parecieran un juego irreal, pero hay víctimas dolidas, calladas, que recibirán poca o nula ayuda de las instituciones para superar su posible estrés postraumático.

Cuando el grupo sale de caza contra un individuo, lo deja desprotegido, su dignidad queda ultrajada, su confianza en el otro marchita.

Corremos el riesgo de que algunos jóvenes no integrantes en bandas jueguen a enfrentamientos, a peleas grupales, simplemente porque se lleva, porque se ve en la tele. Lo llamativo es que muchos problemas se resuelven a empujones, a puñetazos y a golpes que se dan o se reciben, la verdad, sin saber por qué, simplemente porque alguien del otro grupo parece que le dijo algo a uno del mío.

Estamos creando una conducta social que no desarrolla la afabilidad ni la vivencia profunda de sentimientos de ternura y sufrimiento, que no facilita la responsabilización por las creencias y pensamientos que manifiestan, que no aboca a instaurar un modelo de ética para su vida, que no provee de las habilidades sociales y cognitivas para percibir, analizar, elaborar y devolver correctamente las informaciones, estímulos y demandas que le llegan del exterior. Que no asume normas entendidas como el conjunto de expectativas que tienen los miembros de un grupo respecto a cómo debería uno comportarse.

---

### ¿QUÉ PODEMOS HACER?

○ Hablemos con los hijos y con los alumnos. Planteémosles que esos jóvenes tendrían que girar la cámara y verse su cara de verdugos, insolentes, depravados y penosamente estúpidos.

○ Eduquemos en desarrollar competencias que les permitan resolver diferencias y conflictos de formas no violentas. Una de las bases de la no violencia es la tolerancia.

○ Formemos y transmitamos la compasión (concepto y posicionamiento en desuso).

○ Nuestro comportamiento, la elección de nuestras conductas también ante la violencia están en nuestra capacidad de optar, en el componente de libertad, en la voluntad y la motivación, que se matizan con la herencia y la educación recibidas. Hemos de ser dueños de los vastos dominios interiores. La ética, el respeto y la autolimitación son asignaturas de la vida que el ser humano debe aprender pronto. Mostrémoslas.

○ Los diagnósticos negativistas que sólo insisten en clasificar y resaltar los aspectos problemáticos no sirven para nada, hay que pronosticar pero aludiendo a lo positivo, a lo que les motiva, a lo que les engancha socialmente para llevarlo a efecto y desarrollar todas sus potencialidades.

○ Las asociaciones de padres, de consumidores, de derechos humanos, las ONG, las administraciones han de comprometerse e invertir tiempo, esfuerzo para estructurar una red ciudadana que aborde los problemas graves infanto-juveniles.

○ Desde luego la inacción perjudica seriamente la salud de generación en generación. Tras la violencia compartida hay mucha víctima sola y silenciada.

## Bandas que necesitan enemigos

Todos hemos oído hablar de los ñetas, los latin y de esos agrupamientos donde los jóvenes se sienten seguros, se juran fidelidad de hermanos, incapaces de abandonar por el riesgo que conlleva y ejercen de manera lúdica, cotidiana y brutal la violencia.

Más allá de países de origen, de ideologías, las raíces del problema están en la falta de motivación, en la falla de no mantener el vínculo escolar, en la mala vivencia personal. Además, las bandas se generan porque les falta el padre, el varón que o bien se ha quedado en su país o estando en España tiene unos horarios laborales que no le permiten atender a los hijos. Los hijos vienen de una cultura donde ya existían esas bandas, fracasan muchas veces en la escuela, no están motivados y la mayor parte del tiempo se quedan en casa cuidando al hermano pequeño. Salir a la calle 24 horas es peligroso para ellos y para los demás.

También tenemos moda del mal obrar, de la violencia lúdica, gratuita, banal, de la saciedad, que se distribuye con la complacencia de quien no diferencia lo que está bien de lo que está mal, del que todo lo relativiza y disculpa.

Estas bandas se caracterizan por mostrar unos iconos y una forma de vestir que lo que hacen es que cuando se encuentran, se golpean. Decimos que no, pero molesta mucho el distinto por vestimenta, por clase social, por pertenencia. Nos apoyamos en iguales, en los que ratifican nuestras ideas y conductas. En ese punto el agrupamiento que diferencia el «nosotros» del «los otros» resulta peligrosamente segregacionista. Bandas de latin kings de ñetas, de skins... agrupamientos, identidades diferenciadoras. Nos vale todo hasta el deporte, ese equipo de fútbol al que no se sabe por qué pertenecemos, pero que seguro mantendrá nuestra fidelidad mientras vivamos nos hace adversarios del resto, de algunos hasta llegar a disfrutar más con su derrota que con la victoria de nuestros colores.

Bien está ser competitivo y agruparse en nuestra sociedad, el problema nace cuando la llamada a los iguales se hace para imponerse sobre el otro bloque, para dominar. La historia nos ha enseñado los riesgos. Cuando el grupo marcha contra otro grupo, lo que allí acontezca es impredecible, pero seguro que las consecuencias son funestas.

Asusta pensar en las bandas organizadas, ya sean importadas o nacionales que viven del delito o se magnifican en la violencia, que buscan y precisan de un grupo enemigo para dar razón de ser a su actual y a su pura conformación que no es otra que «defenderse», es decir, salir preparado para agredir.

### ¿Cómo intervenir?

El fanático es siempre un maleducado, ya que no ha sido educado sino adoctrinado.

La forma de desarbolar las bandas es que los chavales llenen sus horas de contenido, se sientan útiles y tengan que estar con otro grupo. Los educadores de barrio trabajan muy bien en ámbitos de ocio y desarrollan con los chicos alguna función, sobre todo prelaboral.

Se requiere una policía muy próxima que haga cacheos para saber si llevan puños americanos, navajas..., que detenga a los jóvenes de las bandas y que los ponga a disposición judicial; cuando un menor comete un delito hay que sancionarlo, la ley tiene que ser clara y contundente y las sentencias rápidas y que sean transmitidas a la sociedad por los medios de comunicación.

*Enquistamiento de la violencia*

---

MEDIDAS PARA SU EXTINCIÓN

❏ Prevención individual en cada caso, ¿qué actividades, símbolos tiene el hijo?, por ejemplo qué enseñas, navajas, bates de béisbol, fanzines, cómics, revistas, etcétera.

❏ Una Policía que prevenga los estadios de fútbol y otras concentraciones sirve para identificar a jóvenes con actitudes y vestimentas violentas.

❏ La sanción. La Justicia ha de aprovechar el contacto con la infancia para conseguir de ésta un mayor respeto y valoración mediante la participación activa en cuanto le afecte. Y ello desde un criterio científico que atienda a todas sus circunstancias familiares, sociales y personales (historia vivida, motivaciones, intereses...).

---

Una intervención que sea inmediata a los hechos que se le imputan y mínima dentro de las posibles, garantista, individual, basada en principios mediadores. Donde primen las medidas alternativas, se implique la comunidad y repare a la víctima. (Algunas como que un menor que ha agredido brutalmente a otro esté durante un año por las tardes acudiendo a un Centro de Educación Especial, enseñando y ayudando a un deficiente mental, probablemente entendiendo que de los «sub» también se aprende; o pedir perdón a la víctima o realizar una reparación, como la limpieza de los vagones del metro manchados con grafiti o la limpieza de parques).

❏ La rehabilitación conlleva una respuesta individual que busca la modificación de conductas (violentas) mediante la asunción de culpabilidad, de responsabilidad, de intención de cambio, precisa una modificación cognitiva, de percepción, por ende son profesionales de la conducta humana quienes han de intervenir para que la sanción no se quede en vindicativa, sino efectiva, por respeto a la víctima, por prevención para evitar riesgos a posibles futuros afectados y por recuperar socialmente al agresor.

En la verdadera, concreta, cara prevención y en el esfuerzo resocializador cuando se ha fracasado se encuentra la única esperanza.

## Violencia intrafamiliar

La violencia intrafamiliar es un hecho constatable, muy problemático y mucho más numérico de lo que es imaginable para quienes no trabajan con su sórdida realidad.

El inicio de la violencia intrafamiliar es insidioso, puede nacer del desprecio, del egoísmo, de la ingesta de alcohol u otras drogas y mostrar su fealdad desde el tono vejatorio, el gesto despectivo, la pérdida de respeto.

Si hay algo que no sólo no debe, sino que no puede ser, es que el hogar se convierta en un infierno. Allí donde debe reinar el ambiente cálido y comprensivo no pueden imponerse los gritos, insultos, empujones o malos modos, ni pegar. Cuando un ser humano golpea a otro, algo se rompe para siempre, cuando acontece entre miembros familiares la situación se hace irrespirable, pues se reincidirá, se aumentará y agravará este despropósito.

El NO a la violencia intrafamiliar ha de ser con mayúsculas, sin paliativos, ni atenuantes. No es admisible, ni de padres a hijos, ni de hijos a padres, ni en la pareja de adultos. Los hermanos pueden «pelearse», pero no ejercer violencia uno contra otro.

Ante cualquier conducta de violencia física o verbal la situación resulta inaceptable y debe rebajarse la tensión, y solicitar calma y buenas formas, y exigir respeto y capacidad para exponer criterios sin herir el sentimiento de los otros.

Si la situación se hace extremadamente violenta e imposible de reconducir, lo mejor es explicar que para evitar frases o conductas de las que luego se arrepientan los interlocutores nos vamos o los invitamos a irse de la estancia (depende si estamos en casa ajena o en la propia).

Es al inicio de cualquier acto evidentemente violento cuando hay que dar la voz de alarma (literalmente) informando a otros familiares, a amigos, a profesionales de servicios sociales de las fuerzas de seguridad o de la justicia.

---

Una vez establecida la violencia intrafamiliar resulta muy difícil extirparla:

O Es fundamental ser intransigentes con la aparición de síntomas, de gestos violentos.

O El autodominio es una capacidad del ser humano, cabe frustrarse, discutir, debatir, encerrarse en su cuarto, dar una vuelta, todo menos dejarse vencer por la violencia, ya sea física, psíquica, contra objetos o personas.

O Respeto es lo que debe reinar en un entorno que por el contacto que conlleva supone roces y malos momentos, pero siempre alejados de cualquier atisbo de violencia.

---

*Hijos que agreden a los padres*

A veces los hijos se convierten en una pesadilla cotidiana que los padres no comentan con nadie, principalmente por vergüenza. Antes de llegar a la agresión física, muchos padres soportan vejaciones, insultos, gritos, chantajes emocionales, amenazas. Algunos jóvenes emplean los métodos más retorcidos que se nos puedan ocurrir para hacer chantaje psicológico a unos padres inmaduros, temerosos y fácilmente manipulables.

Desde finales de la década de 1990 en los juzgados y en la Fiscalía de Menores hemos constatado un preocupante aumento de las denuncias a menores por malos tratos físicos (conllevan psíquicos y afectivos) a las figuras parentales (casi exclusivamente a la madre).

Dichas inculpaciones son presentadas por vecinos, partes médicos de los hospitales y puntualmente por la víctima, la cual cuando llega a la Fiscalía de Menores a pedir «árnica» es que ha sido totalmente desbordada y derrotada, viene con la honda sensación de haber fracasado como padre y con un dolor insondable por denunciar a su hijo, sabedor de que la justicia pudiera domeñar esa conducta, pero difícilmente equilibrarla.

La sórdida cotidianeidad de estos abusos en el seno de lo que debiera ser un hogar cercena cualquier convivencia.

## Características de quien violenta a sus padres

Genéricamente no son adolescentes delincuentes. La mayoría de ellos no llegan a agredir a los padres. En muchas ocasiones han abandonado de hecho los estudios. No tienen obligaciones, ni participación en actividades o relaciones interactivas.

Respecto al perfil, se trata de un menor varón (uno de cada ocho son chicas) de 12 a 18 años (con una mayor prevalencia del grupo 15-17) que arremete primordialmente contra la madre con agresiones verbales y físicas. Adolecen hasta del intento de comprender qué piensa y siente su interlocutor «domado». Poseen escasa capacidad de introspección y autodominio: «Me da el punto/ la vena...». Rechazan el sistema, a las autoridades, son violentos con sus padres y a veces con sus profesores, sus compañeros.

No proceden de una familia marginal, los padres tienen titulaciones universitarias y un buen nivel social.

Los tipos caben diferenciarse en:

— *Hedonistas-nihilistas*, el más amplio en número. Su principio es «primero yo y luego yo». Unos utilizan la casa como hotel (los fines de semana los pasan fuera), entienden que la obligación de los padres es alimentarles, lavarles la ropa, dejarles vivir y subvencionarles todas sus necesidades o, mejor dicho, demandas. El no cumplimiento de sus exigencias supone el inicio de un altercado que acaba en agresión. En gran número no realizan ninguna actividad educativa o formativa, se levantan a las 13.00, comen, descansan con una reparadora siesta y «a dar vueltas con los colegas». Se implican con grupos de iguales de conductas poco aconsejables. En síntesis y literalmente, hacen lo que quieren, llevan a dormir a quien desean a casa, llaman al cerrajero y cambian la cerradura y dejan a los padres fuera, etcétera; en fin, un despotismo nada ilustrado.

— *Patológicos*, bien sea por una relación amor-odio madre-hijo, con equívocos más allá de los celos edípicos, en algún caso con relaciones incestuosas. Otro determinante es la dependencia de la droga que impele al menor a robar en casa desde dinero para comprar sustancias psicotrópicas de diseño, hasta la cadena musical para adquirir otros tóxicos como inhalantes volátiles tipo pegamento con tolueno.

— *Violencia aprendida* como aprendizaje vicario desde la observación, ya sea porque el padre (por ejemplo, alcohólico) también pega a la madre para conseguir su líquido elemento; o como efecto *boomerang* por haber sufrido con anterioridad el maltrato en su propio cuerpo, la incontinencia pulsional de padres sin equilibrio ni pautas educativas coherentes y estables; cuando su edad y físico lo permiten «imponen su ley» como la han interiorizado.

— Se aprecian bastantes casos en hijos separados. Bien por el proceso que en ocasiones se formula de tal manera que resulta muy dañino para los hijos, o porque el padre varón en el régimen de visitas le indica al hijo que su ex (se caracteriza por ser tonta, caprichosa, estúpida...) y que él como hijo haría bien en imponerse, tener más libertad... (o lo que es lo mismo encanalla a su hijo contra su ex, que no olvidemos es la madre del hijo). En muchas ocasiones el padre varón ve al hijo los fines de semana en tiempos de cine, restaurantes, etcétera, a veces sin saber de qué hablar, mientras que la madre tiene que bregar con el aseo personal del hijo, el arreglo de la habitación, el estudio, etcétera. La convivencia con la nueva pareja del padre o de la madre ocasiona a veces grandes disturbios en los hijos que rebotados de una casa a otra acaban agrediendo a la parte más débil.

— Un porcentaje significativo de chavales son niños adoptados o acogidos por familias que no son las biológicas. Pareciera que ese sentimiento de no pertenencia al 100 por ciento, de no vinculación sanguínea permiten al joven exigir más, demandar, al tiempo de unos padres que equívocamente no se atreven a emplear todos los mecanismos de sanción para ganarse el respeto, y se muestran en ocasiones excesivamente condescendientes. Se es padre o madre no por aportar un poco de semen o el seno materno, sino por la entrega en el día a día, ¡sépanlo los padres e hijos del corazón!

## Nexos de confluencia

— Desajustes familiares.
   — «Desaparición» del padre varón (o bien no es conocido, o está separado y despreocupado, o sufre algún tipo de dependencia o simplemente no es informado por la madre para evitar el conflicto padre-hijo, si bien la realidad es que prefiere no enterarse de lo que pasa en casa en su ausencia).
   — No se aprecian diferencias por niveles socio-económico-culturales.
   — Los elicitadores que provocan la erupción violenta son nimios. La tiranía hace años que inició su carrera ascendente.
   — El hijo es único o el único varón o el resto de los hermanos más mayores han abandonado el hogar.
   — En la casi totalidad de los casos no niegan su participación; es más, la relatan con tanta frialdad y con tal realismo que impresiona sobremanera.

## Causas de la violencia

— Una sociedad permisiva que educa a los niños en sus derechos pero no en sus deberes. Se ha pasado de una educación autoritaria de respeto, casi miedo al padre, al profesor, al conductor del autobús, al policía, a una falta de límites, donde algunos jóvenes (los menos) quieren imponer su ley de la exigencia, de la bravuconada. El cuerpo social ha perdido fuerza moral. Se intentan modificar conductas, pero se adolece de valores.
   — Los roles parentales clásicamente definidos se han diluido, lo cual es positivo si se comparten obligaciones y pautas educativas,

pero resulta pernicioso desde el posicionamiento de abandono y el desplazamiento de responsabilidades.

— Hay miedo, distintos miedos: el del padre a enfrentarse con el hijo, el de la madre al enfrentamiento padre-hijo. El de los ciudadanos a recriminar a los jóvenes cuando su actitud es de barbarie (en los autobuses, metro...), caemos en la atonía social, no exenta de egoísmo, delegando esas funciones a la Policía, a los jueces, que actúan bajo «el miedo escénico»; así, el problema no tiene solución.

— La etiología de la violencia paterno-filial en ninguno de los sentidos es cromosómica, se trata de una educación (si así puede llamarse) familiar y ambiental distorsionada que aboca en el más paradójico y lastimero resultado.

La dureza emocional crece, la tiranía se aprende, si no se le pone límites. Hay niños insufribles por culpa de unos padres que no ponen coto a sus desmanes. (Hay niños de 7 años y menos que dan puntapiés a las madres y éstas dicen «no se hace» mientras sonríen o que estrellan en el suelo el bocadillo que le han preparado y posteriormente le compran un bollo).

A las penosas situaciones en que un hijo arremete a su progenitor no se llega por ser un perverso moral, ni un psicópata, sino por la ociosidad no canalizada, la demanda perentoria de dinero, la presión del grupo de iguales... pero básicamente por el fracaso educativo, en especial en la transmisión del respeto.

Evolución

La tiranía se convierte en hábito o costumbre, cursa in crescendo, no olvidemos que la violencia engendra violencia. La frecuencia de las persecuciones por la casa, de la rotura de mobiliario, de los golpes, patadas a la madre, la intensidad de las humillaciones y vejaciones de todo tipo se incrementan, se pasa al robo en el domicilio, amenaza con cuchillos... Las exigencias cada vez mayores obligan necesariamente a decir un día NO, pero esta negativa ni es comprendida, pues en su historia vivida no han existido topes, ni es aceptada, pues supondría validar una revolución contra el status quo establecido. La presión a estas alturas de la desviada evolución impele a las conductas hetero y autoagresivas. El no es «consustancialmente» inaceptable.

Intervención

El Código Civil recoge la figura del auxilio a la autoridad, que es la ayuda que pueden solicitar los padres que se sienten impotentes ante sus hijos. Si un padre solicita de los servicios sociales que se hagan cargo de su hijo, dicha red social tiene que aceptarlo, posteriormente se podrá reclamar a los padres una pensión alimenticia y establecer un plan de apoyo social con la familia. En el primer momento se firma un contrato de guarda temporal.

La situación, cuando llega a los juzgados de menores, suele ser de tan intensa gravedad que no cabe otra solución inicial que el internamiento. Poner límites que los actores constaten que la sociedad se defiende de esas actuaciones. Frenar una posible generalización de esas conductas, si bien hemos constatado que muchos de estos jóvenes se comportan así sólo en casa, y no trasladan los problemas con el grupo de pertenencia al de referencia.

Obviamente, el internamiento es el paso previo y ya aprovechado para una terapia profunda y dilatada, donde reequilibrar su comportamiento y la percepción de sí mismo, actitud hacia los otros, etcétera. Finalmente, esta psicoterapia de corte sistémico incluye a las distintas figuras que componen el núcleo familiar (evitando la vivencia del «chivo expiatorio»), abordando los conflictos, implementando otras habilidades de resolución de problemas, de relación, aportando pautas coherentes para reeducar basadas en el razonamiento, etcétera.

Cabe una función mediadora-conciliadora, está recomendada una libertad vigilada con amplia duración temporal (bien que dé continuidad a la medida de internamiento y la deje en suspenso, bien como alternativa al no hacerse imprescindible el alejar al menor del foco conflictivo); sin embargo, es una función que escapa al ámbito de la justicia el reestructurar las relaciones paterno-filiales, por lo que la medida de libertad vigilada se llenará de contenido con la asistencia del grupo familiar a psicoterapia, bien sea al centro de salud mental que les corresponda o a otra institución privada, pero donde se constate la evolución, allí sí se pueden establecer contratos conductuales y emplear otras técnicas y métodos durante las sesiones precisas, no compatibles con el objeto y la inmediatez inherente a la administración de justicia.

La violencia está muy arraigada en algunos sectores de nuestra sociedad como es el caso de las mujeres maltratadas. El número de víctimas mortales no se reduce, aunque las denuncias de mujeres por malos tratos aumentan.

Es claro que el problema no es privado, es social. Hemos de preguntarnos si todos los varones interiorizan y asumen que las mujeres son ciudadanas de pleno derecho.

El pronóstico es negativo, pues los jóvenes varones son poco respetuosos, algunos entienden la violencia como una forma de solución de problemas. Existen padres que al separarse de su esposa transmiten a su hijo: «No le hagas caso, está loca...». Hay una nebulosa en el papel a desempeñar por el hombre en esta sociedad.

Las leyes y los castigos son necesarios, pero siempre llegan tarde. Su capacidad preventiva es escasa. Es más, hemos de plantearnos si tanto hecho noticiable en los medios de comunicación y tan escasa información sobre dilatadas sanciones privativas de libertad no resultan contraproducentes.

Las autoridades públicas cada vez intervienen más en las situaciones de violencia conyugal o de pareja. Desde la creación de servicios destinados a atender y proteger a las mujeres víctimas (servicios de atención especializados de la Policía y Guardia Civil, centros de acogida de las comunidades autónomas...) hasta el actual Plan Integral contra la Violencia Doméstica, basado en medidas de educación, sensibilización y legislativas.

---

### EL ANTÍDOTO DE LA VIOLENCIA DOMÉSTICA

❑ Educación basada en la igualdad, en la no discriminación por razón de sexo y en la no violencia desde el hogar (las madres tienen un papel determinante y los padres también, desde el ejemplo), los centros escolares y los medios de comunicación han de asumir su importante responsabilidad.

❑ Cambio de las mentalidades desde la escuela, los movimientos vecinales, el grupo de amigos. Debemos influir en las actitudes, en los procesos de socialización, en las imágenes sociales compartidas. Erradicar las discriminaciones sexistas que excluyen a las mujeres del poder y a los hombres de la sensibilidad.

❑ Hay que conseguir tener alergia a la violencia, repudio extremo a levantar la mano, debe aprenderse a manejar o escapar del conflicto —todo menos agredir en situaciones de crisis.

❑ Cabe dialogar y aun discutir, no utilizar la palabra como una pedrada que hiere, pero nunca emplear la fuerza física, la violencia. Poner la mano encima de alguien es inaceptable, hacerlo en nombre de que se la quiere, se la ha querido o se desea querer es abominable.

❑ Es necesario enseñar habilidades de interacción, potenciar el autodominio, conseguir aceptar las frustraciones, diferir las gratificaciones, entender que mi «yo» no es más importante que la «otra/o».

❑ La educación en casa y en el aula ha de servir para aprender a evitar conflictos, minimizarlos o resolverlos. Véase cómo se educa a las niñas para dar respuesta a la complejidad, para inhibir reacciones, ponerse en el lugar del otro, emplear la comunicación no verbal, utilizar el lenguaje, ser cariñosa y afectiva y trasládese a los varones. Las actitudes, las conductas se instalan desde la más corta edad y vienen propiciadas por el ejemplo, las expectativas de los adultos.

❑ Enseñar a resolver conflictos con conocimiento, con técnicas (que las hay) debe transmitirse a padres y a maestros editando libros, vídeos y otros materiales donde se expliciten ejemplos de resolución de dilemas.

❑ Desde niños los varones aprendan a respetar sin reservas ni excepciones a las mujeres, que acaten lo que significa un «no», que acepten frustraciones sin derivarlas en violencia.

❑ Hay que integrar la lucha contra la violencia sexista dentro de una perspectiva amplia: la defensa de los derechos humanos.

❑ Feminizar la sociedad, entendida como ser más afectiva, más sensible, más empática, menos dura, menos depredadora, competitiva y conflictiva.

❑ Las expresiones «es mi mujer» o «es mi hijo» deben interpretarse como una forma de hablar o de entrega hacia esa persona, pero alejadas de cualquier atisbo de posesión (¡ni pensarlo!).

- ❑ Educar en el respeto, en la asunción de diferencias, en la comprensión de que las perspectivas son subjetivas, en que lo que parece real y asentado varía con los años. Vivir en pareja es difícil, no siempre existe el acuerdo, la sonrisa, la ternura, y debe estarse preparado para la discrepancia, y aun la separación, sin traumas, sin violencia.
- ❑ En los hogares hay mucho, muchísimo que hacer en este tema. En lo que ven, en lo que viven los hijos, en lo que escuchan, en lo que dicen —y se les permite— está un hombre y una mujer que es potencialmente un agresor, o que adopta un papel que repudia profundamente hasta la sola posibilidad de que esto ocurra. ¡Ni los chistes son inocentes en un tema tan sensible! No hagamos dejación de la función educadora.
- ❑ Por cierto, van llegando a España ciudadanos procedentes de otros lugares del mundo que nos aportan sus culturas, pero que en ocasiones se acompañan de una falta de real valoración a la mujer. Este hecho obliga a hacer un esfuerzo suplementario con los niños, pero también con sus padres.
- ❑ Hablemos con nuestros hijos sobre la igualdad entre hombres y mujeres, si la practican, sobre el rol de poder-sumisión en la relación de una pareja, sobre los celos, sobre la dignidad, si es chico preguntémosle, ¿cómo interpretan su virilidad cuando son rechazados y aun despreciados?, ¿cómo sienten?, ¿cómo se conducen?
- ❑ Escuchemos a nuestros hijos, sus miedos, sus dificultades, sus emociones.
- ❑ Deberán abordarse desde el inicio los casos insidiosos y perversos, «me va a matar, pero lo quiero».

## Bullying, «*acoso*»

No es una agresión esporádica, ni una broma puntual, ni un conflicto entre iguales. Se trata de que un intimidador (o varios) con fuerza física o poder psicológico se meten con un chico más débil psíquica o físicamente —víctima impotente para salir sola de esa situación— de forma reiterada, sin ninguna razón y nadie de los que los rodean y observan actúan para evitar esta terrible situación.

Existe intención de dañar, y para ello se utiliza la amenaza, la burla, el desprestigio, el insulto, el rechazo..., se pega, se intimida, se acosa, se humilla, se excluye, se incordia, se aísla, se chantajea —también a través de la red, *ciber-bullying*— y pueden ignorarse, poner en ridículo, abusar sexualmente; en fin, de una u otra manera se tiraniza. Las formas más frecuentes de agresión son las verbales, las malas relaciones y la indirecta; las menos habituales son el aislamiento y la agresión física que se producen ocasionalmente en la escuela.

Que siempre haya ocurrido no legitima el maltrato. Debe saberse que no se trata de bromas, que el profesorado no siempre se entera y en todo caso no le es fácil enfrentar una situación que a veces el grupo ampara. El tema no se resuelve indicando «en la vida hay que saber defenderse».

En muchas ocasiones, además del agresor que provoca el maltrato y la víctima que sufre la intimidación e indefensión, están los compañeros que no suelen intervenir en defensa del débil.

## La víctima

Hay alumnos víctimas de amenazas, de extorsiones, de robos, de golpes, de abusos sexuales, y algunos se sienten, están, muy solos.

La víctima sufrirá angustia, ansiedad, temor, terror, vergüenza, su autoestima se quebrará, puede llegar a rechazar la situación escolar, implicarse en absentismo, fracasar escolarmente, entrar en profunda depresión y llegar (no es ninguna exageración) al suicidio.

Los padres pueden sospechar del maltrato entre iguales por la conducta observada en el hijo o por informaciones de amigos o de profesores, cabe también la información directa o indirecta del hijo. En caso de sospecha se debe indagar más, recabar más información (del hijo, de sus hermanos, de sus compañeros, de sus maestros).

Además, hay que aprender a reconocer signos de que el hijo puede ser víctima, como pérdida de objetos, rotura de ropa, rechazo repentino al colegio, cambios en sus hábitos, en sus patrones de sueño o alimentación, fallas en el rendimiento académico, mayor secretismo e incomunicación, cambios en el humor... mostrarse triste, irritable, distraído, quedarse sin amigos... incluso enuresis («mojar la cama»).

Si se confirman las sospechas, y manteniendo la calma, no se debe actuar directamente con el hipotético agresor o con los familiares del mismo, sino hablar con el tutor y el director del centro escolar, y si se estima formular una denuncia en la Fiscalía de Menores.

Obviamente, y durante todo el proceso, se apoyará al hijo y se colaborará activamente con el profesorado. Hay que hablar a los hijos de la existencia del maltrato entre iguales y solicitarles que si acontece, lo cuenten con confianza a unos padres que antes de tomar cualquier decisión o medida la hablarán con el hijo.

El agresor

El intimidador aprende a maltratar, a sentirse bien con ese papel que refuerza disocialmente su conducta, y le impele a una carrera delincuencial.

Si se es padre del agresor, se debe formular la pregunta ¿cómo ha llegado a esto? Y abordar la situación —si es posible— de forma conjunta entre el padre y la madre.

Los padres hemos de reconocer anticipadamente que nuestro hijo puede ser un intimidador, para ello deben apreciarse signos, como que siempre quiera imponer sus deseos, que sea dominante, que grite y emplee malos modos, que «levante la mano», se jacte de sus acciones de matonismo, no se ponga en el lugar de los otros. Quizá recibamos quejas de sus hermanos o algún amigo por su conducta desconsiderada y prepotente.

Cuando se producen agresiones entre los escolares, encontramos como factores de riesgo la impulsividad, el estilo educativo paterno coercitivo y punitivo o errático, la falta de vínculos sociales y afectivos, la exposición a la violencia, por tanto, fisuras en el aprendizaje sociocognitivo, débiles vínculos sociales y escaso autocontrol individual.

Además, en el ámbito de la escuela pueden producirse discrepancias entre la oferta educativa y las demandas de los alumnos, reparto desigual de los medios educativos, discrepancias e incongruencias entre el currículo manifiesto y el currículo oculto (sexismo, violencia institucional, interpersonal...), énfasis en el rendimiento y poca atención a las necesidades individuales, problemas en las relaciones profesor-profesor, que dificultan la labor educativa y su papel de modelos, asimetría en las relaciones profesor-alumno con los límites poco claros.

Los padres, desde el primer momento, deben mostrar con rotundidad que se está en contra de la intimidación y del maltrato. Con decisión, rapidez y calma imponer una severa sanción, y mantener el contacto con los profesores (especialmente con el tutor) y reforzar las medidas educativas realizadas en el contexto escolar. Apoyar (y apoyarse) en la actuación desarrollada en la escuela.

Hay que escuchar al hijo, pero indicándole que se va a escuchar a sus maestros partiendo de la absoluta credibilidad de estos profesionales con vocación. También se le ha de mostrar que no se va a consentir que realice ninguna acción violenta.

Debe castigarse al hijo y obligarle a restituir lo robado o reparar lo dañado. Si no reciben valoraciones negativas de sus conductas o si son recompensados con cierta popularidad y con la sumisión de sus compañeros, el comportamiento **agresivo** puede convertirse en su forma habitual de enfrentar los problemas y la dominación en su estilo de relación interpersonal.

Se participará junto a los profesionales del centro educativo en la puesta en marcha de acciones elaboradas para extinguir la conducta agresiva. Resulta muy positivo que el hijo, de manera formal y sentida, pida perdón públicamente (ante los compañeros) a la víctima, con la coparticipación de los padres. Las conductas violentas deben cercenarse con premura y eficacia. Al igual que han de apoyarse, potenciarse y aplaudirse las prosociales.

El observador pasivo

Los niños no suelen —por razones de ser tildados de chivatos, con el consiguiente riesgo— informar a los adultos de la escuela. En torno a la mitad de los escolares se muestran pasivos ante las situaciones de maltrato. La otra mitad o avisan a alguien o intentan detener por sí mismos la situación.

En el caso de los escolares que sólo intervienen como observadores, esa exposición vicaria a la violencia puede dar lugar a una conducta antisocial pasiva ante los problemas ajenos, a relaciones entre iguales de dominio-sumisión, a unos valores poco solidarios. Ejemplo de esto es el rechazo o aislamiento que sufren las víctimas entre sus compañeros del colegio. Se acostumbran a vivir siendo cómplices del agresor y a no ser coherentes con la valentía que exigen la justicia y la dignidad humanas.

Si se es padre de un hijo que se ha comportado como espectador pasivo, se le ha de recriminar su actitud y poner en la disyuntiva de ser casi un cooperador necesario para que acontezca tal vejación o una persona valiente y solidaria que se pone del lado del débil.

Bueno será que se plantee la vivencia de la víctima. Que comprenda que hay muchas formas de ayudar (información, testimonio, no reír la «gracia», apoyo...). Hay que hacerle ver que una cosa es «ser chivato» y otra bien distinta denunciar unos hechos que son inaceptables. Debe sentir que no intervenir por miedo conlleva convivir con culpabilidad. Ha de ser consciente de que intervenir resulta también positivo para uno o unos intimidadores que han adoptado un papel muy equivocado.

Los padres, junto a los maestros, han de denunciar situaciones inaceptables, pero al tiempo han de participar en grupos de discusión y crear equipos de mediación dentro de la comisión de convivencia.

En un estilo de convivencia basado en los principios de tolerancia, respeto y cooperación han de jugar un papel importante siguiendo a la Confederación Valenciana de Padres de Alumnos (COVAPA):

— Las comisiones de convivencia de los Consejos Escolares: como la comisión delegada encargada de la prevención y corrección de conductas.

— Los equipos de mediación, como agentes de intervención directa, dinamizadores de la cultura del diálogo y resolución de conflictos.

— Las AMPA en su papel de impulsoras de la cultura de participación de las familias en los centros educativos.

Además es imprescindible la función tutorial y orientadora como un elemento más de la práctica docente. La acción tutorial supone un elemento crucial en el fomento de la convivencia en el centro y se debe definir y concretar en su plan de actuación actividades tendentes a la mejora de las relaciones entre los miembros de la comunidad educativa y el desarrollo de los valores expuestos, para lo que resulta necesario propiciar la formación del profesorado como estrategia clave de mejora de la calidad docente.

Este modelo convivencial conlleva además estas actividades:

— Asambleas participativas: de aula, de ciclos, intercentros que fomenten el aprendizaje de actitudes de escucha y respeto, de expresión de sentimientos e intereses... que aunque en la mayoría de los casos sean encontrados se llegue a un consenso en un clima de diálogo, participación y cooperación.

— Configuración de equipos mediadores, integrados por miembros de todos los sectores y determinación de su plan de actuación, cuyos principios deben ser:

○ La asunción del conflicto como algo natural e inevitable.
○ Técnicas de regulación de conflictos basadas en el diálogo, ayuda y atención a la diversidad.
○ Exposición de motivos, sentimientos e incidencias que han originado el conflicto por parte de cada uno de los protagonistas del mismo.
○ Formulación de actuaciones concretas y definidas para evitar que vuelva a ocurrir.

— Desarrollo de actividades tutoriales encaminadas al logro de una mayor madurez emocional y social.
— Elaboración de normas consensuadas.
— Jornadas de puertas abiertas y experiencias convivenciales.
— Mejora de la coordinación del profesorado de Primaria-Secundaria: reuniones de transición.
— Campañas de sensibilización.
— Dinamización de las comisiones de convivencia, desarrollando todas sus competencias para que su contenido no quede reducido a la mera imposición de sanciones y apertura de expedientes sancionadores.
— Configuración de planes que favorezcan la atención a las familias y su integración en el centro.
— Desarrollo de talleres y actividades de resolución pacífica de conflictos que den cabida a todos los sectores de la comunidad educativa.
— Potenciación de la labor de la junta de delegados como órgano de participación del alumnado en la toma de decisiones y gestión de la vida del centro.
— Actividades de acogida al nuevo alumnado y a sus familias.

El modelo de convivencia y participación se basa en estas premisas:

— A responsabilizarse se aprende asumiendo tareas.

— A resolver conflictos se aprende implicándose en la búsqueda de soluciones y dialogando.

— A cooperar se aprende colaborando en trabajo en grupo.

— A ser solidario, conociendo situaciones de injusticia y discriminación y contribuyendo a la eliminación de las mismas.

— A participar se aprende participando.

---

○ Dentro del aula se han de fomentar valores de absoluto respeto y crear con los propios alumnos figuras pacificadoras que actúen como intermediarios en la resolución de conflictos.

○ Se han de desarrollar alternativas a las formas de violencia, promover habilidades de comunicación mediante el diálogo y la negociación, así como favorecer cambios cognitivos, emocionales y de comportamiento contra el acoso y el sexismo.

○ El maltrato entre iguales es un fenómeno que ampara el grupo y, por tanto, la resolución se ha de abordar desde el mismo.

○ Invitar a participar en el voluntariado y en asociaciones que fomentan la cultura antiviolencia es una buena prevención o consecuencia de estas situaciones bastante generalizadas.

---

*Vacuna antiviolencia*

— Dotemos a los hijos de seguridad y cariño constante, haciéndoles sentir miembros partícipes de una familia unida y funcionalmente correcta, escuchándoles activamente, valorando sus aspectos positivos, participando en su desarrollo.

— Eduquémosles en sus derechos y deberes, siendo tolerantes, soslayando el lema «dejar hacer», marcando reglas, ejerciendo control y, ocasionalmente, diciendo «no». Ambos padres, de forma coherente, se han de implicar en la formación, y erradicar los castigos físicos y psíquicos, consiguiendo respeto y apoyando la autoridad de maestros y otros ciudadanos cuando en defensa de la convivencia reprendan a sus hijos.

— Instauremos un modelo de ética utilizando el razonamiento, la capacidad crítica y la explicitación de las consecuencias que la propia conducta tendrá para los demás.

— No permitamos que nuestros hijos se rebocen en una moral indolora o se dejen arrastrar por el relativismo moral.

— Propiciemos que el niño se sienta responsable de lo que le ocurra en su vida, para evitar mecanismos defensivos.

— Potenciemos su autoestima.

— Fomentemos la voluntad, el esfuerzo, la búsqueda del conocimiento y el equilibrio, la ilusión por la vida.

— Acrecentemos su capacidad de diferir las gratificaciones, de tolerar frustraciones, de controlar los impulsos, de relacionarse con otros. Debemos fomentar la reflexión como contrapeso a la acción, la correcta toma de perspectiva y la deseabilidad social.

— Enseñémosles a vivir en sociedad. Por ello han de ver, captar y sentir afecto, es preciso transmitirles valores. Entendemos esencial formar en la empatía, haciéndoles que aprendan a ponerse en el lugar del otro, en lo que siente, en lo que piensa. La empatía es el gran antídoto de la violencia, no hay más que ver el menor índice de agresividad de las mujeres y relacionarlo con el aprendizaje que reciben de niñas.

— «Educar en la igualdad y el respeto es educar contra la violencia» (Benjamin Franklin).

— El contexto social debería ayudar a que las familias mantengan una estructura equilibrada, reduciendo los desajustes, rechazando que los progenitores se hagan copartícipes de *chantajes*, se conviertan en *cajeros automáticos* o, por el contrario, usen a sus hijos como arma arrojadiza contra el otro progenitor facilitando que utilicen la coherencia y se erradique la violencia, que exista una participación más activa del padre. Este sostén exterior permitirá a los padres intentar ser amigos de sus hijos, pero sin olvidar su papel de educadores.

— Hay que educar al educador (a quien educa) mediante escuelas de padres, campañas en los medios de comunicación, etcétera.

— Hace falta más imaginación para educar en el ocio, eludiendo el aburrimiento, el *usar y tirar*, la televisión como *canguro*. Ayudémosles a buscar sensaciones nuevas incentivando la curiosidad por la tecnología y la naturaleza.

— La experiencia escolar debiera preparar a los niños para el mundo real y formarles para el acceso al trabajo, dando una respuesta individualizada y motivadora. Impulsaremos que la escuela integre, que trabaje y dedique más tiempo a los más difíciles, y así quebrar el esquema (ocasional): «Sal de clase al pasillo, del pasillo al patio, del patio a la calle».

— El grupo de amigos no ha de ser un *padre sustitutorio*, deberíamos saber quiénes lo componen y si sus intereses son los propios de su edad.

— El cuerpo social debería aumentar su fuerza moral, acabando con el etiquetaje indiscriminado: «Ésos son psicópatas, producto de una aberración genética»; la hipocresía: «Pobre niño», de forma genérica; «A la cárcel», cuando roban mi móvil y la atonía al delegar el problema en el Gobierno y en la Policía.

— Prevengamos (lo más económico) reduciendo los factores de riesgo y aumentando los de protección, preocupándonos no sólo por el menor que es un conflicto social, sino por el que está en riesgo.

— Erradiquemos el niño-producto comercial al que vender alcohol. Precisamos motivar a nuestros niños, sin el estímulo vacío de la insaciabilidad.

— Denunciemos la violencia que esta sociedad fomenta. Señalar los malos tratos que ocasionan algunos menores nos da fuerza para denunciar los malos tratos de los que en muchas ocasiones son víctimas estos u otros menores.

— Insertemos a los jóvenes y sus ideas en la sociedad. Impulsemos los derechos del niño, del adolescente.

— Desarrollemos una tupida red de recursos sociales. Fomentemos una política urbanística ecológica...

No se trata de ideologías progresistas o reaccionarias, sino de evitar la «ley del péndulo», del niño atemorizado al educador paralizado.

La vacuna contra la delincuencia infantil es, en fin, prevención, amor y salud psicológica-social, pues como sentenció Pitágoras: «Educad a los niños y no será necesario castigar a los hombres».

Salud

Los niños padecen enfermedades mentales, y es lógico, puesto que tienen vida psíquica, se deprimen, se angustian.

Esa verdad etiológica se incrementa por la falta de escucha, muchos padres buscan un psicólogo como «padre sustitutorio». La falta de contacto, de relación, de afecto son muchas veces las espoletas de serios problemas emocionales que florecen en la adolescencia.

Asimismo, y como asevera la American Psychiatric Association, «el divorcio de los padres representa una experiencia altamente estresante para los hijos». Eso es así si utilizamos a los niños como correa de transmisión de los conflictos de los mayores.

Tenemos enfermedades de «moda» y son graves, nos referimos por ejemplo a la anorexia, a esa muestra contumaz en los anuncios y pasarelas de modelos esqueléticos que conlleva que niñas de 9 años estén a régimen. Los intereses económicos (la publicidad que utiliza a los niños como objetos consumidores) pueden dañar el equilibrio emocional de los pequeños.

Hay otros factores desencadenantes de estos trastornos, son las malas relaciones con los compañeros y las malas calificaciones escolares.

Piénsese que además hay niños que viven con enfermos mentales, con alcohólicos y drogadictos. Los hay que tienen que tomar todas las decisiones porque alrededor no hay referencias, ni ambiente estructurado.

Muchos problemas conductuales, de tiranía, de comunicación son las más de las veces producto de factores sociofamiliares.

Y no olvidemos que hay niños y no tan niños que se adscriben a situaciones autodestructivas, o conductas de riesgo, que se muestran dependientes del alcohol, de otras drogas, o del juego, que buscan la penosa gratificación de la violencia.

Hay niños que son diana de malos tratos, explotaciones, abuso. Son el reflejo de la impotencia de adultos, de proyecciones de quien fracasó en la infancia, de exigencias.

Algunos sufren trastornos del sueño, bulimia...

No enterremos una realidad, el suicidio adolescente.

Es de destacar que en la mayoría de las ocasiones la terapia a aplicar a los niños y jóvenes afectados pasa por una actuación con el núcleo familiar, lo que no contradice el tratamiento individual.

Esta sociedad en vez de instalarse en el tiempo desapacible, debe fomentar las vacunas psicológicas, debe ayudar a pensar en positivo como antídoto de la depresión, los niños requieren salud mental.

Y digámoslo sin ambages, los programas de salud mental para niños y jóvenes están de manera genérica escasamente desarrollados en las distintas comunidades autónomas.

Dichos programas se han iniciado desde una perspectiva limitada y ambulatoria, implementando pocos recursos específicos necesarios que incluyen centros de día y unidades hospitalarias para su tratamiento residencial.

Es imprescindible establecer una red asistencial específica que permita una detección precoz y una intervención efectiva basada en la coordinación entre servicios sanitarios, sociales y educativos.

*Cuerpo 10*

Desde jóvenes observemos el tiempo que dedicamos a cuidar el cuerpo (alimento, duchas, maquillaje, ropa, deporte) y cuánto al espíritu.

Tener un «buen» cuerpo puede convertirse en algo obsesivo para muchos jóvenes, que concentran su vida en cuidar su imagen, pendientes de no pasarse en la alimentación (con dietas), asistiendo muchas horas al gimnasio, mirando las revistas de belleza, estando al día en lo concerniente a las clínicas de estética.

Y es que el culto al cuerpo en la publicidad promete la perfección según unos cánones estéticos. La presión es tal que algunas niñas ya no quieren tener una Barbie, quieren ser una Barbie; los chicos son «metrosexuales», hombres musculosos que se tiñen, se depilan...

¡Atención! a los foros de Internet donde las chicas principalmente cuelgan sus fotos y dejan que otros las voten y valoren por su físico. (Una de estas direcciones es votamicuerpo.com).

La preocupación por el cuerpo y por el peso puede llegar a convertirse en una obsesión por adelgazar, más en las chicas a partir de los 14 años. Un 33 por ciento de las chicas de 15 y 16 años realiza dietas de adelgazamiento sin tener sobrepeso.

Los expertos alertan sobre el incremento del trastorno alimentario con comportamientos conducentes a la anorexia y la bulimia.

Hay que supervisar los hábitos alimentarios de nuestros hijos, las restricciones, hacer régimen puede conllevar fatiga intelectual y física, crear frustraciones.

En los adolescentes se detecta una ingesta insuficiente de lácteos, verduras, cereales y legumbres, y excesiva de carne, grasas saturadas y bollería. Se observa tendencia al sobrepeso (sobre todo en los varones) y niveles elevados de colesterol.

- ❑ Insatisfacción por el cuerpo.
- ❑ El perfeccionismo.
- ❑ La baja autoestima.
- ❑ Experiencias subjetivas de fracaso.
- ❑ La impulsividad.
- ❑ Hiperresponsabilidad.
- ❑ Las conductas agresivas, sumisas y la necesidad de aprobación.

Hay que acudir al especialista si se detecta un problema, pues en ocasiones se precisará tratamiento psicológico e incluso intervención médica, aunque sea contra la voluntad del paciente.

### Anorexia

Se trata de un trastorno del comportamiento alimentario con un trasfondo psicológico. Se diagnostica cuando se aprecia temor a convertirse en obeso, aunque la persona se encuentra por debajo del peso normal. Percepción alterada del propio peso o silueta corporal. Rechazo a mantener el peso por encima del valor mínimo calculado según edad y talla.

En el caso de las adolescentes (proporción 9 a 1 de chicas afectadas en relación con los varones), ausencia de al menos tres ciclos menstruales (cuando ya ha aparecido la menarquía).

Suele apreciarse: vómitos, uso de laxantes o diuréticos, amenorrea, cambio en el peso, insatisfacción con el propio cuerpo tras la ingesta de comida, disminución de la alimentación, rituales en la comida (hace trozos pequeños, tarda mucho en comer), actividad física exagerada.

Es mejor prevenirla que tratarla. Habrá que inculcarles desde pequeños una buena relación con la alimentación y cuidar su estabilidad emocional.

El tratamiento de la anorexia nerviosa debe ser precoz e intenso. Sesiones de terapia familiar, medicación antidepresiva y condicionamiento de la conducta alimentaria.

## Bulimia

Se caracteriza por episodios recurrentes de ingesta alimenticia voraz, falta de control sobre la conducta alimentaria en estos episodios.

Se acompaña de: prácticas de dietas estrictas (incluso ayuno), provocación de vómitos, uso de laxantes o diuréticos (para orinar más), hacer ejercicio para «desgastar grasas». Ha de haber un promedio mínimo de dos episodios de voracidad a la semana por lo menos durante tres meses.

El/la afectado/a muestran una preocupación intensa y persistente por la silueta y el peso.

Suelen padecer de alternancia de diarrea y estreñimiento, pérdida del esmalte o piezas dentarias (por la acción del ácido clorhídrico de los vómitos), fases depresivas.

Es positivo preparar en casa comidas más equilibradas y practicar mayor actividad física para que se sientan mejor. En caso de sobrepeso real acudir a un especialista.

## Cirugía

La tiranía de la moda, la presión social queda patente al comprobar que el 85 por ciento de quienes se retocan en el quirófano son chicas, siendo las intervenciones más demandadas el aumento de mama, la liposucción, las orejas, nariz, labios y párpados. Otro dato relevante es que el 15 por ciento de las consultas realizadas en los casos de intervenciones quirúrgicas lo son por menores, el incremento es alarmante y los riesgos son minimizados.

Nada hay que objetar —muy al contrario—, cuando las operaciones son reconstructivas, debidas a enfermedades congénitas, propiciadas por accidentes o por un defecto físico objetivo («orejas de soplillo»), la crítica se nutre de las intervenciones practicadas a adolescentes, que se basan en su percepción subjetiva y no se tiene en cuenta su vulnerabilidad, el que se encuentran en época de transición y están definiendo su personalidad, que viven un periodo de cambios hormonales y están hiperatentos a las transformaciones físicas.

Cuando una joven solicita como regalo de fin de curso un cambio de «talla del busto», habrá de discriminarse si las razones son físicas, psíquicas o sociales. Y desde luego diagnosticar un trastorno dismórfico corporal, ha de saberse que hay quien tras una supuesta fealdad interpreta una enfermedad imaginaria y que también hay adictos a la cirugía.

En los casos de intervenciones estéticas, la mayoría de las remisiones lo son del psicólogo o psiquiatra al médico especialista en cirugía plástica porque «una intervención contribuye enormemente a beneficiar la salud mental del paciente». Y este camino también se recorre en sentido contrario, cuando el cirujano remite al psicólogo dado que «el problema corresponde a un trastorno de la personalidad».

Hay que saber que con las intervenciones quirúrgicas estéticas y los menores se corre el riesgo de que algunos médicos desaprensivos al calor del dinero realicen intervenciones antes del natural desarrollo total del miembro.

El Parlamento Europeo estudia posponer estas decisiones hasta que el menor alcance los 18 años y la Sociedad Española de Cirugía Plástica, reparadora, estética solicita que además de la autorización de los padres y del consentimiento del cirujano se impliquen otros profesionales de la salud, mediante la valoración de un psicólogo o psiquiatra y si no se aprecia desequilibrio, la participación del médico de cabecera. Parece lógico y prudente. Es más, el informe favorable debería ser visado por el Colegio de Psicólogos y en el caso de menores de 16 años se debe legislar para obligar a informar al Ministerio Fiscal, para que desde el ámbito de protección se dé el consentimiento —como ocurre con los ensayos clínicos.

¿Qué puedo hacer si mi hija/o me pide de regalo
una operación de estética?

Primero tener en cuenta la edad e ir al médico de cabecera. Analizar con criterio del experto el caso, conocer el riesgo, el costo psicológico y económico y decir si hay alguna razón sustantiva para hacerlo.

En todo caso, antes de los 16 años taxativamente no se debe realizar, y explicaremos al hijo/a que no se puede manejar el cuerpo como una cosa que no es él o ella mismo, que «por tener más pecho» no le van a querer más, ha de reflexionar de manera individual y entender que cuando sea adulto tendrá capacidad para valorarlo.

Si bien hay que comprender las dudas y las inseguridades que pueden estar viviendo nuestros hijos en la adolescencia respecto a su propio cuerpo, están cambiando, buscando su identidad, tener una imagen acorde con los referentes que tienen, ya sean cantantes, actrices, modelos... y necesitan cuidar su imagen, sentirse bien, vestirse como les gusta, un corte de pelo, estar físicamente saludables, hacer deporte, comer equilibradamente, pero hay cosas que sólo se pueden hacer siendo adultos, como las operaciones estéticas.

Ser alto, guapo, delgado... no es sinónimo de ser una persona feliz, como tampoco lo es sinónimo de fracaso si no se cumplen esos cánones de estética, nos han vendido una idea que no es real.

Hay que enseñar a los jóvenes que la felicidad no está en cómo te ven los demás sino en cómo te valoras tú. Todos somos diferentes, no hay que ser clónicos, no se trata de imitar sino de ser uno mismo y tener criterio. Saber que los fallos o defectos de uno le son propios.

Es fundamental educar a los jóvenes en que se sientan bien con su propio cuerpo.

Podemos ayudarles a construir una buena autoimagen, les podemos indicar aquello que tienen de positivo, su sonrisa, su manera de ser porque es una persona sensible, porque siempre tiene una palabra amable para los demás...

El adolescente tiene que saber lo que tiene de bueno, reflexionar sobre su persona y no mirar lo que otros valoran ni tenerlos siempre de referente.

Muchas veces marcarse objetivos con uno mismo, mejorar en algo, le hará sentirse a gusto, así como saber apreciar otras cosas tan importantes como la salud, una familia que lo quiere, unos buenos amigos. Y entender que al final la persona que te quiere te tiene que querer como eres y no como le gustaría que fueras, con tus defectos y tus sombras.

*Trastornos psicopatológicos*

Afectan a un 16 por ciento de niños y jóvenes. Está aumentando el trastorno de conducta y del control de los impulsos; también las reacciones depresivas y los estados de ansiedad.

## Depresión

En estas edades la depresión cursa en muchas ocasiones como irritabilidad —hay que discriminar los bruscos cambios de humor transitorios propios de la adolescencia, de la irritabilidad persistente.

Resulta fundamental hablar con sus amigos para ver si ellos también captan ese cambio, si el hijo cuando sale con ellos no disfruta, se muestra abstraído, aislado, en su mundo.

El adolescente deprimido adopta un ocio pasivo, se coloca delante de la televisión horas sin prestar atención o se muestra apático y encerrado en su cuarto escuchando música. No contiene explosiones de violencia y se expresa con frases del tipo «nadie me quiere», «no valgo para nada», «tengo un nudo en la garganta», «siento opresión en el pecho». Y se altera mucho si los padres intentan sacarlo de ese aislamiento.

Otros síntomas que pueden aparecer son la fatiga inhabitual y el cansancio, ralentización en las acciones, iniciativas y pensamientos o, por el contrario, una agitación vana, sentimientos de culpa y pérdida de autoestima, trastornos del sueño como el insomnio o hipersomnio y pérdida del apetito.

El trastorno depresivo conduce al fracaso escolar, lo que genera sentimiento de culpa y conflictos con padres y maestros.

Existe el riesgo de que el adolescente descargue toda su agresividad hacia los demás, hacia los más próximos o incluyéndose en grupos disociales hacia lo normalizado y constituido por la sociedad (se siente mal, muy mal consigo y lo vomita al exterior). Pero puede buscar la ayuda en las drogas (incluido el alcohol), pues cree sentirse mejor y es un punto de fuga.

## Ideas y conductas suicidas

Hay quien interpreta que todo suicidio es un chantaje, sobre todo si se ha llevado a término, porque entonces la responsabilidad de los que quedan se hace perpetua. Otros piensan que el suicidio constituye una salida posible, sentida como única en la evolución de un síndrome depresivo. Albert Camus, con más atrevimiento, exclama: «Todos los hombres sanos han pensado en su propio suicidio alguna vez».

El suicidio infanto-juvenil transciende localizaciones geográficas o épocas históricas, el término muerte es moneda corriente en el discurso adolescente. Pero el suicidio dentro de la etapa juvenil trastoca los conceptos sociales que asocian a los niños y jóvenes como «divino tesoro», «llenos de vida», o «tienen la vida por delante». Lleva consigo una dimensión de violencia para el propio joven (es la expresión extrema de la conducta autoagresiva) y para su entorno.

La realidad es que el suicidio constituye una de las primeras causas de muerte durante la adolescencia, en España el incremento en la banda de edad de 14 a 18 años es del 300 por ciento y los intentos de suicidio se han disparado dramáticamente en los últimos años.

En la adolescencia se calcula que se producen tres suicidios consumados por cada cien tentativas, los varones consuman muchos más suicidios, las mujeres triplican el número de tentativas (para algunas chicas la tentativa suicida es una de las formas de expresar sus protestas).

Afortunadamente, la frecuencia del suicidio desciende sensiblemente por debajo de los 15 años. En los menores de 10 años es realmente excepcional porque antes de esa edad la concepción de la muerte es todavía muy confusa. Cuando se produce es debido a celos, o bien a la imitación de algún acto visto, por ejemplo, en televisión (volar, con lo que su imaginación lo confunde), o por una reacción emotiva realizada sin control. Lo antedicho no es óbice para constatar que los niños desde los 6 años verbalizan en los gabinetes psicológicos que a veces piensan en la idea de muerte, tanto en de sus padres como en la suya propia.

El suicidio infanto-juvenil es un hecho individual, sumamente complejo, con etiologías psicológicas, emocionales, afectivas, evolutivas, conductuales y situacionales.

Bastantes niños y adolescentes después de un intento de suicidio nos han señalado que no sabían si realmente querían matarse o no, esto es propio de estas edades, más cuando los niños son culturizados en nuestro país y en otros muchos en el concepto cristiano de que «no se muere», se abandona el cuerpo, pero para llegar a un mundo mejor e inacabable.

Factores de riesgo hacia la conducta suicida

❏ Familiares
— Hay niños que no son queridos por sus familias, que son rechazados, que aprenden a rechazarse a sí mismos, se inicia el pri-

mer paso de la autodestrucción, estos protoclimas familiares conllevan ocasionalmente en los niños a posicionamientos autísticos, de huida, y la muerte es el máximo aislamiento.

— Las relaciones poco amistosas entre padres e hijos crean un terreno abonado para la germinación del acto suicida, actos que aparecen como comportamientos reactivos al conflicto interpersonal, envueltos en rachas huracanadas de cólera y violencia. En bastantes casos, se puede considerar que el intento de suicidio del adolescente es una imposición paradójica en la que busca el cambio familiar, trágicamente amenazar con matarse puede convertirse en una última oportunidad para ser escuchados.

— Son muchos los autores que coinciden en estimar que la patología familiar de los niños que trataron de matarse es del 60 por ciento; estas familias están perturbadas de forma evidente o soterrada, los padres o bien superprotegen y miman al niño o son rígidos y poco sensibles a sus problemas. También es innegable que las separaciones y los divorcios conflictivos aumentan el índice de alto riesgo de suicidios en niños con ciertas características.

— Aproximadamente el 70 por ciento de los niños suicidas no residen con los dos padres (por separación, muerte, abandono del hogar, ausencias repetidas). Hay quien da gran importancia a la ausencia del padre como desencadenante del suicidio.

— Asimismo, niños y púberes cuyos padres se suicidaron encontraron gran identificación con los impulsos que llevaron al padre a la muerte y tenían una fuerte convicción de que morirían de la misma manera.

— Por el contrario a todo lo antedicho, muchos niños y adolescentes en riesgo de cometer suicidio no lo hacen debido al amor que sienten por sus padres, porque ellos no quieren dejarlos solos.

— Pérdida de algún ser querido.

— Desengaños amorosos.

❑ Personales
— La depresión mayor y los trastornos de ansiedad unidos a personalidad límite o narcisista son un riesgo, así como los problemas psicopatológicos como la psicosis. Se valora que de cada cuatro niños deprimidos uno ha tenido pensamientos suicidas, y la mitad de ellos han realizado intentos, también es cierto que muchos

jóvenes que pensaban sobre el suicidio no estaban deprimidos en absoluto, concluyamos que la depresión contribuye al intento de suicidio, pero desde luego no es causa-efecto, no es una condición ni necesaria, ni suficiente para ello.

— Son sujetos de riesgo los impulsivos con alto grado de ansiedad subyacente unido a distorsiones cognitivas, lo que les hace propensos «al paso al acto» (denominado *acting-out*).

— Incapacidad de elaborar actitudes alternativas ante la vida y la muerte, necesitan escapar de su escenario de vida, sienten que el problema está en él o incide específicamente sobre él, por lo que corta el problema de raíz si se elimina a sí mismo.

— Desfase entre las exigencias intelectuales y la seguridad afectiva.

— El fracaso escolar, si bien no parece suficiente para que un niño quiera quitarse la vida va a depender de las características del niño, de la presión que ejerzan los padres o de la tiranía que impongan los compañeros.

— El consumo de drogas es otro factor de riesgo asociado al suicidio, pero hay que interpretar cada conducta como una tipología de carácter distinto, nada tiene que ver la ingesta masiva de fármacos por un fracaso amoroso, con la continuada adicción y riesgo de sobredosis o mezcla letal, o el ponerse y poner a otros en riesgo con una conducción temeraria, consecuencia de una ingesta incontrolada de alcohol.

— También lo es la exposición a conductas suicidas y la disponibilidad de instrumentos que pueden ser utilizados para la conducta suicida.

Los seguimientos ulteriores de niños que han intentado suicidarse nos aproximan un horizonte oscuro, dado que bastantes reinciden en el intento suicida (en el año siguiente entre el 30 y el 50 por ciento), y aproximadamente un 75 por ciento muestra graves problemas de inadaptación con recurrentes problemas psicopatológicos.

Genéricamente el suicidio infanto-juvenil es un acto erróneo de autoafirmación, una búsqueda de comprensión, por eso si analizamos sus intentos suicidas, apreciaremos que cuando son «demostraciones» ingieren demasiada cantidad de veneno y, por el contrario, cuando son «concluyentes» toman, por decirlo a título de ejemplo, cantidades pequeñas. Las autopsias psicológicas han mostrado en muchas ocasiones niveles altos de conducta hostil en los suicidas.

Es manifiesto que se pueden elaborar escalas que sirven para diagnosticar el riesgo de suicidio.

Asimismo, existe unanimidad a la hora de recomendar una limitación en la difusión por los medios de comunicación de noticias sobre el suicidio, hasta el punto de que anuncios publicitarios como el que transmitía una realidad innegable «la droga mata» conllevó la extensión de las drogodependencias hacia sectores de jóvenes tanáticos.

El intento de suicidio, por leve que sea, se puede ir transformando en un diálogo vida-muerte, lo cual es una plataforma idónea para efectuar el suicidio consumado, el intento de suicidio debe considerarse como muestra de una alteración y signo de una necesaria y urgente ayuda psicológica.

Siempre hay que ocuparse de un niño o joven que verbaliza esos temas, que fantasea con la muerte como forma de resolver el problema. La idea generalizada de que quien dice que se va a suicidar no lo hace es un mito erróneo. Recordemos que los adolescentes son drásticos, muy tendentes al «todo o nada».

Cuando se produce un intento de suicidio es necesaria la implicación de toda la familia, no hay que hacer de ello un secreto, pero tampoco trivializar el problema para que quede anulado. Hay que vivir sin olvidarlo, sin estar en cada momento recordándolo. Aceptar al adolescente, construir puentes de comunicación hacia él y ayudarlo a encontrarse consigo mismo.

La prevención de estas dramáticas conductas pasa por la salud mental, fortaleciendo el bienestar psicológico de los niños, desarrollando sus competencias personales, de autoestima/valía/eficacia con capacidad para aceptar frustraciones y obtener equilibradamente y con calma lo mejor que este mundo puede ofrecer.

## LO MEJOR DE LOS ADOLESCENTES

Los adolescentes aportan mucho de manera positiva en la familia, su alegría, su ilusión, su humor, te ríes mucho con ellos, su ternura, esos momentos sensibles y cariñosos (que aportan con su punto de niños), su capacidad para debatir, el equilibrio que confieren al tener intereses distintos a los de nuestra edad, compartir momentos cálidos de comidas, salidas, viajes... Nos mantienen en la actualidad en lo que a música, tecnología y modas se refiere.

De los padres esperan que los quieran, que les den seguridad y los guíen, que estén disponibles cuando los necesiten, que los apoyen, los escuchen, les den ejemplo, los enseñen a analizar la realidad, las intenciones ajenas, a resolver conflictos.

Los medios de comunicación hacen daño al transmitir reiterada y machaconamente la idea joven-botellón, joven-anorexia, joven-violencia... ¿cuándo se va a hablar de las cosas positivas de los jóvenes?

La rebeldía propia de la edad puede manifestarse de manera muy favorable a través de la solidaridad. Entre los 15 y 19 años a la mayoría de los adolescentes le interesa los temas de las personas o de los países necesitados de ayuda, algunos ya participan en acciones solidarias y muchos de ellos que aún no lo hacen tienen intención de colaborar.

Para los jóvenes solidarios, el trabajo social aporta mucho, entienden que el tiempo que tienen no es sólo para uno mismo, que lo pueden compartir, que cuando colaboran no se evaden pero les sirve para no pensar sólo en temas que no los llenan y a los que no hay que dar tantas vueltas, aprenden a apreciar lo realmente importante, a valorar lo que tienen y a aprovecharlo.

Las causas a las que los jóvenes prefieren colaborar son la infancia y la juventud, los países con conflictos y los pobres, la ecología, la salud y los ancianos.

Un amplio número de ellos ha donado alguna vez alguna cantidad a personas o países necesitados, o colaborado con alguna acción solidaria (medioambiental, en el barrio...), en campañas de ayuda extraordinarias (catástrofes, guerras...) y dedica su tiempo de ocio a ayudar a otros (payasos en hospitales...) o ha asistido a algún concierto benéfico.

Las instituciones más influyentes para fomentar la solidaridad son la familia, las asociaciones, los colegios, los amigos, los medios de comunicación y la iglesia.

○ No nacemos racistas, pero tampoco venimos al mundo siendo solidarios. Todo hemos de aprenderlo.

○ Hay que fomentar los mejores sentimientos y conductas hacia y con quien lo precisa (inmigrantes, personas económicamente desfavorecidas, niños enfermos, ancianos con limitaciones, discapacitados), facilitarles que se relacionen con personas de estos colectivos y de otras culturas, que se impliquen, compartan su tiempo sin obtener ningún pago sino el privilegio de hacerlo, que desborden el significado de la limitada tolerancia para disfrutar ayudando, comprometiéndose, sintiéndose interpelado. Hay que incentivar la disposición para ayudar al resto, lo que propicia sentirse bien. Dar es una virtud y una suerte, hay gente que lo tiene todo, ¿todo? Y se siente vacía.

○ Enseñarles a sentirse partícipes de este mundo, de este momento, convencerse de que los problemas por muy planetarios que sean nos atañen y somos parte en su posible solución.

○ A los chicos les enorgullece pensar que pueden ser útiles de verdad, hay que exigirles colaboración en las tareas domésticas, fomentarles labores prosociales y de ayuda a ONG. Que los jóvenes participen en los programas de voluntariado (en ONG) es una buena decisión.

○ En casa y en la escuela se pueden incentivar conversaciones sobre los países con otras realidades y necesidades, sobre las personas que precisan ayuda... para que los adolescentes den su opinión y participen.

# Capacidades básicas para el correcto desarrollo y ajuste durante la adolescencia

❑ Conciencia moral.
❑ Interiorización de valores.
❑ Sentido de pertenencia.
❑ Habilidades para establecer relaciones.
❑ Empatía.
❑ Resistencia y superación de las adversidades.
❑ Autodominio para la expresión de emociones.
❑ Capacidad para resolver conflictos.
❑ Habilidades para relacionarse en grupo.
❑ Autoconciencia de sí mismo.
❑ Capacidad para establecer relaciones afectivo-sexuales.
❑ Capacidad de aprendizaje.
❑ Inteligencia crítica.
❑ Asertividad.
❑ Habilidades comunicativas.
❑ Capacidad para diferir gratificaciones.
❑ Tolerancia a la frustración.
❑ Perseverancia.
❑ Inclinación prosocial (ayuda, cooperación).
❑ Independencia.
❑ Autodominio.
❑ Responsable.
❑ Consecuente.
❑ Optimismo.

- ❏ Capacidad autocrítica.
- ❏ Sentido del humor.
- ❏ Toma de decisiones.
- ❏ Proyectarse en el futuro.
- ❏ Capacidad de planificación.
- ❏ Compromiso social.
- ❏ Creatividad.
- ❏ Sentido de trascendencia.

# La importancia de ser persona

Quizá se llega a ser persona totalmente, cuando uno se ignora a sí mismo.

Una labor de años de deconstrucción, que no ha de confundirse con ruina.

Hemos de conocernos y permitir aflorar que estoy (a veces) cansado de mí.

Somos esclavos y tiranos de nuestro yo.

En ocasiones nos recreamos en exceso en nuestras virtudes, envenenándolas y convirtiéndolas en defectos.

Percibimos lo que nos rodea dependiendo de nuestro estado de ánimo y lo confundimos con la realidad. Y es que para ver el panorama hay que salirse del marco.

De vez en cuando hay que pasar a limpio la propia vida. Es la única forma de evitar que el destino esté escrito en la arena.

Analicemos la estupidez de nuestros comportamientos cotidianos.

Abordemos nuestro fuero interno.

Afloremos el pugilato psicológico en el que puntualmente nos autoexiliamos de nosotros mismos y ocasionalmente nos importamos demasiado.

Bien está mirarse a sí mismo desde fuera. Peregrinar a los orígenes. Ser arqueólogos de nuestra realidad. Indagar en nuestra trastienda cerebral. Recordar que uno es uno con el mundo.

Las personas somos como las piedras de una bóveda, que se sostienen mutuamente.

Sin embargo, parecemos próximos, pero el otro es siempre lejano.

Profundamente, estamos solos en el mundo. Podemos disipar nuestra angustia, pero como afirmó Jean-Paul Sartre, no podemos suprimirla, puesto que nosotros mismos somos angustia.

Como dice un proverbio árabe: «El hombre no puede saltar fuera de su sombra».

El paisaje humano se dibuja con las borrascas interiores.

Ser feliz, ésta es la ambición perpetua. Para conseguirlo quizá se deba erradicar el temor a ser sentimental. Comprender que el amor verdadero, entregado, está siempre a la intemperie. Mantener un corazón de niño. Compartir con Maurice Chevalier que «envejecer no es tan malo cuando se piensa en la alternativa».

Sabemos que tras el invierno personal, llega el incendio emocional, ¿o es a la inversa? Quizá dependa de cada uno, de conocer el secreto de la sensibilidad, del agradecimiento.

La vida propicia momentos dulces, pero para llegar a ellos, y como acontece con las alcachofas, hay que quitar cáscaras amargas.

Ser persona es una sinfonía de emociones.

Hagamos examen de conciencia, planteémonos si nuestra personalidad es embrionaria, escrutemos si en nuestros agujeros negros se esconde la mezquindad moral.

Preguntémonos por el arte de vivir y permitámonos unas carcajadas como terapia expectora de miserias.

# La educación desde los profesores, maestros y orientadores

Las fuentes de conocimiento que inspiran este libro (junto a una continua y rigurosa búsqueda bibliográfica, el aprendizaje como profesor universitario, o el conocimiento que se adquiere participando con asiduidad en los distintos medios de comunicación) son las múltiples ciudades y pueblos donde me encuentro con padres, alumnos y maestros de los que siempre aprendo. (Véase anexo IV).

A estos últimos se dedica este capítulo porque son imprescindibles para la educación de los niños y jóvenes por sus ideas claras, dignas de difundirse porque nacen de la práctica y la reflexión con visión de presente y futuro desde el conocimiento de la realidad. Eso es Educar, compartir motivación, objetivos y criterios que hoy nos han hecho llegar muchos de ellos que han querido colaborar para la realización de este libro.

Vayan estos artículos en homenaje a su labor.


«Maestro»

Figura esencial para la formación de nuestros hijos. Como colectivo influyen relativamente en su educación. Posiblemente hoy los guionistas de los programas de televisión incidan más.

Sin embargo, el maestro, ese a quien siempre recordamos, «nuestro maestro» no sólo influye, sino que marca en gran medida nuestra vida.

Ya en el ciclo infantil son el referente más importante para los niños después de sus padres. Con ellos van a aprender pautas de comportamiento, valores. Muestran un apego hacia la figura del profesor/a que les aporta gran seguridad.

Es muy necesario que los niños se sientan queridos y que vean el vínculo que hay con la familia.

Todos los padres (ambos) deben mantener periódicas reuniones con los profesores para Educar en sintonía, aunque en nuestros días la relación con la escuela es más difícil por la incompatibilidad de horarios.

Asimismo, los profesores, como marca la ley, deben informar a los padres del proceso educativo de los hijos.

En etapas posteriores, según se introducen distintas materias y más profesores por curso, su ilusión, su entrega y su orientación serán fundamentales para la capacidad de aprendizaje de nuestros hijos.

Comparten con los niños el placer de aprender, de saber más, de entender las cosas y de poder explicárselas a los padres, hacerles sentir que ir al colegio es una suerte.

Hemos de revalorizar esa figura tan fundamental que es el maestro, que tiene como misión transmitir habilidades y conocimientos, inculcar valores, proveer al niño de experiencias positivas, facilitarle su ajuste personal y la propensión al intercambio.

Aplicar en el aula el principio de que «el niño tiene que ser siempre un fin en sí mismo, y la educación, un medio para conseguir lo mejor para él». Ayudar al niño a desarrollarse globalmente como persona.

Si bien el rendimiento académico es importante, no es la balanza que calibra la valía global de los niños.

Para tal fin es preciso asumir riesgos, dar autonomía y corresabilizarse.

Los maestros han de convertir su trabajo en una labor de creación intelectual, que sirva de base al desarrollo personal y futuro laboral del alumno.

Resulta veraz que hoy existen muchas familias que no socializan a sus hijos, con lo cual es francamente difícil educarlos en la escuela.

También es verdad que tenemos «objetores escolares» que han de cursar estudios como derecho y obligación hasta los 16 años.

Se aprecia que en gran número los alumnos no vienen motivados a la escuela, que los mismos consideran que su aprendizaje llega de forma cómoda viendo la televisión o introduciéndose en el mundo de Internet.

Pero además, en ocasiones —no pocas—, los medios de comunicación, maleducan a los alumnos, los posicionan en contra (con series patéticas donde el respeto al maestro brilla por su ausencia) y, además, jamás dan la palabra a los maestros como expertos.

Así las cosas, los maestros tienen en algunos casos miedo a alumnos «gallitos» que se enfrentan, que amenazan y que incluso agreden, lo que se explica al conocer a sus padres, auténticos y equívocos abogados de sus hijos, que como fieras acuden al centro contra el maestro, pues creen a «pies juntillas» la versión del hijo.

Ésta es la realidad, parte de la realidad, porque hay otros profesores que por su entereza, su liderazgo, su capacidad para ganarse el interés y respeto de los alumnos, no sufren estas situaciones vejatorias e impropias.

Si bien por su magisterio, hay profesores que no sucumben a la presión existente, no es menos cierto que la situación ha de mejorar en breve plazo.

Una sociedad cambiante, donde se integran emigrantes que no conocen la lengua española, que en ocasiones no desean estudiar, sino trabajar —lo que realizaban en su país de origen—, una sociedad donde tantos padres se separan, un país «nuevo rico», consumidor de ocio, que aplaude el hedonismo y la búsqueda del placer inmediato, que en algunos entornos ha abandonado el valor supremo del esfuerzo, de la voluntad, de la motivación por aprender, por saber, ha de retomar como convicción social, ciudadana, como política de Estado acrecentar la valoración (en todos los sentidos) de los maestros, de los educadores, que han de informar y formar a nuestros hijos, que edifican el futuro y el presente.

*Revista Educadores* (FERE), febrero de 2006

## «El profesional de la esperanza»

Al profesor, al maestro, al orientador. Un rendido homenaje.

Los buenos maestros enseñan no sólo lo que saben, sino lo que son, y esto es lo que incorporamos a nuestro ser. Motivan, incitan, hacen cuestionarse y alcanzan el difícil objetivo de que los alumnos interioricen sus enseñanzas.

Nadie olvida al gran maestro, «a mi maestro», que me enseñó a pensar, a vivir, a discernir lo bueno de lo malo.

Maestro, ese aprendiz perpetuo.

Se nos ha olvidado la reivindicación permanente que debemos a nuestro maestro, de aquel de quien aprendí todo lo positivo que hay dentro de mí, de quien lo recibí todo de forma discreta y generosa. Que me enseñó a respetar y ser respetado. Aquel que transpiraba vocación.

Aquel que pone su mano en tu hombro y percibes que apoya, anima, empuja. Que te mira y es una invitación al diálogo educativo que nace de la confianza, que genera un ambiente respetuoso y sano para expresar libremente las ideas.

Maestro, un silencio, una palabra, una actitud, una presencia imperceptible.

Aquel que iluminó el territorio sin descubrir de la felicidad infantil, que nos acompañó por las arenas movedizas de la adolescencia y nos transmitió la ética del trabajo bien hecho, del que aprendimos a enfrentar el sufrimiento de frente, a compartir la alegría, que nos desveló que la muerte da razón a cada día que amanece, que nos señaló que la clave de la vida es el amor.

Aquella mujer o aquel hombre que permitió que captáramos que somos maestros de nosotros mismos.

Es fácil reconocer el verdadero magisterio, se caracteriza por ser generoso a la par que exigente. Acompaña hasta el umbral del propio espíritu del alumno y le enseña los valores de la vida.

Maestro, el que forma, educa, ayuda, moldea. El que enseña a amar la palabra. El que despierta y estimula vocaciones. Aquel que gusta de las lecturas.

Quien fomenta la curiosidad y estimula la capacidad crítica. Regala el sentido deportivo de la vida: saber ganar y saber perder. Nos aproxima a lo que somos, naturaleza, y a respetarla.

Constructor del presente y de futuros, el maestro es un referente, un ejemplo vivo y continuado. Es una autoridad moral y ética. Ocupa y completa el papel de la familia. Resulta irremplazable en la construcción de la personalidad del individuo.

El verdadero desafío de un maestro es no sólo enseñar contenidos, sino preocuparse por conocer las necesidades de los alumnos. Cumple su función educativa, pero además adopta el papel de referente y a veces de confidente/consejero.

Estaremos de acuerdo en que un maestro puede llegar a enseñar, pero se precisa a un alumno que realice el difícil acto de aprender. Por eso es fundamental que los padres valoren y transmitan a los hijos el cariño, respeto y gratitud a los maestros, que estén en continuo contacto con los mismos, que escuchen sus argumentos, que sancionen a sus hijos —por su bien— cuando el profesor haga saber conductas que los requieren.

Y es que existe la percepción de que la norma y la sanción se han diluido, cuando no desaparecido, por lo que los profesionales se encuentran sin instrumentos para establecer unas correctas pautas de comportamiento.

Evitemos la ley del péndulo, del niño atemorizado al educador paralizado.

En muchos hogares y centros educativos hoy reina la permisividad, es necesario recuperar la autoridad, que no autoritarismo, para lo cual es preciso el empleo del esfuerzo y la disciplina (que viene de *discere*, «aprender», algo muy opuesto del erróneo *laissez-faire*, «dejar hacer»).

Mantener un orden estructura una personalidad más sosegada y equilibrada. El hábito, el ritmo, la regularidad son útiles. Las normas, la sanción son necesarias, educativas.

El 5 de octubre de 2004 publicaba en el *Diario de Navarra* un sentido homenaje «Al maestro», a los incansables, a los promotores de la Humanidad, y recordaba unas palabras de Su Majestad la Reina Sofía pronunciadas en el homenaje que les tributó la Fundación de Ayuda contra la Drogadicción: «Entrañables hombres y mujeres encargados de facilitar a los niños, con cariño y dedicación, el delicado paso del ámbito familiar al ámbito menos protegido, más público y más social de la relación colectiva».

Profesores y maestros, orientadores son en gran medida responsables del desarrollo de la curiosidad intelectual y del deseo de saber.

Fórmese a los maestros, a los profesores, en el uso y aprovechamiento de medios audiovisuales, dótese a colegios e institutos de medios, pero primordialmente y desde el hogar créese un ambiente que propicie el contacto con el maestro con la valoración que su incomparable misión requiere.

El contacto padres-tutores es esencial. Abordemos la sensación de ambos de estar desbordados por los cambios, por las demandas.

El reconocimiento social —al igual que pasa con los médicos— debe hacerse visible. Las tertulias y consultas a expertos en radio y televisión deben contar con los profesionales de la educación.

El mundo aplaude a aquellos que son maestros en su arte o profesión. ¡Cuánto más debe hacerlo con los maestros de la educación!

He comenzado a escribir un libro sobre educar con sentido común y lo primero que he hecho es consultar a maestros, profesores y orientadores.

*Diario de Navarra*, agosto de 2008

## Colegios, profesores y orientadores que han participado

A distintos colegios de toda España les hicimos llegar una invitación para que nos comentaran desde su propio enfoque, sin sesgos, aquellos aspectos que consideraban necesarios para una correcta educación:

*Estimados maestros, profesores y orientadores:*

*Llevo 30 años trabajando y disfrutando con niños y jóvenes. Posiblemente sepáis que fui el primer defensor del Menor, que soy patrono de Unicef, que trabajo en la Fiscalía de Menores de Madrid, que mi formación es la de psicólogo y pedagogía terapéutica.*

*En este tiempo he viajado reiteradamente por ciudades y pueblos de España y he comprobado que a los profesores realmente no se les pregunta sobre la educación de los niños.*

*Es raro que alguien de los medios de comunicación llame como experto a un maestro.*

*Llevo publicados bastantes libros y uno próximo versará sobre la educación, dividido en grupos de edad que va de los 0 a los 18 años.*

*Desearía agradecer en el texto a quienes me remitan preguntas, respuestas, ideas al respecto.*

*Para mí es fundamental que lo que estoy escribiendo tenga el respaldo del profesorado, es más, que se apoye en lo expresado por estos profesionales que tienen en la vocación su razón de ser.*

*Si Vd. quiere participar, indíqueme aquellos aspectos que entienda relevantes para una correcta educación en la sociedad actual.*

*Le animo a ser atrevido, imaginativo, pues doy por hecho el realismo de su trabajo en el día a día.*

*Nos vamos a dirigir a centros ubicados en zonas rurales y en urbes, colegios públicos, privados y concertados. Buscamos una muestra realmente representativa y sin sesgo.*

*Nos ayudaría mucho que en su respuesta nos indique el curso que imparte, el nombre de su centro y la ciudad donde está ubicado.*

*Las respuestas puede hacerlas llegar por* e-mail *antes del 1 de octubre de 2008 a javier@urrainfancia.es.*

*Si tiene alguna duda, por favor hágamela llegar.*

*Como ve, no le delimito el tema, y es porque entiendo que debe quedar abierto exactamente a lo que quiero decirle.*

*Gracias anticipadas y primordialmente por su ilusión en el presente y los futuros de la infancia que crece junto a usted.*

Javier Urra

Las respuestas obtenidas han sido 83, realizadas por profesores y orientadores de Educación Infantil, Primaria, Secundaria, y Formación Profesional de las distintas ciudades y colegios de diversas comunidades autónomas que a continuación se detallan:

— Andalucía. Centro privado-concertado (Córdoba), CEIP Francisco Giner de los Ríos (Mairena del Aljarafe, Sevilla).

—Aragón. Colegio Jesús María-el Salvador (Zaragoza).

— Asturias. IES El Batán (Mieres del Camino, Asturias), IES El Piles (Gijón).

— Castilla-La Mancha. Centro rural CEIP Conde de Mayalde (Añover de Tajo, Toledo).

— Cataluña. Instituto Puig Castellar (Santa Coloma de Gramenet, Barcelona), escuela pública de Corbera de Llobregat, CEIP La Jota, escuela de Badia del Vallés (Barcelona), escuela para niños, servicio de Pediatría, hospital de Sant Pau (Barcelona), centro de estudios Joan XXIII (L'Hospitalet de Llobregat, Barcelona), escuela primaria Sant Boi de Llobregat (Barcelona), escuela La Mercè (Martorell), CEIP Pau Picasso (Badalona), colegio Santo Ángel (Gavá Barcelona), American School of Barcelona.

— Comunidad Valenciana. FAPA Gabriel Miró (Alicante), COVAPA (Confederación Valenciana de Asociaciones de Padres de Alumnos), CEIP Lluis Vives (Bocairent, Valencia), centro ocupacional Doble Amor (Benidorm).

— Galicia. IES Lauro Olmo (O'Barco de Valdeorras, Orense), CEIP Condesa de Fenosa (O'Barco de Valdeorras, Orense), Asociación Cultural Educativa y Social Vagalume Valdeorras (O'Barco de Valdeorras, Orense).

— Islas Canarias. Colegio de Fuerteventura, Facultad de Educación de la Universidad de La Laguna (Tenerife).

— La Rioja. Colegio San Agustín de Calahorra, EOEP Logroño-Este, La Rioja Centro de Primaria e Infantil.

— Madrid. Colegio Mirabal, IES Isaac Peral (Torrejón de Ardoz), colegio Nuestra Señora del Buen Consejo de Madrid, IES Madrid-Sur del Puente de Vallecas, Escuela Infantil Pública (Leganés), centros educativos Waldorf, centro de Educación Especial Nuestra Señora de las Victorias (AFANIAS), colegio Fuentelareyna.

— Murcia. Centro de Profesores y Recursos Mar Menor.

— Navarra. Centro de Formación Profesional Cuatrocientos (Pamplona), Departamento de Educación del Gobierno de Navarra, CP Hilarión Eslava (Burlada, Navarra).

— País Vasco. Centro Irungo La Salle (Irún, Guipúzcoa), Liceo Santo Tomás de San Sebastián, colegio Ayalde (Getxo, Bilbao), Centro Axular Lizeoa (San Sebastián), Asociación de Directores de Centros Públicos de Debagoiena.


LA VOZ DEL MAESTRO

La investigación realizada en 2008 por la FAD (Fundación de Ayuda contra la Drogadicción) titulada «Docentes o maestros: percepciones de la educación desde dentro» expone la realidad de este colectivo, lo que más les preocupa, las circunstancias de su profesión que se han reflejado de nuevo en nuestro estudio.

La situación actual de la enseñanza está marcada por la escasa valoración del trabajo del educador y por la percepción de los estudios como mero trámite. Los docentes no se sienten queridos ni valorados, han perdido apoyo de las familias, del contexto social y de los medios de comunicación y muestran una visión desesperanzada de su propio rol.

Los «funcionarios de la humanidad», como los llama J. A. Marina, deben ser reconocidos en su labor. Son un colectivo con un alto porcentaje de bajas por depresión.

Añoran al maestro como «referencia moral», creen que esa figura ha sido sustituida por la de simple instructor que transmite conocimientos estructurales.

Según el estudio, a excepción de la etapa de Educación Infantil, critican que la familia no se implica, piden colaboración real por parte de los padres, que no dejen todo en manos de los profesores, pues no pueden educar como un padre y enseñar y capacitar para ser un buen profesional. Creen que los medios de comunicación deberían de dejar de mostrar una imagen del docente incompetente y poco trabajador, pues así daña su prestigio.

Realizan un análisis severo del contexto politizado en el que se desenvuelve la educación, se quejan de las continuas reformas legislativas sin contar con ellos y denuncian su formación y el poco consenso político que hay al respecto. Afirman no sentirse capacitados para resolver los conflictos en el aula, reclaman formación específica para afrontar retos como la multiculturalidad y las nuevas tecnologías y expresan sus dificultades en la relación con los padres. Reprochan al sistema escolar su falta de agilidad para ir al mismo ritmo de las necesidades de los alumnos (diferencias socioeconómicas, estilos de vida...).

Apuestan por el modelo de enseñanza pública en la que introducirían una gerencia profesional.

Este marco enunciado se corrobora en las opiniones escritas por los docentes de nuestra comunidad escolar de 8.500.000 personas que nos hicieron llegar sus opiniones como exponemos.

### La profesión de maestro

De las aportaciones se extrae un clamor general: el «apoyo por parte de la sociedad a los maestros», «la valoración y reconocimiento social de la figura del profesor». Además, no es de las profesiones que más se gana ni les permite escalar posiciones profesionales. Pocas veces se les realizan actos como la iniciativa de la FAD (Fundación de Ayuda contra la Drogadicción), que todos los años realiza un «Homenaje al maestro».

Actualmente entienden que muchos padres no valoran su trabajo, por tanto, tampoco, sus hijos, los alumnos. «¿Cuántos padres hablan con respeto, con cariño, valorando la escuela y el trabajo de los maestros y profesores? ¿Cuántos les respaldan en las decisiones que tienen que tomar?».

De la misma manera profesores y maestros se sienten muy poco apoyados por su entorno. Conozco a bastantes inspectores educativos, absolutamente entregados a su tarea, que asisten regularmente a cursos de reciclaje, pero siempre les pregunto ¿cómo les viven los profesores, cómo fiscales educativos? Piénsenlo.

Hay un grave desánimo del profesorado. De esas «auténticas voces silenciadas», como dice otro docente que agradecía la inciativa de consultarles para la elaboración de este libro.

En otro ámbito se repite este abandono, es raro que «los medios de comunicación no llamen como experto a un maestro o profesor cuando se trata el tema de la educación de los niños. Incluso cuando se regulan reformas en educación, los profesores no contamos para nada. La educación no debería estar sujeta a vaivenes políticos, económicos, sociales o de cualquier otra índole», comenta un profesor de la ESO.

Desgraciadamente, la sensación que los maestros tenemos es que el experto es el otro, no nosotros, y creo que es un error. Pienso que en los últimos años se ha «psicologizado» mucho todo lo relativo a la educación, buscando apoyo en el experto externo para mejorar, justificar o buscar apoyo en una tarea que tiene su base fundamental en la relación maestro-alumno. Cuando hay problema de aprendizaje en nuestros alumnos se corre a buscar bases psicológicas que justifiquen el fracaso escolar, estudios sociológicos que den luz sobre las dificultades de la compleja situación social actual, etcétera.

¿Y dónde queda la formación pedagógica y didáctica del maestro? ¿Qué lugar ocupa la experiencia profesional de años de docencia? ¿Quién respalda esa experiencia?

Vivimos en un mundo de expertos y especialistas donde creemos que tiene que haber uno que resuelva cada dificultad —craso error.

Se ha de volver a la esencia del maestro, «nos hemos perdido con tantas instrucciones en la profesión hacemos de todo pero, eso sí, sin ninguna credibilidad, porque cualquiera sabe más que nosotros».

Dignificar la escuela es urgente, no somos un *parking* obligados a estar abiertos mientras los padres trabajan.

«A nivel educativo, siempre en colaboración con el ámbito familiar, es necesario que nuestros profesionales sean conscientes de su labor, del gran reto que tienen entre manos, siendo partícipes de los cambios que pueden permitir una sociedad más sana».

En este sentido, su vocación y colaboración será fundamental, hay quien demanda desde su aula de Bachiller un «mayor interés del profesorado» y «evitar la figura del funcionario docente que actúa como un déspota al que nadie le tose».

Y es que «la escuela tiene que crecer de forma paralela a la sociedad, adaptándonos a los cambios. En algunos casos hablamos de medios materiales, que es lo mismo que pedir más recursos para la educación, pero también es importante que los propios profesores también se mantengan "vivos" y motivados. A un docente con vocación y motivado no hay que decirle que sea curioso con el mundo que le rodea o que sea un poquito esponja a la hora de respirar el mundo que lo circunda de forma crítica y analítica. ¿Cómo lograr esa implicación del docente? Pienso que debemos descargar a los profesionales de la enseñanza de esos problemas colaterales que le distraen de su trabajo, como por ejemplo, la excesiva burocracia, la falta de prestigio social, la tibieza en la resolución de los problemas de disciplina o los retos irrealizables que causan frustración, como no disponer de profesores de apoyo para la diversidad en el aula», comenta un maestro de la ESO.

Totalmente de acuerdo con estas propuestas, el profesor no debe ser un burócrata de la educación, pero igualmente es cierto que nuestros jóvenes precisan profesores motivados, con ganas de trabajar, que amen su profesión. Lo dice la sentencia catalana: «El buen maestro debajo de un pino hace escuela».

«¿Cuántos maestros, profesores viven su trabajo como una vocación?». «Me parece que los maestros nos tendríamos que "poner las pilas" y expresarnos, no sólo quejarnos, que parece que es lo único que hacemos o se ve de nosotros si no mirar/buscar/mejorar/esforzarse en solucionar lo que vivimos en el día a día para intentar mejorar el futuro de la sociedad...

»La oportunidad que nos has ofrecido era una buena manera de hacernos oír y la prueba de que no tenemos las "pilas puestas" es que tan pocas personas hayan dado respuesta a tu ofrecimiento, me da la sensación que nuestro colectivo está tirando la toalla y vamos vegetando».

Desarrollan una labor digna de dedicación, «¿cómo me puede gustar mi profesión? Pues por eso mismo, porque hay una gran crisis de valores y de conocimientos es por lo que vale la pena trabajar. Como usted lo hace cada día desde su puesto», dicen desde un colegio de Primaria.

Aunque queda patente la falta de proyección profesional, «como maestra no puedes llegar a más a no ser que te pases a la Administración y ocupes un despacho, cosa totalmente diferente (y a veces casi diría que contraria) al trabajo con los niños».

Por cierto, me pregunto si los mejores profesores, ¿están en los centros más conflictivos? O por el contrario, ¿se van acercando siempre a los mejores colegios y más próximos a su hogar?

Debemos plantearnos: ¿cómo se elige a los directores?, ¿a los más capacitados?, ¿a los más competitivos o a los más adaptables?

Igualmente hay una falta de compensación por su trabajo, «¿cómo se valora, se estimula el esfuerzo del profesorado que se dedica, que se deja la piel en su labor diaria (aparte, evidentemente, de la satisfacción personal de estar trabajando para la formación de tus alumnos)?, ¿cómo se puede estimular la mejora, la innovación...?».

Lo cierto es que hay profesores que ven rebasada su labor en la sociedad actual. Hay profesores que, además, son consultores psicológicos, trabajadores sociales, asesores sexuales, policías, médicos de urgencia, jueces y un largo etcétera, un trabajo agotador.

«Tenemos que gestionar en el aula distintos niveles académicos, diferentes grados de aptitud y de comportamiento, lo que muchas veces actúa en detrimento de la calidad de la enseñanza. Parece que el alumnado actual exija una atención casi individualizada, lo que provoca un sentimiento de frustración al docente que intenta abarcarlo todo, siendo esto imposible por falta de recursos materiales o incluso de formación... en realidad creo que quienes nos dedicamos a la enseñanza, lo hacemos porque aceptamos el reto y mantenemos la esperanza de encontrar una vía para educar con calidad. Al menos yo tengo toda mi ilusión puesta en ese proyecto».

Habrán de dotarse de los apoyos necesarios, pues la labor de educar está cambiando. Se tiende a confundir innovación con dotar de ordenadores en las aulas. El cambio debe ser progresivo y radical. Hemos de pasar de la escuela memorística a la escuela de la vida, más práctica y continuada.

«Es más, hoy el trabajo —incluido el trabajo educativo— es trabajo del conocimiento y se produce en conversación con otras personas por medio de la televisión, Internet, el teléfono móvil, etcétera. No existe un lugar privilegiado en donde se ejerce la actividad educativa, sino muchos lugares que se interrelacionan en complejas redes que actúan sobre el educando... La actividad clásica del profesorado, pues, se ve sobrepasada... El profesor, la profesora ya no pueden educar basándose en la disciplina e imponiendo el silencio. Al contrario, educar exige saber conversar, trabajar con conceptos e ideas al tiempo que compartir, transmitir, escuchar las de otros», transcribe el Manifiesto Goieskola.

Inciden cuando se refieren en este sentido a la diversidad de alumnos: «El sistema educativo, al igual que cualquier sistema que es general, no atiende a la diversidad de los alumnos a pesar de los intentos con que cada reforma educativa lo quiera mejorar. No obstante, creo que ya sólo el hecho de que nos planteemos la posibilidad de ser más flexibles y menos rígidos que hace años es positivo», y más concretamente a su preparación, ¿hasta qué punto estamos preparados para atender adecuadamente y beneficiando a todos a los alumnos extranjeros que tenemos en las aulas?

La labor de tutoría es otra función a revalorizar: «Oficialmente la labor del tutor consiste en una hora semanal en la que debe orientar a los alumnos de forma individual, guiar al grupo, atender a las familias y coordinar a los profesores. Es imposible. Si ya de por sí es una labor ingrata y complicada, la ausencia de las familias de casa, la gran cantidad de estímulos que recibe a diario el alumno y la presión social hacen necesario un refuerzo de esta figura. Yo llevo años comentando en mi colegio la necesidad de nombrar para cada clase un cotutor, un profesor que colabore con el tutor en este trabajo. También sería importante que los propios tutores recibieran formación en inteligencia emocional y en fundamentos de psicología», explica un profesor de ESO.

Respecto a la formación de los alumnos, se plantean: «¿Los maestros vivimos satisfactoriamente/nos gusta/necesitamos ver y vivir el crecimiento y la evolución de la persona que son nuestros alumnos?».

Ése es el reto, como dice el manifiesto ya citado, «educar para que nuestras alumnas y alumnos sean capaces de construir conocimiento y de construirse a sí mismos como sujetos autónomos y críticos, a la vez que cooperativos y solidarios, educar desde la complejidad de la realidad social en la que están insertos y de la que participan, y de la incertidumbre a la que los continuos cambios nos abocan: educar, en definitiva, para la complejidad y la incertidumbre...».

Teniendo presente que se enseña educando y se educa enseñando.

*Formación del profesorado*

Si bien, no hay más hermoso título que el de maestro, hay que capacitarlo para las demandas actuales.

Conozco a muchos, muchísimos profesores, con los que me encuentro en los colegios donde trabajan, en conferencias que imparto, correctamente formados, ilusionados e ilusionantes, motivados, pero que me manifiestan que hay otro grupo de profesores inhibidos, «quemados», desilusionados por el deterioro de la propia profesión, junto a un grupo de jóvenes profesores recientemente incorporados al mundo laboral con falta de iniciativa, con inseguridad en sus conocimientos. Este tema es preocupante, precisamos jóvenes profesores que salgan a «comerse el mundo» y lo hagan con una formación actualizada y suficiente.

«A destacar es la necesidad de que se imparta una buena formación en las facultades de Educación. A menudo recibimos estudiantes de magisterio que no reflejan el entusiasmo ni los conocimientos adecuados sobre el niño, no viendo en ellos a las personas especiales y enamoradas de su trabajo y la responsabilidad y el compromiso que deben contraer con el niño pequeño y con la sociedad».

Respecto a la formación universitaria de los futuros maestros, un profesor de Bachiller opina que deja mucho que desear. «Se tendría que ser más exigente para poder realizar los estudios de magisterio, y los programas formativos de las universidades tendrían que ir un paso por delante de lo que se hace en la escuela. No puede ser que se apruebe una ley como la LOE y como aún no se aplica en su totalidad en las escuelas, se siga formando a los futuros profesores bajo las premisas de la LOGSE. Esto sé que pasa en muchas universidades, pues lo vemos con alumnos que nos vienen de prácticas».

Piensan que actualmente el sistema de formación no está debidamente enfocado, sobre todo la «formación inicial del profesorado y sistema de acceso (planes de estudio que consisten en créditos y créditos conseguidos con la realización de trabajos y ausencia total de conocimientos sobre cómo enseñar...)». Se cuestionan: «¿por qué se prioriza todavía la parte teórica a la práctica?».

Creen en «la necesidad de una actualización didáctica y científica del profesorado permanente y acorde con la realidad social y su relación con el contexto educativo».

El nivel de formación del profesorado es bajo y escasamente adaptado a las exigencias actuales. Pocos saben utilizar correctamente las posibilidades que aportan las nuevas tecnologías, tampoco saben descodificar los mensajes mediáticos. Por otro lado, hay profesores con una correcta formación académica, pero no poseen las técnicas y habilidades necesarias para mantener en el aula un clima que permita el aprendizaje.

Es preciso también formar al educador no sólo para que se transmitan los conocimientos que ha de impartir, sino en las características de personalidad de sus alumnos.

Según el informe «la situación de los profesores noveles 2008», elaborado por la Fundación SM, el trabajo con los alumnos es ahora más complicado que hace unos años tanto en conocimiento como en comportamiento por los nuevos valores y realidades sociales a las que atender, como la inmigración en las aulas. A los profesores se les pide que eduquen no sólo en conocimiento sino también en educación sexual, en violencia, en integración y ellos sienten que las familias no colaboran lo suficiente. Cabe reseñar, no obstante, que los alumnos ahora tienen mayor capacidad para trabajar en equipo y un mayor dominio de las nuevas tecnologías*.

Es cierto que la realidad exige conocer temas como los «programas de resolución de conflictos o habilidades sociales, y que sepan manejar conflictos y conozcan —algunos las dominan, otros no— y practiquen las estrategias de esos programas de forma cotidiana con alumnos, profesores, familias...». Aunque otros profesores piensan que es el trabajo cotidiano en las aulas quien aporta estos aprendizajes, «en muchas ocasiones, bastante tiene el maestro con mantener un orden aceptable en la clase. Por eso, en las uni-

---

* Artículo «Los alumnos cada vez peores», publicado en el diario *El País* el 9 de octubre de 2008.

versidades se insiste en formar maestros que sepan afrontar estos problemas. Se intenta formar en métodos que ayuden en la mediación y a sobrellevar los conflictos. En la mayoría de los casos se equivocan de lleno: esa formación la dan la experiencia y la tiza».

Otra cuestión que señalan es la insistencia en los planes de estudios universitarios en la formación pedagógica del maestro, «tanto que algunas veces se olvidan de darles una formación en conocimientos. Me he encontrado con maestros jóvenes que no saben resolver actividades básicas de alumnos de 10 años. Los hay que no les sale una división bien y también los que es imposible que enseñen ortografía a los alumnos, porque no la saben ellos».

Respecto a la motivación en su trabajo, creen que es insuficiente en los profesores noveles, piensan «que la mejora de la formación inicial de los maestros es fundamental no sólo en cuestiones técnicas, sino también en aspectos de formación integral y de voluntad de trabajo. Esta profesión, al igual que otras muchas, requiere una componente vocacional y de servicio imprescindibles que a veces no se encuentran entre los nuevos maestros». La vocación es algo esencial, imprescindible, como señaló el doctor Marañón, y hay profesores que ejercen como tales, porque no han encontrado un trabajo mejor (mal asunto). En esta profesión hay que trabajar desde el gusto por hacerlo, por redescubrir, por adaptarse, por transmitir el gusto de aprender, por mantenerse joven (pese al paso de los años).

Pero no sólo la falta de motivación recae en los nuevos docentes, sino que también existe una desidia en parte del profesorado que lleva años ejerciendo. «He podido comprobar que hay muchos profesores de una calidad altísima, de hecho, son ellos los que mantienen las escuelas, pero después hay un pequeño colectivo en todas las escuelas que no se implica para nada en su trabajo y que hace lo mínimo exigible (se saben de memoria el convenio colectivo y en él no dice, por ejemplo, que un profesor que no quiera a sus alumnos tendría que cambiar de trabajo), y cuando les propones cambios para poder realizar mejor su trabajo, recurren a todo lo que acabo de exponer, para decir con lo mal que me tratan, para qué tengo que hacer más».

«La escuela necesita reconocimiento y apoyo, colaboración y dedicación, paciencia y sentimiento y, sobre todo, mucho amor para transmitir a nuestros queridos alumnos», dice una profesora.

Respecto a la formación de estos docentes de larga experiencia, es preciso que sea «permanente a través de la creación de redes y centros donde se organice y gestione la formación continua de los profesionales de la educación». «Estamos obligados todos y todas a reciclarnos continuamente. Especialmente los profesores debemos tener la obligación y el derecho a una renovación de contenidos y de estrategias acordes con la realidad (tecnológica, pedagógica, psicológica y social) que se vive y la que se prevé en las aulas».

Los propios docentes exigen una actualización para responder a las dificultades reales de su práctica y para mejorar profesionalmente.

Se precisan nuevos diseños de formación del profesorado. Mejor formación cultural y humanista, fomento de valores éticos. Junto a ellos es esencial un clima social que prestigie al profesorado.

## FAMILIA EDUCADORA

Las familias no están organizadas como lo está la escuela, que al menos depende de un sistema nacional de educación.

Los educadores solicitan que las familias, los padres, se impliquen en la educación de sus hijos, que asuman que educar es saber decir que «no» a su prole en muchas ocasiones, poner límites y enseñar a encajar las frustraciones en la vida, lo que además forja el carácter. Educar en el esfuerzo, en el respeto y la jerarquía. Y que les guste o no hay cosas que se aprenden en la familia, no en la escuela.

Entienden que la dedicación en las familias a la educación de sus hijos no es suficiente, bien porque no es fácil conciliar la vida laboral y familiar: nuevos horarios y «porque no se asume el papel educador esencial de los padres: "la sociedad y los padres, en concreto, delegan la educación en otros estamentos (guarderías, dejar a los hijos con los abuelos...) y nos olvidamos que el tiempo que estamos con ellos no es sólo diversión, también hay que educar"».

Y es que piden «que los padres sean padres y no amigos ni colegas de sus hijos». Es más se plantean el papel de los padres respecto a sus hijos: «¿son realmente deseados?», «¿se viven con ilusión, con proyecto o los hijos son una carga?», «¿cuánto tiempo se dedican/ se pueden dedicar los padres a "vivir"/convivir con ellos?, ¿cuántos padres conocen a los amigos de sus hijos?, ¿y a sus familias?». Además de tener presente la realidad cambiante de las familias con «pequeños dioses que son los hijos únicos, y cada vez hay más».

Señalan que «la educación que se recibe en las familias refleja nuestra sociedad: insegura, insatisfecha y con dudas sobre sus referentes. Hay falta de límites en la educación de los hijos: ¿por miedo?, ¿por comodidad?, ¿por...? Y una necesidad de los padres de resolver la vida de sus hijos: que todo les sea fácil, "que el viento siempre le vaya a favor"».

Es importante y necesario «que la familia tenga clara una escala de valores y pueda transmitirlos a sus hijos. Mostrar amor y disciplina como dos valores que se complementan y no se excluyen. Necesidad de una educación moral en la que los padres son los principales responsables».

Inciden en el consumismo invasor de los niños de las sociedades desarrolladas que tienen muchas cosas, demasiadas, y que los adultos creen que el cariño se expresa regalando cosas. «No se trata de practicar con los niños la ética de la limitación, sino de poner en marcha una *nueva filosofía ciudadana* del placer de compartir tiempo para jugar, para dialogar, para dar afecto, etcétera. En el primer mundo el *tener* prima sobre el *ser*; cuando la auténtica plenitud vital quizá debería residir en reducir los alimentos superfluos del cuerpo y del alma. De este modo, se podría alcanzar una experiencia humana más elevada».

Los padres han de inculcar a sus hijos que tienen deberes, no sólo derechos, «que todos debemos seguir unas normas, y los jóvenes también. No protegerlos tanto y saber decirles no».

Hay falta de «equilibrio: actitud que muchos padres y madres ni protagonizan ni encuentran. Observo que una parte importante de la educación familiar está construida de blancos y negros extremos y no de grises. Sentido común: ¡qué cantidad de decisiones se toman en las familias sin atender a un mínimo de sentido común! Sentido del humor: con lo complicado que es educar y los disgustos que se llevan los padres, hay que disponer de esta actitud con frecuencia para "sobrevivir" a los hijos. Ser cariñoso que no blando. Atender a los hijos y dedicarles tiempo es fundamental. Pero el tiempo escasea, y en muchas ocasiones hay padres que cambian tiempo por dinero. Error que pasa factura y que distancia a las generaciones. Ser constantes: los padres pretenden corregir a los hijos en un plazo de tiempo inmediato, lo cual en educación es casi imposible. No se contemplan los logros a medio o largo plazo, ni hay paciencia para ello. Dar ejemplo coherente que armonice lo que se dice con lo que se obra en el hogar. Asumir que el esfuerzo es necesario. Muchos padres han asimilado mal el riesgo de traumar a los hijos por hacerles sufrir, y esto llevado al extremo supone que los padres son muy blandos, permisivos y le impiden al niño darle sentido al sufrimiento».

Otro profesor de Primaria manifiesta sentirse a gusto en el trabajo «no sólo formando cabezas (el aspecto intelectual) sino los sentimientos, sensaciones... y al mismo tiempo en la interrelación que consigo tener con los padres para así hacer sentirse (el padre como la madre) competentes y que vean lo capaces que son», si bien plantea distintos problemas que encuentra en ellos:

— La crisis de la autoridad. Aunque la necesidad de autoridad es reconocida por todos, en la práctica no se llega a ejercer y se mantiene la ambivalencia. ¿Qué sucede para que los padres tengan tantas dificultades en ejercer? ¿Por qué aplicar la autoridad les hace sentirse mal? El niño no es el que ha de tomar las decisiones, y conviene mantener y darles unos límites claros.

— La importancia de las funciones parentales. Aunque la educación esté compartida entre los padres al 50 por ciento, parece que es la madre sobreprotectora, la que se ocupa de contenerle, de cuidarle, de hacer y deshacer mientras está el padre ausente. El padre como función paterna, está todavía lejos de ocuparse del hijo, a nivel afectivo. La ausencia de la figura paterna —aunque esté presente físicamente— puede afectar en el desarrollo de la identidad del niño que crece con ese modelo. «Todos los años me encuentro con algún niño con dificultades de identificación», dice este profesor.

— Dependencia/independencia. Señala que «hay madres que no permiten que sus hijos hagan mal las cosas, quieren hijos perfectos. Madres que hacen, hablan y piensan en lugar del hijo, que llenan las agendas de clases particulares (kárate, francés, bailes, catequesis...). ¿Cómo va a sentir necesidad de pensar, crear, inventar, hablar, equivocarse?, ¿Cuándo juega?, ¿cuándo se aburre? Un poco de aburrimiento en la vida de los niños viene bien para que puedan buscar su propia manera de salir del mismo».

Los padres han de educar en la individualidad a su hijo teniendo en cuenta sus potenciales. «A nivel familiar sería necesario marcar una línea de esfuerzo para alcanzar nuestras propias metas, no centradas en lo que la sociedad nos exige sino en función de las necesidades personales, convivir y disfrutar el día a día. Vivimos en una franja normativa a la que nos hemos de ajustar para seguir las tendencias. Es necesario cultivar la parte individual que nos hace diferentes a los demás y especiales».

Han de interesarse por su desarrollo global, también emocional. ¿Por qué las preguntas relacionadas con la escuela siempre son de «control»?, cuestiona el maestro. ¿Cuántos padres preguntan que es lo que más les ha gustado?, ¿cuándo han estado más contentos?, ¿cuál ha sido el descubrimiento del día? Hay mayor «interés por el aspecto intelectual más que por la formación de la persona».

Los profesores argumentan la necesidad de «restablecer la relación padres e hijos: niños/niñas. Que al menos vuelvan a tener el derecho perdido a la atención de sus "tutores" y "progenitores". Al menos deberían poder gozar de su "derecho a ser menor"».

Para ello es fundamental la comunicación. «Los niños y adultos mantienen un diálogo permanente, un diálogo vital que les vincula a la experiencia humana. En la infancia mediante el juego, los cuentos, las narraciones se mantiene ese contacto, pero el mundo adulto no sabe cómo comunicarse con los más jóvenes. La distancia intergeneracional se agranda, los padres están demasiado ocupados para iniciar un diálogo que les permita contrastar sus puntos de vista sobre la vida, la omnipresente televisión ocupa el espacio que antes las familias utilizaban para comunicarse, las consignas del mundo adulto son vistas de forma sospechosa, cuando no se incumplen abiertamente, porque los criterios de autoridad se han relajado en exceso, etcétera. En definitiva, nuestra programación natural de hablar con nuestros descendientes se rompe antes de que éstos lleguen a la etapa de la independencia. Todo ello está acarreando muchos problemas y está viciando la atmósfera familiar, escolar y social».

Los resultados los vemos y escuchamos «en los medios de comunicación cada vez es más frecuente la narración de casos de adolescentes que castigan (física o moralmente) a sus padres, que acosan a sus compañeros, que agreden a ciudadanos por aburrimiento. Muchos de estos adolescentes no forman parte de pandillas callejeras, no provienen de familias desestructuradas, ni de ambientes marginales y pobres; son sencillamente hijos de familias acomodadas que lo tienen todo, que se les ha dado más cosas de las que necesitan y se sienten hastiados. ¿Dónde radica el problema?: en la falta de límites claros, en la carencia de afecto por falta de tiempo para compartir lo realmente valioso, en la falta de apego; en definitiva, en una socialización defectuosa en valores morales elevados.»

Como la disciplina, indica otro docente, «cada vez nos llegan más niños déspotas con todos los que les rodean. En general, nos hacen mucho daño los psicólogos (ya sé que usted lo es), me refiero a los malos psicólogos. Se empeñan en ver conductas normales donde no las hay. Insisten en ver niños hiperactivos donde sólo hay un niño maleducado y consentido. Engañan a unos padres que no pueden o no saben desempeñar su labor». Se refieren en este sentido a niños también de cortas edades, de 3, 4, y 5 años: «es lamentable oír pronunciar a su madre/padre de turno la frase: "Tú me dirás lo que tengo que hacer, porque no puedo con él/ella". Personalmente no me considero mayor, pero frases como esas me hacen sentir vieja: "¿Será que hay gente que ha perdido por completo el sentido común?". Y es que los adultos progenitores han de entender que "se educa en casa, el colegio apoya". No se puede cuestionar, quién manda en casa. "Si resulta que es el niño (el niño rey) lo que hace es reproducir sus comportamientos en el aula, jamás se le ha negado nada"».

La escuela debe optar por formar niños mimados, tiránicos y fáciles de manipular, o una escuela que forme individuos libres, ciudadanos verdaderamente críticos capaces de enfrentarse por sí mismos a la vida. Pero respaldados por las familias.

Todo seguirá igual si no entendemos que la prioridad de cualquier país civilizado es la formación y educación de sus jóvenes, insiste este otro profesor, incluidos los psicólogos y pedagogos «de salón» partidarios de aumentar los derechos sin pensar en las obligaciones de los ciudadanos y de nuestros hijos.

«Los divorcios y la droga también han hecho mella. ¿Qué le vas a pedir a un niño que su madre vive con un señor con problemas de drogas y que su padre está "desaparecido"? Bastante tiene con sobrevivir».

«La sobreprotección, la compensación (trabajo mucho, te veo poco, te dejo mucho rato en la tele, te compro muchas cosas) y el "coleguismo" son algunos de los errores que más repercuten en la educación de los niños».

Una protección excesiva no puede ayudar a formar personalidades fuertes.

Un orientador de FP señala la desresponsabilización por parte de los padres a la hora de educar, debido a varios aspectos, por ejemplo, «conductas de riesgos ya no lo son tanto por la medicina, por ejemplo en la píldora poscoital, con lo cual la educación de las familias se relaja.

»Se relaja también por la hiperconfianza y sobrevaloración que se hace del colegio, a veces no es real pero no queda otro remedio por la falta de tiempo, entonces se atribuye al cole excesiva responsabilidad».

Parece que la falta de tiempo debido a la dificultad para conciliar la vida laboral-familiar es uno de los grandes males que se hace notar en la educación actual: «Es verdad que hay familias que de verdad necesitan que su hijo/a esté en un centro educativo mientras ellos se van a trabajar porque su situación económica es realmente limite. A mí me resulta muy duro ver a un bebé o a un niño/a de un año separado/a de su madre, que es la persona con la que mejor está por muy bien que le cuidemos en la escuela y por muy buenos profesionales que seamos, que lo somos. Un niño/a de estas edades debe permanecer en un ambiente familiar siempre y cuando sea posible, es importante los afectos, las caricias, los mimos, y la atención individualizada que una madre/padre da a su hijo/a, pues luego no tiene sentido compensarlo materialmente con un poco más de edad (que es lo que hacemos)».

Y es que «los niños/as no pueden tener más horario escolar que los propios padres, en nuestra escuela hay niños/as desde las 07.00 hasta las 17.30, eso para mí es maltrato, 10 horas en un centro porque sus padres tienen que trabajar, o eso dicen».

Lo más adecuado para conciliar sería reducir jornadas laborales, más tiempo de permisos de maternidad/paternidad, horarios ajustados a las necesidades familiares, excedencias, ayudas económicas, etcétera... para que los padres puedan estar el mayor tiempo posible con sus hijos.

«Estas medidas no sólo debieran afectar a los niños de 0-3 años, deberían extenderse hasta los 16 años».

Las instituciones, empresas, los padres-trabajadores, tienen que reaccionar, instaurar medidas que produzcan «mejoras reales que favorezcan la conciliación laboral y familiar, y pasar más tiempo con nuestros hijos».

Así es, «si les dedicásemos más tiempo e hiciésemos más caso a las llamadas de atención: un suspenso, una amonestación, una mala contestación... nos iría de otra manera», dice un profesor de ESO y Bachillerato.

Las «expectativas de la familia hacia la educación, y concretamente hacia la escuela, han de cambiar, = disociación colegio "guardería", poco tiempo de dedicación», apuntan también desde un centro rural.

Con tiempo e implicación la educación puede funcionar de manera conjunta y complementaria en beneficio de los niños, sobre todo si nos referimos a la Educación Infantil: «El proyecto Casa de Niños en un entorno rural y en una comunidad pequeña es una forma de trabajo con los más pequeños que verdaderamente involucra a los padres/madres en su educación. Ese mismo proyecto en un entorno urbano no produce los mismos resultados, las familias tienen muchas prisas y los abuelos son los que se encargan verdaderamente de los nietos, no participan en las actividades del centro y suelen ser alumnos que no han sido admitidos en una escuela infantil».

Por cierto me pregunto por qué casi no hay profesores varones en la escuela infantil, hay necesidad de ellos.

Hay que dar un paso adelante, «la implicación de las familias en la educación de sus hijos, de manera que suponga una colaboración progresiva».

Para ello se han de «impulsar las escuelas de padres y madres como medio para la formación e integración de éstos en el sistema educativo» y para toda la sociedad, pues la educación es de todos, y debe implicar a todos.

Las familias, además, han de reforzar la «motivación del alumnado hacia la educación» y realizar un «seguimiento preciso de la evolución de los hijos (horarios, control del abuso en el uso de la Play, disposición de un ambiente adecuado para el estudio...)».

RELACIÓN FAMILIA-ESCUELA

Debe crearse una Familia Educativa, compuesta por padres, alumnos y profesorado. No debe existir divorcio entre la escuela y los padres.

La implicación de la familia en la escuela pasa por no delegar en el colegio/instituto la educación de los hijos, por mantener una comunicación permanente, una interrelación familia-escuela-sociedad donde cada uno debe asumir su responsabilidad. Una «implicación y coordinación por parte de los padres hacia los profesores, e insistir en otros aspectos, no sólo los académicos».

Igualmente, «retomar una serie de valores que se están perdiendo, no sólo es necesario el dinero en el seno familiar (lógicamente si las necesidades básicas están cubiertas). Fomentar valores, trabajo, respeto, solidaridad, compañerismo. Estos valores creo que en la escuela ya se trabajan en la ¿familia?, ¿sociedad?».

«Urge, pues, que alimentemos el diálogo entre profesores y alumnos, entre padres e hijos, entre institución escolar y familiar...; éste ha de presidir toda buena educación. Si el alumnado, los padres o el profesorado están desmotivados o desalentados para iniciarlo, hay que buscar las estrategias oportunas para hacerlo posible. En última instancia necesitamos comunicarnos en un sentido amplio: con el cuerpo, a través del lenguaje verbal, etcétera».

Es más, una docente indica que la «labor tutorial es tan imprescindible ejercerla con el alumnado como con sus padres».

No siempre es fácil, «los maestros estamos más que hartos del poco o nulo prestigio que tenemos ante parte de las familias que acuden a nuestros centros. A menudo tenemos la impresión que les interesamos más como plaza o garaje donde poder dejar sus hijos mientras ellos trabajan, que como instrumento esencial para que sus hijos reciban orientación, apoyo, amor y enseñanza que les permitirá poder realizarse en el presente y el futuro».

La educación ha de ser una tarea compartida entre familia y escuela, «y sin mezclarnos, cada uno dentro de su ámbito, los padres son padres y los maestros, maestros. Eso sí, con una constante comunicación y que aquellos acuerdos a los que lleguemos sean cumplidos. Por suerte, hay un gran número de familias que piensan y actúan consecuentemente con estas premisas y cuando esto pasa, en la gran mayoría de los casos, el éxito escolar es un hecho», dice un profesor de Bachiller.

Pero no sucede con otras familias, se incide en la falta de interés por sacar tiempo y dedicación para sus hijos «la mayoría de los padres deja, y subrayo, deja a sus hijos aparcados en el colegio, que debe educar, formar, hacer de padre o madre y enseñar los conocimientos necesarios de la edad. Es quitarse la responsabilidad de la educación. De hecho antes te decían más "¿es esa la educación que te dan tus padres?", ahora lo normal es "¿es eso lo que te enseñan en el colegio?". Personalmente, creo que tenemos una labor de educación, pero no depende de nosotros en su totalidad. La paradoja es que si castigas a un chico por su comportamiento, a veces viene el padre exigiendo que es su labor y no la nuestra y que es el único que puede castigarle, ¿en qué quedamos?».

Punto clave en la educación actual. Al igual que hay padres que defienden a su hijo que acaba de violar a una joven, nos encontramos con progenitores que cual depredadores increpan a los profesores si estos osan sancionar o recriminar a sus hijos. Incluso se han dado situaciones hostiles que han desencadenado en un acto violento. Tenemos ya algunas sentencias en que se sanciona hasta con un año de prisión la agresión de un progenitor a un profesor en el aula. Parece lógico y pertinente, pues en el desempeño de su función, es una autoridad.

Estos equívocos abogados de sus hijos, tienen miedo, y les ahoga la culpabilidad. No lo duden, su conducta dañará al descendiente, a la sociedad y se le convertirá en un *boomerang* patético e inaceptable.

Como principio general, los padres siempre deberían estar del lado del profesor y no dejarse acobardar por las exigencias de los hijos.

Hay que reconquistar la autoridad del maestro. Problemática emergente en nuestra realidad, «no entiendo a los padres que, por proteger a sus hijos, desprecian el trabajo o la actitud de los docentes, sin darse cuenta de que así destruyen cualquier posibilidad de reconocimiento de la autoridad», comenta un profesor de ESO, con la consecuente posición del alumno que «puede responder, "mis padres te pagan para que me eduques"». Otro profesor exponía, «parece que decir las cosas de la manera en la que tú las expresas es una falta de respeto a esos padres que dejan a sus hijos en el colegio hasta las seis de la tarde y con las *tatas* hasta que se van a dormir, mientras ellos juegan sus partidos de pádel tranquilamente... Ése es el ambiente que nos rodea. Cuando te encuentras con padres que te preguntan qué hacen con sus hijos (en mi caso niños de 11 y 12 años), ¿cuál se supone que debe ser la respuesta?

»Se ha de trabajar en recuperar el prestigio que la escuela y los educadores tenían hace años —comenta esta profesora de ESO— un mayor respeto al educador, más colaboración y sintonía entre familias y profesores, más disposición a renunciar a tiempo de placer para dedicarlo a los hijos, más receptividad por parte de los profesores para entender que cada chico es un mundo de posibilidades y de dificultades y que cada uno de ellos es UNO y requiere una actuación individualizada, más ayudas y recursos por parte de la Administración».

En el otro extremo, esta posición: «El profesor siempre tiene razón».

Desde luego se han de evitar que «las relaciones entre padres y docentes sean tensas y pasen a ser alegres, basadas en la confianza mutua, pues todos buscamos lo mismo».

En esta relación es indudable la influencia de la realidad social, «la no conciliación entre la vida laboral y familiar y el ritmo de vida de la sociedad sujeta al materialismo y al consumismo excesivo hacen que nuestra labor como docente se complique».

De igual manera, las nuevas tipologías de familia «están obligando a los docentes y educadores a introducir cambios en sus técnicas de trabajo y, sobre todo, en sus actividades tutoriales, en la manera de trabajar ciertos temas ante el alumnado y en la forma incluso de relacionarnos con las familias de nuestros alumnos».

Las relaciones profesor-padres han de mejorar, «creo que a los maestros se nos ha enseñado a FORMAR a los alumnos/as, a tratar con ellos, pero no con los padres. Tampoco somos psicólogos. Creo que deberían existir en cada centro o por lo menos en cada zona Escuela de padres y obligar a todos estos padres de alumnos conflictivos a asistir a la misma hasta que se vea una mejoría de los chicos, porque siempre o casi siempre el problema está en la familia.

»... Se dan charlas muy de vez en cuando para padres por zonas, pero como muy bien dice usted, apenas asisten padres y los que asisten son aquellos que están preocupados por la educación de sus hijos y no asisten los que más necesitan escuchar».

En general se solicitan y entienden necesarias las Escuelas de Padres y Madres como un lugar de reflexión y formación de los mismos, incluso una docente sugiere realizar el curso Superior en Escuela práctica para padres profesionales, como el que realiza la organización que dirijo (Urrainfancia, S. L.) y del que se puede obtener información en www.javierurra.com (sugiriendo que pudiera hacerse de manera presencial o telemática).

Insisten los maestros en la importancia de valorar el centro escolar, «es casi una minoría de padres y madres que responden a las convocatorias del centro (reuniones, entrevistas con el profesorado, fiestas, jornadas culturales...). Y por supuesto una muy minoría los afiliados a las AMPA. Es muy importante que valoren este ámbito, pues sólo así sus hijos e hijas lo respetarán y aceptarán lo que se les dice y enseña, sólo así estarán motivados hacia el aprendizaje. Fundamental que la valoración también venga del padre, es una amplia mayoría de madres las que se preocupan por la educación de sus hijos, y ya se sabe que lo femenino está menos valorado en nuestra sociedad», comenta un profesor de la ESO.

Por su parte algunos padres que ejercen de educadores y participan en el funcionamiento escolar nos han hecho llegar también su valoración respecto de las relaciones entre las familias y los centros educativos.

Entienden que la participación de padres y alumnos, junto con los profesores, es un derecho reconocido en nuestro ordenamiento jurídico. Esta participación implica ser parte en la gestión de los centros educativos, de manera «auténtica». Algo que piensan se interpreta como una exigencia y no como un privilegio, impuesto desde fuera en lugar de ser impulsado desde dentro como demanda, como necesidad de los propios grupos sociales interesados en la educación. Creen que no se ha tomado conciencia de la influencia potencial de la participación de la comunidad educativa en una efectiva calidad de la enseñanza.

Las AMPA son el referente más importante de la participación de las familias en los centros, son el principal interlocutor de las familias con el profesorado y los equipos directivos, y destacan que existe una correlación muy elevada entre la actitud de los equipos directivos y la vitalidad de las AMPA. Si el profesorado da facilidades, hay un buen nivel de participación.

Además de la AMPA, el Consejo Escolar, máximo órgano de gobierno en el control y gestión de los centros, permite la participación de los distintos sectores de la comunidad educativa.

Las AMPA cuentan también con estructuras de carácter superior de relación y coordinación que las representan, promueven y defienden sus intereses, fijándose como objetivo alcanzar el establecimiento de un sistema educativo de calidad. Así la FAPA Gabriel Miró ha desarrollado innumerables campañas para favorecer la participación de los padres y madres de alumnos en los centros, buscando no sólo los índices cuantitativos, sino la calidad de la participación, emprendiendo campañas de sensibilización y centrando sus esfuerzos en la formación en sus representantes como única garantía para una participación responsable.

Un buen ejemplo de unas óptimas prácticas participativas se realiza en el CEIP El Sagrer de Barcelona. La relación familia-escuela es objeto de atención desde el principio.

— Antes de que los padres lleven a cabo la inscripción de su hijo, se procede a la presentación del centro por parte del equipo directivo y representantes de la AMPA.

— En la etapa de Educación Infantil, los padres traen y recogen a sus hijos a la clase, lo que posibilita un intercambio diario con los maestros. Esta circunstancia se ha ampliado al primer ciclo de Primaria, pues revierte una gran mejora en el proceso educativo de los alumnos.

— Existe un sistema organizado de representación de padres, pues cada clase escoge unos delegados que tienen funciones y responsabilidades aprobadas por el consejo escolar como dinamizar la participación de los padres en la vida escolar, ser portavoz de las inquietudes pedagógicas de los padres, informar sobre propuestas entre tutor y padres, ayudar al tutor para coordinar al resto de padres, representar al grupo-clase en la asamblea de delegados.

Padres y madres deben interesarse por el proceso educativo de sus hijos, y la participación es un deber democrático incuestionable. Cada uno puede participar adoptando los compromisos y exigencias que desee. Un centro en el que los padres y madres participan activamente es ya, por ese motivo, cualitativamente distinto a otro en el que no lo hacen. Hay que hacer lo posible y necesario, y eso conlleva audacia, capacidad de trabajo, compromiso y formación. Se puede mejorar la gestión de un centro formando parte, como representante de la AMPA o del sector de padres y madres del Consejo Escolar, para no conformarse con que éste sea un órgano burocrático, sino para impulsar que amplíe sus actuaciones, que actualice sus proyectos y que emprenda tareas innovadoras. Se puede participar también colaborando en el conjunto de actividades complementarias y extraescolares que se planifiquen.

La gestión democrática de los centros educativos puede mejorar y los padres deben contribuir a que así sea con su compromiso, inteligencia y el deseo de que la igualdad de oportunidades, la justicia y la calidad educativa se abran paso por encima de los egoísmos y estrategias manipulativas que conducen al conformismo y paralizan los mejores impulsos.

La educación lo es todo. Cierto. Lo único que de verdad contribuye al progreso de cada persona y de los pueblos es la educación.

Precisa de credibilidad y reconocimiento.

¿Quién educa? En la actualidad, primero, los padres, que predisponen la receptividad ante el resto de agentes socializadores, entre los que se encuentran orientadores, maestros, profesores y también el grupo de iguales (los amigos), los medios de comunicación, más Internet... y al fin uno mismo con libertad mediatizada por lo heredado e interiorizado en los primeros estadios de la vida.

## Coherencia entre casa y escuela

Según las opiniones de los profesores recogidas, se parte de la base de que «la educación debe de implicar a toda la comunidad: familia, vecinos y escuela». Y por tanto, «es fundamental el apoyo y colaboración entre los diferentes componentes humanos que acompañan al alumno fuera y dentro del aula».

Por ello señalan importante que exista relación entre lo que se enseña en la familia y lo que se enseña en el colegio. «Si las prioridades y valores que viven en casa se desarrollan paralelamente en el colegio, los chavales se acostumbran a que lo normal en sus vidas tenía que ser eso, aunque obviamente estén rodeados y en contacto con otras situaciones. Si lo que se inculca en casa coincide con los valores y hábitos que se intentan inculcar en la escuela, los chavales son capaces (en general) de desarrollar un espíritu crítico frente a las distintas situaciones y experiencias de la vida.

»Si por el contrario las familias intentan imponer su parecer en cada momento del proceso educativo de sus hijos, sin hacer ningún caso a las indicaciones (y muchas veces normas, organización interna, actividades propuestas por el centro, decisiones debidamente justificadas, disciplina interna del mismo...) es cuando algo empieza a chirriar. Cuando se empiezan a dar esas situaciones de desacuerdo, divergencia o desunión, y la educación de un niño se convierte en una lucha entre padres por un lado, y profesores por otro, no hay nada que hacer, el chaval o la chavala se puede convertir en un cretino/a».

Es primordial, por tanto, que lleguemos a un acuerdo en los valores básicos que debemos transmitir.

La realidad deja patente las distancias educativas de ambos entornos, «observamos que cada vez hay más distancia entre la educación que reciben en el colegio y la de casa (me refiero a la falta de límites y lo consentidos que están en esta última). Esto nos preocupa por la contradicción que perciben los niños y porque nos atrevemos a asegurar que en el futuro serán adolescentes y jóvenes con un bajísimo nivel de aceptación de la frustración, incapaces de resolver los problemas a los que tendrán que enfrentarse».

## Formar personas

«Creo que de todos los hombres que nos encontramos,
nueve de cada diez son lo que son, buenos o malos,
útiles o inútiles, gracias a la educación».

JOHN LOCKE, *Pensamiento sobre la educación*

A los profesores les encargamos la trascendental tarea de socialización, la transmisión de los fundamentos de la ciudadanía.

Maestras y maestros poseen una inmensa capacidad de prevención de acontecimientos futuros, al generar espacios de mayor libertad, desarrollar la capacidad para ser autónomos y protagonistas de la propia vida.

Según la Real Academia de la Lengua, «educación» es un 'conjunto de conocimientos, normas y valores que enseñan a una persona a vivir en sociedad'.

«Esta definición es precisamente la labor que ha de hacer el docente siempre en conjunto con las familias. A nivel familiar la autoridad, la disciplina, los límites y las normas de conducta han perdido la importancia que debería tener dentro de las familias. Esta situación ha llegado a las aulas y los docentes nos vemos a veces atrapados y sin salida ante una situación de falta de respeto total a todos los miembros que formamos la Comunidad Educativa».

Un profesor de la ESO dice echar de menos «en mis alumnos valores fundamentales como el esfuerzo, la perseverancia, la responsabilidad, la apertura a lo diferente y el respeto a la autoridad. No deja de sorprenderme el poco tiempo que le dedican al estudio, la forma en que se rinden cuando no entienden un texto en la primera lectura».

Una amplia mayoría de docentes transmiten esta necesidad de educar en valores, desde los primeros estadios pues se adquieren en los 5 o 6 años de vida, «sobre todo aquellos que son necesarios para una correcta convivencia», como indica otro profesor de ESO, unos «valores genuinamente humanos como son la solidaridad, libertad, respeto, etcétera. Una educación que olvide fomentar en la familia y en la escuela estos valores deshumaniza y hace al ser humano profundamente infeliz».

Veamos algunos de ellos:

— *El respeto:* que haya respeto, empezando por su propia familia, al profesorado, a «los seres humanos que poseen la experiencia, la sabiduría de la vida y que nos pueden transmitir ese conocimiento cargado de realidad vital. Una cultura que no aprecia a sus mayores, en la que sólo lo que aparenta juventud y progresismo es valorado como deseable es propia de ignorantes y de creídos».

Aprender a respetar a los adultos no es un fin en sí mismo, sino la manera de aprender a respetar a todo el mundo.

Enseñar a respetar a los demás sería el complemento del aprendizaje de la libertad.

— *La autoridad:* «es algo que resulta poco democrático en lo político, trasnochado en la familia y terriblemente necesario en nuestras escuelas e institutos».

Y si no se tiene de manera firme y coherente, si los adultos dudamos se transmite a los pequeños y se traduce en valores y educación relativa y cambiante.

— *El esfuerzo:* estamos en la sociedad del mínimo esfuerzo. Ver la televisión es un ejemplo, la lectura de la prensa gratuita (con el *collage* de titulares banales que lo componen), es otro. El pensamiento se hace *light* y evanescente. Hay que recuperar «la cultura del esfuerzo, el trabajo constante y el buen comportamiento en las aulas», señala un profesor de ESO y Bachillerato. El «esfuerzo personal como palanca que permite alcanzar los objetivos de realización personal y de contribución al bienestar de la comunidad», opina otro profesor, porque si no a la larga esta situación puede repercutir en la trayectoria escolar del alumno, debido a que la sociedad actual exige ritmos de vida y modelos familiares que no siempre permiten que los padres eduquen a sus hijos en la cultura del esfuerzo. Ya sea por un exceso de protección o bien por una falta de atención, muchas veces a los jóvenes no se les exige la autonomía y la responsabilidad que serían deseables, lo que acaba pasando factura en los resultados escolares».

Por otro lado, la idea de no discriminar a nadie ha tenido como consecuencia el descenso espectacular de la exigencia en todos los casos.

Precisamos unos valores que fomenten un «*espíritu crítico* que analiza desde la razón y la emoción los acontecimientos de la vida propia, de la sociedad y de la historia».

¿Por qué esta falta de valores?

Nicolas Sarkozy apunta el cambio social que se produjo al respecto: «Esa moral que proscribieron los herederos de mayo del 68 al imponer la idea de que todo vale, que no hay ninguna diferencia entre el bien y el mal, entre lo cierto y lo falso, entre lo bello y lo feo; intentaron hacer creer que el alumno vale tanto como el maestro, que la víctima cuenta menos que el delincuente, que no podía existir ninguna jerarquía de valores, que se había acabado la autoridad, la cortesía, el respeto, que no había nada grande, nada sagrado, nada admirable; ninguna regla, ninguna norma, que nada estaba prohibido».

Un profesor dice no poder determinar «cuál es el motivo de que nuestros adolescentes adolezcan de dichos valores, y mucho menos me atrevo a proponer soluciones. Lo que sí que observo es que se multiplican las horas semanales dedicadas a tratar algunas de estas competencias (tutoría, competencia social, ciudadanía, ética, religión...) y los resultados no mejoran. No quiero decir con esto que dichos créditos no sean necesarios, sino que probablemente no son suficiente. Para que la educación en valores sea efectiva debe llevarse a cabo en cualquier actividad docente (exigiendo responsabilidad, respeto...) y también fuera de las aulas y de la escuela».

Una de las finalidades indiscutibles de la educación es inculcar las virtudes y actitudes morales del respeto, la convivencia y el compromiso entre los ciudadanos.

La educación cívica —que concierne a la comunidad— debe impartirse ¡también! en la escuela. La buena educación es multidimensional.

Se apuntan la importancia de asignaturas como Competencia Social, Etico-cívica (posibilidad de realizar un voluntariado extraescolar), Ciudadanía, Resolución de conflictos, Participación en proyectos, como Agenda 21 (Medioambiente)... que nos ayudarán a estar bien con nosotros mismos y con nuestro entorno. «Creo que cuando una persona está bien con ella misma y con su entorno, es capaz de adquirir, más fácilmente, unos conocimientos académicos».

Si contemplamos la educación en las palabras de los maestros, encontramos aquellos aspectos necesarios, claves, para llevar a efecto esa formación integral del alumno como persona que entienden tan necesaria.

«Educar es ayudar a descubrir la felicidad y afrontar el infortunio. Educar es caminar junto a alguien sin dirigir sus pasos a no ser que, desorientado reclame nuestra ayuda. Educar es mostrar caminos, abrir puertas y dar alas a la creatividad, la responsabilidad, el tesón, el afán por mejorar y crecer como personas». Algo más, «la educación es un diálogo, un espacio en el que las voces participan, cuestionan, reconocen, entran y salen... al modo de la mayéutica socrática. Parto de la base de que la educación no consiste en la mera enseñanza de teorías abstractas sino en una actitud, en un arte de vivir, capaz de comprometer por entero la propia existencia y comprometerse con los otros».

No olvidemos nunca que los hombres han nacido los unos para los otros, así que como decía Marco Aurelio: «Edúcalos o padécelos».

La escuela ha de ser un lugar en donde aprender a convivir y respetar a los demás, así como lugar de «libertad compartida», para ello debe ayudarse a los chicos a adquirir habilidades sociales, «una reafirmación positiva del yo para poder avanzar en el control y la canalización de sus emociones y desarrollo moral», que se conozcan a sí mismos, su realidad social, personal. Es decir, formarle en la gestión de las relaciones humanas y las emociones, conceptualiza una docente, lo que implicaría una formación en la competencia social, «cada vez más los alumnos necesitan conocer técnicas para decidir cómo comportarse en diferentes situaciones, resolver sus propios conflictos internos y para formar y desarrollar su nivel ético. Una formación también en competencia emocional, "para entender, controlar y modificar estados anímicos propios y ajenos" y una formación en el trabajo en equipo».

La educación tiene que cubrir dos procesos que parecen totalmente opuestos, aunque en realidad son complementarios: la socialización y la individualización.

Otro aprendizaje sería la valoración de su trabajo y esfuerzo como medio para alcanzar objetivos, desarrollar la «tenacidad para luchar por las cosas. El espíritu que queda resumido en la frase atribuida a Aníbal en un anuncio: «Encontraremos el camino y, si no, lo crearemos», dice un profesor de ESO y Bachillerato. «Que tengan conciencia de la importancia del trabajo como una parte fundamental en la vida y en la "felicidad" de una persona», coincide otro.

Hay que «fomentar una cultura del ser y no del tener. Fomentando el conocimiento y el crecimiento humano de los niños a través de los recursos personales y no materiales».

La ética aristotélica se propone explicar que sólo intentando vivir moralmente y como es debido se puede ser feliz.

Es interesante para los docentes «retomar el valor de hacer "por dentro", personas bien construidas intelectual y emocionalmente», pues piensan que «no hay una adecuada educación en valores ni educación emocional, nuestros jóvenes no tienen resistencia al fracaso y a la frustración porque no tienen recursos para afrontarlos».

Educar no es informar, sino desarrollar el talento, y también el carácter de las personas.

Es importante tener en cuenta que «en la construcción de la identidad personal se hace evidente el papel del diálogo así como el de la observación e imitación de modelos». Los referentes serán personas próximas, o bien los medios de comunicación como moldeadores o creadores de ciertas pautas de comportamiento. Así es, hoy los medios, principalmente la televisión, transmiten unos valores ligados al éxito rápido y fácil, al consumo desmesurado...

Reitero, es cierto que los programas de televisión influyen y modelan a nuestros jóvenes, pero no se dude, un buen profesor influye más, mucho más que un productor de televisión en *prime time*. Todos hemos tenido un profesor, un maestro que nos cambió la vida. Posiblemente no es el que más conocimientos nos transmitió, pero si el que nos aprició, valoró, motivó. Nos transmitió su propio ser.

«De igual manera, el grupo establece patrones de conducta y actitudes que rigen o marcan las acciones de los sujetos individualmente considerados o como grupo. Así pues, el profesorado, la familia y el grupo de iguales son fuente para la imitación y para los procesos de identificación».

Y ante los modelajes antivalores, los padres deberían levantar la voz y «decir a los medios de comunicación: ¡basta!», apunta esta profesora, y explicarles que queremos que transmitan valores tales como esfuerzo, voluntad, entrega, compañerismo, etcétera, que nos ayudan a mejorar como personas y dejen de una vez de bombardearnos con la emisión continua de contravalores tales como el consumismo, la violencia, la inmediatez, etcétera.

No podemos obviar en este sentido, como también apuntan otros profesores, la iniciación cada vez más temprana de los niños en el mundo de las drogas, de la visión deformada de la sexualidad que algunos tienen o del acercamiento a grupos radicales.

En este aprendizaje para ser persona y convivir con los demás, «el niño debe saber que tiene derechos porque también tiene deberes, ya que no está sólo en la sociedad; y todos y todo merecen respeto y atención», señala otro profesor.

Desde el ámbito del comportamiento, «se ha de formar al alumnado en la aceptación de la diversidad (de ideas, culturas, creencias...) y en la capacidad de las personas para llegar a través del debate a acuerdos. Y en consecuencia, a saber aceptar las decisiones de la mayoría. No menos importante, inculcarles la idea de la necesidad de que cada persona sea capaz de asumir las consecuencias, positivas o negativas de sus actuaciones y asumir las responsabilidades de sus propios actos».

Para ello otra maestra incide en trabajar necesariamente «en el respeto a las culturas y procedencias de nuestros alumnos, en la mediación de conflictos, en el entendimiento, en la responsabilidad y en las consecuencias de las cosas mal hechas».

Sería interesante también «prestar más cuidado con el vocabulario que se emplea porque parece que todo vale, nada hace daño». Nada más lejos de la realidad, aunque los adolescentes caen con facilidad en el contaminante relativismo inane que se esparce por la sociedad. No todo se puede permitir, ¿dónde quedaron las buenas maneras?

Los buenos modales constituyen la formación moral más primaria y elemental. Es una cuestión tanto de ética como de estética. Son el arte de hacer que los otros se sientan bien con uno mismo.

Enseñar a vivir implica enseñar a respetar las reglas de convivencia o a cambiarlas, pero no eliminarlas.

La cortesía lo es, porque resuelve una contradicción del individuo, cual es el deseo de ser autónomo y de disponer de su espacio personal y, por el contrario, la necesidad de vivir con los otros y por ende de ver limitado su propio espacio.

Educar significa, entre otras cosas, «reprimir la espontaneidad». Enseñar a gobernar las emociones, a manifestarlas y expresarlas cuando y como es necesario. Las formas son necesarias porque sirven para reconducir las emociones y los sentimientos.

Leamos lo que seguía exponiendo esta profesora respecto al tema: «Promover la educación por encima de los contenidos es fundamental y necesario; hoy en día la sociedad en la que yo me incluyo, somos excesivamente permisivos tanto en el ámbito familiar como en la escuela o el instituto; se están creando auténticas escuelas de maltratadores de padres y de profesores y con el consentimiento de todos. Los padres consentimos y los profesores muchas veces nos sentimos tratados como auténticos felpudos, hasta el punto de que el maltrato psicológico reiterado por parte de determinados alumnos hacia los profesores es algo habitual en los institutos, con el consiguiente desgaste psicológico que esto conlleva. La falta de autoridad del profesorado, unido a la mala educación de buena parte del alumnado y que se refleja en todos los órdenes de la vida va a afectar a toda la sociedad. Hoy en día pocos ceden el paso o el asiento en el autobús a personas mayores o embarazadas, pocos saludan con cortesía al entrar o salir, las palabrotas, cagamentos y tacos son corrientes y nadie o casi nadie se escandaliza por ello. La televisión hace habitual situaciones groseras y malintencionadas, la pérdida de valores cada vez es más acentuada y no hay profesor que cogiendo a los alumnos a partir de los 16 años como es mi caso pueda subsanar una situación tan mala, pues como pasa con los árboles, o se les endereza cuando son pequeños o dudo mucho que un árbol de 16 años pueda enderezarse. Y en el fondo, los alumnos "normales" no dejan de sorprenderse de la falta de disciplina y de autoridad, así como de la pequeñez de los castigos frente a faltas graves, y es que aunque sea a contracorriente el adolescente necesita que le digan tanto en clase como en casa las mismas cosas con respecto a la educación y el respeto como base para la convivencia».

A los buenos profesores lo que les gusta (obviamente) es impartir clases, por eso se desmotivan y algunos abandonan, hartos de tener que comportarse como guardias de seguridad interrumpiendo constantemente para echar broncas e idear castigos.

Además, no están dotados de normas y reglamentos que permitan imponer sanciones con contundencia e inmediatez (imprescindible). Se precisa no sólo potestas (autoridad basada en la norma), sino autóritas (autoridad basada, asentada en uno mismo). Hay profesores que lo tienen claro y se hacen con un grupo conflictivo para otros docentes.

Se precisa el apoyo de la AMPA y de la ciudadanía en general. No se trata de expulsar del colegio al alumno (lo que alguno de ellos busca), sino de obligarle a realizar tareas incómodas y efectuarlo aislado. No se duda de que en algunos colegios se precisa una ratio más bajo, y el concurso de profesores, un tutor y otro de apoyo.

El respeto, la disciplina, la sanción son necesarios, son parte de la educación, de la correcta socialización. El movimiento ciudadano junto a unos reglamentos claros y taxativos de derechos y deberes de los alumnos son los que podrán ir dando solución a un tema que es la punta del iceberg de una falta de respeto, de una incontinencia verbal y conductual que se puede observar en las calles y sobre todo en los hogares.

No todos los jóvenes deben acudir a la escuela ordinaria, no todos quieren, no todos están motivados. Habrá de formárseles, pero en actividades de mayor destreza manipulativa, donde pronto se sientan útiles, retomando casi aquella figura del aprendiz.

Los inspectores educativos, los directores han de formar piña para generar la causa común respecto a lo que es asumible y lo que resulta inaceptable. Un niño, un joven, un maestro, no puede ir a la escuela atemorizado, no puede sentirse víctima al entrar por debajo de un frontispicio donde pone Educación.

Hemos pasado de algo negativo, cual era el miedo al maestro, a algo más perverso y preocupante: el miedo del maestro a alguno de sus alumnos y sus progenitores. Resulta dramático que en algunas ciudades de España me hayan acogido con pancartas de agradecimiento donde se podía leer *El pequeño dictador*, cuando los profesores son las víctimas (en referencia a mi libro *El pequeño dictador*, cuando los padres son las víctimas). Existe una pregunta reiterada: ¿cómo hemos llegado a esta situación? Resulta importante, pero es urgente plantearnos cómo salimos de la misma.

Ni niños ni adultos podemos mirar hacia otro lado. El diagnóstico está hecho, ahora cabe intervenir y la justicia no es la solución, aunque en algunos casos sea el último límite para desde la sanción coeducar.

Como bien dice este profesor: «Educar es fundamental y aprender a ser educado también y dejarse educar y tener buenas conductas, es nuestra responsabilidad como adultos para que los niños desde muy pequeños aprendan a distinguir y a elegir lo que deben hacer y lo que no».

Ser disciplinado significa haber asumido una cierta austeridad en las relaciones con uno mismo y con los demás. Quiere decir estar emocionalmente educado.

«Creo que tenemos que intentar ser cada día un poco más amables y fomentar desde los primeros años de escuela la empatía como valor fundamental de cualquier sociedad y ayudar a los niños a recuperar esa calma y tranquilidad que la modernidad nos está arrebatando cada vez más deprisa, y sin la que ellos no se desarrollarán plenamente y nosotros tampoco. ¿Cómo? Como todo lo que se quiere mejorar, dándole la importancia debida y buscando estrategias para afrontarlo y el compromiso de los adultos que, al fin y al cabo, en nuestras manos está».

Las escuelas deben hacer prevalecer el clima de respeto, de tranquilidad, de normalidad, de exigencia, de alegría sana.

## *Necesidades del alumno*

¿Qué necesitan nuestros chavales? Quererles, oírles, escucharles, darles tiempo y espacio para que se escuchen, se sientan, compartan sus dudas y miedos, necesitan que les acompañemos suavemente, que les respetemos en su adolescencia (en mi caso) o infancia, o juventud, que nos sigamos formando para serles válidos. Necesitan que les asumamos en su contexto vital, que respetemos sus familias (comprensión sistemática en la escuela), que les dotemos de palabra para nombrar lo que sienten, que les pongamos normas y las mantengamos para que se sientan seguros.

Si están en Infantil y Primaria que nos formemos en psicomotricidad relacional, que interpretemos sus dibujos, que juguemos y cantemos, que les dotemos de lenguaje sobre sí mismos, que nos riamos con ellos, que las escuelas de padres sean serias.

Que no les eduquemos en el odio, el horror, la violencia, el desprecio... Que les mostremos la luna, el canto de un pájaro, el valor inconmensurable de lo sencillo, que leamos mucho a Dolto... Que creamos en la vida y estemos profundamente vivos.

Algunos profesores no se dan cuenta de su propia transmisión de la personalidad (de alma en alma).

Se precisa una educación creativa y flexible donde se fomente el diálogo profesor-alumno y se escuchen los intereses de ambos, con un trato cercano, con tiempo y esfuerzo, no dando nada por sentado, como dice este otro maestro: «Seguiré planteándome cómo ha de ser el trato con ellos para que el proceso de aprendizaje sea el adecuado, y espero no dejar de tener dudas nunca, pues las situaciones acomodadas o establecidas en una sociedad de cambio permanente me generan más inquietud que consuelo».

No es fácil, conlleva generosidad y voluntad: «Esto me obliga a desarrollar la capacidad de escucha y a intentar ponerme en la piel de ellas, lo que requiere un desgaste emocional tremendo en muchos casos. No me gusta la actitud de quienes en Claustros y Junta de Evaluación se dedican a ver todo lo negativo por sistema, ni la posición de todos los que se empeñan en criticar modas y costumbres, puesto que el hábito no hace al monje».

Para los alumnos, el educador ha de ser alguien en quien poder confiar, en quien apoyarse: «Creo que mi actitud debe ser lo más transigente posible y desde luego procurar no juzgar su comportamiento, sino indicarles más bien que se pueden equivocar y, de hecho, se equivocan, pero han de estar alerta para darse cuenta y poder rectificar, esto para ellos supone un apoyo importante, y tener alguien en quien confiar fuera del ámbito de la familia y de los amigos, suele ayudarles. Esto no implica que yo sea su colega, pues no lo soy y ellos lo saben; además les gusta saber que cada uno tiene su función, su papel en el colegio».

Si el educador tiene que enseñar algo, la jerarquía no puede desaparecer. Piénsese, ¿qué autoridad ostenta para enseñar quien se sitúa al mismo nivel que quien ha sido instruido sobre muchas cosas porque aún no sabe nada?

Los maestros educan porque siempre enseñan algo, porque se comprometen con sus alumnos: «Es importante que los profesores nos impliquemos en el proceso de aprendizaje de cada alumno mostrándole los errores que comete en sus pruebas escritas o en sus comportamientos, para que pueda rectificar y así aprender, y aunque nos cueste trabajo, las palabras de ánimo surten más efecto de lo que uno pudiera imaginar y a lo mejor no cuesta tanto tenerlas. Tanto ellos como nosotros, como cualquier persona, sólo aprende si es consciente de lo que no hace bien y cree firmemente que lo puede solucionar, con ayuda o sin ella, de otro modo el proceso se rompe y aparece el fracaso».

De nuevo se referencia a la figura del tutor para establecer un canal comunicativo con el alumno, como observan varios profesores de ESO al decir que «en la nueva sociedad en la que el papel educador de la familia se ve a menudo condicionado por los horarios laborales y la dura competencia de la televisión o de Internet, hace necesario que los centros educativos introduzcamos la inteligencia emocional en los planes de acción tutorial, porque hoy en día los adolescentes tienen ante ellos multitud de caminos, pero no saben usar su propia brújula». Por ello «la figura del tutor es importantísima en esta etapa, pero sin dejar de lado el profesorado. El tutor/a ha de ser la persona capaz de motivar a sus alumnos a aprender y, a la vez, adquirir unos valores, actitudes, para así poder vivir y luchar por una sociedad justa», desde la escucha como dice esta profesora «desde mi experiencia como tutora de alumnos de 3.º ESO es cierto que sobre todo los adolescentes muestran una fuerte tendencia a la autosuficiencia, pero esto es sólo una pose, ya que están dispuestos, en general, a hablar de ellos mismos y sus problemas, en cuanto se les brinda la oportunidad, y me atrevería a decir que siempre la respuesta es buena si se les escucha con interés, pues ellos se dan cuenta y lo aprecian. Ser escuchados es muy importante para la mayoría».

Los profesores se plantean también las necesidades de los alumnos respecto a sus propios compañeros en el aula, bien por la importancia que se da o no en las escuelas a establecer, fomentar o estrechar los vínculos emocionales entre ellos, o por las dificultades que conlleva compartir aula cuando los intereses de los alumnos no son los mismos «es muy difícil la convivencia entre los alumnos de ESO que tienen capacidades y ganas de proseguir los estudios y aquellos alumnos que están obligatoriamente en clase cuando sus intereses, deseos y capacidades van totalmente por otros derroteros».

*Necesidades del alumno con una enfermedad*

Desde un hospital la profesora de niños afectados de cáncer indicaba aquellas necesidades específicas que requieren estos alumnos tan especiales.

«El apoyo incondicional y entusiasta de sus compañeros de clase, la manifestación de la amistad y el afecto de sus compañeros, de sus amigos, la "presencia" de su maestro/a, de su tutor... (un día un niño de 4.º de Primaria me decía con lágrimas en los ojos —así de real— que hacía dos meses que ¡¡¡no oía la voz de su maestra!!!), que se entienda que sus condiciones físicas y psicológicas están alteradas por el proceso de la enfermedad, por ello es totalmente necesario que el profesorado del centro educativo valore —acorde a las circunstancias— el esfuerzo más que los resultados».

En relación con los centros en los que están matriculados los alumnos, realiza las siguientes observaciones:

— Dar una respuesta adecuada y acorde con lo que implicará la enfermedad para este alumno/paciente que no ha escogido su situación, desde el centro educativo, la dirección, el profesorado, tutor/maestro y compañeros. Respeto por la información de la enfermedad y del estado del alumno/paciente. Sensibilidad, afecto, cordialidad, compañía, presencia...

— No olvidar nunca que el alumno es alumno del centro, el paciente siente que aquella es su escuela y así es.

— Dada la circunstancia de una enfermedad de riesgo vital de un alumno de clase se puede/debería aprovechar para trabajar los valores de la vida, los compañeros que están sanos pueden «recibir» muy mucho de lo que el paciente de su clase está viviendo. Además, poder evitar que algunos adolescentes al volver al instituto se sienten poco integrados pues la enfermedad aporta un crecimiento y maduración que los desmarca.

— También se han de cubrir las necesidades de los alumnos que padecen una larga enfermedad y están en su domicilio.

*Necesidades del alumno de Educación Especial*

El director de un centro de Educación Especial señala respecto a la educación de las personas con discapacidad intelectual, en nuestra sociedad, reivindicaciones en el sentido de falta de información, discriminación, recursos insuficientes... reclamaciones legítimas.

En la actualidad, en el área de la discapacidad intelectual, estamos en un buen momento, gracias a la acumulación de experiencias, a las investigaciones científicas que se realizan, a las asociaciones, a las familias y a los profesionales, en el que existen herramientas adecuadas para el trabajo educativo con las personas con discapacidad intelectual.

Empezando por el último tramo de la escolaridad del niño/a con discapacidad intelectual, existen para aquellos alumnos mayores de 16 años (hasta los 20 años), los Programas de Transición a la Vida Adulta, en los que se trabajan tres grandes ámbitos: 1. Autonomía personal en la vida diaria; 2. Integración social y comunitaria y 3. Orientación y formación laboral (BOE 132, 03 de junio 1999. Resolución de 20 de mayo de 1999) realmente prácticos para la vida adulta, no sólo de las personas con discapacidad intelectual sino para cualquier persona.

Se trabaja el ámbito laboral con todos aquellos contenidos generales que tienen que ver con la inserción laboral: permanencia en la tarea, calidad del trabajo... Otro ámbito es el de autonomía personal, en cuanto los aspectos de higiene, vestido, cuidado de una casa, cocinar... Y por último, el ámbito de autonomía social, en cuanto al manejo de transportes públicos, relaciones sociales... Los objetivos se adecuarán a las necesidades y capacidades de cada uno de los alumnos.

Más allá de los aprendizajes instrumentales, donde lo práctico y lo que influirá de cara a la calidad de vida de estas personas son aspectos de autonomía, sociabilidad, autodeterminación, participación e inclusión social, concluyo constatando que para conseguir esto existen experiencia, herramientas e ilusión por parte de la mayoría de los profesionales que trabajamos en los centros de educación especial. Falta que las administraciones públicas apuesten por esto y lo asuman como parte oficial del currículo escolar, no sólo para centros de educación especial, que sería la primera parte, sino para el currículo de Infantil, Primaria y Secundaria desarrollados en la escuela ordinaria.

La mejor escolarización es aquella en la que el alumno sienta que ése es «su cole». Y para lograr esto hay que atender a sus verdaderas necesidades escolares.

Esto sí sería una primera piedra para una futura educación inclusiva.

Otro director de un centro ocupacional entiende que se debería afrontar la formación en la etapa escolar y la integración de las personas con discapacidad intelectual como algo positivo y enriquecedor pues todavía existe demasiada incomprensión y obstáculos que provienen de la desinformación o de una escasa dedicación a formar a los más jóvenes.

Antes en la escuela se instruía, pues los alumnos venían educados de casa. Como ahora algunos (no pocos) vienen sin haber sido educados en el hogar, resulta dificilísimo (cuando no imposible) instruirlos.

La función de educar (no sólo instructiva) es una labor también de la escuela. Es un error el planteamiento de algunos profesores: «Yo formo, educar, que eduquen los padres».

La labor de la escuela no es adiestrar, sino inocular competencia. Enseñar consiste en ayudar a otro a que sea verdaderamente lo que puede llegar a ser.

Hoy corremos el riesgo de que la información y la divulgación sustituyan el conocimiento. Precisamos la labor crítica del docente, con capacidad para discriminar lo interesante de lo superfluo y aún contaminante. Que eleven la exigencia lideradora del conocimiento.

Miremos hacia los alumnos y algunos datos que versan sobre su capacidad para aprender. «Es fundamental el aprendizaje entre los 6 y los 11 años. A partir de esta edad los alumnos poco motivados olvidan más deprisa que aprenden. Parece mentira, pero hay muchos alumnos que leen peor en Secundaria que en Primaria. Otro dato: los segundos o terceros hermanos son casi siempre peores estudiantes que los primeros; no digo que sean menos inteligentes, pero tienen menos exigencia de los padres».

Dentro del aula los profesores apuntan distintas claves a la hora de formar y educar a sus alumnos, como la creación de hábitos:

«Considero fundamental para hacer bien mi trabajo, primero como educadora y luego como profesora, e insisto en este orden pues mis alumnos son para mí primero personas y luego estudiantes, establecer previamente y con claridad durante las primeras clases del curso, unos criterios básicos para el buen funcionamiento en el aula, referentes a la actitud adecuada del alumno, al cuidado del material propio y ajeno, a los plazos de entrega, al interés y al esfuerzo... aspectos que aunque puedan parecer obvios, es evidente que no lo son para ellos, hasta que no se concretan repetidamente para que se puedan convertir en hábitos y ellos lo entiendan».

Desde un colegio nos enviaban unas normas básicas del aula:

1. Trata a los demás como quieres que te traten (Lucas 6-31)

No discrimines a nadie por su sexo, ideología, raza, capacidad intelectual ni posición social. No insultes ni, peor aún, pegues a nadie. No te rías en clase del que se equivoca o no sabe. No cojas ni rompas lo que no es tuyo. Sé generoso con tus compañeros y compañeras. Ayuda a todos, pero sobre todo a los más necesitados.

2. Sé puntual para venir a clase.

3. Sé limpio y aseado. Contigo mismo. Usa las papeleras y contenedores específicos. No escribas en el pupitre ni en las paredes.

4. Sé responsable en tus obligaciones. Estudia todos los días y no sólo para los exámenes. Atiende en clase y pregunta cuando no entiendas. Entrega a tiempo los trabajos.

Otro aspecto importante es formar personas con capacidad crítica, «que adquieran competencias para saber acceder a la información». Que adquieran el hábito del ejercicio físico: «Mens sana in corpore sano», opina un profesor de Educación Primaria.

«El deporte puede proporcionar beneficios en la formación integral de las personas y además», apunta este docente y deportista, «puede ayudar a reforzar conductas basadas en el respeto y tolerancia, llegando incluso a servir como "tratamiento contra la violencia" y favorecer actitudes positivas, es decir, "valores"».

«Nadie duda que con la práctica deportiva se pueda fomentar el COMPAÑERISMO; la INTEGRACIÓN como sensación de que importo a los demás y de que los demás me importan a mí; la capacidad de SACRIFICIO; el COMPROMISO al exigirse a uno mismo una meta; la RESPONSABILIDAD y la MADUREZ al comprobar las posibilidades y las limitaciones, al tener que aceptarse a uno mismo con sus virtudes y defectos, y también a los demás a pesar de sus diferencias; el AUTOCONTROL: dominarse a sí mismo, controlar los impulsos; la EDUCACIÓN y el RESPETO al tener buenas maneras con los demás, con la autoridad, hacia las normas; OBEDIENCIA: cumplir con las indicaciones, consejos y tareas orientadas por una persona que se encarga de su formación "el entrenador", profesores, padres, y DEPORTIVIDAD: mostrar comportamientos positivos frente a sus oponentes, aceptando la derrota, y teniendo buen talante ante el éxito, defendiendo el *fair play*, el juego limpio en igualdad de condiciones.

»Y obviando algunos, incluiría la EMPATÍA o el "saber ponerse en el lugar del otro", como valor crucial para poder vivir en sociedad y por ello constituir desde mi punto de vista "el gran antídoto contra la violencia".

»Desde luego, se debe actuar con mayor contundencia ante los comportamientos agresivos que se producen en el deporte, sobre todo los protagonizados por los "ídolos", o los sucedidos en acontecimientos con gran poder mediático, y señalar además que en el proceso educativo de los niños tanto la figura del deportista famoso como la del entrenador son piezas claves, por ello también considero importante trabajar en la formación de éstos, concienciándoles de la importancia que tiene su labor docente y de lo que se puede llegar a hacer con el ejemplo.

»Es necesario defender y transmitir entre todos un código de buenas formas, un estilo de vida "sana" y de cumplimiento de las reglas, manteniendo vivo el espíritu de la práctica deportiva y no delegar la responsabilidad de la educación de los niños únicamente en los profesores, porque todos, incluidos los deportistas, tenemos algo de responsabilidad.

»Cuando todas las piezas cumplen su papel, el deporte puede convertirse en un excelente medio para educar, bien dirigido puede llegar a ser un fuerte formador del carácter; y tampoco podemos olvidar la "catarsis" que se logra con su práctica habitual, siendo sin lugar a dudas la mejor forma de liberar tensiones...».

En lo que respecta en las capacidades para adquirir conocimientos se ha de «fomentar e intensificar las destrezas de la *comprensión y expresión oral y escrita* en el propio idioma, el resto de las lenguas oficiales de la comunidad y en inglés», destaca un profesor, al igual que la necesidad de regular y desarrollar las habilidades para hablar en público, hacer presentaciones, establecer relaciones sociales (normas de educación y cortesía).

Coinciden además los maestros igualmente en fomentar el aprendizaje razonado de las *habilidades del cálculo y las matemáticas* en general y aplicar a los problemas cotidianos esta competencia científica y matemática. En los dos anteriores aspectos se detectan muchas lagunas que tienen consecuencias negativas en el aprendizaje. Aspecto en el que notan desde hace años un cambio en el alumnado, «cada vez entran en la escuela con más problemas importantes de expresión oral y pronunciación». Es preciso «incentivar mucho más la lectura, fomentar el análisis de textos, enseñar a resumir y animar al alumno a emitir sus opiniones a partir de unos criterios razonados. Si al final se logra que tengan una buena autonomía de pensamiento conseguiremos también hacerles personas libres, que no se dejen influir fácilmente».

A nuestros estudiantes no se les forma adecuadamente en la lectura, la escritura y la oratoria, no se les enseña a exponer sus conocimientos. Los estudios internacionales de evaluación Piras (2006) y PISA (2003) demuestran que el nivel de comprensión lectora de nuestros estudiantes de Primaria y Secundaria está a la cola europea*.

Los padres pueden colaborar «a través de algo tan sencillo como la lectura, si en casa no se lee difícilmente el niño o la niña va a leer», opina un profesor.

Y es que no debemos de obviar los últimos informes que apuntan los déficit de los alumnos españoles «el nivel académico de nuestros alumnos es alarmante. En los últimos cinco años no he dejado de preguntarme cómo es posible que los jóvenes de hoy escriban con tantas faltas de ortografía, sean incapaces de entender el enunciado de un problema matemático, que a los 15 años estén aprendiendo la sintaxis que antes se estudiaba a los 12, o que impriman un artículo bajado de Internet y escriban su nombre para entregarlo, sin haber leído su contenido. No sé si tiene que ver con un bajo nivel de exigencia por parte de los profesores, si las nuevas tecnologías están resultado más perjudiciales que beneficiosas (lenguaje SMS, inmediatez y exceso de información), si los planes de estudio no son adecuados, si la metodología tampoco lo es... De verdad que no sé dónde puede estar la clave, lo que es evidente es que cada promoción parece salir menos preparada que las anteriores para cursar estudios universitarios».

Se hace mención a las herramientas de aprendizaje, desde los libros de texto, que también contribuyen en la rebaja de la formación: «cada nueva edición se salda con más dibujos y menos letra», a las nuevas tecnologías y lo que esta maestra llama competencia para la ciudadanía digital:

«Con el creciente aumento del uso de Internet, tanto para el trabajo, el estudio, el ocio y las relaciones sociales, calificaría de básica la siguiente formación: *En el buen uso de las TIC*. Tanto en los aspectos éticos y de buena educación, como es la normativa internacional de *nettiquette*, como en temas éticos relacionados con el respeto a la propiedad intelectual». «Es cada vez más urgente el

---

* «Mucho título y pocas letras», publicado en *El País* el 19 de octubre de 2008.

dar formación e información sobre los peligros que puede entrañar el difundir los propios datos personales, tanto por escrito como a través de imágenes y material audiovisual. También habrá que informar sobre qué hacer en caso de recibir un trato ofensivo a través de medios digitales y de los peligros de establecer contactos con desconocidos.

»Formación en las herramientas TIC para la investigación: Aprender a buscar y tratar la información de manera rigurosa y siguiendo una metodología que guíe a los alumnos en el proceso de definir los posibles conceptos de búsqueda, valorar la fiabilidad de las fuentes, seleccionar la información y elaborar una síntesis y unas conclusiones a partir de ella.

»Formación en el dominio de las herramientas necesarias para que la TIC nos ayuden en la resolución de problemas, la toma de decisiones, la creación y la comunicación.

»En las escuelas hay que innovar, "cambiar nuestras técnicas de enseñanza y ofrecer métodos en los cuales las TIC estén presentes o, incluso me atrevería a decir, que fueran actividades completamente normalizadas dentro de la enseñanza"».

Hoy nos encontramos con un importante número de profesores que son analfabetos tecnológicos, lo que les dificulta preparar a sus alumnos para la sociedad venidera (y ya presente).

Otro factor que se ha de trabajar es «mejorar los *hábitos de trabajo y estudio diarios*, mejorar la *calidad del ocio y tiempo libre del alumnado*, por lo que se debe implicar familia y profesores (Secundaria), crear grupos de trabajo en los cuales seguir el nivel del alumnado», señala un profesor de ESO.

Respecto a los horarios y la organización del tiempo libre, se pide colaboración a los padres para que aprendan y tengan un ritmo de trabajo adecuado, así como supervisen las actividades de sus hijos: «Hay algo que me preocupa, y es la gestión que se hace sobre el tiempo libre de los jóvenes (los que tenemos en el instituto) y niños también, por supuesto, cuando entrevistamos a las familias de jóvenes que suspenden mucho y los padres me dicen que su hijo (más que las hijas) baja a la calle toda la tarde, está clara la asociación de estar en la calle toda la tarde con el bajo rendimiento, por ello les aconsejamos que se hagan un horario y que si estudian unas dos horas bajen a la calle otras dos horas, todo lógicamente bajo el control de los padres (que no tienen autoridad o no quieren molestarse en controlarles porque ellos mismos llevan una vida descontrolada). Aquí también entra el control sobre la videoconsola, la televisión, el ordenador, Internet, etcétera, y se les dice que deben utilizarla diariamente como máximo dos horas diarias (sólo uno de estos aparatos). También es increíble que algunos jóvenes se acuesten tarde porque se quedan viendo la televisión y por la mañana no rinden por haber dormido poco. Como decía, me preocupa también porque el estar en la calle antiguamente era divertido y con poco riesgo, pero en la actualidad entraña mucho riesgo y exige propuestas adecuadas (deportivas, recreativas, culturales...) y mucho control de nuestros niños y jóvenes que debe venir de las administraciones públicas y de asociaciones controladas que de verdad cumplan los objetivos que preconizan».

La *educación para la salud* debe formar parte de la formación de los alumnos, no deja de plasmarse la importancia de una buena y saludable alimentación, la necesaria «educación para alimentarse bien, tenemos un amplio número de alumnos y sobre todo alumnas que no desayunan o lo hacen deficientemente (sólo un vaso de leche, por ejemplo). En nuestro barrio muchos alumnos se quedan solos porque el padre y la madre se van muy pronto a trabajar. O comen solos porque los padres vuelven tarde (a media tarde como pronto)».

Respecto a la «*educación afectivo-sexual* siguen los padres dejándola en manos de no se sabe quién o del centro escolar, y en éste sólo damos algunas sesiones en las tutorías y en las clases de ciencias naturales, depende de la valentía y la voluntad del profesor o profesora».

Sería interesante para los alumnos que se fomentara «la creación de proyectos comunes en los centros educativos, como *voluntariados o colaboraciones con alguna ONG*, para educarles en la solidaridad en el trabajo de hormiguita para lograr metas muy difíciles con el esfuerzo diario de todos». Debería «apoyarse desde los estamentos políticos las iniciativas con este propósito educativo y favorecer el que los jóvenes participen en ONG, asociaciones deportivas, etcétera».

En algunos centros se realizan estos proyectos, como «los alumnos de intervención social en ciclos formativos de grado superior, aquí, que es, optativa, hacen voluntariado con ancianos, pequeños con dificultades en la escuela e inmigrantes de nuestro propio centro de infantil y primaria para trabajar el castellano o el euskera».

Un maestro propone instaurar la idea de «servicio social», que consistiría en una prestación social obligatoria para todos los adolescentes. Ésta debería realizarse a lo largo de dos o tres meses, preferentemente durante el verano que acaban la ESO —para no cortar el bachillerato o los ciclos—. Hablamos de servicios como ayudar en una residencia de ancianos (acompañarlos, leerles historias, conversar con ellos, etcétera), en un hospital, en colegios (relacionándose con niños pequeños, jugando con ellos, etcétera), Ayuntamientos y otros organismos (para conocer qué se hace, qué obligaciones se tiene como ciudadano...). En definitiva, sería un modo de vivir situaciones que desconocen, aprender a convivir con personas distintas, valorar pequeñas cosas que ellos tienen y otros no, conocer la realidad de la vida, tan alejada a veces de la comodidad de sus hogares y familias. Creo que ayudaría, en gran medida, a mejorar la calidad humana, cívica y social de nuestros jóvenes. Sería, en resumidas cuentas, una lección de vida.

*Motivación*

Ahora bien, para educar es imprescindible el educando con ganas de aprender, y no siempre es así: «Mi escuela está en un barrio de clase media. El problema fundamental que tenemos es la falta de interés de los alumnos y de los padres por el aprendizaje. Como dato le diré que de los 850 padres y madres del centro, sólo dos tienen estudios universitarios y no pasa de la docena los que tienen estudios de bachillerato o equivalentes. Si tenemos en cuenta que es una población muy joven, verá que la situación es alarmante... La razón fundamental de esta falta de interés es que los chicos salen de Secundaria analfabetos funcionales, pero se colocan bien en los centros comerciales, como ayudantes de pequeñas empresas, peluquerías, etcétera. Allí nadie les pide un título; sólo les piden que trabajen a lo tonto y ya está. ¿Cómo le haces entender a un chico o a una chica de 14 años que es importante que sepa escribir correctamente su nombre si sabe que a los 16 años tiene el trabajo asegurado trabajando en la empresa de su padre, donde va a ganar más del doble que el maestro que lo intenta motivar? Esta situación no cambiará con más personal, ni medios en la enseñanza; cambiará cuando las empresas exijan una preparación y una cultura mínimas para acceder al puesto. El Estado puede incentivar a las empresas que así lo hagan».

Siguiendo en esta tónica otro profesor de Educación Primaria opina que «en los últimos años las administraciones están gastando más en educación (más personal, más medios, la 6.ª hora diaria en Cataluña...) y todo ayuda, pero el problema sigue. Y es que nadie puede enseñar si el que tiene delante no tiene la necesidad de aprender».

Algunos docentes piensan que quizá haya que diversificar a los alumnos por sus intereses: «Creo que nuestros alumnos deben encontrar sentido a todo lo que hacen, sobre todo en la escuela, que es donde pasan más tiempo. Me refiero a aquellos alumnos que no demuestran interés por nada. Tenemos un inconveniente, por ley estamos obligados a hacer aquello que nos marca y no podemos desviarnos. Por tanto nuestros alumnos han de hacer lo que está estipulado desde los 12 años hasta los 16, tanto si les gusta como si no. ¿Qué hacen los chavales a partir de los 16 años? Nada, qué van a hacer si sólo han recibido palos, castigos de los profesores y malos rollos en casa por los malos resultados académicos y quejas de los profesores, que complican la vida a los padres. Creo que deberíamos atender a la diversidad, pero no por capacidades sino por intereses. Si no podemos cambiar la ley, deberíamos aplicarlo dentro del centro».

Otro docente repara en la necesidad de la educación obligatoria indicando que «la selección da lugar a una evolución vertical (olimpiadas, universidad), mientras que la obligatoriedad da lugar a una evolución horizontal (deporte para todos, escuela obligatoria), ambas son necesarias para avanzar en educación. Debemos enseñar a los niños/as otras realidades para hacerles conscientes de la suerte de estar escolarizados».

Otra proposición sería la de «informar y motivar al alumno sobre sus salidas laborales, formarle en función de su futuro profesional, es decir, en función de si va a ir a la universidad o al mundo laboral, que esta formación sea más específica para que según el interés de cada uno su formación sea mejor, más concreta», y aprovechar las nuevas tecnologías al servicio de la educación.

En este punto cabe destacar la opinión de una profesora de Formación Profesional, concretamente a los ciclos de Grado Medio (GM, chicos y chicas de 16 a 18 años) que «vienen a hacer un ciclo porque no pueden hacer bachillerato y porque sus padres les dicen que han de seguir estudiando. Tienen un "cansancio" importante de estar en el aula estudiando lenguas, ciencias, sociales, matemáticas..., sin entender muchas cosas y siempre con el mismo formato de clase: el profesor explica, hacer ejercicios, corrige... Y no ven ninguna relación con la realidad. Y así una hora y otra y otra. Su sensación es de fracaso, de que no hacen nada bien, de que no sirven para nada. Tienen la autoestima muy baja. En este ciclo se encuentran con un profesorado que confía en ellos y les dice que adelante, que van a triunfar, que van a aprobar y que van a tener una profesión que les permitirá trabajar. Se encuentran con unas materias distintas, muy aplicadas a la realidad, tienen sentido. Tienen unas clases diferentes: talleres, aulas de simulación... Con una metodología de trabajo por proyectos y trabajo en equipo. Saben que se les va a evaluar no sólo de conceptos, sino principalmente de cómo realizan las cosas. Las competencias que se les piden son la iniciativa, la autonomía, el trabajo en equipo, que sepan organizarse el trabajo, la responsabilidad, la resolución de problemas y la buena relación interpersonal.

»Finalmente tienen que hacer prácticas en una empresa de los conocimientos, donde se les enseñará, pero también se les exigirá como un "trabajador". Llevan adelante dos actividades. Se les trata como personas adultas responsables. El 90 por ciento de alumnos supera el ciclo formativo. Algunos se ponen a trabajar, muchas veces en la misma empresa donde han hecho las practicas. Otros ven que el mundo laboral es exigente y que con la titulación de GM tienen un camino restringido. Se animan y se preparan para hacer un ciclo de Grado Superior (GS) e incluso después acceder a la universidad. (Tenemos varios casos).

»El éxito reside en la confianza de los profesores en sus alumnos, en creer en ellos. En el acompañamiento individual de cada uno de ellos en su proceso de maduración y aprendizaje. En la metodología de enseñanza, mucho más práctica, basándose en una realidad laboral. En que los alumnos saben que se les va a evaluar por competencias personales y profesionales. Que la evaluación es un «todo», y no una suma de materias que hay que superar. El alumno sabe que los profesores son asequibles, cercanos, pero que no son sus amigos. Son sus maestros. Son su referencia personal y profesionalmente. El profesor es exigente con sus alumnos. Marca unos límites concretos y estos han de ser respetados por todos. La experiencia en el mudo laboral ayuda a madurar al alumno, le enseña a ser responsable. Le permite entrar en el mundo de los adultos».

En todo caso, no podemos quedarnos de brazos cruzados ante números tan alarmantes de *fracaso escolar*. El último informe Pisa, realizado por la Organización para la Cooperación y el Desarrollo Económico (OCDE) entres los 57 países más desarrollados, sitúa a España por debajo de la media internacional, y baja una vez más en matemáticas y lectura. Tres de cada diez alumnos fracasa en la ESO y un buen número de los que siguen abandonan a la mitad del Bachillerato o la FP. Si nos comparamos con la media de los países de la Unión Europea, el 30 por ciento de los niños fracasa frente al 14,8 por ciento de la Europa de los 27*.

Si miramos al entorno universitario, de las 75 universidades que hay en España ninguna está entre las 100 mejores del mundo y sólo una, la de Barcelona, está al día de hoy entre las 100 primeras europeas**.

Un profesor opina que este problema es más agudo en realidad: «El nivel de estudios de los alumnos (en general, no sólo los de mi escuela) es lamentable. El informe PISA y Bofil son sólo una aproximación al problema. Las calificaciones de los alumnos y los datos que se envían a la administración se falsean continuamente, hasta el punto que es la propia administración la que incita a falsearlos. ¿Cómo? Pues de muchas maneras: una muy sencilla es incordiar al profesor que pone notas reales».

Además, el nivel académico de los alumnos hoy en día no se valora exclusivamente por lo que aprenden en el colegio, sino del aprendizaje que estos tienen, de este modo, la «valoración del aula de inglés» es por ¿lo que enseña el profesor o por lo que el alumno aprende en clases particulares?

Y respecto a los alumnos con perfil de fracasados escolares, pregunta este profesor, ¿cómo recuperan?, ¿con los modos que observa la administración, o con los que los padres se tienen que buscar a través de clases de apoyo?

Además, se plantea en España la casuística de la inmigración en centros públicos que los colegios concertados no asumen.

«La sociedad tiene que sensibilizarse con la educación como lo ha hecho con la salud y dedicarle más medios humanos y eco-

---

* «Cuando la educación suspende», publicado en *El País* el día 5 de octubre de 2008.

** «Ninguna universidad española está entre las 100 mejores del mundo», publicado en *El País* el día 5 de octubre de 2008.

nómicos. Hoy sería impensable que se dejara morir a alguien sin atenderlo, pero todavía es posible y muy probable que se dejen "morir" educativamente a aquellos alumnos/as que precisamente están más "enfermos"», comenta otro director de centro.

Un profesor explica que «la mala preparación educativa en la educación obligatoria con los resultados pésimos en los rendimientos de los estudiantes, el aumento de la conflictividad en los centros entre los alumnos, profesores y familias son algunos de los logros obtenidos por no saber liderar los cambios producidos en tanto a la aceleración tecnológica, la disponibilidad de información, el aumento de la heterogeneidad social que han de tenerse en cuenta en las aulas. Frente a estos cambios tan importantes conviene plantear un mecanismo de adaptación que ayude a acercar la escuela a la sociedad y para que podamos ayudar a los jóvenes a vivir en los nuevos tiempos y a prepararlos para que sepan aprovechar al máximo sus virtudes en el futuro».

Hemos de cambiar además la perspectiva que tenemos sobre la educación, la escuela y los institutos son lugares donde nuestros hijos van a desarrollarse y a formarse como personas, lugares donde deben encontrar la felicidad. «Eliminemos —dice este maestro— el tan extendido mensaje de *bullying*, acoso, fracaso escolar, violencia en las aulas... La escuela no es sólo eso. Su sentido debe ir ligado al de alegría y felicidad». Indispensable: el maestro ha de ser un optimista incorregible.

## Política y planes de educación

Una idea general prima en todos los profesionales de la educación: la «necesidad de crear un "espacio común" donde tengan cabida las expectativas de padres, profesionales y legisladores para poder extender y mejorar la calidad de la enseñanza teniendo en cuenta las necesidades reales de los distintos implicados sin el derroche de energías que se producen cuando trabajan sobre ello por separado». Solicitan una separación de la educación y la política como indica este profesor al decir que «parece un reto vital en cada ministro de educación dejar su huella en el sistema educativo. Por supuesto sin contar con el educador. ¿Para qué? Y con pocos aciertos, vistos los resultados». Debe evitarse «el vaivén político que hace que debamos aplicar leyes cambiantes, a veces contradictorias, incluso políticas erráticas que queman, desorientan y aburren. Y a pesar de todo... cada día vamos a la escuela pensando que vamos a hacer nuestro trabajo lo mejor posible», aunque se encuentren con que «los contenidos académicos cada año quedan regulados por la administración y cambian con mucha más frecuencia de lo que querríamos» y una estructura del sistema educativo llena de «planes que rebosan de materias o especialidades, con poco tiempo para áreas instrumentales básicas o idiomas».

Por ejemplo, en Educación Infantil una docente con más de 30 años de experiencia habla de la tremenda inquietud en este nivel con la LOE y su transferencia a las CCAA. Y no podemos comprender la regresión en la que está inmerso este nivel educativo, sobre todo en el 1.º ciclo. «Por lo que sería muy importante un compromiso político a favor de la educación de estos niños pequeños y nos gustaría hacer hincapié en que hablamos de EDUCACIÓN en su sentido más amplio».

Una profesora explica lo que ocurre con el sistema educativo español. En 1996 se aplica la LOGSE, con la que los niños, por ejemplo, pasaban de 1.º a 2.º de Secundaria incluso con seis asignaturas pendientes, se rebajaron contenidos y, por tanto, esfuerzo de los alumnos, desaparecieron gradualmente los exámenes de septiembre... Se fue parcheando esta ley con otras LODE, LOE..., que convertían a los docentes en meros actualizadores de datos, en función de lo que el gobierno de turno demandara. Al ser transferidas las competencias a las comunidades (en Madrid) se empeoró sustancialmente, pues por ejemplo siendo tu especialidad de inglés, estás habilitada para impartir en Primaria matemáticas, educación física... en detrimento de otros profesionales de estas asignaturas y de los alumnos. Ante esta situación por lo menos antes existían los Centros de Atención al Profesorado para dar cursos y poder dar esas asignaturas, pero ahora parece que van a dejar de funcionar como los Servicios de Orientación, sin los cuales un porcentaje de alumnos —los que tienen dificultades de aprendizaje o conducta— quedarán sin diagnosticar y nosotros sin la valiosa ayuda que nos proporcionan para tratar a estos alumnos de acuerdo con su problemática. Otro problema en que interviene la CAM es dando plenos poderes a los directores de centro en temas de indisciplina en las aulas, sin tener en cuenta las decisiones consensuadas en torno al Claustro de profesores.

La educación se ha convertido en una lucha ideológica, las leyes orgánicas de educación no cuentan con el consenso del Parlamento, las polémicas abren profundas heridas históricas, religiosas, lingüísticas, morales y de poder que redundan en la calidad de la enseñanza.

Se solicita «una ley de educación consensuada, exenta de tintes partidistas. Un sistema transparente de evaluación de los resultados de la aplicación de la ley en todos sus objetivos, de evaluación del impacto de normas que se sabe influyen en la educación. Estudios de influencia de otros agentes, especialmente medios de comunicación». Sin olvidar que «las leyes educativas deben ir acompañadas de un diagnóstico sobre la problemática que día a día nos encontramos en las aulas. Falta de apoyo, alumnos/as con dificultades. Estas leyes deben ir además acompañadas de presupuestos económicos que las hagan posibles».

La mayoría expone esta necesaria solicitud, «una política educativa basada en un pacto de todos los sectores implicados en la educación con unos intereses efectivos a largo plazo».

Y ser parte activa de la legislación, pues la inmensa mayoría de profesores se sienten ignorados a la hora de decidir sobre las reformas educativas y los correspondientes planes de estudio. «Cuando se regulan reformas en educación, los profesores no contamos para nada; se van dando bandazos sin importar a nadie la educación, que no debería estar sujeta a vaivenes políticos, económicos, sociales o de cualquier otra índole, hoy en día todo el mundo debate sobre educación y juzga los resultados sin tener en cuenta el criterio de quienes estamos directamente implicados en ella. Esto sin mencionar las leyes y continuos cambios en el sistema educativo que se aprueban sin consultar a los verdaderos expertos que, desde mi punto de vista, serían los profesores que, a partir de su experiencia, podrían arrojar cierta luz sobre lo que «necesitan» o «no necesitan» los jóvenes de nuestra sociedad. Es vital que haya un "mayor contacto entre inspectores y profesores"».

Y que leyes y medios se ajusten a la realidad: «Estamos hartos de que las diferentes opciones políticas utilicen el sistema educativo como arma política ante los otros partidos más que como herramienta imprescindible para que sus objetivos de construir un país mejor se cumplan. Sería necesario un acuerdo entre todos los grupos políticos para trabajar todos a una en la Educación, y que viesen realmente que todo lo que inviertan en Educación, después se lo ahorrarán en seguridad, bienestar social, justicia, sistema penitenciario... Cada vez tenemos más exigencias, en las mayorías de las cuales estamos de acuerdo, pero que no nos podemos hacer cargo de ellas si no disponemos de los recursos necesarios. Por poner un ejemplo: he oído a más de un político decir que con la LOE nuestros alumnos saldrán de los centros educativos hablando perfectamente el inglés; pero yo en mi escuela sigo teniendo los mismos profesores de inglés y los mismos recursos materiales para poder conseguir este cambio». Otro profesor incide: «Con la LOE se han ampliado relativamente (ahora ya le damos valor a las TIC), pero aún estamos esperando a que se reconozcan nuestros colegios bilingües y la importancia del segundo idioma. Las características y la oferta de calidad que ofrecen son imprescindibles para responder a las necesidades de nuestra sociedad actual y no son valoradas ni reconocidas por las administraciones».

Y si hablamos de inmigración pasa lo mismo: «Estoy observando (llevo 20 años en la educación) que el permitir que la ley no se cumpla en todos los centros pagados y mantenidos con fondos públicos de la misma manera hace que los inmigrantes y algunos españoles que todavía defienden la enseñanza pública vayan a centros públicos. El resto, que es la mayoría, de los españoles o extranjeros con un cierto nivel vayan a la concertada.

»En mi centro tenemos alrededor de un 37 por ciento de inmigración y los centros concertados de la zona carecen de ella. Los políticos hablan de integración, de no a la xenofobia... pero ¿realmente son realidades o simplemente palabrería para pasar por social, buena gente...? Yo sólo sé que en mi centro tenemos compensatoria, aulas de enlace. Todo esto lo debe tener la concertada, pero eso implica quedarse con lo que nadie quiere, con los desechos de la sociedad. No hace mucho una vecina me preguntaba que cómo podía llevar a mis hijos al colegio público de la zona (siendo profesora) donde sólo había gitanos y extranjeros. Mi contestación fue que vivíamos en sociedad y que en el parque, en el trabajo, en el futuro, tendrán que estar juntos. No me entendió. ¿Estamos educando en valores o en la marginación? Es un tema que urge atajar y que los políticos, inspectores de educación no quieren oír ni hablar. La sociedad plural significa la pluralidad en todos los ámbitos. Hablamos de la igualdad, y para ello se ha creado un ministerio, pero no lo hacemos desde los cimientos de la educación. Malamente nos va a ir si no ponemos remedio a tiempo».

Otro profesor confirma este posicionamiento al decir que la administración educativa no valora este factor más allá de la retórica social, «no tengo constancia de instancia evaluadora alguna que contemple como valor positivo en sus criterios e indicadores la variedad cultural, o que haya reconocido a ningún centro por saber acoger y gestionar la diferencia cultural», considerando, prosigue, que es desde el parvulario donde comienza el «diálogo de civilizaciones, es necesario el espacio intercultural en la escuela, como laboratorio fecundo de convivencia humana, semillero de paz, sabiduría e igualdad».

Un profesor comparte su experiencia escolar con alumnos hijos de inmigrantes (20 por ciento), los cuales están plenamente integrados. «Tienen un comportamiento similar o mejor que los niños españoles y con un rendimiento escolar igual».

Pero se necesita más «inversión en educación: profesorado suficiente, y profesionalmente más estables, ratios más pequeñas, mejores medios en general. Acabar con la funcionarización de la enseñanza, menos "rollos" sindicales y más trabajo con los niños (y no sólo en las aulas)».

Consideran importante que no sólo forme parte de la educación las instituciones específicas, sino que se abra a otros organismos sociales, «consideración del Ayuntamiento como unidad territorial con competencias sobre educación. Nueva organización educativo-social con implicación de otras instituciones que tienen mucho que decir en educación: Ayuntamientos, educadores sociales, juzgado, Policía local, sistema sanitario».

Que haya una «concienciación de la sociedad y las autoridades sobre la importancia de la educación: Entendida como educación básica: valores, formas de cortesía, empatía, colaboración, valoración de la cultura en general, fomento de la creatividad... no sólo como desarrollo tecnológico. En este sentido debe haber una hora o tres cuartos de hora obligatorios, igual que hacer problemas o dar lengua, para trabajar estos aspectos». Y que se tengan en cuenta los modelos familiares que actualmente priman en nuestra sociedad, y así «debe invertirse mucho en intervención sociocomunitaria y en políticas que protejan todo tipo de modelos familiares sin exclusión. Así se trataría de evitar conductas disruptivas que son sólo un reflejo de falta de hábitos de socialización y de carencias afectivas. No tiene sentido invertir en educación, si no se invierte antes en estas cuestiones». Opina este profesor de ESO.

Algunas de las medidas propuestas por los profesores son:
— «No concebir la educación como un asunto mercantil».
— Una «educación interdisciplinar».

— «Redefinición de objetivos y contenidos adaptados a las necesidades actuales, mayor grado de atención individualizada y mayor flexibilidad curricular».

— «No valorar los ratios como algo determinante, no considerar los repetidores como un número a tener en cuenta en los ratios».

— «Reducir drásticamente el número de alumnos por clase en los cursos de la ESO».

— «Cuidar especialmente a los niños y niñas con más dificultad de aprendizaje».

— «Ampliar al menos un año más la etapa de enseñanza no obligatoria». «Pensar en diferentes sendas que conduzcan a la obtención del título de educación obligatoria».

— «Mayor autonomía de los centros. Mayor implicación de entidades locales».

— «Poner bridas reales a la educación concertada y al dominio eclesiástico».

— «Simplificación de objetivos y contenidos. Sistema disciplinario ágil y efectivo».

— «Priorización real de saberes instrumentales (lectoescritura, cálculo...) y supresión del concepto de asignatura optativa».

— «Promoción de curso con evaluación positiva en todas las materias». «Pruebas externas y vinculantes para la obtención de título al final de cada etapa educativa».

— «Alimentar la voluntad de los jóvenes por el estudio universitario, no reconducirlos hacia ciclos formativos».

— «Introducir materias humanísticas en los ciclos formativos».

— «Abrir (realmente) los institutos al barrio».

— «Independencia de las editoriales, acabar con la dictadura del texto».

— «Formación continua y efectiva (científica y pedagógica) del profesorado».

Vivimos y educamos en sociedad, expone un profesor de Primaria: «Es la sociedad entera la que educa y, por tanto, somos todos los que tenemos que colaborar para que la educación cambie a mejor».

Cada miembro de la comunidad educativa debería asumir sus responsabilidades.

Los alumnos desde su madurez y libertad, deben tomar la palabra en lo que confiere a su desarrollo.

La atención permanente de los padres a la educación de sus hijos y el compromiso profundo de los profesores son dos factores absolutamente imprescindibles para que la educación funcione a todos los niveles, el de la transmisión de conocimientos instrumentales y el de la formación de la persona.

Son necesarios la implicación, la convicción y el optimismo de maestros, profesores y orientadores.

Desde las administraciones se precisa legislar pensando en los verdaderos protagonistas, los niños y jóvenes.

A los medios de comunicación les cabe aceptar su influencia en la educación y trabajar en consecuencia.

# Buenas maneras

En un mundo hosco, que gusta de hacer ostentación de lo hortera, de lo cutre, de lo basto. Donde la ordinariez es aplaudida, la risotada coreada, en el que el lenguaje se sostiene en frases hechas y palabras malsonantes; donde la vulgaridad da paso a la pérdida de intimidad, de respeto, precisamos con urgencia que se aprendan buenos modales, y para ello deben enseñarse.

Saber comportarse, facilitar la comunicación con los otros, éstos son los objetivos que hemos de alcanzar mediante una correcta socialización.

El protocolo facilita la vida, el contacto evita molestias, malas interpretaciones, lo he comprobado en los distintos cargos que he representado, ya sean nacionales, como director en funciones de un centro de reforma. ¿Cómo sentar en la misma mesa a un alcalde, a un subsecretario de justicia, a un obispo, a un presidente de diputación? ¿En qué posición se izan las banderas de España, de Castilla-La Mancha y de Cuenca? Como defensor del Menor, ¿en qué orden se da la palabra al presidente de Unicef, al alcalde de Madrid, al presidente de la comunidad autónoma y al rector de la Universidad Complutense? Como presidente de la Red Europea de Defensores del Menor, ¿a qué hora se inician las reuniones y se detienen para almorzar?, ¿es correcto poner unas bandejas de frutas y que los asistentes se levanten en medio de la conversación a degustarlas? En representaciones internacionales, ¿cómo dirigirse mediante un «susurrante» —traductor múltiple— a los distintos interlocutores de diferentes países y lenguas en reuniones en Ginebra o Nueva York? ¿Cómo dirigirse a las mujeres en la mesa de un país islámico?

En fin, el sentido común, la naturalidad, la deferencia facilitan encuentros en que uno hace de «embajador», por ejemplo, de los niños ante Su Majestad la Reina. Pero se precisa formación, haber leído, reflexionado, haber otorgado trascendencia a aquello que lo tiene, los pequeños detalles, el saber conducirse con soltura en los saludos, las conversaciones, mostrarse desenvuelto al comer, vestir adecuadamente. Precisamos ser pero también estar.

Hemos de donar recomendaciones de educación social para que los niños y los jóvenes salgan airosos de situaciones inicialmente comprometidas que les producen miedo al ridículo, cuando anticipan el fracaso por estar desubicados.

¡¡Cuántas veces los adolescentes transmiten: «No quiero ir, no quiero estar», simplemente porque no saben cómo!!

Nuestros jóvenes precisan, sin politización, educación para la ciudadanía, para la urbanidad, para el decoro y las buenas formas.

El término protocolo se traduce en el imaginario colectivo de los jóvenes por «apollido». A base del erróneo «dejar hacer», de aceptar el cómodo «yo soy así», o el relativista «para gustos los colores», hemos en algún punto perdido el gusto, el buen gusto. Pues claro que hay patrones desde la diversidad, la libertad individual, la creatividad. Lo chabacano, lo grotesco, lo irrespetuoso son actos provocativos que lesionan sensibilidades.

No es menester leer la *República*, de Platón, para ser culto, o emocionarse con Neruda para mostrar el sentimiento que cobija el ser humano. Ahora bien, ir por la vida taladrado como un faquir andante, ataviado con luto ennegrecido para destacar la calavera, andrajoso, sucio, maloliente y con pensamientos tan escasamente elaborados y cortocircuitados como «mola mazo» o «me rayo» es simple y llanamente descorazonador y deprimente.

Las buenas maneras se adaptan a la evolución de los tiempos y costumbres, no atentan contra la espontaneidad.

○ Hemos de erradicar la pedantería, busquemos que nos vean como creemos ser. La naturalidad refuerza la personalidad.

○ Destaquemos aspectos tan esenciales como el correcto sentido del humor, la capacidad para reírse de uno mismo, la actividad de camaradería.

○ Irrenunciable llevar la vida en los propios brazos, el autocontrol siempre es necesario. La autoobservación, para conocerse a uno mismo, para mejorarse. Una labor cotidiana que nos permite construir el futuro, disfrutando del presente.

○ Ser amable, cortés, cordial es la mejor tarjeta de presentación, los otros te interpretan como con buena disposición, respetuoso, afectuoso, merecedor del mismo trato.

○ Hay un proverbio escocés que dice: «La sonrisa cuesta menos que la electricidad y da más luz», exacto, y provoca el autoarranque de la felicidad interior o compartida, pues como nos aproxima otro proverbio en este caso polaco: «Cuando no sopla el viento, rema».

○ Más allá del protocolo, el protocolo social, más allá del reconocimiento por un favor, la gratitud, por siempre.

○ Anticipar las consecuencias de nuestros actos, asumirlos, eso es ser responsable, algo que todo el mundo valora.

○ Como la higiene tan elemental, tan esencial y diaria, en profundidad por uno mismo y por los que te rodean.

○ Respecto a la puntualidad, pensemos que robar el tiempo es grave, pues no se puede devolver. Ser escrupulosamente puntual no es una deferencia, es una obligación mutua.

○ Respeto a uno mismo cuando se está solo, respeto a los mayores, a la autoridad, respeto entre iguales. Sé respetuoso y te respetarán.

○ Ser elegante en la conversación, en la forma de caminar, de sentarse, todo un don, una distinción que puede adquirirse con esmero, sin aspavientos.

○ Los modales son importantes, como lo es la urbanidad que en mis tiempos (no tan lejanos) era una asignatura. Convivir, sí, convivir, supone conducirse más allá de las normas escritas.

○ Ceder el paso, abrir una puerta son signos evidentes de educación. Por cierto que el varón debe entrar primero que la mujer en una puerta giratoria (para empujarla), en el taxi (para facilitarle el acceso si lleva falda), en un local desconocido (por razones obvias).

○ Todo ciudadano tiene la obligación de indicarle a un joven en un transporte público, sala de espera... que se levante (si no lo ha hecho) cuando entra un discapacitado, un anciano, una mujer embarazada. Es su derecho, fíjense que lo señalo como derecho.

○ Hay criterios de pura lógica como el de dejar entrar antes de salir, o el de dar preferencia al que baja por una escalera, así podremos subir cómodamente.

○ Elegancia personal. En una fila para obtener una entrada se sigue el orden de llegada, pero es todo un signo dejar que pasen primero los que tienen algún problema por discapacidad, por edad, por ir con un bebé, estar embarazada.

○ Errores. Hay quien confunde situación informal con negligente o zafia. Los hay que se dan prestigio grupal diciendo palabras gruesas; deben evitarse, sólo un taco dicho en el momento preciso y con acierto es aceptable, pero debe utilizarse como el picante en la cocina, con tiento y mesura.

○ Evitemos la cursilería, resulta ridícula.

○ El equilibrio verbal dota de credibilidad, los gritos y exageraciones lo debilitan cuando se extinguen.

○ Hay que esforzarse, por ejemplo para erradicar un segundo bostezo, o el rascarse con reiteración, para taparse cuando se estornuda y hacerlo apartado del resto de contertulios.

○ Somos subjetivos, ver morderse las uñas a alguien, introducirse el dedo en la nariz, reventar un grano en otro ser humano nos repugna sobremanera, mucho más que en nosotros mismos, así somos de injustos.

Imparto clases de Ética y Deontología en 5.º de Psicología, no admito que los alumnos masquen chicles en clase, ni que beban zumos o refrescos de cola, cuanto menos que fumen o coman. Respeto a la academia, al lugar del saber y a tantos otros sitios.

Soy psicólogo de la Fiscalía de Menores, no admito que se siente el hijo antes que los padres, que abra la puerta y salga por delante de ellos, que lleve una gorra, que masculle o se «tumbe» en la silla. De nuevo, respeto, educación.

Recuerdo de niño cuando en los autobuses urbanos y en los tranvías ponía «prohibido escupir» (sin comentario) y rememoro perfectamente al médico (alguno pediatra) que fumaba gustoso —como el profesor— ante el paciente y alumno. Increíble pero cierto, como lo es hoy que en algunos hospitales y ambulatorios ponga «prohibido pegar al médico» (trágico ejemplo de bajo nivel cultural y alto nivel de exigencias).

En los campamentos, en la mili (servicio obligatorio en el ejército) nos enseñaron a estar firmes, a caminar rectos. Está bien, las conductas repetidas, adquiridas nos impelen a actuar de una forma.

Por cierto que el hábito sí hace al monje, y no se te trata igual cuando vas vestido con corbata que cuando vas de chándal. Dar una ponencia vestido «de trapillo» es una desconsideración al oyente.

Hay quien no sabe hablar, pues no sabe escuchar, interrumpe constantemente, su verborrea es un soliloquio, un monólogo insufrible.

Convivir supone compartir y concienciarse de los derechos del otro. En la misma acera corren los niños y pasean inseguros los ancianos. Se precisa prudencia con los patines, las bicis...

La educación en valores se asienta en el aprendizaje intergeneracional mutuo.

Las prescripciones legales nos permiten conciliar libertad con seguridad, lo que acontece en el ámbito vial, es así como intentamos garantizar la integridad. Conducirse correctamente exige un «plus». Agradezco con el brazo y la cabeza cuando el coche se detiene en el paso de cebra y me permite cruzar. Los peatones también tenemos un código de circulación vigente y algo más. Los conductores también podemos y debemos ser amables, condescendientes.

Practicar la educación, ser galante, afectuoso abre casi todas las puertas, la devolución resulta ser muy positiva.

Existen tratamientos, en mi caso y como defensor del Menor, el de Excelentísimo Sr., no me parece mal, el tratamiento lo es al cargo no a la vanagloria de quien tiene el honor de desempeñarlo. Siempre me ha gustado el de Magnífico y Excelentísimo Sr. Rector de la Universidad... Considero que tratar de usted en muchas ocasiones otorga la distancia óptima, el tuteo a veces es erróneo y «falsete».

Tema relevante es el de las presentaciones del hombre a la mujer, del joven al menos joven. Hay quien con una vida social muy rica y cual artistas musculan su memoria para recordar los nombres de aquellos que les han sido presentados, lo cual encanta, pues se interpreta como un gesto de interés. Ser un buen anfitrión supone manejarse correctamente en el momento ligero y fluido de las presentaciones. Relativo a las autopresentaciones, pueden realizarse, pero con sumo cuidado de no importunar.

Las despedidas emocionados o no han de ser breves.

El saludo siempre ha de ser dado y recibido. A mí me gusta dar un apretón de manos mirando a los ojos al interlocutor, si es una mujer, uno las mejillas, y si es un joven colega suelo ponerle una mano en su hombro. Cálido pero no invasivo. Con los verdaderos amigos me abrazo.

La comunicación requiere de la coherencia entre la verbal y gestual, de la distancia óptima, de la calidez, de la anécdota oportuna, del sentido del humor mesurado, de la palabra apropiada, de poner atención a lo que se nos dice, de ser breve en la exposición de la idea y claro al mismo tiempo.

Formarse como orador, como conferenciante, como comunicador en los medios, como tertuliano es algo que merece ser trabajado, reflexionado, corregido, imitado, al fin, perfeccionado. Somos animales sociales con lenguaje, el uso de la palabra nos distingue, no me importa reiterar esta idea.

No es cierto que «una imagen vale más que mil palabras», pues traducimos las imágenes en palabras. El ser humano dispone no sólo del lenguaje de comunicación, sino de la palabra, para llegar a su subconsciente, para modelarse sus emociones, para interaccionar gustosamente, para poner el cerebro en interrogante, para propiciar una vivencia positiva de las intenciones ajenas, para rememorar el pasado, definir el presente, intuir y aún modificar lo que es o ya sería el futuro, para ahondar en la esencia, en la muerte, en el suicidio, en el ser, en la nada, en lo incalificable, indefinible, para verbalizar sentimientos propios y ajenos, aunar esfuerzos. La palabra como imán prosocial, como puente que une.

Seres sociales con lenguaje, con sentido de la trascendencia, cuasi dioses, casi nada, eso somos, o creemos.

El lenguaje requiere de prudencia, el relatar expansivamente las propias dolencias resulta agotador; el presumir de aventuras, adquisiciones o ideas pone al interlocutor en guardia o en huida. El uso de apodos, sobrenombres o diminutivos es de mal estilo o ridículo.

Sigamos. Eduquemos en la sencillez del saber estar.

Las experiencias sexuales son íntimas y suelen incumbir también a otra persona, dado lo cual es exigible discreción. Respecto a quien alardea de sus conquistas, se define.

Creencias religiosas o desconfianza en las mismas demandan un posicionamiento de prudencia extrema. La fe es personal, no ha de buscar el contagio social, el mesianismo resulta inaceptable, como lo es la palabra agresiva contra quien profesa. La aceptación del otro tal y como piensa y siente resulta un requisito imprescindible.

El uso del teléfono también resulta definitorio, hay quien llama a horas intempestivas de la noche, o cuando se está almorzando. Los hay que preguntan por alguien sin haberse presentado. Y qué decir de los que gustan de utilizar el denominado móvil en lugares públicos a un tono invasivo, que obliga a escuchar lo que a nadie interesa. Discreción, por favor.

Por teléfono (como pasa desde los estudios de la radio) hay que practicar la escucha activa y dar muestras leves y sonoras de la misma. Desaconsejo las frases con doble sentido, pues al no existir contacto visual se corre el riesgo de la equívoca interpretación.

Al igual que respiramos más por la transpiración de la piel que por los pulmones, igual pasa con la comunicación, la gestual, la no verbal, la menos manipulable es captada con sumo interés por el interlocutor. Transmitimos muchos mensajes, ocasionalmente contradictorios.

Existen bastantes libros donde se describen e interpretan lo que significan gestos como rascarse la oreja, taparse la boca, cruzar los brazos, mirar de soslayo, entrecruzar las manos por detrás de la espalda... Es importante conocer este abecedario, para captar mejor lo que nos dice realmente la persona que nos habla y conocer lo que estamos emitiendo, lo que no debe ser falseado (tampoco es fácil).

Los psicólogos forenses expertos en credibilidad del testimonio sabemos bastante sobre simulación, veracidad, metasimulación... (pero eso es otro tema).

La distancia es importante, existen vídeos muy simpáticos en los que se observa cómo un paciente sudamericano se aproxima al médico norteamericano y éste da un paso atrás, conducta que se continúa y puede acabar al final del pasillo. Hay que ser próximos en el tono, en la calidez, pero bajo ningún concepto entrar en lo que se vivencia como espacio personal. Fíjense en la mirada huidiza a un punto fijo en un espacio reducido como es el de un ascensor, o la molestia que demuestra quien al levantar los ojos, aprecia una mirada que le observa y el otro no la retira.

La comunicación escrita entendida como gusto por el juego de palabras y expresión elaborada de sentimientos se está perdiendo. Aquellas extensas y barrocas cartas que diferenciaban el cuerpo central del texto del encabezamiento y despedida han dado paso al uso del (e-mail) correo electrónico directo, limitado, eficaz y desprovisto de poesía. Lo cual no obsta para escribir correctamente, respetando la ortografía, la puntuación, permitiéndose frases elaboradas gustosas en sí mismas.

Dedico mi vida a escribir (entre otras cosas) y lo hago siempre a mano con un Roller-ball de 0,5, que me encanta por su constancia en dotarme de tinta, su precisión, las posibilidades para asemejarse —sin alcanzar— en el trazo a una pluma. Sí, me encanta disfrutar de la letra plasmada sobre una hoja blanca de alto gramaje (cuasi cartulina), disfruto, me hace pensar lo que escribo, deleitarme con el tacto y, además, me impide el cómodo pero estereotipado y devaluador corta y pega.

Como presidente de la Asociación Iberoamericana de Psicología Jurídica tengo mucho contacto con los colegas, y en dos ocasiones me han afeado dirigirme por teléfono con brevedad y concisión europea y responder a un correo electrónico extenso con uno de breves palabras. No volverá a ocurrir. Hemos de pensar en la recepción del interlocutor, por ejemplo los españoles parecemos ocasionalmente enfadados por nuestro tono de voz alto y el lenguaje duro. Sepámoslo.

En mi vida he tenido que presidir muchas mesas y desde luego no es lo mismo situarse en la cabecera de la misma (protocolo británico) que en el centro (protocolo francés). Me inclino en los ambientes de tertulia, informales y cuando las decisiones son consensuadas, como en la presidencia que ostento en la Comisión Deontológica del Colegio Oficial de Psicólogos de Madrid, por sentarme en el centro de la mesa, resulta menos ostentoso, facilita que el resto interactúen más y, en fin, maneja uno al grupo más democráticamente (a derecha y a izquierda).

Protocolariamente, en reuniones formales, es típico que los asistentes formen un ángulo de 90 grados lo que permite mirarse o mirar a un punto sin tener que encontrarse con la mirada de quien se está discutiendo temas delicados. A mí me gusta invitar al interlocutor a caminar juntos, si es posible por un parque, resulta distendido, nada forzado, se sabe uno rodeado de otras personas, el paisaje va cambiando y el discurso avanza.

He tenido encuentros al más alto nivel en Marruecos, en República Dominicana, en Argentina, en Chile... A veces para abordar temas conflictivos como el de los menores que llegan solos a España y su reagrupamiento ulterior (que conlleva devolución) u otros temas sensibles como visitas a prisiones para su valoración. Téngase presente que las buenas formas, el protocolo, no impide, muy al contrario, facilita, el mantener posiciones encontradas, diferir en lo profundo sin pasar al desencuentro personal.

Por citar un ejemplo, los países árabes son muy hospitalarios y es de rigor tomar unas deliciosas pastas y un estupendo té durante el diálogo, permitiendo el uso de la palabra al interlocutor, por contra se considera inaceptable levantarse airado de una reunión, aunque se vea desde el primer momento que las posiciones son irreconciliables.

Perdonen que cite algunos ejemplos personales, busco escribir desde el conocimiento.

Volviendo a las felicitaciones escritas en Navidades o fechas señaladas, entiendo que han de ser personalizadas, sentidas, pensadas, al igual que los regalos. Por mi parte, los mensajes al teléfono remitidos *urbi et orbi* los borro a la mayor brevedad y sin sentimiento de culpabilidad.

Invito a retomar el hermoso arte de escribir puntualmente alguna bella carta. Algunas se guardan.

Me encanta charlar en familia, con los amigos, desde los medios de comunicación, pero reconozco que encuentras personajes absolutamente agotadores. Viajas a una localidad lejana, impartes una conferencia, respondes a las preguntas, han transcurrido casi tres horas, terminas y un personaje se te abalanza a darte opinión impidiéndote salir del anfiteatro donde se ha celebrado. El susodicho puede ser el mismo o distinto del que ha realizado una pregunta en público que se ha iniciado con un «seré breve» y ha durado quince minutos (denominada conferencia paralela) y puede ser también el mismo o dar paso a otro plasta que no te permite en la cena llevarte nada a la boca dada su cascada de preguntas sobre temas ya comentados en la exposición. ¡Santo varón!

La sinceridad, concreción y sencillez (que no falsa modestia) deben acompañarnos en todo momento, también en la redacción de nuestro currículum, que ha de ir precedido de una carta de presentación que sirva como introducción de cortesía.

Ejercer de anfitrión resulta precioso si se sabe cómo, es una función en algo similar a la del árbitro de fútbol, que debe pasar desapercibido y, sin embargo, organiza, invita, recibe, presenta, atiende, despide. En todo momento está pendiente de sus invitados.

Reitero el criterio de presencia ligera, se está cuando es necesario, no más.

Ser un buen anfitrión exige saber con quién se está (en mi caso no me comporto igual cuando recibo a los magistrados del Tribunal Supremo; que a colegas psicólogos; que a contertulios de «Justicia y Utopía», tertulia que constituimos en 1992 y que nos reúne

411

a almorzar pero primordialmente a dialogar todos los primeros jueves de mes. En todos los casos estoy atento a que la conversación sea fluida, que nadie se sienta desplazado).

Anfitrión, «el que invita a cenar», término que actualmente ha ampliado su significado.

Quizá para conocerse sea bueno observar la conducta de quienes nos rodean, y para conocer a alguien debemos analizar qué amigos tiene.

Como invitado, ser cortés y prudente resulta de obligado cumplimiento, si no se quiere ser designado como persona *non grata*. Amoldarse a las normas es la primera de ellas, cada hogar e institución tienen las suyas. No es correcto deambular por habitaciones e instancias sin permiso, como no lo es sentarse retrepado como en el sofá de casa. A mí me encanta cotillear las neveras, conocer los gustos gastronómicos y de bebidas, pero sabedor de lo inadecuado de esta demanda, sólo en casa de los amigos e indicando con antelación mi solicitud accedo a ella.

Ser elegante, ser una dama o un caballero depende de las acciones que realicemos, pero aún más de los pensamientos que nos otorguemos. Nuestra conducta personal, exclusiva, puede mostrarse por igual en la antesala de un ministro, en el hipódromo, en un tanatorio, o en un restaurante italiano celebrando una despedida de soltero. Cambia el continente no el contenido.

Es importante analizar los propios comportamientos. Soy una persona que jamás dice «tacos» y, sin embargo, en alguna reunión cuento un breve y buen chiste, cuyo desenlace pudiera ser interpretado como ordinario. Acabo de tomar la firme determinación de enviarlo al cuarto del olvido y para siempre. Somos como nos vamos haciendo a nosotros mismos.

No creo ser antiguo al indicar que es correcto acompañar a una chica o mujer a su casa por la noche. Mi práctica forense como psicólogo por desgracia me lo confirma. Y además resulta una conducta delicada.

Ir acorde o apropiado me parece esencial. Cuando veo en la televisión a alguna actriz que lo fue, y que no cumplirá los 80, vestir y posar como una quinceañera me parece patético, como grotesco y triste me resulta encontrarme en la estación de Renfe de Atocha a niñas de 12 o 13 años vestidas de «lolitas», pintadas, con tacones, minifaldas, que vienen de fiesta a Madrid desde la ciudad dormitorio donde residen. La pérdida prematura de la ingenuidad, el querer quemar etapas de forma precoz me disgusta sobremanera. ¿Dónde están sus padres?

Hay detalles determinantes. La elección en la vestimenta dice mucho de la forma de ser de la persona, y ese carácter subyacente se manifiesta igual con ropa informal o de ceremonia. Fijarse en las bodas, o en un aeropuerto no sólo en los atuendos, sino en la forma de portarlos, resulta un entretenimiento aleccionador.

No he de negar, muy al contrario, que unas bellas y delgadas piernas de mujer caminando con donaire sobre unos zapatitos con reconocido tacón (que no inquietante), me estimula, al menos al aplauso interior. Y qué decir de la mujer sentada con una pierna mirando hacia Alicante y la otra hacia Lisboa, me produce una innegable repulsa; por contra, las rodillas unidas y las piernas levemente inclinadas hacia el mismo lado no diré que me conmueven, pero sí que me congratulan y reconfortan. No piense el lector que soy un voyerista, pero me fijo. Y entiendo que las mujeres también lo hacen y deben hacerlo.

Voy mucho a las televisiones, observo que algunos contertulios varones muestran continuamente las suelas de los zapatos a cámara por no saber apoyar la pierna derecha sobre la izquierda, únase a lo antedicho que llevan el calcetín bajo y se entrevé parte de una pierna blancuzca, y estarán ante una imagen penosa que pone en entredicho lo que el personaje sostenga verbalmente.

La verdad es que la buena educación procede de la buena cuna, debe mamarse en el hogar y desarrollarse, acentuarse, pulirse en el desarrollo vital.

Mejorarse a uno mismo resulta más sencillo y efectivo que intentarlo con los demás.

Detalles, pequeños detalles, ser cuidadoso con el paraguas, dejar pasar en el ascensor, caminar por la derecha en la escalera, ayudar a subir o bajar un carrito de niño. Facilita la vida, la hace más dulce.

Nuestro comportamiento es la imagen que mostramos de nuestro ser y querer ser.

No puedo comprender cuando me monto en un taxi y lo observo sucio, con olor a cerrado, una cochinada (no es inhabitual). Exijo inspecciones, pues es un servicio público. Y me revelo cuando varios carteles indican la prohibición de fumar y el conductor va tan contento con su cigarrillo encendido.

Coches, comportamiento en el automóvil, desde el copiloto que lleva los pies en el salpicadero al macarra con los cristales tintados, los tubos de escape rugiendo para demostrar su potencia (¿de qué tipo?) y la música a todo volumen con un golpeo continuo y mecánico sobre sus escasas células grises; los hay que abren la puerta para tirar el cenicero repleto, los que llevan irritada la bocina por el continuo uso, los que sólo ponen una mano sobre el volante pues la otra la utilizan para sacar los «cuernos», a veces sueltan el volante para hacer un «corte de mangas». Y qué decir de los que llevan el coche como un expositor —vitrina, con unos cojines, una virgen que se enciende, un torito, un cencerro, la foto de los seres queridos, el recuerdo a la legión y un sinfín de objetos, donde caben un puñado de bolígrafos, el reconocimiento al amor al pueblo que le vio nacer. Milagrosamente el carromato avanza. En el traqueteo, y si estamos en un taxi, podemos encontrarnos con un buen profesional, buen conductor y servicial, pero también con alguien que lleva la música de Tomatito a toda pastilla o que escucha al máximo volumen a un pequeño periodista radiofónico que se recrea atacando paranoicamente a todo el que no piensa como él y augurando un mundo de desdichas y sin futuro. Sinceramente, yo ya no me callo y solicito, exijo, que bajen el volumen al mínimo.

Creo, lo he dicho, que no debemos ser invasivos. Entras en un taxi, dices buenos días, indicas el lugar a donde quieres que te lleven, abres un periódico o un libro, es igual, como el tipo sea de los que te reconoce y te quiera contar cómo resolvería él «lo de los menores» date por...

La educación es más exigible a quien se le otorga autoridad, ya sea maestro, miembro de las fuerzas de seguridad o vigilante jurado (la selección y comportamiento de algunos miembros de este colectivo y qué decir de los denominados «puertas» daría para otro libro).

Decía Heidegger que el gran riesgo del ser humano es perder el contacto con la naturaleza. Así es. Debemos ser absolutamente prudentes con el fuego, no dejar huella de nuestra presencia tirando plásticos o envases... Nos falta civismo ecológico ¿Cómo se puede cortar un abeto en pleno bosque para decorarlo en Navidad? Hemos de impregnarnos de la naturaleza, de lo que nos susurra el aire entre las ramas, el discurrir del agua por el regato, el olor a tierra mojada, la tormenta que se presagia, el sol que se pone, el musgo que aterciopela la roca. Hemos de pasar como lo hacemos por un camino pedregoso, con cuidado, sin levantar mucha polvareda. A nuestro regreso todo debe quedar como estaba en su proceso, y así con los animales, con las setas. Respeto, delicadeza, un hormiguero es todo un mundo. El canto de un pájaro, la berrea de un ciervo, una trucha que se luce en su medio un agua fría y transparente. No somos dueños de la naturaleza. No dispararé jamás a un animal, no pasaré con una moto o coche todoterreno por la intimidad de un bosque, rompiendo la armonía de sus silencios y murmullos, violentando ese claustro materno. Me encantan los verdaderos montañeros, los que saben acampar, quienes escuchan el sentir de la madre naturaleza.

Las buenas o malas maneras se aprecian hasta en la playa. En la forma de delimitar el terreno que se siente propiedad, con bolsas y artilugios, la manera de mirar al vecino o vecina, de limpiar la toalla con o sin reparto de arena para quienes te rodean. He de reconocer que vislumbrar a un hombre o mujer en bañador sudorosos sirviéndose arroz en el chiringuito y gritando ¡pásame la sangría! con la boca llena, no eleva mi espíritu.

Practicando deporte se transpira la talla personal, el esfuerzo, compañerismo, saber ganar, saber perder, el juego limpio, una escuela de cómo conducirse de forma ejemplar y, como siempre en la vida, honradamente, sin trampas, sin aportes de drogas, anabolizantes... Uno mismo en y con los demás.

Como espectador también hay un comportamiento ejemplar, que aplaude, apoya, y otro denigrante, que insulta mientras escupe cáscaras de pipas. Comportarse en grupo nos define, cuando la responsabilidad se difumina en la masa de un concierto de rock, o en un partido de fútbol, se radiografía el verdadero autodominio, desaparecen las caretas sociales.

En museos no es inusual escuchar a un visitante: «Eso quedaría bien en nuestro comedor» (sin comentario). Por el contrario observamos otros jóvenes, adultos y mayores que disfrutan, que observan, que cuidan de no entorpecer o restar ángulo de visión a otras personas. Acontece como en las catedrales, conventos o bibliotecas, donde mayoritariamente nos manejamos con recogimiento.

Gusto de pasar tardes en la Biblioteca Nacional, el ambiente que se respira de admiración a las obras que se tienen entre las manos es para todos venidos de los distintos lugares del mundo incomparable.

Siendo alumno en la universidad, observé a un compañero que arrancaba en la biblioteca una hoja de un libro, lo denuncié, es un robo, un ultraje, un (permítanme) sacrilegio ¡un universitario! De expulsión.

Hablando de universidades, se está poniendo de moda que cuatro energúmenos, descerebrados impidan a un conferenciante exponer sus ideas. Por eso, por ser ideas, razonamientos, hipótesis, dudas, convicciones, pueden y deben ser debatidas, pero nunca impedidas, cercenadas.

Debemos aceptar otras creencias, tradiciones, salvo que conculquen derechos humanos, que zarandeen la dignidad de la persona. Naturalmente que la ablación del clítoris es perseguible, o la lapidación. No acepto la pena de muerte como medida justa que representa a una sociedad; ni que a una mujer no se le pueda ver el rostro porque se lo imponga una costumbre que une lo religioso con lo político, con lo machista.

Respeto al que tiene otra orientación sexual, sin dudar, pero no comparto las manifestaciones de orgullo. Se es como se es o como se quiere ser y se respeta al otro por ser exactamente como sea. Aquí radica la libertad sin imposiciones.

Respecto a bares, tascas, mesones, lugares de tapeo, todavía hay quien tira los huesos de aceitunas, cáscaras de gambas al suelo, sí, sí, al mismísimo suelo.

Vamos mejorando, pareciera que se reduce (poco) el número de escritores frustrados que nos regalan sus pensamientos escritos en las puertas o paredes de los servicios que entiendo son inscritos para la efímera posteridad mientras evacúan. Bien harían en concentrarse en su menester, pues lo expuesto en sus grafitis mejor sería siguiera el discurrir que se inicia al tirar de la cadena.

Puntualidad no sólo para la ópera o el tren de alta velocidad, puntualidad, sí, para un concierto, para un teatro, pero también para el cine (prohibiría el olor a «palomitas» y, por tanto, el maíz inflado). Detalles, vuelvo a los detalles, no deben apoyarse las rodillas en el respaldo delantero, no deben utilizarse los dos apoyabrazos si son compartidos.

No quisiera redundar en temas escatológicos, pero me congratula ver a dueños que recogen los excrementos de sus perros. Bien está.

Respecto a la igualdad, creo que se ha confundido su interpretación, veo a una chica joven que no puede subir su maleta y nadie la ayuda. Eso no es igualdad, es una descortesía, una simple falta de cooperación.

En la mesa, la colocación de la mantelería, vajilla, cubertería y cristalería es sencilla y busca la lógica y comodidad. Es siempre igual. Plato centrado y sobre él el plato hondo; a la izquierda, el tenedor de carne, más a la izquierda, el de pescado; a la derecha, el cuchillo y, más a la derecha, la cuchara. Delante de los platos las copas, entre ambos los cubiertos de postre con el mango hacia la derecha (salvo que sepamos que el comensal es zurdo). El pan arriba del tenedor, la copa de agua a la izquierda. La servilleta puede situarse a derecha o izquierda, incluso sobre el plato (hay quien la introduce en la copa, no es aconsejable).

La forma de ocupar la mesa es sentando a la derecha de los anfitriones (que hayan elegido el protocolo inglés o francés se encontrarán enfrente) a las personas que deseamos significar por su relevancia.

Comer groseramente define. Masticar a la vista es horrible, tener los codos puestos encima de la mesa no es correcto, como no lo es ocultar una de las manos debajo de la mesa. Ponerse a comer nada más ser servido o levantarse de la mesa sin que todos hayan terminado es de muy mala educación.

Los cubiertos hay que cogerlos con soltura, no con agarrotamiento, los trozos de pan pequeños. Tonterías las menos, eso de levantar el meñique cuando se come o bebe es un esnobismo que no debe imitarse. Las copas se alzan sujetando el tallo, con naturalidad.

Hay un empalagoso refinamiento, nada tiene que ver saber coger una taza de té o café con una mano o sostener las de consomé por las dos asas, con la inacabable ceremonia y ritual que algunos se encargan de celebrar ante un vino o un aceite, permitiéndose impartir una clase que entienden magistral sobre su saber. Ser culto exige modestia y humildad.

No me explayaré sobre aquellos que dicen al camarero o al sumilleer la frase maldita de «¡traiga el más caro!».

Cada producto debe ser comido de una forma, entiendo que entre amigos una chuletilla de cordero, unas sardinas o unos langostinos se cojan con las manos, en un ambiente formal deberán emplearse los cubiertos (entre ellos la pala de pescado). Jamás me quito la chaqueta, ni me desabrocho la corbata, y es que si las llevo puestas al iniciar es porque entendía que así debe ser. De tragicomedia podríamos calificar a algunos comensales en un banquete, verlos entrar y salir es un espectáculo inenarrable, todo desabrochados, la cara con el color del vino, el tono de voz elevado, el cinturón desabrochado, les falta la farola para abrazarse. No menos lástima y sonrisa produce la denominada señora que se libera de los zapatos comprados para la ocasión y que la están martirizando en la ceremonia y ulterior celebración, al ir a volver a introducir sus ya dilatados pies, la misión se torna imposible.

Sombreritos, pamelas, broches, pajaritas, úsense con estilo y primordialmente discreción, otra cosa es si se quiere ser el centro de atención a toda costa sin importar lo que se diga o piense.

A los hijos hay que enseñarles, porque son más jóvenes y han acudido a menos actos. Claro que en un aperitivo o en un bar podemos coger una aceituna con la mano, pero precisará del tenedor en el restaurante, también hemos de indicarles cómo colocar los cubiertos para hacer saber que ha terminado de comer o que en caso de duda al inicio de la colación deberá utilizar los cubiertos de fuera hacia dentro. Si se cae un cubierto debe cogerse del suelo y avisar al camarero...

Si decidimos decorar la mesa, hagámoslo con flores o centros cuyas plantas sean pequeñas, naturales y que no desprendan olor. Las flores artificiales son una incongruencia y sólo sirven para almacenar polvo. La utilización de velas sí, pero en ambientes íntimos y para cenar.

Hay que comer con moderación, aún más si se repite. No se habla, ni se bebe mientras se mastica. Se corta y se come, se corta y se come. El palillero en la mesa es una ordinariez, casi como la del que sale del restaurante con un escarbadientes en los labios.

Los bufés están indicados para servirse una ración prudente, pues si se desea se puede repetir, sin convertir el almuerzo en una procesión de ir y venir.

Los brindis deben ser breves, previamente pensados, realizados generalmente por el anfitrión. Elevar la copa a la altura de los ojos, expresar lo deseado y beber sin chocar las copas y sin caer en el tópico de decir «chin, chin».

La verdadera elegancia nace en el interior de cada uno. Aunque no es menos cierto que las vestimentas y complementos las destacan. Está bien ser moderadamente coqueto, conjuntar colores, llevar bonitos zapatos, ¡limpios! Y un pelo bien cortado y ¡limpio!

Combinar prendas nos permite multiplicar el fondo de armario.

En televisión no todas las chaquetas pueden utilizarse, pues producen muaré, las espigas juntas o rayas muy próximas dan una impresión de movimiento muy incómoda al telespectador. Las camisas azul cielo son favorecedoras, los focos «se comen» el color. Llevar chaquetas oscuras con corbatas de color vivo ácido resulta atractivo. Los morenos contrastan bien con las camisas rosas. Los varones no tenemos por qué ser grises.

Hay quien confunde ser elegante con ir por la vida de serios, grave error. Las buenas maneras no están reñidas con la sonrisa y el buen humor, todo lo contrario.

Permítame compartir una sonrisa ¿Han visto cómo dejan sus hijos sus zapatillas en su dormitorio?, más bien pareciera que tiren una hacia un lado y lancen la otra en dirección contraria. O ¿cómo sacan los billetes de curso legal de su bolsillo? No se pueden doblar más veces y de forma más aleatoria. Pero también podemos hablar de los ancianos que intentan colarse en todo momento, ya sea en el mercado o en el ambulatorio, abusan de ser viejos; otros podrían ser etiquetados como «tocafrutas», soban todas las piezas hasta que eligen para ellos la que estiman mejor.

Estoy obviamente generalizando, pero entristece ver a los ancianos abalanzarse sobre productos gastronómicos si estos son un obsequio. Y no se me argumente que en su juventud sufrieron penurias. La austeridad es un bien escaso, también los jóvenes y los de mediana edad se llevan todo aquello que se regala en los expositores o ferias, se trate de lo que se trate, trípticos, mapas, etcétera.

¡Hay gente para todo! Un día caminaba por la calle y se me interpone un ciudadano que me espeta: «¿Sabe quién soy?». «Pues no, no lo sé», le contesto. «¿Cómo que no? Piense». Así me mantuvo un buen rato hasta que empecé a mosquearme. Me explicó que hacía tres años en una conferencia que dicté, él me hizo una pregunta. No supe qué pensar, o estaba ante un ególatra o un imbécil.

Discreción en el maquillaje aplicado, en el reloj que portamos, en las joyas que lucimos. Adaptación al medio, si estamos invitados a un acto de gala, los varones llevaremos calzado de horma estrecha con cordones (o con hebilla), y las mujeres bolso pequeño y zapatos oscuros.

Lo antedicho no contradice los gustos personales. A mí me encantan las camisas blancas de doble puño, los gemelos, los chalecos y los zapatos designados como «castellanos», pero cada cosa en cada momento. Se puede ir elegante con un niqui, vaqueros y tenis, pero si se elige y utiliza el gusto, sin embargo, no es propio ir con ese atuendo a defender la tesis doctoral.

El chándal es para la práctica deportiva, los calcetines blancos sólo se deben llevar con atuendo deportivo. Recibir a alguien en el hogar en pijama es deprimente. Cuidado con el estado de las zapatillas con las que andamos por casa, no son patucos (los pies no deberían desarrollarse desde que se es bebé).

Cuando viajas con el coche y al cruzar un pueblo ves a un varón entrado en años vestido en chándal con una prominente barriga y zapatos o una lugareña en bata almohadillada, con el color de la zona de las axilas desgastada y zapatillas con «pom-pom», uno desea volver a descansar la vista en el paisaje.

No se puede ir a cualquier sitio en vaqueros, ni con las temibles (desde mi gusto personal) zapatillas «San José» abiertas que nos muestran todos los dedos, que tanto gustan a los extranjeros nórdicos y a muchos peregrinos del magnífico Camino de Santiago. Las chanclas son para la playa o la piscina.

Estar con una visera o gorra en lugar cerrado es tan ridículo como llevar gafas para el sol.

En algunos actos uno tiene que inclinar la cabeza ante el tamaño del tocado que luce una señora, pareciera más bien el nido de cigüeña. Como profesor universitario me sonrío (espero no sonrojarme) ante el espectáculo multicolor que la goma superior de las braguitas dejan aflorar las alumnas, parecieran trazos realizados por remarcadores.

La etiqueta nos indica que no es lo mismo una celebración de día que de noche, los colores más oscuros, los vestidos por debajo de la rodilla o largos se imponen cuando quien nos acompaña es la luna.

El negro es el color de la etiqueta, el azul oscuro también, combina fácilmente con otros colores. Los tonos oscuros visten más. No se deben llevar puestos más de tres colores, mejor dos.

La elección del color de la ropa se debe hacer según el propio gusto, a las características personales como color de la tez, los ojos, el pelo y la estación del año (los naranjas y amarillos son propios de la etapa estival). Hay combinaciones perfectas como el rosa con el azul marino y otras inapropiadas como rojo y amarillo o marrón y negro.

La primera impresión es fundamental, debemos cuidarla. La recepción en el hogar cuando vienen los amigos en la puerta, alguna luz indirecta encendida, la sala ordenada... la televisión apagada... mostramos el interés por quien nos visita, el mismo que hemos de transmitir en la despedida.

Relativo a las visitas, como se comprenderá, requiere avisar previamente. Hay horas, como las primeras del día o últimas y las de las comidas, que obviamente no son horas de visita. No se debe acudir con el perro. Hay un momento para retirarse, la brevedad es una virtud. Un bostezo del anfitrión, una mirada de reojo al reloj es muy mal signo.

Pulcritud personal, en la vestimenta, en las formas. Llevar un detalle al anfitrión, al enfermo que visitamos, detalle adecuado, agradable, significativo.

En el propio hogar, la cortesía no sobra. Hemos de tocar a la puerta para respetar la intimidad del otro. Resulta penoso ratificar eso de «donde hay confianza...».

Me planteo que expresiones como «que aproveche», tienen un halo de posguerra, me adhiero al «buen apetito», pero mucho más al neutro «buenas tardes».

Preocupa ver en los cuartos de aseo de caballeros de lugares públicos tipo aeropuertos o estación del tren (aunque sea en la sala VIP) que dos terceras partes de los conocidos como caballeros no se lavan las manos ni antes ni después de realizar sus necesidades.

Por cierto que esto de VIP —persona importante, en inglés— me molesta por lo que tienen de diferenciador, ¿el resto no son importantes? Alguna vez he ido a recepciones en hoteles de Madrid como el Ritz, el Palace, o el Urban, bajas del coche, un sencillo Suzuki Jimmy y el señor que lo recibe, te mira perdonándote la vida. Al respecto contaré una anécdota que me aconteció en Guadarrama en un famoso lugar, conocido por sus gambas. Era defensor del Menor y dirigía un Curso de Verano en El Escorial, invité a los ponentes a cenar al susodicho restaurante. Estuvimos muy a gusto y algún responsable vino a confirmar el agrado de nuestra estancia. Al salir un amigo me indicó: «¿A ti te han permitido aparcar junto a la puerta principal?, a mí me han mandado lejos», lo que confirmaron otros amigos y conferenciantes. Volví al restaurante para recibir la razón diferenciadora, que no era otra que «la categoría del coche». Me despedí indicándole que jamás volvería por allí, y así ha sido y será.

¿Se juzga a la persona por el tamaño de su vehículo?, ¿si voy con el coche pequeño tengo que aparcar más lejos?, ¿depende del coche que lleve me cobrarán distinto las gambas? Inconcebible. Estamos en el mundo de las estúpidas apariencias.

Tengo el privilegio de ser amigo de grandes pensadores como Federico Mayor Zaragoza o Javier Sádaba, gente sencilla, nada petulante, digna y educada, para nada servil, ni amante de la ostentación. Puedo citar también a José Antonio Marina, a Antonio Fraguas, *Forges*, y otros muchos con lo que me une relación de afecto que se caracterizan por saber de su valía, compartirla y hacerlo con sencillez.

La autoeducación exige al salir de la habitación del hotel dejarla con respeto hacia quien debe limpiarla. Las toallas utilizadas juntas y en su lugar, el lavabo pulcro. La utilización de la escobilla del váter le corresponde al usuario.

Las buenas maneras alcanzan a ayudar a poner un abrigo, a retirar una silla facilitando el levantarse de la otra persona, salir en busca de un taxi, pagar con discreción, dirigirte al camarero o azafata con atención (hay quien sigue hablando con su acompañante como si la persona que se ha dirigido a ellos no existiese, fuera transparente). Los modales correctos indican que mascar chicle se hace con la boca cerrada, que al terminar se envuelve en un papel y se deposita en una papelera.

La propina no es obligación, pero es el reconocimiento al trato recibido, debe ser proporcional a dicha satisfacción y al gasto realizado.

Los regalos deben ser imaginativos, de buen gusto, han de adecuarse a la persona que lo recibe, la presentación cuidada. Cuando te lo entreguen, ábrelo —en los países orientales se abre en la intimidad—. No debe rechazarse un regalo salvo que se estime que compromete a algo que no se desea o por valorar que es desproporcionado dado su alto coste...

Regalar flores tiene la ventaja del simbolismo de cada una, permite entregarlas en mano o enviarlas antes o después de la cita.

Debemos ser sociables, compartir cortesía, pero la familiaridad es reservada para los próximos.

Buscar la felicidad, compartirla, hacer más grato cada momento de la vida, facilitarla son pruebas de inteligencia. Saborear lo bello, disfrutar de las buenas formas, apreciar el arte, detener el tiempo, sentir y expresar, optar por callar, anticipar, renunciar es propio de los seres humanos, que sabedores de nuestras limitaciones podemos y debemos descubrir lo más sutil de nosotros y del entorno, gozar con la delicadeza de una palabra, una mirada, una sonrisa.

Gracias

(Le invito a leer el futuro libro de Mar Castro).

# Dilemas y retos de la educación

○ Enunciaré uno a uno cada RETO de la educación.
○ Señalando los DILEMAS, DIFICULTADES y OPOSICIONES con que nos encontramos.
○ Desde un estimado como correcto POSICIONAMIENTO.
○ Formularé PREGUNTAS Y ASEVERACIONES, que usted de forma participativa habrá de ir contestando y valorando.

Pido disculpas por mi incapacidad para abarcar con el necesario equilibrio tan vasto campo, el más trascendente, el de la EDUCACIÓN.

Lo intentaré desde la primera persona «el yo» e inmediata y complementariamente con el de LOS PADRES. Con un objetivo: LOS HIJOS/ALUMNOS.

Buscando no aburrir, mi discurso entrelaza curvas y curvas, un discurrir de RETO en RETO. Todos son importantes y buscan conducirnos a una CORRECTA EDUCACIÓN.

1. PARARSE A PENSAR/versus el golpeo catódico de imágenes y sucesos.
   ❏ Escuchar desde el silencio.
   ¿Quién soy? ¿Quién quiero ser? ¿Qué quiero transmitir?
2. REFLEXIONAR Y SENTIR/Huida de los tópicos, frases hechas, lugares comunes.
   ❏ Preguntar y contestarse.
   ¿Cómo me educaron? ¿De qué adolezco? ¿Qué me caracteriza?
3. MIRAR EN LOS OJOS DE LOS OTROS/Arrumbar mi propia subjetividad.
   ❏ Desde la ingenuidad.
   ¿Cómo me perciben? ¿Qué les aporto? ¿En qué les defraudo?

4. ESCRIBIR NEGRO SOBRE BLANCO/Más allá de leer a los denominados «expertos».
   ❑ Con capacidad crítica.
   ¿Cuáles son mis miedos? ¿En qué me proyecto? ¿En qué fracasé?

5. DIALOGAR CON QUIEN CONVIVO/Nada que ver con la yuxtaposición de monólogos.
   ❑ Motivados por coincidir, confluir o complementarse.
   ¿Qué es para vosotros educar? ¿Cuáles son los objetivos?

6. UBICARSE/Algo bastante distinto a adoptar «un papel».
   ❑ Como padres, abuelos, maestros, profesionales de los medios de comunicación, como ciudadanos.
   ¿Qué se espera de mí/nosotros? ¿Cuál es la distancia óptima que vamos a establecer en relación con otras instancias socializadoras?

7. DAR BUEN EJEMPLO/Lo opuesto a la ludopatía, la vagancia, defraudar a hacienda, saltarse las normas de tráfico, consumir droga, ser adicto a la prostitución, realizar *mobbing* (acoso) en el trabajo.
   ❑ Auscultarse.
   ¿Tengo palabra y la cumplo? ¿Practico la lealtad?

8. CONCILIAR LA VIDA PERSONAL-LABORAL-FAMILIAR/Lejos de «superman/superwoman».
   ❑ Evaluar prioridades.
   ¿Cómo va mi cuenta de resultados: afectivos/profesionales/de ocio?

9. COMPARTIR QUE A LA VIDA SE LE PUEDE PEDIR LO QUE PUEDE DAR/ No a la mentira vital.
   ❑ Atisbar y rememorar.
   ¿Doy gracias a la vida? ¿Cuándo disfruté del último amanecer?

10. FACILITAR LA CORRECTA SOCIALIZACIÓN RESPETANDO LA INDIVIDUALIDAD/No clónicos.
    ❑ Poner en la balanza.
    El «yo»/ «nosotros» y en el otro platillo el «tú»/los «otros».

11. MANTENER EL RESPETO Y LA AUTORIDAD DESDE CRITERIOS DE IGUALDAD Y DIÁLOGO/Aborreciendo el «¡como todos sus amigos lo hacen!» o «todo vale».
    ❑ Cuestionarse.
    ¿Poseo «autóritas» o «potestas»?, ¿Confundo la opinión con el saber?

12. DESARROLLAR LA SENSIBILIDAD/Contrapuesta a la psicopatía.
    ❑ Percibir.
    ¿Me pongo en el lugar del otro? ¿Perdono y me dejo perdonar?
13. ENRIQUECER EL LENGUAJE VERBAL/ESCRITO/Incredulidad respecto a la afirmación «una imagen vale más que mil palabras».
    ❑ Plantearse.
    ¿Utilizo y enseño a utilizar la palabra como mediador verbal? ¿Gusto de utilizar el diccionario? ¿Busco la precisión y sonoridad de y en las palabras?
14. INCENTIVAR EL SENTIDO DE TRASCENDENCIA/Más allá de un entorno agnóstico, laico o religioso.
    ❑ Formularse.
    ¿Qué da sentido a mi vida, qué transmito al respecto?
15. PROPICIAR LA HIGIENE MENTAL INDIVIDUAL /COLECTIVA/Opuesta a la patología social.
    ❑ Plantearse.
    ¿Cuánto y cómo utilizo el humor? ¿Regalo optimismo?
16. TRANSMITIR VALORES COMO LA AUSTERIDAD/Reverso a una sociedad occidental que derrocha.
    ❑ Hacer repaso.
    ¿Me influye la publicidad? Lo que me hace más feliz, ¿lo puedo comprar?
17. ENSEÑAR A DIFERIR GRATIFICACIONES/Contrario a «lo quiero aquí y ahora».
    ❑ Interrogarse.
    ¿Transmito autodominio? ¿Sé aceptar la frustración?
18. INCULCAR CONSTANCIA Y ESFUERZO/Como opuesto a «viene dado».
    ❑ Ver.
    Si valoramos lo sencillo, lo humilde, lo bien hecho.
19. FOMENTAR EL ALTRUISMO/Réplica del egoísmo.
    ❑ Constatar.
    Nuestro compromiso solidario, muy alejado de la tolerancia.
20. INOCULAR EL ANTÍDOTO CONTRA LA DROGA/Un giro de 180 grados respecto al escape de la angustia vital.
    ❑ Plantear.
    «Tengo un cerebro, dos pulmones, dos riñones, un hígado. Yo mismo».

21. ORIENTAR EN LA BÚSQUEDA DE LA FELICIDAD/Nada que ver con «ser rico».
    ❑ Con naturalidad.
    ¿Son alcanzables mis metas? ¿Disfruto del aquí y del ahora?
22. DESARROLLAR EN LA PRÁCTICA DE ALGUNA DE LAS ARTES/Arrinconando al espectador pasivo.
    ❑ Con creatividad.
    ¿Con cuál de las artes elevo mi espíritu?
23. INVITAR A LA MEDITACIÓN/Alejada de la vorágine.
    ❑ Desde la quietud.
    ¿Qué facilidades le doy a mi mente y a mis sentidos?
24. REGALAR EL CONTACTO CON LA NATURALEZA/Incompatible con explotarla o contaminarla.
    ❑ En armonía.
    Pasear, ver, oler, escuchar, integrarse.
25. EMPUJAR A LA PRÁCTICA DEL DEPORTE/No confundir con sentarse ante al televisor con una cervecita.
    ❑ Desde el ejemplo.
    Participar, competir, ganar/perder, acatar las normas.
26. INTERIORIZAR QUE ES UN DERECHO TENER DEBERES/Contrapuesto a la irresponsabilidad como axioma.
    ❑ Con ecuanimidad.
    ¿Qué exijo de papá/mamá Estado?; por el contrario, ¿qué aporto?
27. ASUMIR QUE LA SANCIÓN ES PARTE DE LA EDUCACIÓN/Diametralmente opuesto al castigo físico o al intento de comprar el cariño.
    ❑ Con seriedad.
    Formularme si la aplico con inmediatez, mesura y haciéndola cumplir.
28. OSTENTAR EL PAPEL DE PADRE/MADRE/No confundir con amigo/colega.
    ❑ Con coherencia.
    Auditar si asumo que soy adulto.
29. RECONOCIMIENTO DE LA FIGURA DEL MAESTRO/PROFESOR/Arrinconando a los padres «equívocos abogados de los hijos» que actúan como depredadores.
    ❑ Desde la admiración.
    ¿Aunamos esfuerzos? ¿Nos complementamos?

30. ENSEÑAR A MANEJARSE EN LA DUDA/Alejado del asidero de las verdades irrefutables.
   ❑ Embarcados en el cambio y la transformación.
   ¿Sé convivir con interrogantes y cambios inesperados?

31. APRENDER A RESOLVER CONFLICTOS/Contrapuesto a lo innegociable, a la cerrazón.
   ❑ Con la mente abierta.
   ¿Utilizo la mediación? ¿Tiendo puentes?

32. ESTIMULAR EL PENSAMIENTO ALTERNATIVO/Antítesis del «cortocircuitado».
   ❑ Desde el deseo por conocer.
   ¿Fomento el ingenio? ¿Huyo de los caminos trillados?

33. PROPICIAR EL AUTOCONOCIMIENTO/Contraindicado con «soy de tal partido político y tal equipo de fútbol».
   ❑ Desde mi unicidad.
   ¿Practico la introspección?

34. ESTIMULAR LA SALUD/Alejada de modas.
   ❑ Escribir.
   ¿Cuáles son mis hábitos alimenticios, de higiene, sexuales, de ocio...?

35. INCENTIVAR LA ÉTICA/Mucho más allá de la estética.
   ❑ Formalmente.
   Cuestionarme sobre mi adscripción al «deber ser».

36. INOCULAR VALORES/Infinitamente más productivo que modificar conductas.
   ❑ Como ciudadanos y convencido de que lo distinto enriquece.
   ¿Considero que existen valores irrenunciables, por la mayoría defendidos?

37. CONTACTAR CON EL DOLOR/MUERTE/Distante del mundo superficial y algodonoso.
   ❑ Con simplicidad.
   ¿Cuántas visitas realizo a hospitales? ¿Qué tiempo dedico a los ancianos?

38. FACILITAR TENER AMIGOS/Ni parecido con «colegas».
   ❑ Desde el apego.
   ¿Cada cuánto nos vemos o hablamos? ¿Cultivo la amistad? ¿Desde cuándo somos amigos?

39. FOMENTAR LA INDEPENDENCIA /Evitar que como media vivan 34 años en casa de «los papás».
   ❏ Con criterio, apoyando políticas de inserción laboral y de acceso a la vivienda
   ¿Tengo miedo al «nido vacío»?

40. RESPETAR LAS DISTINTAS EDADES/Denunciar que se imponga «lo joven».
   ❏ Con sosiego.
   ¿Propicio la palabra, la ternura, el saber estar de los mayores?

41. POSEER UNA VIVENCIA POSITIVA DE LAS INTENCIONES AJENAS/La otra cara de la paranoia.
   ❏ Mirándome a los ojos (en el espejo).
   ¿Qué pienso de «los otros»?

42. ASUNCIÓN DE LA URBANIDAD, LA ELEGANCIA/Contrapuestas a vulgaridad, zafiedad, grosería.
   ❏ Palpándome.
   ¿Cómo me comporto?, en público, ¿y a solas?

43. PROFUNDIZAR EN EL CONOCIMIENTO/No confundir con la sobredosis de información.
   ❏ Ante un buen libro, preguntarme.
   ¿Enseño a consultar, integrar, elaborar, superando el famélico «corta y pega»?

44. GENERAR ANTICUERPOS CONTRA LA VIOLENCIA/Exactamente lo contrario del uso de la violencia como forma de resolución de conflictos.
   ❏ Plantearme.
   ¿Cómo me conduzco cuando me enfado? ¿Cuál es mi respuesta en el coche?

45. ACEPTAR UN «NO» COMO RESPUESTA/Inequívocamente distinto a la ambivalencia.
   ❏ Concluir.
   Sí, lo asumo.

46. CAPACITAR PARA EDUCAR/Evitando el «no puedo con mi hijo» o «me salió así».
   ❏ Interpelarme.
   ¿Me preocupo en educarme para ser padre o me quedo en el «nadie nos enseña»?

47. VALORAR LO IMPORTANTE/No equiparar a lo urgente.
   ❏ Pararme a pensar.
   ¿Qué hago, que he hecho y qué he de hacer?

48. COMPROMETERSE/Que en el epitafio no ponga: «Murió como vivió, sin ganas».
    ❑ Más allá de la realidad virtual.
    ¿Cuál es mi grado de implicación en la comunidad?
49. APRENDER A ESCUCHAR/No interpretable como oírse a uno mismo.
    ❑ Pasar mentalmente la película.
    ¿Cómo son mis interacciones?
50. RESTABLECER LA VERDAD EN RELACIÓN CON LA MAYORÍA DE LOS JÓVENES/Evitando la frecuente distorsión.
    ❑ Dar un repaso a los que conozco.
    ¿Son violentos, anoréxicos, bebedores compulsivos? o ¿familiares y afectuosos?
51. DECONSTRUIR MENSAJES MEDIÁTICOS/Distante de la aceptación sin reservas.
    ❑ Con capacidad crítica.
    ¿Comparto el borreguismo o me hago cuestionamientos?
52. INFLUIR MÁS QUE LAS NUEVAS TECNOLOGÍAS/Versus niño «desconectado» del contacto.
    ❑ Sabedor de que los hijos acceden con más facilidad a las fuentes de información.
    ¿Qué y cómo los enseño realmente?
53. ACABAR CON EL SENTIMIENTO DE IMPUNIDAD/Opuesto a «soy menor».
    ❑ Desde la responsabilidad.
    ¿Le hago acreedor de las consecuencias de sus propios actos?
54. HUIR DE LA EXCELENCIA/Antípoda de los «padres perfectos».
    ❑ Con modestia.
    Como padre, «¿me creo responsable de todos los males?».
55. EDUCAR EN POSITIVO/La otra cara de la moneda de tan sólo «señalar defectos».
    ❑ Sin artificios.
    ¿A qué y cómo respondo?
56. APUNTARSE AL AGRADECIMIENTO/Reactivo al niño que ve al profesor desde la posición de un cliente y al padre como si fuera un «cajero automático».
    ❑ Con nitidez.
    ¿En qué punto nos encontramos?
57. FOMENTAR LA COOPERACIÓN/Vacuna del individualismo.
    ❑ En la rutina diaria.
    ¿Erradicamos el hedonismo /nihilismo?

58. EDUCAR EN LA LIBERTAD/AUTOGOBIERNO/Como contraposición al: «siempre tutelado».
    ❑ Desde el criterio de que hay que llevar la vida en los propios brazos.
    ¿Soy coherente?
59. MUSCULAR LA VOLUNTAD/Antagonista del «se trauma».
    ❑ Conocedor de lo que es el esfuerzo.
    ¿Lo mando a campamentos? ¿Le exijo constancia?
60. VISIÓN EN GRAN ANGULAR/Incompatible con «si eres amigo de ése, no puedes ser amigo mío», o de escuchar siempre la misma radio, ver la misma televisión y leer la misma prensa para ratificar mis ideas.
    ❑ Con perspectiva poliédrica.
    ¿Nos enriquecemos con otros criterios?
61. DISCRIMINAR ENTRE LO QUE ESTÁ BIEN Y LO QUE ESTÁ MAL/Reacción al confusionismo.
    ❑ Aseverar.
    No todo lo posible debe realizarse.
62. VACUNA CONTRA LA PRESIÓN DEL CONSUMO/Superando el ser poco más que una sumativa de marcas.
    ❑ Desde la capacidad crítica.
    ¿Cómo actuamos contra el borreguismo?
63. ENGRANDECER EL VÍNCULO COMO RELACIÓN/Opuesto al desapego.
    ❑ Actuar.
    De forma proactiva.
64. SENSIBILIZAR/Como réplica al machismo.
    ❑ En los gestos, en las palabras, en las conductas.
    Cuidar plantas, animales, dolerse y disfrutar de y con las personas.
65. PREPARAR PARA POSIBLES SEPARACIONES DE PAREJA/Opuesto al Síndrome de Alienación Parental.
    ❑ Conocedores de la reincidente realidad.
    Inocular lo que significa «el mejor interés del niño».
66. DERRIBAR FRONTERAS/Acabar con miradas miopes desde las que se cree que el mundo es nuestro país, nuestro barrio, nuestro hogar.
    ❑ Sabedores que la tierra vista desde la luna es blanca y azul.
    Apreciar el mestizaje. Alabar el arcoíris porque se compone de distintos colores.

67. Dar la palabra a niños/jóvenes/ Abortando el despotismo ilustrado de «todo para el niño, pero sin el niño».
    ❏ Partiendo de que un niño no es sólo el futuro, sino el presente.
    Hacerles partícipes de su unicidad.

68. Fomentar el buen trato/Erradicar el maltrato, la desvinculación.
    ❏ Repudiando los abusos psíquicos, físicos, sexuales.
    Acrecentar la bondad, el afecto, la ternura.

69. Facilitar el decir: «te quiero»/Réplica del «quise abortar de ti».
    ❏ Desde un entorno donde se ha ampliado el coetáneo /contemporáneo.
    Evitar que los niños únicos sean hijos solos; que existan los llamados «niños llave» y los denominados «niños agenda».

70. Amar el aprendizaje/Contrapeso del absentismo y fracaso escolar.
    ❏ Estimando que existen conocimientos irrenunciables (lengua, matemáticas, filosofía, ciencias naturales, física, etcétera).
    Generar salidas alternativas a los conocimientos abstractos, potenciando el Graduado Social (Formación Laboral).

71. Apoyo a las familias/Descartando el «hago con ellos lo que quiero porque son mis hijos».
    ❏ Aceptando que el concepto o tipos de familias se ha ampliado.
    Formar para ser buenos padres. Evitando desequilibrios y adicciones tóxicas.

72. Poner límites/En contraposición al desarrollo del hijo tirano.
    ❏ Partiendo de que es inaceptable tener que leer: «Prohibido pegar al médico».
    No desperdiciar en la educación los primeros años, los primeros meses, los primeros días.

73. Coadyuvar a la protección de la infancia/ Contrapunto de pedófilos, fácil acceso a la droga...
    ❏ Convencidos de que se precisan políticas de infancia globales.
    Crear la especialidad de psiquiatría infantil y ofertar más plazas de PIR (Psicólogos Internos Residentes).

74. QUE EL PADRE VARÓN SE IMPLIQUE EN LA EDUCACIÓN/Nada que ver con el padre *light* y el *missing*.
    ❏ Sabedores de que los padres varones son necesarios.
    Hacerlos partícipes y responsables.

75. CONSEGUIR QUE LOS MEDIOS DE COMUNICACIÓN Y ESPECÍFICAMENTE LA TELEVISIÓN SE COMPROMETAN CON LA EDUCACIÓN/Inequívocamente opuesto a ser contenedores de publicidad.
    ❏ Entendiendo que su objetivo es entretener.
    Generar espacios formativos, también para aprender a «depurar» lo que el consumo cotidiano de sucesos... conlleva.

76. IR PREPARANDO PARA UNA POSIBLE Y FUTURA ADOPCIÓN/Exorcizando el riesgo de «lo devuelvo, este niño tiene un defecto».
    ❏ Interpretando que no se trata de un niño para unos padres, sino de unos padres para un niño.
    Interiorizar lo que significa adoptar.

77. DESDRAMATIZAR/Réplica a los excesos ante casos de *bullying* (acoso), secuestro, desaparición...
    ❏ Desde la objetividad (desde la posible).
    Enmarcar la verdadera percepción del riesgo.

78. EDUCAR EN EL OCIO/Opuesto al «dejar hacer».
    ❏ Entendiendo lo que supone el respeto a su intimidad y honor.
    Interesarnos por sus actividades y grupo de amigos. Buscando normalizar los horarios de salida y regreso al hogar.

79. ENSEÑAR A MANEJARSE EN LA DUDA, EN EL CONFLICTO, A ACEPTAR LA RUPTURA/opuesto al pensamiento artrósico, cortocircuitado, preestablecido.

80. FACILITAR LA COSMOVISIÓN, LA MIRADA POLIÉDRICA, LA FORMULACIÓN DE INTERROGANTES/contrapuesto a la miopía unidireccional.

81. EDUCAR PARA FLUIR EN LA COMPLEJIDAD Y LA INCERTIDUMBRE/Nada que ver con estructuras rígidas y preconcebidas.

82. DESCODIFICAR LOS MENSAJES MEDIÁTICOS Y LOS TÓXICOS Y CONTAMINANTES QUE SE TRANSMITEN POR NUEVAS VÍAS DE COMUNICACIÓN/opuesto a la ingenua pasividad receptiva.

83. EDUCAR EN FORMULARSE DILEMAS ÉTICOS, CONFORMANDO UNA CONCIENCIA MORAL/incompatible con el utilitarismo.

---

EDUCAR NO ES UNA CIENCIA, ES UN ARTE

# Colegios e institutos visitados

Mucho antes de ser el primer defensor del Menor y durante el desempeño de mi función (1996-2001) viajé a muchas ciudades y pueblos, donde me encontré con padres, alumnos y maestros. Por no hacer la lista excesivamente prolija, iniciaremos la misma en octubre de 2001, al acabar mi labor como defensor.

— IES San Juan Bautista de la Concepción (Almodóvar del Campo, Guadalajara)
    — Colegio Diocesano Cardenal Cisneros (Guadalajara)
    — Liceo Francés (Madrid)
    — Colegios Salesianas. Centro Don Bosco (Madrid)
    — Colegio María Auxiliadora (Madrid)
    — Colegio San José (Madrid)
    — Escuelas Santísimo Sacramento (Madrid)
    — Centro de Estudios Superior Don Bosco (Madrid)
    — Colegio St. Michel Waldorff (Pozuelo de Alarcón, Madrid)
    — Escuela libre Micael (Las Rozas, Madrid)
    — Colegio público Valdebernardo (Madrid)
    — AMPA de Lucena (Córdoba)
    — AMPA de Pinto (Madrid)
    — Colegio público San Dámaso (Villamanta, Madrid)
    — Colegio Nuestra Señora de Loreto (Madrid)
    — Colegio Público Fernández Moratín (Madrid)
    — CEE Régoa (Cedeira, A Coruña)
    — CEE Apascovi (Villalba, Madrid)
    — Colegio Alemán (Bilbao)

— Asociación de Enseñantes con Gitanos (Getafe, Madrid)
— Colegio Amor Misericordioso (Madrid)
— Colegio Virgen de Legarda (Mendavia, Navarra)
— Colegio Sagrado Corazón de Jesús (Arrendó, La Rioja)
— Colegio Hermanas de la Caridad de Santa Ana (Artieda, Navarra)
— Asociación Educativa Calasanz (Pinto, Madrid)
— Colegio San Juan Bautista Salesianos (Madrid)
— CEIP San Juan Bautista (Madrid)
— CEIP Rafael Alberti (Móstoles, Madrid)
— CEP José Rodríguez Galán (Antequera, Málaga)
— CEP Sierra de Segura (Orcera, Jaén)
— CPR de Alcorcón (Madrid)
— CPR de Asturias. Centro del Profesorado y de Recursos de Oviedo (Oviedo)
— CPR de Mieres (Asturias)
— CPR de Sigüenza (Guadalajara)
— CPR de Torrejón (Madrid)
— CPR de Hortaleza-Barajas (Madrid)
— CPR de San Martín de Valdeiglesias (Madrid)
— CP Velázquez (Fuenlabrada, Madrid)
— CRE Antonio Vicente Mosquete (ONCE Madrid)
— CEE Doble Amor (Benidorm, Alicante)
— CPR Burgos (Burgos)
— CPR Granada (Granada)
— CPR Priego (Asturias)
— CPR Carmen Gómez (Talavera de la Reina, Toledo)
— CPR Colmenar Viejo (Madrid)
— CPR Luarca (Asturias)
— CPR Villaverde (Madrid)
— CPR Jerez (Cádiz)
— CEE El Cau (Castellón)
— Centro Escolar Amanecer (Alcorcón, Madrid)
— Ciudad Escolar San Fernando (Colmenar Viejo, Madrid)
— Colegio Ramón Gómez de la Serna (Madrid)
— Colegio Altamira (Fuenlabrada, Madrid)
— Colegio Arcángel Rafael (Madrid)
— CBV María (El Soto, Alcobendas, Madrid)
— Colegio Chamberí (Madrid)
— Colegio Cooperativa Lagomar (Valdemoro, Madrid)

— CEE Princesa Sofía (Madrid)
— Colegio de los Padres Salesianos (Orense)
— Colegio Divina Pastora (Getafe, Madrid)
— Colegio Federico García Lorca (Alcobendas, Madrid)
— Colegio Joyfe (Madrid)
— Colegio Juan de Valdés (Madrid)
— CMM Mercedarias de San Fernando (Madrid)
— Colegio María Inmaculada (Madrid)
— Colegio Madrigal (Fuenlabrada, Madrid)
— Colegio Montpellier (Madrid)
— Colegio Nuestra Señora Del Carmen (Portugalete, Vizcaya)
— Colegio Nuestra Señora Del Puy (Estella, Navarra)
— Colegio Nuestra Señora Del Sagrado Corazón (Madrid)
— Colegio Nuestra Señora De la Paz (Madrid)
— Colegio público Felipe II (Madrid)
— Colegio público García Lorca (Alcalá de Henares, Madrid)
— Colegio público Marcelo Usera (Madrid)
— Colegio público Antonio de Lebrija (Alcalá de Henares, Madrid)
— Colegio público Asunción de Nuestra Señora (Pozuelo de Alarcón, Madrid)
— Colegio público Carlos Ruiz (Tielmes, Madrid)
— Colegio público Ciudad de Valencia (Madrid)
— Colegio público Claudio Vázquez (Morata de Tajuña, Madrid)
— Colegio público Cristóbal Colón (Alcalá de Henares, Madrid)
— Colegio público Divino Maestro (Pozuelo de Alarcón, Madrid)
— Colegio público El Buen Gobernador (Torrejón de Ardoz, Madrid)
— Colegio público Enrique Tierno Galván (San Fernando de Henares, Madrid)
— Colegio público Federico García Lorca (Arganda del Rey, Madrid)
— Colegio público Henares (Alcalá de Henares, Madrid)
— Colegio público Isaac Peral (Madrid)
— Colegio público Padre Jerónimo (Algete, Madrid)
— Colegio público Joaquín Dicenta (Madrid)
— Colegio público Las Acacias (Pozuelo de Alarcón, Madrid)

— Colegio público León Felipe (Móstoles, Madrid)
— Colegio público Miguel Hernández (Alcalá de Henares, Madrid)
— Colegio público Nazarestoril, ahora Miguel Delibes (Móstoles, Madrid)
— Colegio público Nuestra Señora del Rosario (Torres de Alameda, Madrid)
— Colegio público Perú (Madrid)
— Colegio público Pico de la Miel (La Cabrera, Madrid)
— Colegio público Pinar Prados de Torrejón (Pozuelo de Alarcón, Madrid)
— Colegio público Regimiento Inmemorial del Rey (Madrid)
— Colegio público República del Ecuador (Madrid)
— Colegio público Rosa Chacel (Villalba, Madrid)
— Colegio público Rosa Luxemburgo (Madrid)
— Colegio público San José Obrero (Pozuelo de Alarcón, Madrid)
— Colegio público San Juan Bosco (Madrid)
— Colegio público Tirso de Molina (Colmenar Viejo, Madrid)
— Colegio público Vázquez de Mella (Madrid)
— Colegio público Vicente Aleixandre (Las Rozas, Madrid)
— Colegio público Emperador Fernando (Alcalá de Henares, Madrid)
— Colegio público Valdepeñas (Ciudad Real)
— Colegio Retamar (Pozuelo de Alarcón, Madrid)
— Colegio Sagrado Corazón «Francesas» (Guadalajara)
— Colegio San José del Parque Hermanos Maristas (Madrid)
— Colegio Santa Elena (Villarejo de Salvanés, Madrid)
— Colegio Santo Ángel de la Guarda (Madrid)
— Colegio Sagrado Corazón de Jesús (Madrid)
— Colegio Torrente Ballester (Parla, Madrid)
— Colegio Valdeluz (Madrid)
— Colegio Virgen de Lourdes (Majadahonda, Madrid)
— Colegio Hermanos Maristas (Orense)
— Colegio Hijas de la Caridad (La Rioja)
— Colegio La Milagrosa Calahorra (La Rioja)
— Colegio Sagrado Corazón (La Rioja)
— Colegio Nuestra Señora de la Piedad (Nájera, La Rioja)
— Colegio Hijas de la Caridad (Soria)
— Colegio Sagrado Corazón (Soria)

— Colegio Hijas de la Caridad (Cuenca)
— Colegio La Milagrosa (Cuenca)
— Colegio Nuestra Señora del Remedio (Cuenca)
— Colegio Hijas de la Caridad (Madrid)
— Colegio María Inmaculada (Madrid)
— Colegio Sagrada Familia (Madrid)
— Colegio La Milagrosa (Madrid)
— Colegio La Inmaculada (Leganés, Madrid)
— Colegio La Inmaculada-Marillac (Madrid)
— Colegio María Cristina (Madrid)
— Colegio Nuestra Señora del Carmen-Nájera (Madrid)
— Colegio Nuestra Señora del Pilar (Madrid)
— Colegio Hijas de la Caridad (Ciudad Real)
— Colegio La Milagrosa (Ciudad Real)
— Colegio María Inmaculada (Puertollano, Ciudad Real).
— Colegio Sagrado Corazón de Jesús (Villanueva de los Infantes, Ciudad Real)
— Colegio San José (Ciudad Real)
— Colegio San Luis Gonzaga (La Solana, Ciudad Real)
— Colegio Hijas de la Caridad (Albacete)
— Colegio María Inmaculada (Albacete)
— Colegio Hijas de la Caridad (Cartagena, Murcia)
— Colegio Sagrado Corazón (Cartagena, Murcia)
— Colegio San Rafael (Hellín, Albacete)
— Colegio Mirabal (Madrid)
— Colegio Amor de Dios (Alcorcón, Madrid)
— Colegio San Agustín (Madrid)
— Colegio Alameda de Osuna (Madrid)
— Colegio Jesuitas de Tudela (Navarra)
— Colegio Público Hilarión Eslava (Burlada, Navarra)
— Colegio Público EI y P. Ángel Martínez Baigorri (Lodosa, Navarra)
— Colegio Sagrado Corazón (Pamplona)
— Colegio Maristas (Pamplona)
— Colegio Berrio-Otxoa (Bilbao)
— Colegio Cisneros (La Laguna, Santa Cruz de Tenerife)
— Colegio San José (Villafranca de los Barros, Badajoz)
— CEIP Zulema (Alcalá de Henares, Madrid)
— CEIP Botánic Calduch (Vila-real, Castellón)
— Colegio Sagrado Corazón (León)

— Colegio Santa Teresa de Jesús (Valladolid)
— Colegio Jesús María El Salvador (Zaragoza)
— Colegio Salesiano Nuestra Señora del Rosario (Rota, Cádiz)
— Colegio Amor de Dios (Bullas, Murcia)
— CRA Alzabara (Fuente Álamo, Murcia)
— Centro de Profesores y Recursos Mar Menor (Torre-Pacheco, Murcia)
— Asociación Encuentros de Familia (Cádiz)
— Escuela de Formación de Apoyo al Menor Puente (Albacete)
— Escuela de Formación Federico García Lorca (Arganda del Rey, Madrid)
— Escuela de Padres AMPA (Teruel)
— Escuelas Pías de España
— Escuela de Padres del Centro Las Naves (Alcalá de Henares, Madrid)
— FAPA Gabriel Miró (Alicante)
— AFA Acción Familiar Vizcaína (Bilbao)
— IES Francés de Aranda (Teruel)
— IES Francisco de Quevedo (Madrid)
— IES Humanes (Madrid)
— IES Joaquín Rodrigo (Madrid)
— IES José Hierro (Getafe, Madrid)
— IES Luis Braille (Coslada, Madrid)
— IES Manuel de Falla (Madrid)
— IES María de Molina (Madrid)
— IES Pradolongo (Madrid)
— IES Tirso de Molina (Madrid)
— IES Villablanca (Madrid)
— IES Profesor Angel Ysern (Navalcarnero, Madrid)
— IES Juan Gris (Móstoles, Madrid)
— IES Claudio Sánchez Albornoz (Ávila)
— IES Alto Jarama (Madrid)
— IES Miguel Hernández (Alicante)
— IES Veritas (Pozuelo de Alarcón, Madrid)
— IES Cervantes (Madrid)
— IES Tiempos Modernos (Zaragoza)
— IES Bonifacio Sotos (Casas Ibáñez, Albacete)
— IES Antonio Serna Serna (Albatera, Alicante)
— IES Puzol (Valencia)

— IES Lauro Olmo (O'Barco de Valdeorras, Orense)
— IES Álvaro Cunqueiro (Vigo, Pontevedra)
— IES Atenea (Alcalá de Henares, Madrid)
— IES Pablo Sarasate (Lodosa, Navarra)
— Instituto de Estudios Ceutíes (Ceuta)
— Movimiento de Renovación Pedagógica Escuela Abierta (Getafe, Madrid)

# Bibliografía

ÁREA DE EDUCACIÓN DE THE KIDS & TEENS GROUP, DOMÉNECH, M., y BARRIO, D.: *¡A la mesa!*, Coca-Cola, Madrid, 2008.

ÁREA DE EDUCACIÓN DE THE KIDS & TEENS GROUP, SERNA, A.: *Energía positiva*, Coca-Cola, Madrid, 2007.

ÁREA DE EDUCACIÓN DE THE KIDS & TEENS GROUP, TIERNO, B.: *El cole. Instrucciones de uso*, Coca-Cola, Madrid, 2007.

ÁREA DE EDUCACIÓN DE THE KIDS & TEENS GROUP, ESTIVILL, E., y DOMÉNECH M.: *El libro de sus sueños*, Coca-Cola, Madrid, 2006.

ARENT, H.: *La crisis de la educación en* Entre el pasado y el futuro, Península, Barcelona, 1996.

BAYARD, R. T., y BAYARD, J.: *¡Socorro! Tengo un hijo adolescente*, Temas de Hoy, Madrid, 1998.

BARMAN, Z.: *Los retos de la educción en la modernidad líquida*, Gedisa, Barcelona, 2007.

BOSCHMA, J.: *Generación Einstein: más listos, más rápidos, más sociables*, Gestión 2000, Barcelona, 2008.

CALDERÓN, I.: «Docentes o maestros: percepciones de la educación desde dentro», FAD, 2008.

CAMPS, V.: *Creer en la educación*, Península, Barcelona, 2008.

CASTELLS, P., y SILBER, T.: *Guía práctica de la salud y psicología del adolescente*, Planeta, Barcelona, 1998.

CEREZO, F.: *La violencia en las aulas*, Pirámide, Madrid, 2001.

CORDUS, S.: *El desconcierto de la educación*, Paidós, Barcelona, 2007.

DIRECCIÓN GENERAL DE LA FAMILIA, CONSEJERÍA DE FAMILIA Y ASUNTOS SOCIALES: *¿Cómo crecen nuestros hijos?*, Comunidad de Madrid, Madrid, 2005.

Dirección General de la Familia, Consejería de Familia y Asuntos Sociales; *La Familia ante momentos difíciles*, Comunidad de Madrid, Madrid, 2004.

Del Valle, E.: *Un adolescente bajo mi techo*, Grijalbo, Madrid, 2004.

Elschenbroich, D.: *Todo lo que hay que saber a los siete años*, Destino, Barcelona, 2001.

Elzo, J.: *El silencio de los adolescentes*, Temas de Hoy, Madrid, 2000.

Fernández, J. M., y Buela-Casal, G.: *Manual para padres desesperados... con hijos adolescentes*, Pirámide, Madrid, 2002.

Fernández Díaz, M.ª A.; Idoate Iribarren, J. L.; Izal Mariñoo, M.ª C., y Labarta Calvo, I.: *Desarrollo de conductas responsables de 3 a 12 años*, Gobierno de Navarra, Departamento de Educación y Cultura.

Fernández Martorell, C.: *El aula desierta. La experiencia educativa en el contexto de la economía global*, Montesinos, Barcelona, 2008.

Fodor, E., y Moran, M.: *Todo un mundo por descubrir*, Pirámide, Madrid, 1999.

Fodor, E.; Moran, M., y Moleres, A.: *Todo un mundo de sorpresas*, Pirámide, Madrid, 2004.

Fodor, E.; Moran, M., y García-Castellón, M. C.: *Todo un mundo de sensaciones*, Pirámide, Madrid, 1997.

Heras, J. de las: *Rebeldes con causa*, Espasa, Madrid, 1999.

Honoré, D.: *Bajo presión*, RBA, Barcelona, 2008.

Instituto de la Juventud: *Adolescencia y comportamiento de género*, INJUVE, Madrid, 2006.

Instituto de Lenguaje y Desarrollo: *Tu hijo está cambiando. Guía para padres de adolescentes*, Defensor del Menor, Madrid, 2002.

Kohlberg, L.: *Psicología del desarrollo moral*, Desclée de Brouwer, Bilbao, 1992.

Locke, J.: *Pensamientos sobre la educación*, Akal, Madrid, 1986.

Matellanes, M.: *Cómo ayudar a nuestros hijos frente a las drogas*, EOS, Madrid, 1999.

Melero, J. C., y Pérez, J. A.: *Drogas: + Información – Riesgos*, Plan Nacional de Drogas, Ministerio del Interior, Madrid, 2001.

Orange: *Guía de ayuda para familias sobre el uso y las prestaciones de los teléfonos móviles, Internet y televisión*, con la colaboración de Unicef y protegeles.com, Madrid, 2008.

Ramos-Paul, R.: *El Manual de Supernany*, El País, Madrid, 2007.

RODRÍGUEZ, E.: *Jóvenes y videojuegos*, Fundación de Ayuda contra la Drogadicción e Instituto de la Juventud, Madrid, 2002.

RODRÍGUEZ, N.: *Guerra en las aulas*, Temas de Hoy, Madrid, 2004.

ROUSSEAU, J. J.: *Emilio o la educación*, Alianza Editorial, Madrid, 1998.

SÁNCHEZ FERLOSIO, R.: *Educar e instruir.* Sin Permiso, 2007.

SÁNCHEZ TORTOSA, J.: *El profesor en la trinchera: la tiranía de los alumnos, la frustración de los profesores y la guerra en las aulas.* La Esfera de los Libros, Madrid, 2007.

SAVATER, F.: *El valor de educar*, Ariel, Barcelona, 1997.

SAZ-MARÍN, A. I.: *S.O.S. Adolescentes*, Aguilar, Madrid, 2007.

URRA, J.: *¿Qué ocultan nuestros hijos?* La Esfera de los Libros, Madrid, 2008.

URRA, J.: *El arte de educar*, La Esfera de los Libros (4.ª ed.), Madrid, 2006.

URRA, J.: *El pequeño dictador*, La Esfera de los Libros (17.ª ed.), Madrid, 2006.

URRA, J.: *Escuela práctica para padres*, La Esfera de los Libros (3.ª ed.), Madrid, 2004.

URRA, J.: *Adolescentes en conflicto. 52 casos reales* (4.ª ed.), Pirámide, Madrid, 2005.

# Galería para las artes

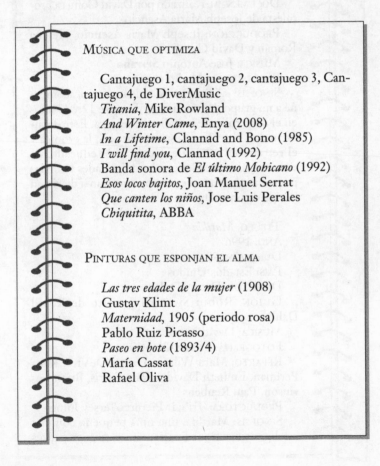

MÚSICA QUE OPTIMIZA

Cantajuego 1, cantajuego 2, cantajuego 3, Cantajuego 4, de DiverMusic
*Titania*, Mike Rowland
*And Winter Came*, Enya (2008)
*In a Lifetime*, Clannad and Bono (1985)
*I will find you*, Clannad (1992)
Banda sonora de *El último Mohicano* (1992)
*Esos locos bajitos*, Joan Manuel Serrat
*Que canten los niños*, Jose Luis Perales
*Chiquitita*, ABBA


PINTURAS QUE ESPONJAN EL ALMA

*Las tres edades de la mujer* (1908)
Gustav Klimt
*Maternidad*, 1905 (periodo rosa)
Pablo Ruiz Picasso
*Paseo en bote* (1893/4)
María Cassat
Rafael Oliva

## DE CINE

Filmografía positiva, orientativa para educar bien.

TÍTULO: *Pura alegría*
AÑO: 2007
DURACIÓN: 85 min
PAÍS: España (Elche)
DOCUMENTAL realizado por David Gomis a propuesta de Joseph María Asencio
PRODUCCIÓN: Joseph María Asencio, Helena Román y David Gomis
MÚSICA: Jose Antonio Serrano
PRODUCTORA: Medio cero
SINOPSIS: «A lo largo de todo un curso, acompañé a un grupo de estudiantes de entre 12 y 13 años en el desarrollo de un taller de lectura. Este documental es el fruto de esa experiencia, la crónica y el retrato del oficio de educar y ser educado, de enseñar y de aprender con las dificultades y con las pequeñas alegrías que se experimentan a diario en la vida de un aula».

TÍTULO: *Matilda*
AÑO: 1996
DURACIÓN: 98 min
PAÍS: Estados Unidos
DIRECTOR: Danny DeVito
GUION: Robin Swicord (cuento de Roald Dahl)
MÚSICA: David Newman
FOTOGRAFÍA: Stefan Czapsky
REPARTO: Mara Wilson, Danny DeVito, Rhea Perlman, Embeth Davidtz, Pam Ferris, Brian Levinson, Paul Reubens
PRODUCTORA: TriStar Pictures/Jersey Films
SINOPSIS: Matilda, una niña pequeña con una inteligencia extraordinaria, vive con unos padres

muy ocupados —a veces por ver la televisión— que ignoran a su hija y no se preocupan por su educación. En la inhóspita escuela donde acude encontrará una maestra en quien confiar, aprender e ilusionarse.

TÍTULO: *Charlie y la fábrica de chocolate*
AÑO: 2005
DURACIÓN: 116 min
PAÍS: Estados Unidos
DIRECTOR: Tim Burton
GUION: John August (Novela homónima de Roald Dahl)
MÚSICA: Danny Elfman
FOTOGRAFÍA: Philippe Rousselot
REPARTO: Johnny Depp, Freddie Highmore, Helena Bonham Carter, David Kelly, Noah Taylor, Missi Pyle, James Fox, Deep Roy, Christopher Lee, AnnaSophia Robb, Jordan Fry, Philip Wiegratz, Julia Winter
PRODUCTORA: Warner Bros. Pictures/Village Roadshow Pictures
SINOPSIS: Charlie Bucket es un niño de una familia muy pobre que gana un concurso junto a otros cuatro niños. El premio es disfrutar de una visita a la gigantesca fábrica de chocolate de Willy Wonka. Cada niño y su familiar representan distintos estilos educativos.

TÍTULO: *El Bola*
AÑO: 2000
DURACIÓN: 83 min
PAÍS: España
DIRECTOR: Achero Mañas
GUION: Achero Mañas y Verónica Fernández
MÚSICA: Eduardo Arbide

Fotografía: Juan Carlos Gómez

Reparto: Juan José Ballesta, Pablo Galán, Manuel Morón, Alberto Jiménez, Ana Wagener, Nieve de Medina, Gloria Muñoz, Javier Lago, Omar Muñoz, Soledad Osorio

Productora: Tesela Producciones Cinematográficas

Sinopsis: Pablo, apodado «el Bola», es un chaval de 12 años que vive en un barrio obrero y sufre maltrato por parte de su padre. Su situación familiar, que oculta avergonzado, lo incapacita para relacionarse y comunicarse con otros chicos. Con la llegada de Alfredo, un nuevo compañero, al colegio descubre la amistad y con la familia de su nuevo amigo vive una realidad totalmente distinta a la suya, un entorno distendido y cordial, donde la autoridad no se impone por la fuerza ni con la violencia. Un día Pablo se enfrenta a su padre y se escapa de casa. El padre de Alfredo decide acogerlo, defenderlo y denunciar los hechos.

Título: *Cobardes*
Año: 2008
Duración: 89 min
País: España
Director: José Corbacho, Juan Cruz
Guion: José Corbacho, Juan Cruz
Música: Pablo Sala
Fotografía: David Omedes

Reparto Lluís Homar, Elvira Mínguez, Paz Padilla, Antonio de la Torre, Javier Bódalo, Eduardo Espinilla, Eduardo Garé, Ariadna Gaya, María Molins

Productora: Filmax/Ensueño Films

Sinopsis: Guille estudia Secundaria, saca buenas notas, le gusta el deporte y convive con una familia que lo respalda. Ir de «chulito» en clase le hace sentirse importante, respetado. Elige una víctima de su misma clase, Gabriel, que tiene el pelo rojo, para acosarlo con sus amigos.

TÍTULO: *El pequeño Tate*
AÑO: 1991
DURACIÓN: 106 min
PAÍS: Estados Unidos
DIRECTOR: Jodie Foster
GUION: Scott Frank
MÚSICA: Mark Isham
FOTOGRAFÍA: Mike Southon
REPARTO: Jodie Foster, Dianne Wiest, Harry Connick Jr., Adam Hann-Byrd, David Pierce, Debi Mazar, George Plimpton, Celia Weston, Josh Mostel
PRODUCTORA Metro-Goldwyn-Mayer
SINOPSIS: Tate es un niño superdotado que vive con su madre soltera. Un colegio de niños especiales se interesa por él. Su madre no quiere que asista pero finalmente cederá y quedará bajo la protección de su maestra. Ambas mujeres estarán vinculadas en una relación de celos y preocupación por el niño.

TÍTULO: *El tambor de hojalata*
AÑO: 1979
DURACIÓN: 142 min
PAÍS Alemania
DIRECTOR: Volker Schlöndorff
GUIÓN: Jean-Claude Carrière, Franz Seitz, Volker Schlöndorff (Novela: Günter Grass)
MÚSICA: Maurice Jarre
FOTOGRAFÍA: Igor Luther
REPARTO: David Bennent, Mario Adorf, Angela Winkler, Daniel Olbrychski, Charles Aznavour, Andrea Ferréol, Heinz Bennent
PRODUCTORA: Coproducción Alemania-Francia
SINOPSIS: El día de su tercer cumpleaños Oscar, según el psicoanálisis, deja de crecer y a partir de

entonces dominará a unos y a otros. Ese día le regalan, como le habían prometido al nacer, un tambor rojiblanco que lo acompañará toda su vida. Pasan los años y sigue siendo un niño, con el tambor puntea los acontecimientos que van sucediendo a su alrededor. Provoca alteraciones y se desprende de cualquier responsabilidad. Oscar es el negativismo, el *shock* de la posibilidad de no crecer, también mental y emocionalmente.

TÍTULO: *Los chicos del coro*
AÑO: 2004
DURACIÓN: 95 min
PAÍS: Francia
DIRECTOR: Christophe Barratier
GUION: Christophe Barratier & Philippe Lopes-Curval
MÚSICA: Bruno Coulais & Christophe Barratier
FOTOGRAFÍA: Carlo Varini & Dominique Gentil
REPARTO: Gérard Jugnot, François Berléand, Jean-Baptiste Maunier, Jacques Perrin, Kad Merad, Marianne Basler, Maurice Chevit, Paul Chariéras, Marie Bunel, Jean-Paul Bonnaire
PRODUCTORA: Galatée Films/Pathé Renn Productions/France 2 Cinéma/Novo Arturo Films
SINOPSIS: En 1949 Clamen Mathieu, profesor de música en paro, comienza a trabajar como vigilante en el Fondo del Estanque, un internado de reeducación de menores especialmente represivo. En su esfuerzo por acercarse a los chicos descubre que la música atrae poderosamente el interés de los alumnos y se entrega a la tarea de familiarizarlos con la magia del canto, al tiempo que va transformando sus vidas para siempre. Se inicia un coro que aúna voluntades, esfuerzos, motivación; sí, una razón para vivir. Se practica deporte. Los niños empiezan a salir del Fondo del Estanque.

TÍTULO: *Juno*
AÑO: 2007
DURACIÓN: 92 min
PAÍS: Estados Unidos
DIRECTOR: Jason Reitman
GUION: Diablo Cody
MÚSICA: Kimya Dawson, Matt Messina
FOTOGRAFÍA: Eric Steelberg
REPARTO: Ellen Page, Michael Cera, Jennifer Garner, Jason Bateman, Olivia Thirlby, J. K. Simmons, Allison Janney, Rainn Wilson
PRODUCTORA: Fox Searchlight Pictures
SINOPSIS: La adolescente Juno de 16 años es muy inteligente y sarcástica. Mantiene una relación con Bleeker, su compañero de clase. Juno se queda embarazada y ante la reacción del joven padre decide tener a su hijo sola y darlo en adopción, pero quiere encontrar a los mejores padres.


TÍTULO: *La Juani*
AÑO: 2006
DURACIÓN: 90 min
PAÍS: España
DIRECTOR: Bigas Luna
GUION: Bigas Luna, Chaves Gastaldo
MÚSICA: Varios
FOTOGRAFÍA: Albert Pascual
REPARTO: Verónica Echegui, Laya Martí, Dani Martín, Gorka Lasaosa, José Chaves, Mercedes Hoyos, Manuel Santiago, Marcos Campos, Ferrán Madico
PRODUCTORA: Media Films
SINOPSIS: La Juani es una adolescente del extrarradio con problemas en su casa y con el novio que tiene desde los 15 años, que además es celoso e inseguro. Un día Juani explota y decide dejarlo y hacer todo lo que no ha podido hacer hasta ahora: ser actriz.

TÍTULO: *El club de los poetas muertos*
AÑO: 1989
DURACIÓN: 124 min
PAÍS: Estados Unidos
DIRECTOR: Peter Weir
GUION: Tom Schulman
MÚSICA: Maurice Jarre
FOTOGRAFÍA: John Seale
REPARTO: Robin Williams, Robert Sean Leonard, Ethan Hawke, Josh Charles, Dylan Kussman, Gale Hansen, James Waterson, Allelon Ruggiero, Lara Flynn Boyle
PRODUCTORA: Touchstone Pictures/Silver Screen Partners IV
SINOPSIS: Es Otoño de 1959. En la Academia Welton, en Vermont, una escuela tradicional con un estricto plan de estudios, los estudiantes conocen al profesor John Keating, que les enseñará la poesía, a buscar sus pasiones y a explorar nuevos horizontes, a aprovechar el momento —*carpe diem*— con métodos poco convencionales.

TÍTULO: *Diarios de la calle*
AÑO: 2007
DURACIÓN: 123 min
PAÍS: Estados Unidos
DIRECTOR: Richard LaGravenese
GUION: Richard LaGravenese (del libro *Freedom Writers*, de Erin Gruwell)
MÚSICA: Mark Isham, RZA
FOTOGRAFÍA: Jim Denault
REPARTO: Hilary Swank, Patrick Dempsey, Scott Glenn, Imelda Staunton, April L. Hernandez, Mario, Jason Finn, Hunter Parrish
PRODUCTORA: Paramount Pictures/MTV Films/Jersey Films
SINOPSIS: Una joven profesora es asignada para dar clases de Lengua en el Instituto de Long

Beach de California, donde los estudiantes proceden de zonas marginales, con violencia de bandas. *El diario de Ana Frank* la ayudará a acercarse a ellos.

TÍTULO: *Mentes peligrosas*
AÑO: 1995
DURACIÓN: 99 min
PAÍS: Estados Unidos
DIRECTOR: John N. Smith
GUION: Ronald Bass (AKA Ron Bass) (Autobiografía: Lou Anne Johnson)
MÚSICA: Wendy & Lisa
FOTOGRAFÍA: Pierre Letarte
REPARTO: Michelle Pfeiffer, George Dzundza, Renoly Santiago, Wade Domínguez, Courtney B. Vance, N'Bushe Wright, Robin Bartlett
PRODUCTORA: Don Simpson & Jerry Bruckheimer Films/Via Rosa Productions
SINOPSIS: Una maestra marine, con poca experiencia es la nueva profesora en un instituto con alumnos de gran problemática social, poco disciplinados y motivados. Deberá inventar métodos que atraigan la atención de sus alumnos para que puedan graduarse.

TÍTULO: *La sonrisa de Mona Lisa*
AÑO: 2003
DURACIÓN: 117 min
PAÍS: Estados Unidos
DIRECTOR: Mike Newell
GUION: Lawrence Konner & Mark Rosenthal
MÚSICA: Rachel Portman
FOTOGRAFÍA: Anastas N. Michos
REPARTO: Julia Roberts, Kirsten Dunst, Julia Stiles, Marcia Gay Harden, Maggie Gyllenhaal, Dominic West, Juliet Stevenson, Topher Grace, John Slattery, Ginnifer Goodwin

PRODUCTORA: Columbia Pictures/Revolution Studios

SINOPSIS: En la prestigiosa Universidad de Wellesley, en Nueva Inglaterra, en 1953, llega la profesora de Historia del Arte, Catherine Watson, que influirá en las señoritas que estudian y cambiará la percepción del rol que tienen sobre ellas mismas, es decir, estudiar hasta que se casen y después dedicarse a la casa y al marido.

TÍTULO: *La pequeña Lola*
DIRECCIÓN: Bertrand Tavernier
PAÍS: Francia
AÑO: 2004
DURACIÓN: 130 min
GÉNERO: Drama
INTERPRETACIÓN: Jacques Gamblin (Pierre), Isabelle Carré (Géraldine), Bruno Putzulu (Marco), Lara Guirao (Annie), Frédéric Pierrot (Xavier), Maria Pitarresi (Sandrine), Jean-Yves Roan (Michel), Séverine Caneele (Patricia), Giles Gaston-Dreyfus (Yves Fontaine), Anne Loiret (Nicole).
GUION: Tiffany Tavernier y Dominique Sampiero; con la participación de Bertrand Tavernier
PRODUCCIÓN: Frédéric Bourboulon
MÚSICA: Henri Texier
FOTOGRAFÍA: Alain Choquart
MONTAJE: Sophie Brunet
DISEÑO DE PRODUCCIÓN: Giuseppe Ponturo
VESTUARIO: Eve-Marie Arnault.
SIPNOSIS: Pierre y Géraldine desean tener un hijo. En Camboya comienza su aventura: visitas a orfanatos, enfrentamientos con las autoridades, amenazas, la desconfianza... La pareja cuenta con la ayuda de otros futuros padres adoptivos pero esta experiencia cambiará sus vidas para siempre.

# Instituciones de interés

**Defensor del Pueblo**
Eduardo Dato, 31. 28071 Madrid
Zurbano, 42. 28071 Madrid (Registro y visitas)
Teléfono: 900 101 025 / 91 432 79 00
Web: www.defensordelpueblo.es
*E-mail:* registro@defensordelpueblo.es

**Ministerio de Trabajo y Asuntos Sociales**
Agustín de Betancourt, 4. 28071 Madrid
Teléfono: 91 363 00 00
Web: www.mtas.es
Servicios Sociales en cada comunidad autónoma
y Ayuntamientos.

**Consejo General de la Abogacía Española**
Paseo de Recoletos, 13. 28004 Madrid
Teléfono: 91 523 25 93
Web: www.2.cgae.es

**Consejo General de Colegios Oficiales de Diplomados
en Trabajo Social y Asistentes Sociales.**
Avda. Reina Victoria, 37 2º C. 28003 Madrid
Teléfono: 91 541 57 76
Web: www.cgtrabajosocial.es

**Consejo General de Colegios Oficiales de Médicos
Organización Médica colegial de España**
Plaza de las Cortes, 11. 28014 Madrid

Teléfono: 91 431 77 80
Web: www.cgcom.org
*E-mail:* webmaster@cgcom.es

**Consejo General de Colegios Oficiales de Psicólogos**
Conde de Peñalver, 45, 5º Izda. 28006 Madrid
Teléfono: 91 444 90 20
Web: www.cop.es
*E-mail:* secop@cop.es

**Dirección General de Acción Social, del Menor
y de la Familia**
José Abascal, 39. 28071 Madrid
Teléfono: 91 363 70 00
Web: www.mtas.es/asuntossociales

**FAPMI (Federación Española de Asociaciones
para la Prevención del Maltrato a la Infancia)**
Delicias, 8 entreplanta. 28045 Madrid
Teléfono: 914 682 662
Web: www.fapmi.es
*E-mail:* secretaria@fapmi.es

**Fundación ANAR**
Avda. de América, 24, 2ª Planta 1ª Dcha. 28028 Madrid.
Teléfono: 900 202 010 (Ayuda al menor y al adolescente).
91 726 01 01 // 600 50 51 52 (Línea del adulto del teléfono
del menor)
Web: www.anar.org
*E-mail:* info@anar.org
(Ayuda e información en caso de malos tratos, abuso sexual,
trastornos psicológicos...)

**IMMF (Instituto Madrileño del Menor y la Familia)
[Institutos de los diversos Servicios Sociales de cada
Comunidad]**
Gran Vía, 14. 28013 Madrid
Teléfono: 91580 34 64 // 91 580 36 14

**Oficina de asistencia a las víctimas de delitos violentos y contra la libertad sexual**
Plaza de Castilla, s/n (sede de los Juzgados). 28071 Madrid
Teléfono: 91 397 34 98 // 900 15 09 09

**Consejo de la Juventud de España**
Montera, 24, 6º. 28013 Madrid
Teléfono: 91 701 04 20
Web: www.cje.org
*E-mail:* info@cje.org

**Dirección General de la Juventud**
Gran Vía, 10. 28013 Madrid
Teléfono: 91 543 02 08 // 901 510 610

**Instituto de la Juventud (INJUVE)**
Marqués de Riscal, 16. 28010 Madrid
Teléfono: 91 363 78 49 // 78 56
Web: www.injuve.mtas.es
*E-mail:* direccioninjuve@mtas.es

**Carné Internacional de Estudiante Injuve**
Web: www.istc.org
Carné joven
Web: carnetjoven@mtas.es

**ATYME (Atención y Mediación a la Familia en proceso de cambio)**
Ibiza, 72, 5º B. 28009 Madrid
Teléfono: 91 409 78 28
Web: www.atymediacion.es
*E-mail:* cmatyme@teleline.es

**Fiscalía de Menores (cada una en su provincia)**
Hermanos García Noblejas, 37. 28037 Madrid
Teléfono: 91 493 10 00

**ANSHDA (Asociación de Niños con Síndrome de Hiperactividad y Déficit de Atención)**
Pasaje de Valdilecha, 5-7, esquina Molina de Segura.
28030 Moratalaz, Madrid
Teléfono: 91 356 02 07 // 91 759 44 72 // 607 81 78 68
Fax: 91 725 84 82
Web: www.anshda.org
*E-mail:* info@anshda.org

**Asociación Española de Ginecología y Obstetricia**
Pedro Texeira, 3 Bº A. 28020 Madrid
Teléfono: 91 555 74 60
Web: www.aego.es

**Instituto Nacional de Toxicología**
Luis Cabrera, 9. 28002 Madrid
Teléfono: 91 562 04 20 (Información las 24 h) // 91 562 84 69
Web: www.mju.es/toxicologia
*E-mail:* m.sancho@mju.es

**Agencia Antidroga (CM)**
Agustín de Foxá, 31. 28030 Madrid
Teléfono: 91 580 99 03

**Servicio de Información**
Plaza Trías Beltrán, 7. 28020 Madrid
Teléfono: 901 35 03 50

**Fundación de Ayuda contra la Drogadicción (FAD)**
Avda. de Burgos, 1 y 3 28036 Madrid
Teléfono: 900 16 15 15 // 91 302 40 47
Web: www.fad.es

**OSG de A. A. de España (Oficina de Servicios Generales de Alcohólicos Anónimos en España)**
Apdo. Correos 170 33400 Avilés
Avda. de Alemania, 9 3.º Izda. Asturias
Teléfono: 985 566 345 //
Web: www.alcoholicos-anonimos.org
*E-mail:* aa-espana@alcoholicos-anonimos.org

# Agradecimientos

ANDALUCÍA

Charo Serrano Baena. Centro privado-concertado en Córdoba.
Francisco Barea Durán. Director CEIP Francisco Giner de los Ríos en Mairena del Aljarafe (Sevilla).
Ana Cobos Cedillo. Orientadora IES Ben Gabirol. Málaga. Presidenta de AOSMA (Asociación de Orientadores y orientadoras de la provincia de Málaga).
Luis Rey Goñi. Director Colegio San Francisco de Paula. Sevilla.

ARAGÓN

Mª Isabel Herrando Rodrigo. Profesora de Inglés en Secundaria y Bachillerato. Sofía Escrivá de Romaní. Responsable del Departamento de Orientación de Secundaria. Colegio Jesús María-el Salvador (Zaragoza).
Patricia Calavia, Psicóloga Infanto-Juvenil.
Juan Antonio Planas. COPOE. IES «Tiempos Modernos». Zaragoza.

ASTURIAS

Aquilino Díaz Méndez. Profesor de Enseñanza Secundaria. Pablo Álvarez Fernández. Secretario y Profesor de Música. Elena Álvarez, profesora de ámbito científico-tecnológico en 4.º de

ESO con alumnos de diversificación. IES El Batán de Mieres del Camino.

M.ª Soledad Vega Profesora de Matemáticas de Secundaria y Bachillerato, 3.º de Secundaria y Bachillerato. IES El Piles de Gijón.

## Castilla-La Mancha

Alicia Chacón Hernández. Orientadora y docente de Castilla-La Mancha.

Araceli González. Tutora de Educación Infantil. CEIP Conde de Mayalde. Añover de Tajo (Toledo).

## Cataluña

Salvador López Arnal. Profesor de Ciclos Formativos. Instituto Puig Castellar de Santa Coloma de Gramenet (Barcelona).

Mercedes Laborda. Profesora de 5.º y 6.º Primaria. Escuela pública de Corbera de Llobregat.

Ángeles Ezquerro. Directora del CEIP La Jota. Escuela de Badia del Vallés (Barcelona).

Roser Ruiz Directora. Girona. CEIP Ramon Muntaner. Peralada.

María Urmeneta. Responsable de la Escuela para niños. Servicio de Pediatría. Hospital Sant Pau. Barcelona.

M.ª Antonica Cuscó Ezquerra. Profesora 3.º y 4.º ESO. Virginia Simón. Profesora de Lenguas y Sociales en Secundaria y tutora de 4.º ESO. Maribel Benito Alcubierre. Profesora de inglés de ESO y Bachillerato. Responsable de Innovación Pedagógica en TIC. Carme Castelltort Ramon. Directora de Formación Profesional. José M.ª Lleixá Profesor 4.º ESO y Ciclos Formativos de Grado Superior. Pedro Martínez. Profesor de Inglés en ESO. Teresa Martín. Profesora de ESO. Centro de Estudios Joan XXIII de L'Hospitalet de Llobregat. Barcelona.

María Blancat. Directoria y maestra de Educación Infantil. Escuela Primaria Sant Boi de Llobregat. Barcelona.

Ton Toset. Director. Escuela LA MERCÈ de Martorell.

Pedro Berrocal. Jefe de estudios. CEIP Pau Picasso. Badalona.

Stéphane García Guirriec. Director. Colegio Santo Ángel. Gavá. Barcelona.

Marta Luján. Profesora de 6.º de Primaria y 1.º de ESO. American School of Barcelona.

Francesca Haro Nuño. Docente de Primaria y Secundaria en Barcelona.

Concha Fernández Martorell. Catedrática de Filosofía y Directora de Instituto en Cataluña.


Comunidad Valenciana

Ramón López Cabrera. Presidente. Reme Gambia. Coordinadora General Técnica. FAPA «Gabriel Miró» de Alicante.

COVAPA. Confederación Valenciana de Asociaciones de Padres de Alumnos.

Óscar Gónzález Vázquez. Profesor de Educación Primara y Director de la Universidad de Padres de Bocairent. CEIP LLuis Vives. Bocairent. Valencia

Luis Alfonso Muñoz. Psicólogo y Director. Centro Ocupacional Doble Amor. Benidorm.

José María Asencio. Profesor coordinador de la Biblioteca. IES La Asunción de Elche.

Fernanda Chocomeli. Orientadora en educación y Presidenta de la Asociación de Orientadores en Alicante. Carmen Ramos. Responsable Dpto. Orientación en IES San Vicente de Raspeig.


Galicia

Profesores de Educación Secundaria, Bachillerato, Formación Profesional del IES «Lauro Olmo» de O'Barco de Valdeorras (Orense).

Profesores de Educación Infantil y Primaria de CEIP Condesa de Fenosa. O'Barco de Valdeorras (Orense).

Asociación Cultural Educativa y Social «Vagalume Valdeorras». O'Barco de Valdeorras. Orense. José Fernández López.

ISLAS CANARIAS

Maite de Vera Cabrera. Profesora 6.º de Primaria. Fuerteventura. (Puerto del Rosario).
Lidia Santana Vega. Catedrática de Universidad Dpto. de Didáctica e Investigación Educativa. Facultad de Educación. Universidad de la Laguna. Tenerife.

LA RIOJA

Ambrosio Sanabria. Colegio San Agustín. Calahorra.
M.ª José Marrodán. Orientadora. EOEP Logroño-Este Centro de Primaria e Infantil.
Andrés Fernández Sáenz. CRA Moncalvillo.

MADRID

Charo de la Cruz López. Presidenta Colegio Mirabal. M.ª Paz Nicolás Galerón. Gezabel Manzano González. Departamento de orientación. Tomás Martín Gómez. Departamento de Orientación. Equipo de Educación Infantil. Enrique López. Maestros de Educación Primaria. Colegio Mirabal.
Reyes Rivas. Profesora de 2.º Bachiller, 4.º ESO, 2.º ESO y 2.º Curso de Compensatoria. IES Isaac Peral de Torrejón de Ardoz.
Pilar Molina. Orientadora Instituto de Secundaria Madrid-sur del Puente Vallecas.
Antonio Javier Roldán. Colegio Ntra. Sra. del Buen Consejo de Madrid.
Yolanda Zapardiel López. Directora. Escuela Infantil Pública en Leganés.
Antonio Malagón. Presidente de la Asociación de Centros Educativos Waldorf.
Juan Francisco Fernández Sanz. Director. Colegio Educación Especial Nuestra Sra. de las Victorias (AFANIAS).
Araceli Merino Martínez. Colegio Fuentelareyna. Madrid.
M.ª Soledad Vidal. Profesora de Inglés. Madrid.
Javier Munárriz. IES Atenea. Alcalá de Henares.
M.ª Socorro Alonso Álvarez.

Equipo Pedagógico. Ana M.ª Ruiz Sánchez. Asesoría Infantil y Primaria CPR Mar Menor. Centro de Profesores y Recursos Mar Menor.

Navarra

Miguel Arrondo Pérez. Maestro de Educación Infantil. C. P. Hilarión Eslava. Burlada.

Alberto Cascante. Maestro. Pedagogo. Orientador familiar. Escuelas de padres. Pamplona.

Fernando Oscoz. Orientador. Centro de Formación Profesional Cuatrocientos en Pamplona.

Alberto Cebollada Kremer. Profesor, Entrenador y Padre. Departamento de educación del Gobierno de Navarra.

José Miguel García. Profesor y Secretario. Colegio Público E.I. y P. Ángel Martínez Baigorri, Lodosa.

M.ª Asunción Fernández Díaz. Maestra y orientadora escolar. Departamento de Educación del Gobierno de Navarra.

País Vasco

Mila Payo. Profesora de Diversificación Curricular, ámbito Sociolingüístico, en 4.º de ESO. Taller de Habilidades Sociales. Formación y Orientación Laboral en Ciclos Formativos de Mecanizado y Electricidad, son ciclos medios; Intervención Social en Ciclos Formativos de Grado Superior. Centro Irungo La Salle de Irún Guipúzcoa.

Gotzone Sagarna. Profesora 2.º de EGB. Liceo Santo Tomás de San Sebastián.

M.ª José Arévalo. Profesora de ESO y Bachillerato. Colegio Ayalde. Getxo. Bilbao.

Ana Navarri. Jefa Departamento de Lengua y Literatura Castellanas. Centro Axular Lizeoa, San Sebastián.

Kepa Altuve Eraña. Asociación de Directores de Centros Públicos de Debagoiena: Goieskola.

*Miguel Martínez.* Director de la editorial EOS, psicólogo y orientador. *Carmen Guaita.* Responsable de Comunicación ANPE. *José Miguel Cristóbal.* Orientador en Barakaldo. Antonio Labanda. Psicólogo Departamento de Orientación de EOS. *M.ª Teresa Quesada.* Educadora. *Patricia Calavia,* Psicóloga Infanto-Juvenil. *Mar Castro.* Auténtica maestra en protocolo social para jóvenes.

A Santos López y a su equipo editorial.

A Sonia y Marisa Díaz Aldea, pilares de Urrainfancia, S. L.

Para compartir criterios y mejorar siguientes ediciones:
www.javierurra.com

*La ley de Mamá Murphy*
Bruce Lansky

*Cocina 100% microondas*
María Jesús Gil de Antuñano

*Recetas para novatos*
Laura Donada

*Cocina para estudiantes, solteros, separados,
divorciados, viudos y vagos*
Angelita Alfaro

*Tenemos que hablar*
José Manuel Aguilar

*Con ánimo de ofender*
Arturo Pérez-Reverte

*El gato de guardia*
Muñoz Avia, Rodrigo

*Patente de corso*
Arturo Pérez-Reverte

*Soy lo que como*
Yolanda Sanz Castro

*El lenguaje de la pasión*
Mario Vargas Llosa

*Milenio 3, el libro*
Iker Jiménez

*Deshonrada*
Mukhtar Mai

*Testigo de la historia*
Iñaki Gabilondo

*Dentro de ETA*
Florencio Domínguez

Javier URRA

# RECETAS PARA
# COMPARTIR
## felicidad

*Consejos de amigo para disfrutar de la vida.*

AGUILAR

# Todos tus libros en
## www.puntodelectura.com